王芬 主编

根系中原

GENXI ZHONGYUAN

中国政法大学出版社

2017·北京

图书在版编目（CIP）数据

根系中原/王芬主编. —北京:中国政法大学出版社,2017.9
ISBN 978-7-5620-7750-3

Ⅰ.①根… Ⅱ.①王… Ⅲ.①文化史—河南 Ⅳ.①K296.1

中国版本图书馆CIP数据核字(2017)第219804号

出 版 者　中国政法大学出版社

地　　址　北京市海淀区西土城路25号

邮寄地址　北京100088信箱8034分箱　邮编100088

网　　址　http://www.cuplpress.com（网络实名：中国政法大学出版社）

电　　话　010-58908586(编辑部)　58908334(邮购部)

编辑邮箱　zhengfadch@126.com

承　　印　固安华明印业有限公司

开　　本　720mm×960mm　1/16

印　　张　25.5

字　　数　420千字

版　　次　2017年9月第1版

印　　次　2017年9月第1次印刷

定　　价　78.00元

丨序丨中原是华夏儿女心灵的故乡丨

文化是民族生存和发展的重要力量，优秀传统文化则是民族精神之魂。习近平总书记在2015年11月3日第二届“读懂中国”国际会议期间会见外方代表时指出：“中国有坚定的道路自信、理论自信、制度自信，其本质是建立在5000多年文明传承基础上的文化自信。”2016年5月17日，习近平总书记在全国哲学社会科学工作座谈会上再次强调：构建中国特色哲学社会科学，“要体现继承性、民族性。要善于融通马克思主义的资源、中华优秀传统文化的资源、国外哲学社会科学的资源，坚持不忘本来、吸收外来、面向未来。坚定中国特色社会主义道路自信、理论自信、制度自信，说到底是要坚定文化自信，文化自信是更基本、更深沉、更持久的力量。”

中华文明是目前世界历史上唯一一个历经朝代更替和战火硝烟而延绵不断、薪火相传5000年的文明。不断地吐故纳新、与时俱进的华夏文化，是中华民族的根和魂，是支撑亿万华夏儿女自强不息、不断前行的不竭动力，也是我们在世界文化激荡中站稳脚跟的坚实根基。厚重的华夏文明之基就在以河南为中心的大中原地区。中原地区作为中华民族优秀文化发祥地，不仅是中国姓氏的主要发源地、客家人的祖根地，还是中华人文始祖黄帝的故里，是黄帝文化的发源地，更是中华儿女心灵的故乡，亿万华夏儿女根系中原。为进一步贯彻落实党的十八大精神，贯彻《国务院关于支持河南省加快建设中原经济区的指导意见》，充分利用我省乃至中原地区的根文化资源，梳理、弘扬中原文化，展示具有中原风貌、中国特色、时代特征和国际影响力的传统文化品牌，提升我省的文化软实力，增强“中原”对海内外炎黄子孙的凝聚力和感召力，引导大家积极参与中原经济区建设，为中原崛起河南振兴，全面建成小康社会做出更多贡献，河南省人民政府外事侨务办公室和河南财经政法大学决定共同编撰出版《根系中原》一书。而今，历经4年多的时间，在双方工作人员的共同努力下，《根系中原》这本书终于不负众望而能够付梓，也算是对在本书编撰过程中曾经付出过辛勤努力河南省人民政府外事侨务办公室相关工作人员、河南财经政法大学的领导与师生的些许回报吧，这主要是因为本书的编写与出版实在是一件很不容易的事情。

由于中华优秀传统文化的厚重、博大与繁杂，也由于双方单位工作人员因人事变动等原因，本书在编辑出版的过程中，主编和各章的采编人员曾经两次大范围地进行了调整，牵涉人员之多、涉及范围之广，在一定程度上影响了本书的出版进程。在此，谨代表中原华侨华人研究中心向曾经参与或始终坚持参与完成各章的所有为本书的编撰付出心血的各位领导、各位同仁、各位师生表示衷心的感谢！向为本书提供政策支撑的河南省人民政府外事务侨务办公室原主任朱清孟、河南财经政法大学原校长李小建等领导表示诚挚的感谢！向对本书编撰的目的意义、框架结构、内容布局、原则体例、形式风格以及组织实施等耗费了大量心血的河南省人民政府外事务侨务办公室原副主任李国胜、国内事务处原处长张胜谦表示衷心的感谢！向为本书的编写始终高度关注的河南财经政法大学副校长郭爱民、张宝峰等领导，向河南省人民政府外事侨务办公室国内侨务处的原处长史永庆、处长王跃进等领导，向为本书挑选优秀编写作者的朱金瑞、岳益、赵朝勤等老师表示诚挚的谢意！向在具体的编撰工作中付出大量心血的各章的编写者表示崇高的敬意！由于篇幅所限，只能将各章的编写人员简单附在本书的后记部分，在此，请允许我们表示深深的歉意，也请大家对中原华侨华人研究中心的工作多提出批评！由于编辑时间较长，加之编写的过程中承担各章的工作人员因工作岗位变动带来的编辑变化波动较大等原因，本书最终面世的各章的部分观点和材料可能在一定程度上难以按照参与编撰者的个人意愿进行编订，恳请大家谅解。鉴于能力和时间等因素的限制，本书也难免有挂一漏万的缺陷和不足，恳请各位领导老师、读者朋友提出宝贵意见。谢谢大家的支持与厚爱！

《根系中原》编委会

2016年7月16日

| 目 | 录 | CONTENTS |

序　中原是华夏儿女心灵的故乡 · 001

第一章 / **文明曙光：文明起源之根**

第一节　中原上古物质文明之酝酿 · 001

一、中原旧石器文化与三皇传说 · 002

二、裴李岗文化——中原原始农耕文明的肇始 · 003

三、辉煌灿烂的“彩陶文明”——仰韶文化 · 006

四、中原上古文化是中华文明的源头 · 009

五、结语 · 012

第二节　华夏精神文化溯源 · 012

一、传说时代的文明曙光——河图、洛书 · 013

二、太极、八卦与《周易》 · 016

三、《周易》与中国传统哲学文化的起源 · 018

第三节　礼制与中国古代制度文明 · 021

一、礼法制度的形成与发展——夏、商 · 022

二、礼制的完善——西周 · 023

第四节　三代之国家制度 · 026

第二章 / 炎黄子孙：人文始祖之根

第一节　寻根问祖，炎黄子孙 · 030
一、中华人文始祖之炎帝与黄帝 · 030
二、技术始祖之炎帝与黄帝 · 034
三、“炎黄子孙”称谓的历史演变 · 036
第二节　扎根中原，情牵四海 · 040
一、炎帝在河南 · 040
二、黄帝在河南 · 042
第三节　继承发扬，炎黄文化 · 043
一、研究团队逐渐形成 · 044
二、资料整理成绩斐然 · 044
三、学术研究硕果累累 · 045
四、服务现实成效显著 · 046
五、结语 · 047

第三章 / 龙行天下：巨龙文化之根

第一节　龙的起源 · 049
一、龙形象的产生有着深厚的客观现实背景 · 051
二、龙形象的产生是东方文化发展的产物 · 052
三、龙形象本身代表了东方民族的精神追求 · 053
第二节　龙的形成 · 055
一、龙形象的最终形成是在夏商周至秦汉这一时期 · 055
二、夏代的龙形象的形成是华夏大地多种文化交融的结果 · 058
三、春秋末期至秦汉时期，龙的形象基本形成 · 060
第二节　龙的影响 · 063
一、龙形象的形成与发展过程实际是我国早期人类精神活动的记录过程 · 063
二、自秦汉起龙被赋予特殊的帝王身份而受到膜拜 · 065

三、元明清时期龙图腾所营造的文化走向极端 · 065
四、辩证看待龙文化 · 067

第四章 / **甲骨传承：中华文字之根**

第一节　甲骨文的发现与研究 · 071
一、甲骨文的发现与考古发掘 · 071
二、甲骨文发现的重要意义 · 073
三、甲骨的整治与占卜 · 074
四、甲骨文的资料整理与著录 · 077
五、甲骨学史上有贡献的学者 · 078
第二节　甲骨文在汉字发展进程中的地位 · 082
一、汉字起源与早期刻画符号 · 083
二、成熟的汉字——甲骨文 · 088
三、甲骨文书法艺术 · 090
第三节　甲骨文的海外流传与研究 · 093
一、甲骨文的海外流传途径 · 093
二、甲骨文的海外研究 · 095
三、甲骨文的内在文化价值 · 101

第五章 / **万经之首：经学文化之根**

第一节　“易”的形成及“经”的地位的确立 · 105
一、“易”的含义及“易经”的形成 · 105
二、“易”由书到“经”的历程 · 109
第二节　《易经》的历史影响 · 113
一、《易经》与魏晋玄学 · 113
二、《易经》与宋明理学 · 116
三、《易经》与乾嘉经学 · 122
四、《易经》与当代中国文化 · 127

第三节 《易经》在海外的传播与发展 · 130
一、《易经》在海外的传播 · 130
二、《易经》在海外的研究发展 · 133
三、《易经》在海外的影响 · 137

第六章 / 万姓同宗：姓氏文化之根

第一节 姓氏源流，根深叶茂 · 140
一、姓氏的意义 · 140
二、姓氏的历史演变 · 143
第二节 万姓同根，老家河南 · 145
一、万姓同根，万宗同源 · 145
二、华人祖根大半在河南的原因 · 147
第三节 播迁九州，遍布四海 · 148
一、永嘉之乱，晋室南迁 · 148
二、安史之乱，中原不安 · 149
三、靖康之乱，宋室南渡 · 150
四、移民之史，延续不断 · 150
第四节 报本思源，寻宗谒祖 · 152
一、问源 · 153
二、追根 · 154
第五节 叶落归根，报效桑梓 · 156
一、华商积极投身于中原建设，企业遍地开花 · 156
二、河南愿为华商来豫建设继续提供广阔平台 · 156
三、“一带一路”开启新的沟通平台 · 159
第六节 血亲纽带，心灵家园 · 159
一、发扬河南姓氏文化的重要意义 · 160
二、以血缘关系为纽带的根亲观念是中原文化的核心凝聚力 · 160
三、祖根地是全球华人的精神寄托之所 · 161

四、中原文化架起全球华人心灵回归的金桥 · 162
五、大力弘扬姓氏文化，创建精神家园 · 163
六、谋划“根亲文化”研究与开发新思路 · 164

第七章 / **客在他乡：客家文化之根**

第一节 客家：“家”在何方？ · 165
一、“河”与“洛”：水的滋养 · 166
二、偃师古城废墟：“家”的底色 · 170
三、光州固始：闽台始祖之基 · 172
四、三次民族大迁徙：“家”的南移 · 175
第二节 “客”流异乡 · 179
一、分布状况 · 179
二、客家姓氏 · 185
三、与当地的融合 · 188
三、客家民系的最终形成 · 190
第三节 “客”迎四方 · 190
一、独特的客家文化 · 191
二、客家精神 · 198
第四节 客家之升华 · 201
一、客家文化与精神是构成中国传统文化的重要组成部分 · 202
二、客家文化的发展契机 · 204
三、小结 · 205

第八章 / **商行四海：商业文化之根**

第一节 中原商业之溯源 · 206
一、中原商业的奠基 · 206
二、悠久的商业文化 · 210
三、历史的沉淀 · 214

四、得天独厚的经商环境 · 217
五、结语 · 219
第二节 商业文化的传承与发展 · 220
一、豫商精神的传承 · 220
二、豫商文化的和谐特性 · 223
三、豫商传统对新豫商的影响 · 226
四、豫商的发展 · 227
五、结语 · 233
第三节 豫商发展新趋势 · 233
一、新时期豫商历史文化的价值 · 233
二、挖掘豫商文化资源，繁荣商业文化 · 234
三、弘扬豫商文化与和谐社会之构建 · 237
四、结语 · 239

第九章 / 杏林济世：中医文化之根

第一节 重要中医药经典诞生于河南 · 240
一、《黄帝内经》 · 241
二、《神农本草经》 · 247
三、关于《神农本草经》的传说和传承 · 251
四、《伤寒杂病论》 · 252
第二节 河南中医大师荟萃 · 255
一、伏羲制九针 · 256
二、黄帝作内经 · 257
三、神农尝百草 · 257
四、伊尹制《汤液经》 · 259
五、张仲景世称“医圣” · 260
六、孙思邈著《千金方》 · 261
七、王惟一铸针灸铜人 · 263

八、张从正《儒门事亲》· 264
九、滑寿重兴针灸 · 265
十、吴其濬编著植物志 · 266
十一、郭春园弘扬正骨法 · 267
十二、中国首届国医大师——李振华 · 267
第三节　道地药材盛产于中原 · 268
一、河南道地药材资源的种类和区域分布 · 269
二、河南著名的中药材重要集散地 · 275
三、河南著名的中药厂 · 276
第四节　河南著名的中医院 · 278
一、河南中医学院第一附属医院 · 278
二、河南中医学院第二附属医院（河南省中医院）· 280
三、河南中医学院第三附属医院 · 281
四、河南洛阳正骨医院 · 282

第十章 / **流光溢彩：瓷器文化之根**

第一节　中原瓷器源远流长 · 284
第二节　中原瓷器根深叶茂 · 297
第三节　中原瓷器任重道远 · 307
第四节　中原瓷器声名远扬 · 313

第十一章 / **少林太极：中华武术之根**

第一节　中华武术的起源和发展 · 324
一、武术的起源 · 324
二、中原武术的发展历程 · 325
三、中原武术与中国文化 · 331
第二节　天下功夫出少林 · 335
一、少林武术的起源及发展 · 335

二、少林武术的基本体系 · 338
三、历史典故与武术名师 · 341
第三节 陈式太极拳 · 344
一、太极拳的起源及发展 · 344
二、陈氏太极拳的主要特点 · 349
三、名家轶事 · 353
四、当代武术名师 · 358

第十二章 / **美酒飘香：中华酿酒之根**

第一节 中原酒文化溯源 · 362
一、多样的酿酒起源说 · 363
二、中原酒文化一览 · 367
第二节 美酒飘香之中原酒文化传承与发展 · 375
一、不同类别酒的传承与发展 · 375
二、优秀酒礼文化的传承 · 378
三、长盛不衰的酒令文化 · 381
第三节 美酒飘香之中原酒文化影响 · 385
一、中原酒文化的历史地位和作用 · 385
二、中原酒文化对现代社会经济生活的影响 · 388

第一章

文明曙光：文明起源之根

统筹：朱金瑞
撰写：朱金瑞　雷芳　王昊　夏永

独特的地理位置和优越的自然环境为中原文明的发展奠定了坚实的基础。在经历了漫长的旧石器时代以后，中原地区在距今1万年左右进入了新石器时期，并依照裴李岗文化→仰韶文化→河南龙山文化的完整谱系序列，演绎出内涵丰富、脉络清晰、环环相扣的辉煌原始文明：开创了原始农业、手工业、畜牧业，以农耕文化为根本特征的中华文明最早植根于此。“河图”“洛书”作为思想的源头，传递出中原地区远古文明的最早信息，成为中华传统文化的根源。大约在5000年前，中原地区最早迈进文明社会的门槛，形成掌握社会公权力的早期国家的雏形——邦国。到了奠都于中原大地的夏、商、周三代，各种文明因素进一步齐备，国家机构和职能不断发展完善，其所建立的国家典章制度，亦成为后世封建国家建立的基础。

第一节　中原上古物质文明之酝酿

中华文明发端的初始点之一就在中原地区。20世纪70年代，河南“南召猿人”若干人类化石的出土，证明了早在50万年以前，中原地区已有古人类活动，而“南召猿人”则成为中原古人类的鼻祖。到了距今1万年左右的新石器时期，人类的智力相对发达，在各方面尤其是农业和手工业方面，出现了诸多的发明创造，如农耕、住房建筑、制陶纺织、冶铜铸器等，形成了具有中原特色的粟作农耕文化，可谓是中国农耕文明的最早雏形。同时，在物质文明进步的基础之上，中原先民们还创造了丰富多彩的原始文化艺术，推动了早期国家的形成和中原地区向文明社会的过渡。

一、中原旧石器文化与三皇传说

旧石器时代是中华远古文明的最早阶段，中原地区则是中华文明的孕育之地，华夏文明最早在这里起步。主要源于黄河流域的中华文明，以其顽强的生命力，成为世界四大文明中唯一延续至今的文明。河南地处黄河中下游地段，优越的地理位置和得天独厚的自然条件，以及人口密集、物产丰富、精英荟萃的经济社会环境，使其成为中华民族和中华文明的重要发祥地。

中原地区是中国古人类出现和开发最早的地区之一。早在几十万年以前，中华民族的先民就在此繁衍生息，并创造了令人称道的旧石器文化。20 世纪 70 年代，考古学家在河南省南召县境内的杏花山发现了一枚距今 50 万年的直立猿人的牙齿化石，这是迄今为止河南境内发现的最早的古人类化石，说明“南召猿人”和名扬海外的北京“周口店猿人”生活年代基本相当。2005 年以来，考古学家在许昌发现了距今 8 ~ 10 万年的人类头盖骨化石，这是继“北京猿人”之后我国古人类学考古的又一重大发现。该发现成为现代中国人类起源研究的关键环节，非常有望打破人类起源“非洲说”的传统观点。“许昌人”头盖骨化石出土的年代，恰巧是世界古人类研究史上的关键时段。这一考古发现不仅填补了中国古人类进化的空白，而且再次有力地证明了“许昌人”脚下的这块土地对中国乃至整个东亚地区古人类起源的重大价值！

从中华民族发展史之源看，中华民族的人文始祖“三皇五帝”，或者在河南出生和活动，或者在河南建都立业。远古时期的“三皇”传说恰好说明原始中国人最早可能是在中原地区繁衍生息的。现有研究表明，中国远古传说的三皇时期与考古学上的旧石器晚期基本吻合。河南商丘至今尚流传有燧人氏取火的传说，商丘西南有燧人氏高大的陵墓（燧人氏被认为是人工取火的发明者，这一发明改变了人类茹毛饮血的习惯）。伏羲被视为中华“人文始祖”“百王之先”，河南各地至今仍流传着大量有关伏羲的传说和相关历史遗迹：伏羲生于雷泽（河南范县），定都于陈（河南淮阳），现淮阳县城以北的太昊陵是今人祭奠追思伏羲的地方，而太昊陵庙会作为中国规模最大的庙会，已被列入我国非物质文化遗产；巩义洛河口还筑有伏羲创八卦的伏羲台。伏羲之所以在中原地区有如此深远的影响，是因为伏羲作为原始渔猎经济的代表，集众多项发明创造于一身：伏羲观天象、定星历，是天文历数的奠基人；伏羲正姓氏、制婚嫁，改变了“民知其母，不知其父”的原始社会群婚状态；伏羲创八卦，对河图、洛书和中华传统文化影响深远。被视为中华人文始祖的女娲，也有大量的传说和相关遗迹存在于河南地区：今河南西华的思都岗，相传为女娲建都之地，西华城东还建有“女娲城”。

“三皇”传说虽久远而不可确考，但有一点确凿无疑：中原地区乃是人类最早的栖息地之一。“三皇”及其之后定都淮阳的炎帝、出生并建都于新郑的黄帝，开创了多元一体的中华民族生存繁衍的格局，成为华夏民族共同的祖先。因此河南也被全球华人公认为追思先祖懿德的祖根之地、传承中华文明的心灵故乡！

二、裴李岗文化——中原原始农耕文明的肇始

距今约 1 万年前，当整个中华民族还没有完全脱离蒙昧时代的阴影时，中原大地已初露文明的曙光，具备了一定文明社会的因素，进入到以原始农业、畜禽饲养业和手工业生产为主的原始氏族社会时期。原始人是如何从茹毛饮血、穴居野处、打鱼捕猎逐步发展到削石为器、制陶纺织、定居农耕的呢？从河南的裴李岗文化中，我们可以管窥中国最早的农耕文明。

裴李岗文化距今 7000 ~ 9000 年，因首先被发现于中原文化圈内的新郑市裴李岗而得名。该文化遗存主要分布在河南省的郑州、洛阳、汝州、漯河。在裴李岗时期，中原先民已经开始种植粟、水稻等农作物。考古学家不仅在裴李岗等多处遗址中发现了碳化的粟，还在裴李岗文化同时期的舞阳贾湖遗址中发现了人工栽培的水稻，这甚至比蜚声中外的河姆渡文化的稻作农业还要早 1000 多年。这就说明，在中国古文明的发展进程中，无论是在科学、农业方面，或是在文化、艺术方面，裴李岗文化都做出了巨大的贡献。裴李岗文化再现了中华农耕文化肇始之初的经济形态和社会面貌，它以不可辩驳的事实证明了中华民族的先民在中原大地上开农耕、制陶器、驯家畜，由此拉开了中华文明的序幕。

裴李岗文化时期的农业，已经脱离了刀耕火种的原始农业，进入了耜耕阶段，而且耜耕的技术达到了相当高的水平。特别值得一提的是，裴李岗还出土了中国最早的粮食加工工具——石磨盘、石磨棒。该工具现存于河南博物院，作为该院镇馆之宝的一套石磨盘，完全由整块砂岩琢制而成。该磨盘呈鞋底形，表面平坦，前宽后窄，底部凿有矮柱形的四足。磨棒接近圆柱体，中间稍细，两端略粗。磨棒、磨盘相互匹配，运转自如，为除壳去皮的得力器具。

中国最早的酒文化也在远古时期的河南开端。由于具备相对雄厚的农业物质基础，中原先民最早掌握了酿酒术。和裴李岗文化同时期的河南舞阳贾湖的居民已经学会了酿酒。中、美两国学者通过对该遗址出土的陶器内壁附着沉积物进行化学分析和测定，发现9000多年前的贾湖人已经掌握了酒的酿造方法，他们所用的原料包括大米、蜂蜜、葡萄和山楂等（美国一家酒厂甚至按照这一古酒配方酿制出“贾湖城”牌啤酒）。该项研究证明早在新石器时代早期，贾湖先民已开始酿造、饮用发酵的饮料，这比国外早1000多年。

裴李岗文化时期，中原地区的居民还开创了中国最早的家畜饲养业，猪、狗、羊成为被当地居民最早驯化的对象。除了考古发现的家畜骨骼以外，考古学家还在裴李岗文化遗存中发现有栩栩如生、呈现出明显家养特征的猪头和羊头塑像。假如这些家畜尚未得到驯养，人们缺乏对其长期观察的经历，这些动物的逼真形象是不可能以艺术形式被塑造出来的。

除了原始农业，以制陶、纺织为代表的原始手工业也是人类文明起源的重要标志。史前中原人在这两方面所做出的卓越贡献，推动中原地区逐步接近文明社会的门槛。在长达100多万年的旧石器时代，原始人除了简陋的打制石器以外，谈不上有任何手工业。毕竟，受制于那个年代落后的生产力水平，原始人每日狩猎、采集所得仅能果腹，故不得不结成群体，以四方游猎的方式维持个体的生存，手工业当然也就没有存在的基础和条件。到了新石器时代，随着农耕文明的出现，人们开始建房定居，有了相对充裕的粮食供应，故而才有条件从事手工业方面的生产活动。

先进的农耕文明为中原地区较早成为原始制陶业中心奠定了基础。陶器的使用是人类文明发展史上继人工取火之后又一具有划时代意义的重大事件。经过烧制的陶器用途广泛，改变了人们用手抓啃食物的蒙昧的生活方式，从而保证了较卫生与文明的饮食方式。裴李岗虽然出土陶器种类不多，造型简陋，但这些陶器已能够满足人类日常生活所需，从而为农业生产和人类的定居生活开辟了广阔的空间。

就人类文明起源而言，与制陶业同样重要的还有纺织手工业。因为与其他手工业相比，制陶和纺织与人类日常生活的关系最为密切。不言而喻，衣冠是人和动物的重要区别之一，而纺织技术的发明无疑是人类迈入文明社会的重要标志之一。《庄子·盗拓》曰："神农之世……耕而食，织而衣，无相害之心，此至德之隆也。"《吕氏春秋·爱类》也说："神农之教曰：'士有当年不耕者，则天下或受其饥矣；女有当年不绩者，则天下或受其寒矣。'故夫亲耕，妻亲绩，所以见致民利也。"显然，早在炎帝神农氏时代，即有了纺织业，同时开创了中国传统男耕女织的生活方式和社会分工。

作为文明重要标志的原始纺织业较早在中原地区形成。大致相当于神农氏时代的裴李岗文化遗存中就出土了原始的纺线工具，证明当时的确有了纺织业。裴李岗多处文化遗存均出土有陶片改制的陶纺轮。这种貌似粗糙的陶纺轮，虽然厚薄不均，但确是一种实用的纺织工具：用手转动纺轮，可以把麻纤维纺织成线，并可用来织布。河南舞阳贾湖遗址除陶纺轮以外，还出土了177件骨针，而骨针是缝制衣服不可或缺的工具。和裴李岗文化同时期的其他文化遗存还出土了织布用的角梭、骨梭。织布梭、纺轮和骨针的出土，说明从纺线、织布到缝制的工具都已初步具备，纺织业的形成是确定无疑的事了。众所周知，丝绸和瓷器是古代中国最大宗的出口货物，在海外享有盛誉，甚至可以说是古代中华文明最典型的标志之一。制瓷、丝织技术直接起源于中原地区的原始制陶和纺织技术。在这方面，中原地区的先民用他们的辛勤劳作为中华文明奠定了坚实的基础。

此外，随着原始农业和定居生活的发展，裴李岗文化时期的人们有了更多的精神文化追求，中原地区最早显现出中华音乐文明的曙光。舞阳贾湖遗址出土了近30支骨笛，这是目前世界上年代最早、保存最为完整、出土数量最多且至今仍能吹奏的乐器。更让人称奇的是，经过测音研究，专家得出结论：骨笛的音阶结构至少是六声音阶，甚至还有七声皆备的。另外，在贾湖遗址出土的龟甲、骨器、陶器和石器上，还发现了一定的人工契刻符号。这些符号的刻符的结构有横、点、竖、撇、捺、竖勾、横折等笔画，书写特点也是先横后竖、先左后右、先上后下，与现代汉字基本结构相一致。有些契刻符号的形状甚至与4000年后的商代甲骨文有许多相似之处，故考古学者认为它们具有原始文字的性质，与商代甲骨文有一定联系，而且很有可能是现代汉字的滥觞。

三、辉煌灿烂的“彩陶文明”——仰韶文化

裴李岗文化以降，就进入到考古学上所说的仰韶文化时期。该文化遗存距今5000～7000年，大致相当于传说中的黄帝时代。仰韶文化涵盖我国北方若干省份，东西南北横贯几千里，但其核心区域主要还是位于中原大地。仰韶文化的主要遗存存在于河南仰韶（仰韶村遗址，位于河南渑池县，20世纪20年代由丹麦人安特生发现，遗址面积多达30万平方米，文化堆积层厚达2～4米）、陕县庙底沟（仰韶文化当中最具扩张性的一个类型，其影响西达甘肃，东至河南东部，南到汉江，北到长城，被认为是华夏民族形成过程中第一次大融合）、洛阳王湾、郑州大河村等。在仰韶文化时期，中原地区先民在物质文明、精神文明各个方面都取得了长足的进步，其分布之广、持续之久、影响之深远，在世界新石器时代史上都是罕见的，可谓新石器时代华夏文明晨霭里最为璀璨的霞光，为中国社会进入文明时代奠定了坚实的基础。

仰韶文化时期的石器制作技术更加精进：发掘出土的石质生产工具的数量和型制大幅度增加，用料更为考究。值得一提的是，在南阳的黄山遗址，还出土了一件玉铲，距今约5000年，被认为是中国最古老的玉质生产工具，同时是中国玉文化的代表之作。玉铲长13厘米，宽12厘米，上部有圆孔，用于缚柄，下有弧形刃，精巧美观。这把玉铲是农业生产工具，更是一件艺术品，说明当时的玉器加工业已达到相当成熟的程度。

随着仰韶时期生产力和生产工具的进步，中原地区的农业生产也不断地改进和发展。随着粮食产量的增加，农业生产可以养活更多的人口。相较于其他地区，农耕文明在中原地区较早确立并逐渐发达起来，从而有力地推动整个社会向文明迈进！仰韶文化时期的聚落遗址比裴李岗时期要多出3倍，面积往往有几万至几十万平方米。著名的渑池仰韶村遗址，面积达30万平方米，文化的堆积层厚度达2～3米，表明人们在该地区长时间定居，而新郑裴李岗文化遗址的面积仅有2万平方米。由此可见，从裴李岗文化时期到仰韶文化时期，中原地区的农业发展了，人口也有相当的增长。中华民族的文明乃是农

耕文明，农业乃百业之首，只有农业发展了，人们才有可能从事手工业生产及其他文化娱乐活动。

仰韶文化号称“彩陶文化”，彩陶可以说是仰韶文化最丰富多彩、最具代表性的文化形式。仰韶文化时期的陶器制作技艺相当精湛，尤其是到了后期，仰韶人甚至开始使用陶轮制坯，即所谓的“轮制”。“轮制”可谓是制陶技术一大革命性突破，自发明后一直沿用至今。与裴李岗时期的素面陶器相比，仰韶文化时期的陶器普遍都有各式各样的装饰纹理。更让人惊叹的是，仰韶时期的部分红陶上还绘制有精美的彩绘纹饰。这些纹饰线条自然流畅，色彩绚烂多姿，花纹形制多样，由此开创了盛极一时的“彩陶”文化。仰韶居民把平素所见的花鸟虫鱼、猪狗牛羊、日月星辰等用艺术手法勾勒成各种精美的图案，烧制成一件件精美的艺术品。汝州阎村出土的鹳鱼石斧图陶缸，以鸟、鱼、石斧等元素组成一个完整的图案，是我国目前发现的最早的绘画作品之一，代表了史前文明人类彩陶艺术创作的最高成就。

仰韶文化时期，中原纺织业进入到原始纺织业的成熟期。仰韶文化中晚期各遗址出土的纺轮均为专门烧制的陶纺轮或石质纺轮。由陶片改制纺轮到烧制纺轮，不仅体现了工具制作技术的精进，更反映了原始纺织业的发展。因为专门烧制的纺轮形体更规整，旋转力更强，纺纱效率更高，纱的质量也更好。

中国最早的服饰文化要追溯至仰韶时期。由于年代太过久远，各大遗存目前还没有直接发现衣衫残片。不过，仰韶文化中晚期大致相当于传说中的黄帝时代，而黄帝的主要活动区域集中在中原一带。我国很多古代典籍均有黄帝制衣冠冕的记载，如《周易·系辞》曰：“黄帝垂衣裳而天下治。”《淮南子》讲得更具体：“伯余之初作衣也，淡麻索缕，手经指挂，其成犹网罗。”显然，当时已经开始用麻做衣料。同时，黄帝时代很有可能已经出现了上衣下裳的服装。虽然麻布、麻衣相对简陋，但服饰的产生本身就是人类接近文明社会的重要标志，而上衣下裳的服饰更是一个划时代的进步。《礼记·王制》曰：“东方曰夷，被发文身；南方曰蛮，雕题交趾；西方曰戎，被发衣皮；北方曰狄，衣羽毛穴居。”显然，这是以衣服的有无作为“夷夏之辩”，即野蛮与文明的重要标准，所谓“中国有礼仪之大，故称夏，有服章之美，故称华”（《左传·定公十年》）。现代考古学的发现也为仰韶服饰文化的存在提供了间接证据。在仰韶文化中晚期的遗存，如陕县庙底沟、南召二郎岗、汝州大张等地出土的不少陶器的表面和底部，均印有各式布纹。经过专门研究，学界认为这些布纹来自麻布。

除了以葛麻作为原始纺织手工业的原料以外，中原地区还较早开创了中国古老的丝织业，且有相应的考古学依据作为支撑。《通鉴外纪》说："西陵氏之女嫘祖，为黄帝元妃，始教民育蚕，治丝茧以供衣服，后世祭为先蚕。"这说明黄帝时代已经饲养家蚕，并缫丝制衣，而开创人嫘祖的原籍就在河南西平。郑州青台遗址的瓮棺出土了一批纤维残片及绳索遗物。经碳 14 鉴定，其中除了麻布以外，还有距今 5270 ± 130 年的帛和罗，这可与黄帝时代的丝织传说相互印证。另外，《世本 · 作篇》记载黄帝的大臣"伯余作衣""胡曹作冕"，显示出制衣业内部分工的发展，这也是人类向文明社会进步的标志之一。

除谷物种植、纺织、制陶以外，冶金术是原始社会后期又一项重要的技术发明。它的创制，无论对于生产力的发展还是未来文明社会的演进，都有巨大的推动作用和不可估量的影响。中国冶金术创始于中原地区。《史记 · 封禅书》记载有黄帝采铜首山并铸鼎荆山的传说。荆山、首山均在今河南灵宝市境内，现在当地有一座黄帝陵，还有一座被称为"轩辕黄帝铸鼎碑"的唐碑记载此事。传说归传说，但当地的确有大规模的仰韶文化遗址。过去人们多以野史来看待黄帝时代及相关传说，但今日的考古发掘证明许多相关传说都其来有自。至少，黄帝时代已发明了冶金术是较为可信的。在距荆山黄帝铸鼎处不远的陕西姜寨仰韶文化遗址中，出土了一件圆铜片以及铜管残片。经专家鉴定，铜片中铜含量达 66%，锌含量占 25%，这就是所谓的"黄铜"。这种黄铜显然不是自然铜块，它对冶炼技术要求还是比较高的，这至少证明在相当于黄帝时代的仰韶文化的中晚期，原始人已经发明了冶金术，并有了金属器皿。到了龙山文化晚期，河南登封王城岗等五处遗址中出土了一些青铜残片，经过检测，其中包含铜、锡、铅等成分，证明乃是"青铜"无疑。相对其他地区而言，中原先民在漫长的冶金实践当中，较早地逐步掌握了青铜冶炼技术，开始由石器时代向青铜时代迈进，并为中原地区在夏、商、周三代里面成为青铜手工业的冶炼中心奠定了基础。

中华民族对龙的信仰和崇拜也在仰韶文化时期由中原大地最早发端。仰韶文化时期，图腾崇拜是主宰人类精神世界的主要表现形式，比如仰韶文化时期彩陶上所绘制的种种花瓣纹、鸟纹、壁虎纹等，都是中原先民图腾崇拜的表现。值得一提的是，在濮阳西水坡遗址发现的一座距今约6400年的墓葬中，墓主人两侧有用蚌壳摆塑而成的完整的龙虎图案。该图案所包含的龙文化内涵是其他史前龙形物所不可比拟的，被誉为“中华第一龙”。

在仰韶文化时期，中国的自然科学较早在中原大地萌芽。经专家研究，该时期中原多地出土的彩陶上的数十种刻画符号，有些可能与数字相关，这些符号极有可能是中国古代数字最早的起源。河南濮阳西水坡遗址中发现的蚌图，被认为是中国古代四宫星象的起源，也是世界上发现最早的天文图，号称“万岁星象”。郑州大河村亦发现了大量绘有太阳纹、月亮纹、星座纹等各种天文图案的彩陶。

四、中原上古文化是中华文明的源头

学术界认为人类文明形成的标志主要有原始农业、城市、金属器具、文字以及早期国家等，其中最能反映人类社会组织进化程度的就是城邑。虽然早期城市还不具备后来城市作为商业中心的性质，但早期城市的出现对文明的推动和促进意义是不容低估的——乡间聚落演变为城市，意味着农业、手工业的社会分工和生产专业化达到了新的层次，人类可以依靠农业、手工业提供的衣食定居于城市，进行生产、科技、文化、艺术等各方面的创造，由此又推动了脑力劳动者阶层以及文字的产生。早期城市作为邦国的政治中心，随着生产的进步，逐渐演变为国家的政治、经济、文化中心。对中国的考古界和历史学界而言，不管是夏、商、周断代工程还是中华文明探源工程，都不约而同地把研究重点放在中原地区。因为研究文明的起源很大程度上就是“找城”的过程。找到了“城”，也就找到了文明的源头。经考古研究发现，黄帝活动的重点地域有灵宝西坡遗址、“禹都阳城”——封王城岗址、“夏启之居”——新密新砦遗址，夏代中晚期都城有偃师二里头遗址，这些规模大、等级高的中心城邑都在河南，证明了由黄帝开始的五千年中华文明史，起点都在中原地区河南。

中国早期城市的产生经历了一个由乡村聚落逐渐汇聚成城市的漫长过程。在旧石器时代，由于生产力落后，原始人只能栖身于洞穴之内，四处游猎获取生活物资，自然也就谈不上有固定的聚落住房。到了距今约1万年以后，人类逐渐掌握了农业生产技术，学会了利用工具建筑房屋，从而开始了定居的农耕文明时代。这些适合农业发展、人类聚居的平原小聚落，逐渐扩大演变而成大的聚落。这些大小聚落群就逐渐演变成为后来的乡村。随着生产力的发展、财富的集聚和人口的增加，特别是为了防范外族入侵或私有财产被掠夺，聚落逐渐趋于集中，最终演变为有城墙拱卫的早期城市。

中国最早的房屋遗址发现于河南地区。在与裴李岗文化同时期的河南新密北岗遗址，发现有6座半地穴式建筑，房内有灶塘、红烧土硬面和白胶泥垫土。这是我国目前发现的最早的房屋遗迹。就中原地区而言，裴李岗时期的聚落是以氏族为单位的，早期遗存面积并不大，即便是裴李岗遗址，也就2万多平方米，房屋建筑数量也很有限。

仰韶文化时期的房屋以地面建筑为主，且数量明显增多，不仅有单间建筑，更有多间建筑。位于灵宝铸鼎塬的西坡遗址，开创了中国古代大屋顶建筑的历史先河；郑州大河村遗址发掘的房屋，均由木柱、芦苇、草拌泥等建筑材料构成。这些建筑在中原大地上的房屋，奠定了后来我国北方传统民居的基本型制，可谓是我国史前建筑史上的一次重要革命。

到了仰韶文化晚期，随着定居生活和私有制的产生及发展，聚落规模不断扩大，逐渐形成中心聚落或者特级聚落。这些大型聚落，后来演变为早期的城市，其他中小型聚落则围绕在这些城市周围。中原地区开创了大规模城垣建筑的历史先河，由此开启了绵延数千年的城市文化和都城文化。郑州西山城址就是早期城市的典型代表。该城址距今4800～5300年，城址面积约34 000平方米，是目前国内发现的年代最早、建筑技术最为先进的早期城市，可谓“中原第一城”。这座古城采用先进的方块版筑法，开启了后代大规模城垣建筑规制的先河，其建筑方法、形制结构均对中国古代城址的建筑产生了深远的影响。西山城址还具有非常鲜明的“防御文化”特性，它不仅有用土夯筑成的城墙，更有宽约5米、深约4米、类似后世护城河的壕沟。当然，这和私有制的产生以及掠夺财富的战争有密切关联。在古城东北角，还发现有城门及贯通城内外的1号道路，道路东西两侧分布着颇具特色的建筑遗存。凡此种种，充分表明西山遗址已经脱离了村落加围墙的聚落形态，逐渐发展为一个地区的中心。

非常巧合的是，西山古城和传说中黄帝所处时代、活动区域相当吻合。

《史记·封禅书》曰：“黄帝时为五城十二楼。”《轩辕本纪》则说：“黄帝筑城造五邑。”《淮南子·原道训》云：“黄帝始立城邑以居。”黄帝所创的有熊国是我国有史可载的最早的邦国，且其控制区域大致在今新郑、新密、郑州、荥阳等地。故而有学者认为，如果在郑州周边没有再发现城邑遗址，则西山古城很有可能就是黄帝有熊国的都城。

黄帝在郑州一带所建有熊国，表明氏族部落时代的结束和邦国时代的来临，为后来国家的形成奠定了基础。有熊国可谓是国家最早的雏形。黄帝之后，颛顼、帝喾、尧、舜等先后在河南地区建立早期政权，使政权迈出了走向成熟的一大步。公元前21世纪，启建都于登封阳城，第一个完整意义上的国家——夏朝在河南建立，成为中国进入文明社会的重要里程碑。

从五帝时期到三王时期再到秦汉以后，其邦国、王国、帝国的国都基本上都在中原地区，由此也使得河南成为中国国都文化的发源地。恩格斯在《家庭、私有制和国家的起源》中深刻指出：“国家是文明社会的概括。”国都则是国家的政治、经济、文化的核心，也是一个国家的代表。不同时代、不同国家类型的国都文化，是中原文化区别于其他地区文化的最大特点之一。它不仅是中华文明的核心，在一定意义上讲，也是中华文明的代表。

考古证据表明，上古时期，多个邦国的中心均位于中原大地。目前考古学界已经发掘了多座河南龙山文化时期的城址，如登封王城岗、新密古城寨、淮阳平粮台、辉县孟庄等。这些早期城市已经有了较完备的城市规划和污水处理系统。同样，这几座城址也是作为部落联盟的权力中心和防御中心而出现的，并且都应是当地邦国的中心所在。新密古城寨遗址至今仍较好保存着三面城墙和南北两个城门，城址面积近18万平方米，城墙现存高度仍达十五六米，它四面均有护城河，其中甚至还发现一座廊庑式夯土建筑，可谓后世宫殿和廊庑式建筑的最早版本。河南淮阳是传说中的“太昊之墟”，县城东南的平粮台古城，方形城址面积达到5万平方米。该遗址甚至出土了陶质排水管道，首开城市排水系统的先河。另外，河南龙山文化时期在城市营建和房屋建筑上还采用新型建筑材料和建筑技术。这一时期的房屋建筑更多采用白石灰、夯土技术处理房屋地基以防潮和加固房屋，以土坯砌墙来保温承重。

恩格斯有言：“在新的设防城市的周围屹立着高峻的城墙并非无故：它们的壕沟深陷为氏族制度的墓穴，而它们的城楼已经耸入文明时代了。”中原地区早期城市的出现，可以和父系个体家庭、私有制、氏族部落上层贵族专权、邦国的出现等诸多社会现象联系起来，直接体现了原始社会生产力的进步水平，乃是迈入文明社会的重要标志之一。

五、结语

辽阔的中华大地，曾经孕育了一大批灿烂的远古文化：精致的良渚文化、奇特的三星堆文化、宏大的红山文化等。我们在感叹其精彩纷呈的同时，却又不无遗憾：这些满天星斗状的原始文化在向文明社会的演进当中，均出现了莫名其妙的断裂，在后来历史长河当中不知了去向！反观中原史前文明，从“南召猿人”到“许昌人”，从裴李岗文化到仰韶文化，再到河南龙山文化，前后承袭，脉络清晰，且如长河般川流不息，清晰地体现了中华民族史前文明的演进历程！更重要的是，中原史前文明的发展，直接体现出其作为华夏文明主源和中心发源地的地位。“南召猿人”“许昌人”的发现，为现代中国人的进化链条提供了关键证据；裴李岗文化、仰韶文化农耕经济的发展，表明河南乃是中华文明即农耕文明的重要源头；中原早期城市和邦国的兴起，开启了城市文明、国家文明、都城文明的新纪元；具有深厚农业基础的河南史前文明，经历数千年的发展，同时利用其“天下之中”的优越地理位置，广纳百川，兼收并蓄，逐渐孕育了文字、青铜器、城市等文明必备因素，为文明时代的到来不断积蓄能量。

第二节　华夏精神文化溯源

中原地区自上古以来就广泛流传的各种英雄传说，现存的历史遗迹以及现代考古学所提供的琳琅满目的考古材料，无不充分证明源远流长的中华传统物质文明大多起源于中原，中国的农耕文明、都城文明、城市文明、国家文明，均可以在中原大地追本溯源。以河南为中心的中原地区是中华民族的摇篮、中华文明的重要发祥地。同样，如果要深究中华精神文化之本源，恐怕仍不能跳出中原大地去寻求答案。时任河南省委书记徐光春所论及的中原文化的十七个方面大多肇始于史前文化，如政治文化、圣贤文化、英雄文化、农耕文化、商业文化、科技文化、医药文化、汉字文化、宗教文化、思想文化、姓氏文化等都与史前文化息息相关，这些文化的源头都与河图、洛书有关。河图、洛书作为史前文化，被认为是华夏文化之源头，被誉为“中国先民心灵思维的最高成就”，是中华文明的第一个高峰和里程碑。而由河图、洛书演绎、转化而来的太极、八卦、《周易》，则直接成为中华传统哲学思想和伦理实践的精神源头。

一、传说时代的文明曙光——河图、洛书

河图与洛书是我国远古时期符号文明的产物、史前时期科学发展的重要归结。它被称为“无字天书”“先天之学”，被认为是河洛文化的滥觞，是华夏文化、阴阳术数之源。河图、洛书最早记录在《尚书》之中，《易经》和诸子百家的作品中对其也多有记述。太极、八卦、周易、六甲、九星、风水等皆可追源至此。中华世纪坛的世纪大厅中所展示的浓缩了中华五千年文明史中的精华，就以河图、洛书为第一组，以太极、八卦为第二组，可见河图、洛书在中华民族文明发展史中的重要地位。

（一）河图、洛书的由来

河图源于河南省洛阳市的孟津县。相传在远古时期，伏羲氏教民“结绳为网以渔”，蓄养家畜，促进了生产的发展，改善了人们的生存、生活条件。因此，祥瑞迭兴，天授神物。有一种龙背马身的神兽，生有双翼，高八尺五寸，凌波踏水如履平地，身披龙鳞，背负图点，由黄河进入图河（今洛阳市孟津县境内），游弋于其中，人们称此神兽为龙马，这就是后人常说的“龙马负图”。伏羲氏看到龙马背上的图点，其数一六居下，二七居上，三八居左，四九居右，五十居中，这就是河图。伏羲氏得到这种天赐的用符号表示的图书，遂据此演变成八卦。这就是《易·系辞上篇》所记载的“河出图，洛出书，圣人则之”，也即伏羲氏“作八卦，以通神明之德，以类万物之情”。后人在伏羲氏龙马负图的地方修建了负图寺，以纪念伏羲氏开拓文明的功劳。

关于洛书，目前一般认为源于河南洛宁县境内。传说大禹因治水来到洛河，见神龟负文，背上驮着“洛书”，大禹依此治水成功，于是划天下为九州；又依洛书定九章大法，治理社会，后流传下来收入《尚书》中，名《洪

范》。洛书被视为河洛文化起源的又一标志。

河图、洛书究竟是什么呢？对于这一问题，从先秦至宋，每个时代都有其不同的见解和论断，众说纷纭，莫衷一是。宋代的陈抟（亳州，即河南鹿邑人）将失传两千多年的河图、洛书及先天图、太极图传于后世。陈抟所撰《龙图序》以及河图、洛书图样，开创了宋代以后研究河图、洛书的新路径。

何为河图？河图，以“一六在下，二七在上，三八居左，四九处右，五十居中”排列成数阵的黑点和白点，蕴藏着无穷的奥秘。其图为四方形，单数为白点，代表阳，双数为黑点，代表阴，黑白点表示了阴阳；东西南北中五个方位则分别代表五行，即金、木、水、火、土。四象则按古人坐北朝南的方位为正位，即前朱雀、后玄武、左青龙、右白虎。此乃风水象形之源也。

何为洛书？洛书，“戴九履一，左三右七，二四为肩，六八为足，五居中央”，纵、横、斜三条线上的三个数字，其和都是 15，十分奇妙。对此，中外学者做了长期的探索研究，认为这是中国先民心灵思维的结晶，是中国古代文明的第一个里程碑。

陈抟所绘河图、洛书是否可靠，历来争议不断。不过现代考古学的发现证明了宋人图书绝非臆造。1987 年河南濮阳西水坡出土了能准确表示距今约 13 万年（距建造墓地时约 123 000 年）星相图的形意墓，碳 14 测定距今约 6500 年。墓中用贝壳所摆绘的青龙、白虎图像栩栩如生，与近代几无差别。河图四象、二十八宿俱全。其布置形意，上合天星，下合地理。同年在安徽含山县凌家滩墓地发现的含山龟腹玉片，属于大汶口文化，距今约 5000 年。出土时，玉片夹在玉制龟的腹甲与背甲之间。玉片中心刻有两个同心圆，圆的中心刻有八角图像。以直线将圆分成 8 区，每区各有一个叶纹矢标，分别指到八方。玉片的边缘处钻的小孔，上边 4 孔，下边 9 孔，左右边各 5 孔。易学者们研究后认为此为洛书图像。由此可见在那时（黄帝生活的年代，距今 5000 ~ 6500 年）人们就已精通天体物理与河图、洛书之数了，与易理相关的河图、洛书当非虚无。这也充分说明宋代邵雍等先哲认为所谓“河图、洛书乃上古星图”的说法不是凭空虚妄的。

河图、洛书是中华文化之根，是中华道德根文化初始的基因文化，是伏羲作八卦的灵感元气，是阴阳五行术数文化的发端。后世的哲学、史学、数学、天文、地理、医药理学、美学、文学、伦理学等社会科学和自然科学，其思维方式皆可溯源于此。按照传统的说法，河图、洛书是中华民族文化的源头；找到最原始的河图、洛书，就等于找到了中华民族文化的最初源头，而河图、洛书的滥觞之地就在中原。

（二）河图、洛书与阴阳五行

虽然今人认为五行源于《周易》，但其实《周易》原文并没有直接提到五行，但推导出八卦的河图、洛书中蕴涵了五行的思想，因而八卦便具有了金、木、水、火、土五行的属性。河图、洛书为五行的源头，古代先哲们就是从河图、洛书中悟出并创立了五行学说。五行即金、木、水、火、土五种物质，这是人类在大自然中所见的五种素朴的材质。人类的生存要靠五行来支持，所以必须明辨其性质，如“水向下渗透，火向上燃烧，木可以弯曲伸直，金可以随意屈伸，土可以生产百谷”；由这五行还牵连出人类的五种味觉，分别是咸、苦、酸、辛、甘。换言之，自然界的五行在人类的感觉与理解中会显示出特定的性质，由此提供了可利用的条件，让人类在文化上继续创造发展。阴阳、五行作为一个庞大的观念系统，从发展到成熟经历了很长的过程。从阴阳、五行各自萌芽到二者融合再到阴阳、五行学说在战国末定型，是阴阳、五行的源起阶段；秦汉时期为此学说最为发达、影响最盛的阶段；此后，阴阳、五行渗透到中国人生活的一切领域，将根脉深植于中国文化当中。

河图、洛书中不仅蕴涵了金、木、水、火、土五行，还蕴涵了五行生克法则。《河图》从北方水左旋反映出水生木、木生火、火生土、土生金、金生水的五行相生关系；《洛书》从北方水右旋反映的是水克火、火克金、金克木、木克土、土克水的五行相克关系。由河图、洛书中五行相生相克的关系，引出了八卦之间相生相克的自然法则。由于八卦是包罗宇宙万象的，故八卦所具有的金、木、水、火、土五行属性便成为万事万物所共有的属性。而宇宙间万事万物的生死存亡都受五行相生相克法则的制约，所以五行相生相克的法则是宇宙物质世界的根本大法。由此可见，五行学说并不像一些人所说的仅仅是远古先民朴素的唯物论，而是大哲学家创立的一种具有辩证唯物主义色彩的宇宙观，是众多《易经》预测术的理论根据及原理。因此，五行思想在《易经》及中国古代哲学、思想、文化史中占有极其重要的地位。

（三）河图、洛书与中医学

不仅如此，河洛、图书对中医学也产生了巨大的影响。河图、洛书对中医理论框架、运气学说和中医各科的治疗模式的渗透和影响是历史上客观存在的。在中国有这样的说法：医、《易》自古相通，不知《易》无以言医。医圣孙思邈也曾经说过：“不知《易》，不足以言太医。”这些古训说明源于河图、洛书的《易经》与中医自古就有着千丝万缕、难以分割的联系。中医与河图、洛书的关系其实就是宇宙天体运行、气象变化对人体阴阳平衡、健康与疾病的影响的关系。比如，河图、洛书中的阵数用阴阳来解释人体生理、病理、药物等医理，这对中医基础理论的形成产生了巨大的影响。洛书的数阵为三行三列，划分为九格，即九宫格图。这一数阵被应用在医学中，可以作为人体小宇宙及人体全息现象的数学模型，如“风从南方来名大弱风，其伤人也，内含于心，外在于脉，气主热”等。河图、洛书的数阵恒动就是数字在排列中不停地、有规律地进行运算，产生变化。这种不停顿的运动、变化，促使中医认为，一切物质都处于永恒无休止的运动中，不断进行新陈代谢，由此促进身体健康发展。

二、太极、八卦与《周易》

河图、洛书是中国根文化中来自上古时代修身求法而产生的图案，直接渊源于中原河洛大地，而由河图、洛书演绎、转化而来的太极、八卦、《周易》，则直接成为中华传统哲学思想和伦理实践的精神源头。有趣的是，太极、八卦、《周易》等，无一不是中华远古先哲通过对中原大地风土人情、地理风貌的长期观察、体悟而来。

八卦和太极均诞生于中原大地的河洛地区。关于其来源有两种说法：说法一为伏羲见龙马负图（今河南孟津县境内），由此受到启发而创生八卦；另一种说法认为八卦图源于太极图。据传说，距今六七千年前，伏羲巡河时来到巩义南河渡乡的黄河和洛水的汇流处，时值夏秋之交，黄河和洛水水势甚盛，激流交汇，形成一个个大漩涡，一浊一清，从远方观望，犹如两条黑（浊水）白（清水）色大鱼相抱，在河中戏水，回转盘旋，正是生动的太极图原形。伏羲亲眼看到这种壮观的自然景观，触发灵感，画出了太极图。这本是个传说，但在1992年5月，河南社科院河洛文化研究所研究员于长君宣布，他在黄河、洛水交汇处作了多年的调查研究，的确亲眼看见面积约5平方公里的黄河大漩涡，从而确认“太极图”是伏羲根据黄河、洛水二水汇流形成旋涡的自然现象绘制而成的。

《易经》同样产生在中原大地。《易经》之所以被称为《周易》，是由于周文王根据伏羲的先天八卦而作出了后天八卦。殷、周之际，周文王在被殷纣王囚禁于羑里（今河南汤阴县北）时，曾下大功夫研究过上古遗留下来的《易经》里的数图和与数图相关的大量占辞，并把它整理成传至现今的包括六十四卦象的《易经》。《史记》中所谓“文王拘而演《周易》”，说的就是这一件事。

《易经》作为一门学问，有一个产生、提升、逐渐完善的长期发展过程，其大体分为三个阶段：一是“《易》思想”，二是“《易》学说”，三是“《易》专著”。伏羲时代，先民们从观天察地、聚焦人事物变的生活实践中，感悟到人类万物之情、通智慧之理，感识人生进化的包罗万象，即“人与天地相应，天人合一”。这种思想是对天、地、人、时的唯物表达、辩证思考和积极求实的反映。同时，“太极文化”得到了快速发展。伏羲时代具有了“易”思想，对宇宙万物进行抽象与概括，并以“太极图”具体、形象而极富哲理地表达出来，这是当时人文生态环境下时代和认识进化的产物。到了商、周之际，文王对其加以整理和注述，把它由卜筮的范围，纳入“天人之际”的学术领域，由此它成了中国人文主义文化形成的基础。周文王以后的250多年，中国历史进入飞跃发展的春秋时期；又300年，进入诸侯称雄的战国时期。春秋战国时期是中国历史上的辉煌时代，在这一时期，中国社会经济从落后的奴隶制转化为进步的封建制，与此相应，文化上也进入了一个空前繁荣的诸子蜂起、百家争鸣的时期。这个时期，《易经》受到了一批先进思想家的重视，他们用崭新的视角，探讨着这部古代的珍贵遗产，最终从《易经》的卦图和卦辞、爻辞中发掘出古人对自然、社会、人生奥秘全方位的信息，发现《易经》是古人对宇宙万物生成变化规律极有价值的探索。他们用自己时代的新思维，为《易经》写了传释，这就是后来被称为“十翼”的《易传》。伏羲时代感悟万物得到“《易》思想”；逐渐提升发展为夏、商、周初之际的“《易》学说”；再不断充实、扬弃、发展为以《易传》等为代表的“《易》专著”。如今，《易经》相当的火热，不但学者谈、文人谈，商人也谈。它是中国古代学子必读的法定哲学课教材。汉武帝时的《易传》、唐太宗时的《易》学、元世祖时的《易》理学都被认定为各自时代全国统一的哲学教材。古时当官的考试，类似于今天的公务员资格考试，必考《易经》《易传》、《易》学、《易》理学。

今天的学者普遍认为，《周易》源于河图、洛书、八卦的“观物取象”“法天取意”的直观经验认知思维，带有强烈的原始神话——巫筮的感性直观思维特点。它对自然界、人世和生物界普遍存在的对立或对列现象，例如男女、雌雄、上下、天地等，加以归纳，从感性认知上升到理性认知，形成阴阳消长的概念，并加以概括，普遍化为所有事物的阴阳现象。因此，它是受远近诸事物变化的启迪而揣度天地万物变化的奥秘，并把其转化成形象，以透析其本质和规律，从而把握万事万物的基本运动规律及其相互关系。例如八卦的卦爻符号——乾为天，坤为地，离为火，坎为水，巽为风，震为雷，艮为山，兑为泽，即是象征上述的八种物品的基本符号。《周易》试图对宇宙间的自然现象做出合理的解释，所谓“寓宇宙万物和阴阳变化于其中”，然后再将八卦与阴阳、五行等观念相糅合，以其特有的相生、相克、吉、凶、利、贞等观念，比附类推，并且以史为鉴，揭示人事、自然和社会的发展变化规律。

三、《周易》与中国传统哲学文化的起源

如果要寻找中国传统文化和文化观念的源头，那就不得不说到河图、洛书的神秘传奇。伏羲氏的先天八卦和文王八卦的类比思维方法规范了中华民族的思维定势。河图、洛书对后世的影响，除了表现在社会科学和自然科学领域外，更多的是表现在人文方面，即对人的世界观、价值观、思维方式也就是认识论的影响，这些影响集中反映在《周易》对社会各方面和中国哲学文化的元典起源方面。也就是说，《周易》的义理精华造就了充满智慧的中国哲学、中国传统的忧患意识以及德行文化，并塑造了“自强不息，厚德载物”的民族精神。因此，《周易》被称为我国文化的源头活水。《周易》内容极其丰富，对中国几千年来的政治、经济、文化等各个领域都产生了极其深刻的影响。无论是孔孟之道、老庄学说，还是《孙子兵法》，抑或是《黄帝内经》《神龙易学》，无不和《易经》有着密切的联系。

（一）《周易》论道的忧患意识

忧患意识就是要在安居时不忘记危险，在生存时不忘记灭亡，在和平时

不忘记动乱，如此才能使自身平安，并且保持国家的稳定。忧患意识在中国传统文化当中可谓比比皆是。孔孟的著作中，处处皆忧患之语。如《诗经·大雅·荡》中的“殷鉴不远，在夏后之氏”；孟子《告子》篇里的“天降大任于斯人也，必先苦其心志，劳其筋骨，饿其体肤，空乏其身，行拂乱其所为，所以动心忍性，增益其所不能”“生于忧患，死于安乐”；北宋范仲淹的千古名句“先天下之忧而忧，后天下之乐而乐”等。虽然忧患的具体内容随时代而转变，但生命忧患本身是中国哲学永恒的主题。除了“忧患”一词外，《周易》中还有很多关于吉凶和保持忧患意识的警句。另外，《周易》阴阳范畴的内容，就是生命关怀，或曰生命忧患意识。故《系辞传》一言以蔽之：“生生之谓易。”所以说周易哲学就是生命哲学。又云：“作《易》者其有忧患乎！”即生命忧患意识。《周易·系辞下》对忧患还进行了具体的论述：“危者，安其位者也；亡者，保其存者也；乱者，有其治者也。是故，君子安而不忘危，存而不忘亡，治而不忘乱；是以身安而国家可保也。”《易》曰：“其亡其亡，系于包桑。”

总之，《周易》在仰观俯察中体悟到事物总是处于不断变化之中，并进而产生了强烈的忧患意识，告诫人们要保有警惕戒惧之心，居安思危、防微杜渐；在身处逆境或困境时反身自省，小心应对，以便摆脱困境，化险为夷。《周易》之所以被称为“寡过之书”，就是因为其中包含着浓厚的忧患意识，处处告诫人们要保持警惕，见机而作，防止因自身的过错而导致不好的结果。其次，《周易》提醒人要有忧患意识，要居安思危，趋吉避凶，但同时强调处忧患要不失操守，趋吉避凶当以修德为本，切不可因个人的一时安危而放弃做人的原则，从而由忧患意识引出重德的思想。

（二）《周易》中包含普遍联系和对立统一的哲学观念

《周易》六十四卦、三百八十四爻，分别代表着自然界的万事万物，无论从哪一卦哪一爻开始变起，都可变出所有的六十四卦。通过这种联系，把本爻所代表的事物，和天（乾）、地（坤）、日（离）、月（坎）、山（艮）、泽（兑）、风（巽）、雷（震）及其他各卦爻所代表的事物普遍联系在一起。《周易》用自己独特的方式，充分体现了自然界普遍联系的观点。同时，《易经》卦图中的阴爻、阳爻作为代表宇宙万物的两个互相对立的基本范畴，并参照六十四卦各卦之间互相对立转化的情景（如乾坤、泰否、剥复），又结合卦辞、爻辞的研究，总结出宇宙万物构成、发展的根本规律。

《易传》发挥了《易经》的占辞里面“无平不陡，无往不复”的思想，认为“物极必反”，即事物运动变化的必然规律是向其对立面转化，而且“物不可尽”，事物的发展变化是无止境的，一切都处在永恒的转化过程中。《易经》首卦的“潜龙勿用”到“飞龙在天”，再到“亢龙有悔”，都是这种转化的典型形态。从事物的自身矛盾中寻求事物运动变化的起因，并从中发现事物其向对立面发展的必然性和事物运动的无限性，这在生产力尚处于初级发展阶段的社会里是极其可贵的。《易》发展到《传》的时期，更是把古代辩证思想推到了一个更加光辉的阶段。《易》的阴阳思维辩证理论放之四海而皆准，阴阳消长、旺衰在制约中发展、在对立中统一。人有生老病死，万物有生成败坏这种从无到有、又从有到无的客观规律，国家、社会、万事万物都在其中。但《易经》《易传》中最为宝贵的思想不仅是在人类认识史上第一次揭示了或者说猜测到了事物辩证发展的某些重要规律，而且指出了人们在事物发展规律面前应当采取的正确态度，那就是：顺应规律，趋吉避凶，运用对对立面转化规律的认识，从而促进事物向人类社会和人们自身有利的方向发展。

（三）《周易》中包含着“遵道重德”德行文化

在厚重的中华传统文化中，“德”占有重要地位。作为国家，要讲德治；作为个人，要讲德行。在“才”与“德”中，“德”居首位。这些思想或认识的源头都是《周易》。《周易·系辞上》中说：“易其至矣乎！”“夫易，圣人所以崇德而广业也。知崇礼卑，崇效天，卑法地，天地设位，而易行乎中矣。成性存存，道义之门。”大有《象》说：“君子以遏恶扬善。”益《象》说：“君子以见善则迁，有过则改。”《说卦》说：“立天之道曰阴与阳，立地之道曰柔与刚，立人之道曰仁与义。”由此可见，早在文明之初，《易经》就谆谆告诫人们，仁义道德是做人的根本，人们应当不断增修德行来承担历史赋予人类的重任。

（四）天人合一的思想文化

要想深入地了解中国传统文化，一定要从“天人合一”这四个字入手。“天人合一”是中国传统文化的起点，它贯穿中国传统文化的始终，不管是思维方式、评价标准、推论方法还是最终追求的理想社会，“天人合一”既是理论依据，也是道德标准，还是人们追求的终极目标。用《周易》里面的话来说，就是“推天道明人世”——通过天象来感悟、推断当中所蕴含的抽象的天意、天道。“《易》之为书也，广大悉备。有天道焉，有人道焉，有地道焉。兼三材而两之故六，六者非他也，三才之道也”（《系辞下》）。天道、地道、人道的统一，即天人合一思想，乃《易经》的根本指导思想。《周易》涉及的是宇宙万物的大道理，既有天地之理，也有人生之理，更有天理与人道的关系之理。这正是东方思维与西方天人对立思想的根本不同之点。当前，人与自然的冲突一览无余，生态平衡遭到严重破坏。因此，从中国远古文明中寻找天人合一的力量和智慧，对指引我们今天的生态文明建设有极大的积极作用。

从伏羲八卦算起，《易》学的起源最少也有七八千年的历史。“人法地，地法天，天法道，道法自然”，万法归宗。《易》学是我们的祖先对天文、地理、历史和生活环境的经验写照。因《易》而成道、儒、释，道学崇尚自然，儒家崇尚伦理，释教崇尚觉悟。《系辞》云：“乾知大始，坤做成物。乾以易知，坤以简能。易则易知，简则易从。易知则有亲，易从则有功。有亲则可久，有功则可大。可久则贤人之德，可大则贤人之业。”《易》奠定了中国传统文化的结构，使上下五千年的文明一脉相传，造就了博大精深的中国文化，形成了稳定的社会结构，使华夏儿女得以休养生息、安居乐业、薪火相传，塑造了富于创造性和坚韧性的民族精神，哺育了一代代英雄儿女。

第三节　礼制与中国古代制度文明

公元前21世纪初，中原出现的夏王朝揭开了中国历史的新篇章，继之而起的是商王朝，夏、商承替延续千年之久。文献和考古资料表明，夏王朝和商王朝的统治中心均在河南地区，并且在建国以前，夏、商族的活动地域也基本都在河南地区。中国古代文明由早期的形成阶段至夏商时期趋于成熟并走向繁盛，不仅创造出独具特征的绚丽灿烂的青铜文化，而且形成并完善了以礼制为代表的制度文明，对其后数千年中国社会的基本走向产生了深刻影响。

中国号称礼仪之邦，一个重要原因就在于中国自古就有一套繁复的成文的礼仪制度。礼制是中国法律史上所特有的社会制度，它奠定了中华法系伦理化特征的基础。礼法融合、礼法并用的实践为中国古代社会的稳定与发展、文化的繁荣以及文明的发达奠定了坚实的秩序基础。礼法制度是三代政治制度的重要内容之一。礼法关系在三代经历了礼对法的统摄、指导与支配、礼的本身的法典化、礼法混一、礼法分野、礼崩而法起等阶段。三代礼法制度对以后的中国政体、法治多所影响、塑造，并在制度层面上导致了中国现代意义法治的晚出和不成熟。

一、礼法制度的形成与发展——夏、商

中国的礼，发育甚早，传说中的"五帝"时代，礼的形制即已初具端绪。中国古代礼的阶级化、国家化、等级化，当揭幕于夏。从文献资料考察，孔子言古之礼制，曾提及夏礼、殷礼（《论语·八佾》《礼记·中庸》），却没有提出什么"唐尧之礼"或"虞舜之礼"的概念，可见，夏才是礼制的正式形成期，夏礼是三代礼制的初始形态。由于史料的缺憾，我们虽已无从知晓有关夏礼的具体细节，但从文献"三代之礼一也，民共由之，或素或青，夏造殷因"（《礼记·礼器》）一类的评论看，三代之礼都应当有一个贯穿前后的趋同形式和价值取向。古代礼家整理周礼时所提出的吉、凶、军、宾、嘉，即"五礼"，或可视作我们这个民族在古礼的领域具有某种趋同性的表征。

如果说礼法制度在夏代还处在一种初始形态，那么，商代则已是礼法制度的成长阶段了，其突出表现便是礼法的充实化、制度化、规范化。

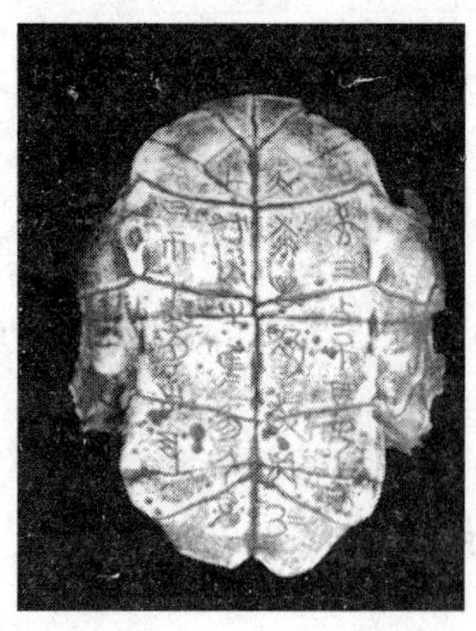

商人礼的观念和意识，在文化上的表现较为鲜明。甲骨文有"★"字，当为礼字的雏形。王国维谓"丰丰"为玉，认为"古者行礼以玉"，"盛玉以奉神人之器谓之★若★"，其后"分化为醴、礼二字"。卜辞中多见商人以玉祭神祖之事，如"庚午贞……于帝王玉……在祖乙宗卜"（《甲骨文合集》34 149）"其鼎用三玉犬羊"（《甲骨文合集》30 997）。从文献史料和甲骨卜辞看，商代已形成了

较为系统的祭祀制度，如周祭制度。据学者研究，周祭中先王祭的次序是以他们的即位次序为准进行安排的。同时，先王无论直系、旁系，甚至虽曾立为太子但未及即位者全部予以祭祀，先妣却是有选择进行祭祀的，即只有直系先王的配偶，并曾立为正后者才能入祀，祭祀次序的安排又都是以所配先王的祭祀次序为准的。周祭的制度严密，特别是它对位序的看重，表明商代礼制的宗法血缘等级色彩浓重，此亦反映出商代礼制的发达和渐趋规范化、制度化。据甲骨卜辞，殷商祀典的内容广泛，除祭祖礼外，殷人奉日、月、星辰、大地、山川等自然物为神，并进行频繁而隆重的祭祀，如甲骨文即有“乙巳卜，王宾日”（《甲骨文合集》32 181），“出入日，岁卯四牛”（《小屯南地甲骨》2615）等记载。关于殷人的祭礼观，《礼记·表记》有谓：“殷人尊神，率民以事神，先鬼而后礼。”《左传·成公十三年》谓：“国之大事，在祀与戎。”表明殷礼对人们的行为方式确有着规范、训诫的作用。在礼的统摄下，商代的刑罚亦表现出细密化、规范化的趋向。《荀子·正名》谓：“刑名从商。”《尚书·康诰》亦谓：“殷罚有伦。”足见其在后人心目中地位之高。很可能，中国古代法的制度化、规范化始于商代。表现之一，便是商人对“刑”概念的重视、体认。《左传·昭公六年》：“商有乱政，而作汤刑。”今本《竹书纪年》：“祖甲二十四年，重作汤刑”。一代名王盘庚也十分重视“正法度”（《尚书·盘庚》）。凡此，都表明了商的统治者的刑观念、刑意识已颇为完善。表现之二，是刑的细密化、具体化。据《吕氏春秋·孝行》引《商书》曰：商“刑三百，罪莫重于不孝”。

从商的礼法实践活动看，礼在高扬神权、族权的旗帜下，已逐渐取得了对法的指导和支配权，并在某种程度上将法归属于自己帐下；而从另外一个方面说，礼本身在不少场合即具有一定的法的意义，并通过刑进一步使自己权威化、法典化。质言之，在商代，礼高于法、统摄法，以至包含法。

二、礼制的完善——西周

西周时期，礼法制度在夏、商二代的基础上有了更进一步的发展、完善。其表现是：神本的色彩开始弱化，人本色彩增强，礼法制度渐趋系统、完备。史传所载的“周公制礼”和“吕侯制刑”，可视做这种发展和完善的代表性立法活动。

周公作为古代伟大的政治家、军事家、思想家，最值得称道的是他不仅辅佐成王巩固了国家政权，奠定了“成康之治”的基础，还总结前代经验，结合周初实际完善了礼乐制度。就这方面而言，说他比孔子的贡献还大并不为过，孔子景仰周公也正在这一点：“周监于二代，郁郁乎文哉！吾从周。”（《论语·八佾》）

周克商之后，周公分析了殷代列王的为政之道，得出殷亡于“失德”的教训，也即史书上常说的“殷鉴”。怎样才能不失德并保证德政的连续性呢？周公不愧为一位高瞻远瞩的政治家，他不仅提出了施行“德政”的政治纲领，还提出了要建立一套全新的政治制度，同时提出了制约操权柄者的一套系统的行为规范，这就是“礼”。这是一场比武王克商的意义还要重大的革命。

周朝兽面纹夔足铜鼎

周公制礼的内容，着眼点主要在两个方面，一方面，如孔子所说，“周监于二代”（《论语·八佾》），即周礼是对夏礼、殷礼的批判性继承、改造。周礼一方面继承了前代的东西，如以甲骨、蓍草卜筮等；另一方面则着力将宗教之礼改造为世俗之礼，如诸侯天子间和诸侯间的朝觐之礼、聘问之礼等，表现出周人既信鬼神、更重人事的务实特点。另一方面，在周礼中增加了新内容，注入了时代精神，其突出表现便是“德”观念的产生。周人十分强调“明德”“敬德”，主张“明德慎罚”（《尚书·康诰》），《诗·大雅·抑》还有“敬慎威仪，维民之则”的说法。杨向奎先生认为：威仪，“即刑，即法”。威仪“也是礼的概括，故可以当作德之同义语，因而可以说明，周公对于礼的加工改造，在于以德行说礼，减轻了礼物之商业交换意义，宗教上的含义也同时减轻”。“但在‘仪’的方面，礼乐配合，反而加重了礼仪之阶级色彩”。周公“以德行说礼”，同孔子的援仁入礼、以仁说礼的意思是一致的，目的都在以德浸润礼的僵硬规定，使人更易于自觉接受，这是其一；其二，使礼法下移，以为“民则”，扩展礼法的适用范围。总之，经过周公的一番改造，周礼比前代的礼更具有公众性、社会性、伦理性了。周礼内涵恢宏、细密。作为上层建筑的周礼，其内容除表现为由吉、凶、军、宾、嘉这些基本礼所构成的五礼外，还反映在典章制度和人们的日常行为规范中。作为典章制度的周礼，包括宗法、分封、昭穆、册命、舆服、祭祀、丧服、宫室、军制等方面；作为行为规范的周礼，略有“君令、臣共、父慈、子孝、兄爱、弟敬、夫和、妻柔、姑慈、妇听”（《左传·昭公二十六年》）诸端。而周礼这两方面的内容都或直接或间接具有法的约束力，规定和调整着社会关系的方方面面。管理国家，要“为国以礼”（《论语·先进》），“政以礼成”（《左传·成公十二年》）；做人，需“约之以礼”（《论语·颜渊》）。于是，“礼治”遂成为西周一种居于支配地位的统治工具。

周公在河南洛阳制礼作乐，是我国古代建立人文精神的重要开端，对其后儒家、法家等学派的治国思想都产生了重大影响。周礼包括礼制和礼典两大项：所谓讲礼乐，首先是讲制度，讲秩序。周公强调，“礼”是社会秩序的基础和核心，要建立良好的社会秩序，首先就是要正名分、辨等级、明贵贱，这些都是“礼”。所有的人都要循礼而为，所有的事都要依礼而办，任何人不得违礼，不得僭越。

礼乐之制也是中国最早、最完备的法典。周公之礼可以分为五类，适用面很广，基本涵盖了政治、军事及社会生活的各个方面。一是吉礼，主要用于祭享、郊庙、神祇等；二是凶礼，主要用于丧、荒、吊、恤等；三是宾礼，主要用于朝觐、迎宾、巡视等；四是军礼，主要用于军事、赋役、封疆等；五是嘉礼，主要用于飨燕、庆贺、婚冠等。

礼制，最基本的目的在于发扬伦理道德。有鉴于此，周公在制礼作乐时参考了大量殷遗民的意见，因此可以集前人之大成。礼乐的范围广及政治、经济、社会及人们的日常生活，诸如冠、婚、丧、祭祀、乡射、朝聘之类。大者有国家典章法制，小则涉及个人行为规范，无所不有。其中既包含传统、制度、成文法，又包含着风俗习惯等。在制礼作乐过程中，既大量继承了历史传统，又结合新的情况加以创新，是因时而制，突出了时代特色，体现了

“礼，时为大”的原则。

礼与刑，是西周制度文明的两个基本方面。吕侯制刑，则见载于《尚书·吕刑》。作为西周王朝的一次重要法律改革和立法活动，吕侯制刑的要点略有：①制五刑。明确将殷商时即已行之的墨、劓、剕、宫、大辟五刑制度化、法典化。②确定定罪量刑原则。提出“惟良折狱”“有并两刑”。③规定赎刑原则、办法。④德刑并举。如谓：“德威惟畏，德明惟明。”所谓“德威惟畏，德明惟明”，实际是说“德”有两层功用、含义，即教化之德与政令刑罚之德。这表明西周立法者对德、礼、法的功能互补性已有相当的认识，导致德、礼、刑的混同，使法（尽管只是刑之法）易受当权者意志（道德观、是非观）的支配从而丧失自身的独立性。

礼不同于民间的习俗，其不仅是习俗的升华，更是中华古代文明特有的一套制度与文化架构，是政治、教化、道德和刑法合一的文明体系。它具有定名分、序民人、别尊卑、明贵贱的社会整合功能和政治功能。不言而喻，礼仪制度是中国古代制度文明的集中表现。在国家出现后，它是宗法等级秩序、政治体系和全面的伦理道德规范。礼制是古代国家机器正常运行的法则，是人们言行的标准，国家赖以生存，社会赖以安定。《周礼》《仪礼》《礼记》的中心思想就是“惟王建国，辨方正位，体国经野，设官分职，以民为极”。其实这“三礼”便是当时的典章制度。夏、商、周直至秦、汉以后的典章制度，即礼制不断完善以至更加成熟，成为制度文明重要的组成部分。可以肯定地说，反映高度文明的礼制，都是在定鼎中原的历代王朝国都中制定的。

第四节　三代之国家制度

如司马迁所说：“昔三代之居，皆在河洛之间”，夏、商、周三代的政治中心皆在中原大地河南。夏朝是中国古代第一个政权国家，夏都的阳城即在今河南登封一带。大禹虽然按照传统的禅让制推举伯益为继承人，却不给他实权。相反，禹把实权给自己的儿子启，启杀掉益而继承王位。这说明我国原始社会的禅让制已被王位世袭制取代，氏族社会的民主管理也开始向国家行政管理过渡。从定鼎中原的夏朝开始，中国社会从“天下为公”的时代进入了“家天下”的时代，这也是中国古代宗法社会的开端。

夏、商时期，统治者为了巩固自己的统治，制定了一套从中央到地方的行政管理制度。在中央，最高统治者为王，设相、卿、士，其可参与商王决策；卜、祝、史负责占卜、祭祀和记录王朝大事；武官师则执掌军权，各类官职的主要职能划分非常清楚。在地方，商时期方国林立，方国首领被商王封赐为“侯”“伯”等，他们对方国拥有一定的支配权力，同时对商王效忠，定期纳贡、朝见，并奉命征伐。

西周灭商以后，作为中国历史上的第三个奴隶制国家，在吸收商朝灭亡教训的前提下，西周统治者参考夏、商的行政管理制度，创建了“封诸侯、建藩卫”制度，即分封制度。分封制的基础就是宗法等级制度。宗法等级制度产生于夏、商，是维护各级宗主贵族统治地位与世袭特权的政治法律工具。到了西周时期，古代宗族国家制度就达到了鼎盛时期。

宗法制渊源于原始社会末期产生的父权家族和宗族制度，是在中国古代宗族国家制度的形成过程中，为调整人们之间的血缘亲属关系，维护其伦理道德秩序和社会等级制度，逐步建立起来的一种家族和宗族集团的法律规范。宗法制的基本规则是将每个宗族中的嫡长子一支确立为大宗，居于同宗中的支配地位或主导地位；而把其他庶子分立为小宗，处于大宗的从属地位或次要地位；宗主照例由大宗担任，并且世袭继承。因此，宗法制从产生时起，就是基于确定继承顺序的需要而形成的一种等级制度。三代以后，历代封建王朝对宗法制度进行改造，逐渐确立了由政权、族权、神权以及夫权组成的封建宗法制度。

西周是古代宗族国家制度的成熟完备阶段。周天子以“受命于天”自居，号称“天之元子”，是天下同姓宗族的大宗，居于至高无上的绝对支配地位。其王位由嫡长子世袭继承，其他庶子则作为小宗被分封为各地诸侯。这样，根据宗法制与分封制，便形成了天子、诸侯、卿大夫、士等各级宗主贵族构成的金字塔式的等级制结构。各个等级之间的相互关系，既是大小宗关系，也是上下级关系。每一个等级都必须服从于上一个等级，并有纳贡、服役等义务。宗法等级制度遂成为确立社会等级秩序、维护宗主贵族统治的政治法律工具。

周代的宗法制度是在“分土封侯”制度的基础上发展起来的。周公当政和成康时期的分封诸侯，对巩固周天子的统治起到十分重要的作用，也为其后的宗法制度奠定了基础。周朝的政治制度虽然也在一定程度上继承了殷的制度，但为了巩固周天子的统治，周公一改夏、商时部落联盟而又相对独立的政治制度，用了很大气力推行以宗法为核心的分封制。史载，太公和周公分别被封于齐、鲁之后，太公曾问周公如何治理鲁国。“太公曰：‘何以制鲁?’周公曰：‘尊尊而亲亲’。”（《汉书·地理志》）在“普天之下，莫非王土”的周王朝，所谓“亲亲”，就是周王室把大量的姬姓子弟及亲属分封到全国各地为诸侯，诸侯们又将他们的亲属分为卿大夫或到领地内各处分食天子所赐，这就形成了血缘关系为纽带的官宦网络、以宗法关系为基础的利益集团。正如荀子所说，周室疆土上虽方国林立，但大都在一姓手中，“周公兼制天下，立七十一国，姬姓独居五十三。”（《荀子·儒效》）周公建立的“封建亲戚，以蕃屏周”的政治制度，对巩固国家的统治起到了决定性作用。

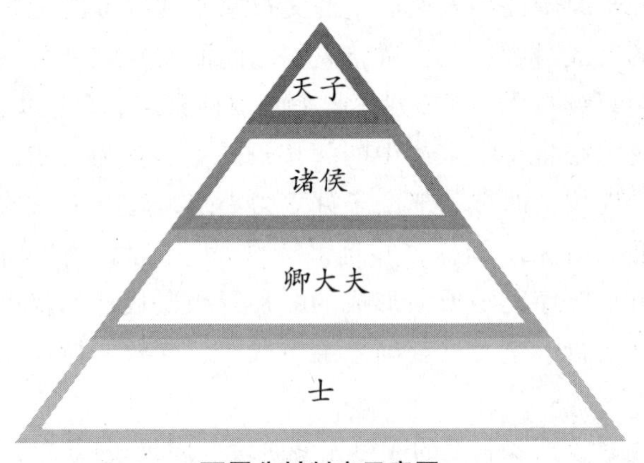

西周分封制度示意图

分封制的推行过程中，首先需将京城的范围加以确定，由王室主管，即所谓的“畿制”。畿外之地才能分封给诸侯，这样做既保证了王城的收入，又保证了王城的安全。其次是“爵谥制”。诸侯的爵位由天子加封，如发生叛逆或不轨，可以褫夺。周朝将所封诸侯分为五个等级，即公、侯、伯、子、男五种爵位。其中，有三部分人能被分封到各地为诸侯：一是周王室的子弟及同姓亲属；二是为国家建功立业做出贡献的大臣；三是有帝王血统的人，包括被消灭、被吞并国家的王室后人。

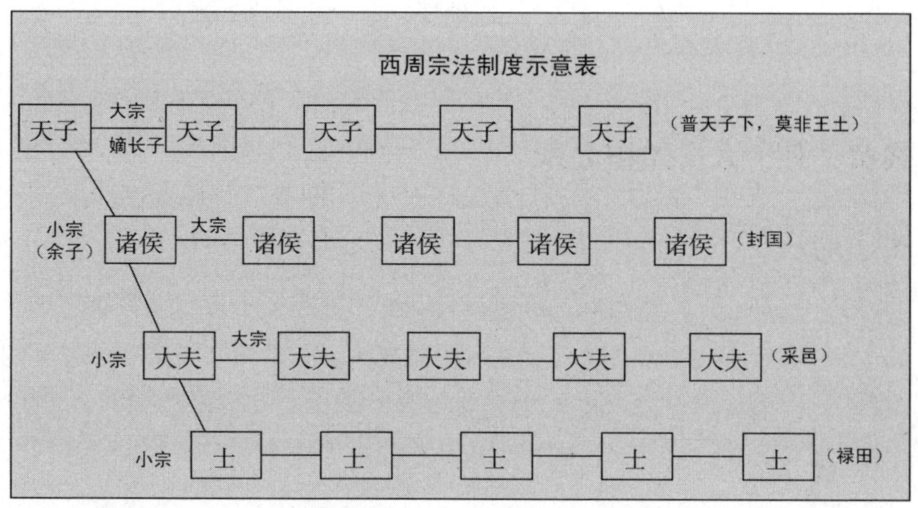

西周的分封制与宗法制互为表里，相辅相成。分封制是宗法制在政治制度方面的体现；宗法制则以宗族血缘关系为纽带，通过所谓的“嫡长子继承制”，与分封制相关联，将宗法关系与国家制度结合在一起。《春秋公羊传·隐公元年》中对宗法制的基本原则做了一句简明的概括，那就是“立嫡以长不以贤，立子以贵不以长”。夏、商、周三个王朝基本上实行的都是嫡长子继承制，但商代君位继承还实行了“兄终弟及制”，并无定制。有鉴于此，在周灭商后，周公便将其明确为嫡长子继承制，就是“传嫡不传庶，传长不传贤”。嫡长子继承王位后，众庶子、庶兄弟则分封为诸侯。分封制实行后，诸侯们也效法周天子的做法，实行嫡长子继承制，他们的庶子、庶兄弟们则被封为卿大夫。这样，就在全国形成了盘根错节、关系复杂的以贵族为核心的等级制度，并以这种“亲亲”关系作为精神支柱，支撑和维护着王权。可见，以嫡长子继承制为核心的宗法制是分封制的核心和纽带。

宗法制度是由原始氏族社会父系家长制演变而来的，它确立于夏朝，发展于商朝，完备于周朝。同样，宗法制度的滥觞、发扬也是通过分封制的形式，从三代的统治中心——中原地区逐渐扩散至四方。后来，各王朝的统治者对宗法制度加以改造，逐渐建立了由政权、族权、神权、夫权组成的封建宗法制。宗法制度对后世中国的影响尤为深远，家族制度长盛不衰，传统社会的“家国同构”，甚至中国的姓氏文化的起源亦与此密切相关。

第二章

炎黄子孙：人文始祖之根

统筹：王　芬
撰写：耿鹏飞

参天之木，必有其根；怀山之水，必有其源。我们有理由知道，约占世界总人口 1/3 的中国人的根在哪里？其共同的祖先又是谁呢？近几年，世界各地的炎黄子孙掀起了一股寻根热，他们不远万里来到中国寻根祭祖，为什么呢？专家指出，寻根的历史意义，在/于普天下所有龙的传人不忘血统，不忘根本；寻根的现实意义，在于华夏民族的认同、团结、凝聚、合作。很多人也许不知道，寻根的起点是海外，中转站是闽粤等沿海地区，终点却是河南。

第一节　寻根问祖，炎黄子孙

“炎黄子孙”是我们中华民族引以为豪的自我称谓，其源于炎帝和黄帝两位先祖，这一称谓也经历了一系列发展过程。

一、中华人文始祖之炎帝与黄帝

炎黄二帝在史书上随处可见，但在古史学家的笔下，已被描述得活灵活现。几千年来，中国人一直把炎黄视为人文始祖，这是铁的事实。但仍有几个概念需要首先弄清楚。其一，炎帝、黄帝是人、是族还是神？可以说都是。炎黄在古代是两个大部族，或者说是部落联盟的骨干族。炎黄是领袖族，也是族中的领袖，他们的名字既代表族，也代表族的领袖。所以说炎黄是人也是族。由于炎黄在人类历史上有显赫的地位，也有很大的贡献，后人就把他们神化了，并以神相敬。其二，史书说炎帝与黄帝是同时存在的，却又说五百年后黄帝代替炎帝而有天下，的确使有些人费解。在民族学中，如美洲的印第安人，有的部落酋长的名字是固定的，无论哪一任酋长都是同一个名字。类似近代拿破仑的名字，现代的达赖、班禅的名字都属于世袭名字。明确了这个道理对炎黄的年龄就好理解了。其三，史书上记载某人生某人，如说少典娶有蟜氏女生炎帝、黄帝。这里说的生，不是指具体的生人，而是氏族或部族的分支。因此，史书上提到的人名，有些实际上要把他理解为氏族、部落或者是方国。进入有史记载的正式王朝，就另当别论了。

远古时代是氏族林立的时代。《史记·封禅书》上说："黄帝时有万诸侯。"诸侯，是一个大的部落、部族或者是方国。《帝王世纪》说：颛顼、帝喾"以建万国"，到大禹时"执玉帛者有万国"。所说的"万"是言其很多，不一定去机械地理解。不论是"万诸侯"还是"万国"，他们的血统不可能是绝对统一的，但是到后来从形式上逐步走向"统一"，实际上是逐步走向文化统一、血统混杂。例如，夏王朝建立之后，"万国"的形势就变化了。《帝王世纪》说："孔甲之至桀行暴，诸侯相兼，逮汤受命，其能存者三千国。"说明夏王朝时期，采取强硬手段，融合了大约七千个部落或方国。商王朝到西周时期，"凡千七百七十三国，又灭汤时千三百矣"，"当春秋时，尚有千二百国"，"至战国，存者十余"，最后秦始皇灭六国统一天下，车同轨，书同文，统一度量衡，为进一步加速民族融合创造了条件。这种政治因素，促使了互通婚姻，在血统上你中有我，我中有你。但是，这种血统混杂的人群，为什么都承认是炎黄的后代呢？这与居于绝对优势地位的民族有关，所谓优势地位是指两个方面：一个是人口优势，一个是政治、经济、文化优势。占有这两个优势的是古代的华夏族。炎黄是华夏族的人文始祖，也是华夏族的代表。华夏族是汉族的前身，汉代之后便被汉族一词所代替，但是汉族血统更庞杂，它融合了更多少数民族的血液。汉族实际上是一个多民族混合的自在民族。尽管如此，崇信的远祖始终不变。从形式上看，炎黄是汉族的远祖；从实质上讲，炎黄成了中国许多民族的祖先。正因为这样，炎黄既是实际上的祖先，又是象征性的祖先。从象征性这个意义上来讲，他就可以称之为中华人文始祖。

（一）炎帝

炎帝、黄帝在古代本是同一祖族分支出来的两个胞族，分头在各自的领域内发展壮大。正如《国语·晋语》中所说的："昔少典娶有蟜氏，生黄帝、炎帝。黄帝以姬水成，炎帝以姜水成。成而异德，故黄帝为姬，炎帝为姜。"《竹书纪年》说："炎帝……育于姜水、故姜为姓。"姜水在陕西的岐山、武功一带，属渭河流域，是炎帝发迹的老家。《竹书纪年》还说："炎帝……居陈，迁曲阜。"陈，即今河南的淮阳县；曲阜，即今山东的曲阜市。可见，炎帝生于河南，根在河南。炎帝还有一支向南发展，《竹书纪年》说："炎帝……其起本烈山，号烈山氏。"烈山后来成了厉国，其地望在湖北省的随州市，与河南省桐柏县接壤。《史记·五帝本纪》说：黄帝"与炎战于阪泉之野"。阪泉在河北省中部。从以上介绍的情况可以看出，炎帝早期是以渭河流域为根据地，以后这个部族分散到河北的中部、河南的东部、山东的西部和湖北的北部。这挂一漏万的资料，也反映了炎帝族发展与活动的动向。另外，再来看炎帝族后代的建国情况。周族的女祖先姜姬族是炎帝的后代，长期居住在陕西的宝鸡、岐山和武功一带，这是众所周知的。除此之外，炎帝后代姜姓在东方建国有 24 个。即闾邱（在河南南阳）、析（在河南内乡、淅川）、吕（在河南南阳）、申（在河南唐河）、许（在河南许昌）、封（在河南封邱）、隰（在河南武陟）、厉（在湖北随州）、齐（在山东北部，即春秋时一度称霸的齐国）、高、剧、崔、卢、廪邱（均在山东境内）、向（在安徽）、焦（在安徽亳州）、黄、姒、葎、沈（均在山西汾河流域）。根据以上情况，可知在陕西、山西、湖北、河南、安徽、山东以及河北等省，在古都有炎帝族的后代。另外在《山海经》里也提到炎帝族的发展："炎帝之孙，名曰灵恝，灵恝生互人。""炎帝之孙伯陵……生鼓延、殳始、为侯。""炎帝之妻，赤水之子听，生炎居，炎居生节竝，节竝生戏器，戏器生祝融。祝融降居江水，生共工，共工生术器……共工生后土，后土生壹鸣，壹鸣生岁十有二。""后土生信，信生夸父。"《帝王世纪》说："炎帝……生帝临魁，次帝承，次帝明，次帝直，次帝厘，次帝哀，次帝榆罔。"这里提到炎帝的后代的确不少，但多不知其居住的具体地区。其中夸父族在河南的灵宝市，那里现在还有传说的夸父山。共工是一个较大的部族，与颛顼、尧、舜之间，有时联合，有时分裂，他的活动地域在河南，后来有一部分被驱逐到北方。祝融族是一个特大的族，留在后边再说。尧舜时期的“四岳”系姜姓，当然也是炎帝的后代。《世本》（据秦嘉漠辑补本，以下皆同）把炎帝后代仅姜姓一支，汇集为十六属地（即地区或方国），一百零七个氏。每一个氏又发展为姓，即一百零七个姓都是炎帝后代。

（二）黄帝

黄帝族是从少典族分支出来的，他的基地在河南。《竹书纪年》说：黄帝“居有熊”。有熊即河南新郑。《水经注·渭水下》说：“黄帝居陈，在陈仓。”陈仓在陕西宝鸡以东。陈为河南淮阳县。《史记·五帝本纪》说：“黄帝居轩辕之丘。”《集解》引皇甫谧说：黄帝“受国于有熊，居轩辕之丘。”因此，轩辕之丘当在有熊境内，其地望亦当在新郑一带。《世本》有“黄帝居涿鹿”或“黄帝都涿鹿”的记载，《史记·五帝本纪》说：黄帝“邑于涿鹿之阿”。或居，或都，或邑的涿鹿均在河北省南部。黄帝活动的地域甚广，如《竹书纪年》说：黄帝“坐于玄扈、洛水之上”，“帝祭于洛水”。玄扈水、洛水在河南西部。《庄子》载：“黄帝将见大隗乎具茨山。”大隗山在河南新密。《史记·封禅书》说：“黄帝封泰山，禅亭亭。”泰山、亭亭均在山东。《史记·五帝本纪》说：黄帝“东至海，登丸山，及岱宗。西至于空峒，登鸡头，南至于江，登熊、湘。”这里是说黄帝到过山东、甘肃、湖北和湖南。黄帝驱逐獯鬻至河北的釜山，与蚩尤、炎帝在河北中南部打过仗，受丹诀于豫北的王屋山。黄帝的葬地，据《史记·五帝本纪》说：“黄帝崩，葬桥山”，其地在陕西的黄陵县。传说河南的灵宝也有黄帝陵和黄帝登仙处。居地和葬地是黄帝族直接控制的范围。其活动的地区有两种情况，一种是本族居住的范围内，另一种可能是友好部族居住的地区。黄帝战败了炎帝和蚩尤，他的势力之大，占据的地盘之广，在“万诸侯”中，无一能与之相比，在当时诸侯咸服，黄帝族居于领袖地位。黄帝族人丁极其兴旺，他的后代越来越昌盛，而且长期居于统治地位。《史记·三代世表》记载，在中原地区不同时代居于统治地位的族，全是黄帝的后代。例如：“黄帝生昌意，昌意生颛顼，颛顼生穷蝉，穷蝉生敬康，敬康生句望，句望生蟜牛，蟜牛生瞽叟，瞽叟生舜。”“黄帝生昌意，昌意生颛顼，颛项生鲧，鲧生禹。”“黄帝生玄嚣，玄嚣生蟜极，蟜极生帝（喾），帝佶生（契），是为商祖。”“黄帝生玄嚣。玄嚣生蟜极，蟜极生帝佶（喾），帝佶生尧。”“黄帝生玄嚣、玄嚣生蟜极。蟜极生帝佶（喾），帝佶生后稷，是为周祖。”从以上几条可以看出，不仅颛顼、帝喾、尧、舜等赫赫有名的领袖族是黄帝的后代，而且夏、商、周三代，最高统治集团全是黄帝的后代。据《世本》统计，黄帝直系子族十二姓，发展到一百零一个属地（方国、诸侯国），五百一十个氏。

二、技术始祖之炎帝与黄帝

（一）炎帝神农氏的主要贡献

（1）始教民耕。炎帝神农氏是我国农耕文化的创始者。《帝王世纪》载“炎帝神农氏，长于姜水，始教天下耕，种五谷而食之”，又说他“始教天下种谷”。《逸周书》佚文云：“神农之时天雨粟，神农耕而种之……然后五谷兴。”《管子·轻重戊》云：“神农作，树五谷于淇山阳，九州之民乃知谷食。”《武梁祠像碑》载：“神农氏因宜教田辟土种谷，以振万民。”由此可知，炎帝神农氏是我国农业经济社会的部落集团首领。中国自古以农立国，农业为天下之本，是人们的衣食之源，炎帝神农氏发明农耕，自然受到后世的崇拜，被尊为农业之神。

（2）始作耒耜。《易·系辞下》载：“包牺氏没，神农氏作，斫木为耜，揉木为耒，耒耨之利，以教天下，盖取诸《益》。”神农因天之时，分地之利，制耒耜教民农作，神而化之，使民宜之，故谓之神农也。江西万年仙人洞遗址出土了蚌耜，浙江余姚河姆渡遗址出土了骨耜，内蒙古德勒庙遗址出土了石耜，河南三门峡庙底沟遗址中发现了双齿木耜的痕迹。耒耜的发明，标志着锄耕农业的出现，这是炎帝神农氏对农耕文化的又一大贡献。

（3）发明医药。《淮南子·修务训》说神农：“尝百草之滋味，水泉之甘苦，令民知多辟就。当此之时，一日而遇七十毒。”炎帝神农氏在长期的农业生产活动中，逐渐认识了草木药性原理，发明了医药针灸。

（4）始做琴瑟。炎帝神农氏发明了原始乐器，并谱写了《扶犁》《丰年》等乐章，这些都与农事有关。

（5）筑城设市。神农氏所作之“市”可以视为中国集市贸易的雏形或者源头。《汉书·食货志》载：“神农之教曰：有石城十仞，汤池百步，带甲百万，而亡粟，弗能守也。”这里是讲粮食储备与守城之间的关系。

（6）肇始姜姓。“姜”为中国当代80大姓之一，总人口数在450万以上，其中大多出自炎帝，为神农氏后裔，因而炎帝神农氏被尊为姜姓的得姓始祖。

（二）黄帝的主要贡献

黄帝聪明能干，有多方面的才能，善于作战，又精于治国平天下。黄帝主要有以下贡献：

（1）设六相及史官：黄帝得流向六相而天地治，神明至。

（2）力占天官：黄帝住河洛，有大鱼负图上献，是谓河图，帝得其五要，乃设灵台，立五官：鬼萸 占星；斗苞授规（观天仪器）正日月星辰之象，作星官之书；羲和占日；尚仪占月；车区占风。

（3）命大挠作甲子。

（4）命容成作浑天（盖天）及调历。

（5）命隶首定数（算数及度量衡始有）。

（6）仓颉体类象形而制文字。

（7）命伶伦造音律，荣援作十二钟，大容作咸池之乐。

（8）作冕旒，正衣裳，以表贵贱。

（9）作器具：命宁封为陶正，赤将为木正。

（10）作弓矢：命挥作弓，夷牟作矢，以威天下。

（11）作舟车：刳木为舟，剡木为楫。作大辂（天子车名）以行四方。由是车制备，服牛乘马，引重致远，而天下利。

（12）广宫室：帝广宫室之制，作合宫祀上帝。

（13）兴货币 ：范（以模铸金）金为货 ，制金刀，立五币（珠、玉、黄金、刀、布）以制国用，而货币行矣。

（14）教民养蚕：黄帝元妃嫘祖，始教民养蚕，治丝茧，以供衣服。是为世界养蚕之始。

（15）创医学：命岐伯作内经，复命俞跗、岐伯、雷公究脉息，巫彭桐君处方饵，而得人以尽天年。

（16）立步制亩，以定井田；画野分州，以营国邑。

（17）采首山之铜以铸鼎。

（18）发明指南针。

三、“炎黄子孙”称谓的历史演变

中华民族自称为“炎黄子孙”，而“炎黄子孙”作为一个独立用语，却有其形成、发展的过程。通过对有关资料的梳理，我们发现“炎黄子孙”一语大致经过了三个历史时期的演变过程，而每个历史时期的意义又有异同。

（一）“炎黄子孙”称谓形成的雏形期

“炎黄子孙”形成的雏形期最早可以追溯至先秦的虞舜时期。《国语·鲁语上》记鲁大夫展禽言：“……有虞氏郗黄帝而祖颛顼……”此时的虞舜族已把黄帝作为本族之先祖而进行祭祀，是由于其“出自黄帝”。《周语下》记太子晋言：“……夫亡者岂无宠？皆黄、炎之后也。”韦昭注：“鲧，黄帝之后也；共工，炎帝之后也。”自认为是黄帝、炎帝的后代。“黄、炎之后”可以说是“炎黄子孙”的最早雏形。

像这种自愿作为黄帝、炎帝之后的还有夏后氏。韦昭注：“虞、夏俱黄帝、颛顼之后。”因初受封于陈的虞胡公的后裔陈完逃奔于齐，至陈（田）和取代姜氏而有齐国。其传世铜器陈侯因郝敦铭文曰：“其惟因郝皇考邵高祖黄帝，司（嗣）硕文。”“因郝”即齐威王，“高祖”犹言远祖。这句话里说齐威王承嗣于田齐桓公［“硕（桓）文”］，称黄帝为其远祖，可谓承传有绪。

在这一时期，自称“黄、炎之后”或自认黄帝为“高祖”的，其意义均是一种血缘认同，自认为与黄帝、炎帝有血缘关系，为其后裔。

秦汉以降，随着“大一统”观念的出现，司马迁在《史记》里，以“五帝”为开端，编排了一个系统而完整的华夏血统。他在《三代世表》里说：“舜、禹、契、后稷，皆黄帝子孙也。”首次提出了“黄帝子孙”一语。东汉班固在《汉书·魏豹、田儋、韩王信传》里说：“周室既坏，至春秋末，诸侯殆尽，而炎黄唐虞之后裔尚犹颇有存者。”这里所言的“炎黄之后裔”，虽与《国语·周语》里太子晋说的“黄、炎之后”，都在讲历史上的兴替，自认为是炎帝、黄帝之后代，但在用语词序上有所不同。依据罗琨先生看法，认为“涵义也不一样”。她说：“仅就时间跨度而言，也是不一样的。‘黄炎’是指阪泉之战中对阵的双方———黄帝和炎帝，他们同处于文明初曙的英雄时代，黄帝又是这个时代的总代表，因此‘黄炎’这两个古族的历史虽然都可以追溯到十分遥远的往昔，但是这一用语所含的历史时代则仅为距今五千年至夏朝建立前夕。‘炎黄’是指炎帝神农氏与黄帝，神农氏的时代在前，故称‘炎黄’。其历史跨度整整要向前延伸一个神农时代。”班固以后及至今所用的“炎黄”均是指与神农氏“合户”以后的炎帝，即“文化的炎帝”。西汉末年，王莽为使其“新政”合法化，“……郊祀黄帝以配天，黄后以配地……姚、妫、陈、田、王氏凡五姓者，皆黄、虞后裔，予之同族也”，自认为是黄帝后裔。

魏晋、隋、唐、宋、明等汉族朝代，沿用汉制在其国都设祠坛郊天及祭祀五帝。唐玄宗敕示：“三皇五帝，创物垂危，永言龟镜，宜有钦崇。”在京城内置一庙，春秋祭祀，由此开启了在京都立庙祭祀黄帝及炎帝的先例。北宋刚一建立，宋太祖便让其官员寻访“炎帝陵”，在酃县（今炎陵县，下同）御祭，“三岁一举，率以为常”。宋真宗以梦见黄帝言“是赵之始祖”为由，宗黄帝为圣祖，诏示立“黄帝祠庙”。宋徽宗时“中置殿曰神，以祠黄帝”。南宋虽偏安临安（今杭州），仍仿旧而祭祀。到了明代，取消天下郡邑祭祀“三皇”，而改为“祭以五帝……于京师立庙致祭”。当然，这里也不全是以祖先名义而祭祀，有些是以五方帝、帝王的名义来祭祀。

考察从秦汉到清代，历朝历代汉族或少数民族自称为“炎黄之苗裔”的意义，虽不能完全排除血缘和文化的认同，但更多的是一种政治认同。无论是汉族政权，还是少数民族政权，以自认为是炎黄后代，表示其政权的合法性，即正统性，为巩固其统治地位服务。

(二)“炎黄子孙”称谓形成的发展期（过渡期）

清末到20世纪70年代末，可以说为“炎黄子孙”的发展期。在这一时期，已很少出现“炎黄之后裔”和“黄帝后裔”“炎帝后裔”的句子，而更多的是“黄帝子孙”，并开始独立被使用。可以说这一时期的“黄帝子孙”是“黄、炎之后”走向“炎黄子孙”的过渡时期。因受历史上“重黄轻炎”思想的影响，基本上是不提炎帝的。

根据高强、田延峰二位先生的研究，认为在这一时期，率先使用“黄帝子孙”称谓的是康有为。1899年4月，流亡加拿大的康有为在一次演讲中说：“我国皆黄帝子孙，今各乡里，实如同胞一家之亲无异。”梁启超1900年写的《少年中国说》中称：“我黄帝子孙聚族而居。”随后梁在《中国史叙论》《新史学》《新民说》等文章中多次提到“黄帝子孙”。经康有为等改良派的提出，再经邹容等革命派的推波助澜，使“黄帝子孙”在此期间流行起来。邹容不仅在其著名的《革命军》一书中，反复使用了“黄帝子孙”一词，其他如《大陆》《江苏》《直说》《新湖南》《浙江潮》《黄帝魂》《警世钟》《童子世界》《湖北学生界》等书刊中，“黄帝子孙”一语亦是随处可见。除大量地使用“黄帝子孙”外，还使用了“炎黄之裔”“炎黄余裔”“黄炎之种族”“炎黄种类”等语。

在1900年前后使用的“黄帝子孙”，其意义主要在于政治方面，即尊黄排满。其内涵是改良派所使用的“黄帝子孙”指“中国人”，而革命派所使用的“黄帝子孙”则指汉族。显然，不管是从意义方面，还是从内涵方面看，均有其民族的狭隘性（改良派除）。

到20世纪70年代末，虽使用“黄帝子孙”的频率没有清末时高，但在一些研究性的论文和祭祀文章中还不时出现。在此期间，影响较大的是于右任先生辑录的《黄帝功德纪》。在其序言里，于右任先生说：“是中华民族之全体，均皆黄帝子孙也。”“黄帝子孙”之内涵，抛弃了狭隘的汉族论，而为“中华民族之全体”。另外，不论是中华民国在清明节祭祀黄帝陵的祭文中，如中华民国二十五年（1935年）陕西省各界祭文“……凡我陕人，誓随全国同胞之后，致力于复兴民族，期无忝为我黄帝子孙……”；还是发表的论文，如1938年发表在《西北史地》第1期上陈子怡的《中华民族，黄帝子孙，一耶？二耶?》等，均在“中华民族”这个层面上使用这一概念。其意义是文化认同（亦不排除血缘认同），面对日本侵略者，同为黄帝子孙的全体中华民族应“仗威灵之默佑，振民族之精神”，团结一致，共同对敌。

中华人民共和国成立后，从1955年到1961年，陕西省人民政府又恢复了每年清明节祭祀黄帝陵典礼。从其祭文看，虽未出现“黄帝子孙”一类的称谓，但每次祭文里有“用鲜花醴果之仪，向中华民族始祖轩辕黄帝陵敬以虔诚的致祭”的话。其内涵清楚地表明为“中华民族”。

（三）“炎黄子孙”称谓形成的定型期

从20世纪70年代后期始，到20世纪80年代末，“寻根热”的兴起，掀起了一场研究炎黄文化的热潮。“炎黄子孙”称谓作为一个独立的用语，开始流行于报刊。

从手头现有资料来看，这一时期最早使用“炎黄子孙”的是1976年出版的由郭沫若先生主编的《中国史稿》。他在该书第一册第三章第三节“我国古代传说中的氏族和部落”中简述了华夏族的形成过程后说：“……传说中的‘炎黄子孙’，正是神话式地反映这种复杂错综的形成过程。”联系前后文来看，郭沫若先生所使用的“炎黄子孙”的内涵是“华夏族”。对华夏族，郭沫若先生又说：“这里谈的羌人、夷人、戎人、狄人、苗人、蛮人，正是汉族的前身。历史上所说的华夏，乃是由他们共同融合而成的。”可见，这里的“炎黄子孙”不是指中华民族之各个民族。其意义，还留有血缘认同之痕迹。1979年元旦，叶剑英发表的《告台湾同胞书》中有一句是“两岸同胞都是黄帝子孙”。此处的“黄帝子孙”含义为中华民族。以此可以看出，此时“炎黄子孙”一词还未广泛流行起来。

20世纪80年代中期以后，“炎黄子孙”才开始大量流行起来。从论文来看，1984年发表于《华南师范大学学报（社会科学版）》第二期龚维英的《“炎帝神农氏”形成过程探索》一文中说：“今天的华人（中国人、华侨、外籍华人与华裔）自称炎黄子孙，是有充分理由的。”发表于1987年第4期《史学研究》上杨亚长的《炎帝、黄帝传说的初步分析与考古学观察》一文说：“我们中华民族为炎黄子孙，并且以此作为殊荣。”此外，国家领导人邓小平、江泽民、陈云、王任重等的题词中，也都使用了“炎黄子孙”一语，其内涵均与中华民族等同。同时，还有使用“炎黄世胄”“黄帝子孙”的，其内涵与“炎黄子孙”相同。

20世纪80年代后期，随着“炎黄子孙”称谓的频频出现，1989年7月5日《光明日报》第三版发表了葛剑雄先生的《炎黄子孙不是中华民族、中国人民的同义词》一文。文中认为“炎黄子孙不是中华民族、中国人民的同义词”，而是“一种大汉族主义的表现”；“滥用炎黄子孙的提法”既“不符合华夏（汉）族形成和发展的历史”，也“不符合今天中华民族的实际”，更“不利于统一大业和国际友好”。在葛文发表后不长时期，《光明日报》接连发表了两篇文章，一篇是员力的《也谈炎黄子孙》（1989年9月6日），另一篇是李绍连的《炎黄二帝与中华民族文化》（1989年10月25日）。李文虽未用“炎黄子孙”一语，但他认为“炎、黄二帝不仅是汉族的祖先而应是中华民族共同的祖先”。

我们说，经过数千年的发展，炎黄华夏联盟到华夏族/汉族，再到今天的中华民族，达到了高度的融合和统一，尽管还有56个民族的存在，但在政治、经济、文化等各方面已融为“一体”即“多元一体”。所以，今天所使用的“炎黄子孙”其意义是在于文化的认同上，只要他认同于炎黄文化即中国文化，就可以自称为“炎黄子孙”。从这个意义上说，“炎黄子孙”就是指中华民族。

第二节　扎根中原，情牵四海

中原地处华夏腹地，历史悠久，文化璀璨，是炎帝神农氏和黄帝轩辕氏活动的重要历史舞台，其在中原地区的史迹十分丰富且极具代表性。

一、炎帝在河南

（1）天然石龙。炎帝神农氏的诞生，带有浓郁的神话色彩。《帝王世纪》云：“神农氏姜姓氏也，母曰任姒，有蟜氏之女，名登，为少典妃，游于华阳，有神龙首感女登于常羊，生炎帝，人身牛首，长于姜水。”这里“神龙首”和“常羊”所指为何？历来难解，实为千古之谜。河南伊川天然石龙的发现，为解决这个问题提供了新的线索。1994年11月20日，《洛阳日报》在显著位置报道了“伊川发现巨型天然石龙”的消息。1996年2月12日，新华社报道：“由自然沉积岩形成的巨型石龙，不久前在河南洛阳龙门石窟西南26公里的伊川县平等乡大莘店村被发现。这个石龙位于大莘店村龙头沟的沟壁上……石龙对面南沟沿上有望龙台，台上石碑刻有‘龙头沟内龙泉佳，九里土沟有石龙’的诗句。经测量，石龙露出部分长约70.9米，高约9.5米，石质龙身通体连贯。龙吻大张，上下各有六颗天然石头组成的龙牙，龙鼻上扬，前方有两棵椿树作龙须状。龙眼轮廓分明，斜状石岩恰好组成龙角，石质龙身线条全由自然地壳变化形成。龙身后脊上有翼状石层显露似为龙翅，龙的后尾尚埋于黄土之中。”在远古时代，此天然石龙被人们视为“神龙”。石龙所在地叫上元羊家坡。这与炎帝之母女登所游与感的地望相符，被认为是神农故里的新发现。

（2）神农涧。神农涧位于河南温县境内。明万历五年《温县志》记载：

“神农涧，在县境内。相传炎帝神农采药于此，尝五谷，以杖画地遂成涧。”关于神农涧，温县还流传着这样一个故事：有年春天，温县一带流行瘟疫，人染病后，面黄肌瘦，体弱无力，整日卧床不起，有的甚至丧失了生命。当时神农氏为寻草药，来到温县。得知这一情况，格外焦急，于是他每日在野外奔波，寻找治病的草药。后来发现了山药，他便熬煎成汁，送给病人服用。病人服用后，顿时神清目爽，病情大减，相继恢复了健康。神农不光为病人治好了病，他还思考着发病的原因。他反复观察了这里的地形，认为瘟疫的发生和这里的水土大有关系。他抓起一把土，用舌头尝了尝，果然又苦又涩。他想，如果不改变这里的环境，将来病情仍会发生。于是他便用拐杖在地上狠狠一划，只听得山崩地裂一声巨响，随着拐杖，在底下出现一条十多里长、二丈余深、五丈余宽的深沟。沟底流水淙淙，岸上绿草如茵。随着阳气上升，阴气下沉，温县人方彻底摆脱了瘟疫的纠缠。人们为了纪念神农，于是将那道沟唤作神农涧。

（3）神农坛。河南焦作沁阳市西北 25 公里处的太行山南麓，总面积 50.2 平方公里，是省级风景名胜区，因炎帝神农在此播五谷、尝百草而得名，由紫金顶、云阳河、仙神河、黑龙潭、白松岭、临川寺、悬谷山、尧舜路八大景区组成。

（4）炎帝诞生地。据东汉《春秋纬元命苞》载："少典妃安登游于华阳，有神龙首感之于常羊，生神农，人面龙颜，好耕，是谓神农，始为天子。"这里提到的"华"不少学者认为指的就是华山。古代华山就在今河南境内，很可能即嵩山。这里所说的华阳，系指华山之阳，其地在今河南省新郑市境内。

（5）神农故都。炎帝神农最早建都于陈，并在此挖井、种谷。陈城在今河南省淮阳县城关一带。淮阳地当淮水之北，位于黄河冲积扇南沿的颍水中游，历史上是东西文化的交会中心，作为炎帝神农氏的故都，在中国都城史上占有极其重要的地位。陈是炎帝神农氏的都邑，后又从这里徙都曲阜，记录了中国历史上最早的迁都活动。

二、黄帝在河南

（一）黄帝故里

黄帝故里位于河南省（郑州市）新郑市区迎宾路西侧，轩辕路中段北侧。

据大量的历史记载和文物佐证，黄帝统一天下，奠定中华，肇造文明，惜物爱民，被后人尊为中华人文始祖。河南新郑古为有熊氏之国，轩辕黄帝降于轩辕之丘，定都于有熊，汉代在新郑北关轩辕丘前建有轩辕故里祠。

自汉代建轩辕故里祠以来，历史上有毁有修。明代隆庆四年（公元 1570 年）修葺，于祠前建"轩辕桥"；清康熙五十四年（公元 1715 年）新郑县知事许朝术于祠前立"轩辕故里"碑；清乾隆二十九年（公元 1764 年）修葺，《重修大殿碑记》记载："古传郑邑为轩辕氏旧墟。行在北有轩辕丘遗址，乃当年故址"。为弘扬中华民族优秀传统文化，缅怀始祖功德，新郑市人民政府自 20 世纪 90 年代开始，对黄帝故里进行了多次整修、扩建和改造，特别是经 2002 年和 2007 年两次大的扩建，形成现在的黄帝故里景区。可以说，黄帝故里历经了千年风雨沧桑，见证了历代王朝沉浮，而黄帝故里的变迁历程恰恰是社会大变革、大发展、大繁荣的一个缩影。

扩建后的黄帝故里景区共分五个区域：中华姓氏广场、轩辕故里祠前区、轩辕故里祠、拜祖广场、轩辕丘与黄帝纪念馆区。

（二）灵宝黄帝陵

灵宝黄帝陵，位于河南灵宝市西 20 公里荆山黄帝岭。最能支持这里有黄帝陵的史料，源于司马迁。《史记·封禅书》载："黄帝采首山铜，铸鼎于荆山下。鼎既成，有龙垂胡髯下迎黄帝。黄帝上骑，群臣后宫从上者七十余人，龙乃上去。余小臣不得上，乃悉持龙髯，龙髯拔，堕，堕黄帝之弓。百姓仰望黄帝既上天，乃抱其弓与胡髯号，故后世因名其处曰鼎湖，其弓曰乌号。"而荆山就在今灵宝市境内。关于黄帝在河南灵宝一带的活动事迹，当地流传颇多，地方志中也有记载。荆山现存黄帝陵，陵高约6米，周长40余米，整体外形略呈方锥体。陵前有黄帝庙，初为宫，乃汉武帝所建。现建筑基址尚存，占地40余亩。在庙址内散存有大量汉代建筑构件和砖瓦。每逢农历二月初九和九月初九，历代名人、学者多来拜谒，留下了许多脍炙人口的诗篇。

唐代《轩辕黄帝铸鼎原碑铭并序》石碑，系唐代虢州刺史王颜撰文，华州刺史兼御史中丞袁滋籀书。该碑碑首部分残缺，但碑身尚保存完好，碑文字迹多数清晰可辨，文曰："惟天惟大，惟帝尧则之。惟道为大，惟黄帝得之。南华经曰：道神鬼，神帝生天生地，黄帝守一气衍愤以治人之性命，乃铸鼎滋原，鼎成上升。得神帝之道。原有为谷之变，铭记铸鼎之神。铭曰：道能神帝，帝在于人。大哉上古，轩辕为君。化人以道，铸鼎自神。汉武秦皇，仙冀徒勤。去道日远，失德及仁。恭惟我唐，玄德为邻。方始昌运，皇天所亲。唐与兹原，名常鼎新。虢州刺史泰原王颜撰铭并序。华州刺史兼御史中丞陈郡袁滋籀书。唐贞元十七年岁次辛巳正月九日癸卯。"碑阴亦镌刻有碑文，内容大致与碑阳类同，为楷书。此碑为现今国内发现的专为记述轩辕黄帝事迹的最早碑铭，它较陕西省黄陵县桥山黄帝陵前的石刻碑铭早700多年，是目前国内研究炎黄二帝历史的重要史料。

第三节　继承发扬，炎黄文化

近30年炎黄文化研究的主要成就是创建了一批团体，形成了一支队伍，整理了大量资料，召开了系列会议，出版了一批论集，产生了大量成果，取得了若干共识，服务了文化建设。

一、研究团队逐渐形成

研究炎黄文化的专门机构很少，学术团体较多；专门研究者较少，附带研究者较多。炎黄文化的研究者主要来自高校和科研院所里研究先秦史、思想史、文化史、民族史的专业人员，另外还有一批热爱炎黄文化的业余研究者。由于研究人员比较分散，所以学术团体的作用尤为重要。

改革开放以来，炎黄文化研究的学术团体纷纷成立，遍布全国乃至海外，如中华炎黄文化研究会、河南炎黄文化研究会、陕西轩辕黄帝研究会、湖南炎黄文化研究会、湖北炎黄文化研究会、广东炎黄文化研究会、上海炎黄文化研究会、福建炎黄文化研究会、河北炎黄文化研究会、山西炎黄文化研究会、天津炎黄文化研究会、江苏炎黄文化研究会、安徽炎黄文化研究会、海南炎黄文化研究会、黑龙江炎黄文化研究会、台湾中华炎黄文化研究会、澳门国际炎黄文化研究会、新加坡炎黄文化研究会等，各地市县也有不少此类团体。

在众多的炎黄文化研究团体中，作为唯一一个国家级学术团体的中华炎黄文化研究会，发挥着组织和引领作用。中华炎黄文化研究会正式成立于1991年5月，在周谷城、萧克、费孝通、许嘉璐几任会长的领导下，与陕西黄帝陵基金会和湖南炎帝陵基金会联合出版了《炎黄文化研究》，还与各地联合召开了以“炎黄文化与民族精神”“炎黄文化与现代文明”“炎黄文化与中华民族”“炎黄文化与闽台文化”“炎黄文化与河洛文明”“黄、炎、蚩三祖文化”“炎帝文化与21世纪中国社会发展”“炎帝与民族复兴”“炎黄精神与和谐文化”“姜炎文化与民生”等为主题的学术研讨会，极大地推动了炎黄文化研究。在中华炎黄文化研究会及各地炎黄文化研究会的积极组织下，各种学术会议和纪念活动频繁举行。据不完全统计，30年间召开的以炎黄文化研究为主题的全国性的学术会议有30多次。陕西黄陵、湖南炎陵、河南新郑、陕西宝鸡、湖北随州、山西高平、浙江缙云、河北涿鹿、湖南会同等地，近年来举行了一系列祭祀炎黄二帝的活动。

二、资料整理成绩斐然

有关炎黄文化的资料散见于浩如烟海的典籍之中，晋人皇甫谧的《帝王世纪》、宋人罗泌的《路史》、清人马骕的《绎史》等均具有史料汇编的性质，其中不乏涉及炎黄二帝者，但还算不上是真正的炎黄资料汇编。民国时期于右任先生主编的《黄帝功德纪》是第一部真正意义上的黄帝资料汇编。

近30年来，株洲市修复炎帝陵筹委会主编的《炎帝和炎帝陵》（光明日报出版社1988年出版）、陕西省地方志编委会主编的《黄帝与黄帝陵》（西北大学出版社1990年出版）、湖北随州历山炎帝神农纪念馆编辑的《炎帝》（长江文艺出版社1990年出版）、张岂之主编的《五千年血脉——黄帝及黄帝陵史料汇编》（西北大学出版社1993年出版）、宝鸡市社科联编辑的《炎帝史料辑录》（1993年内部发行）、姚敏杰、何炳武编注的《黄帝祭文集》（三秦出版社1996年出版）、山西高平市炎帝故里开发管理处编辑的《炎帝史料掇拾》（2002年内部发行）、刘文学等编辑的《黄帝故里故都历代文献汇典》（中国文联出版社2005年出版）、宫长为、郑剑英主编的《炎帝神农氏——中华远古文明追索》（中国文史出版社2005年出版）、何炳武、刘宝才主编的《陕西省志·黄帝陵志》（陕西人民出版社2005年出版）、刘文学主编的《黄帝故里志》（中州古籍出版社2007年出版）、刘宝才、韩养民主编的《黄帝文化志》（陕西人民出版社2008年出版）、全国首届会同炎帝故里文化研讨会筹备工作领导小组办公室编辑的《炎帝文化遍会同》（2009年内部发行）、霍彦儒主编的《陕西省志·炎帝志》（三秦出版社2009年出版）、马志生主编的《炎帝汇典》（华艺出版社2009年出版）等，各具特色，丰富了炎黄文化资料，促进了炎黄文化研究。

中华炎黄文化研究会组织数十位专家学者，历时近八年编纂出版了《炎黄汇典》。《炎黄汇典》包括《史籍卷》《方志卷》《祭祀卷》《文论卷》《考古卷》《诗歌卷》《民间传说卷》《图像卷》八卷，辑录了炎黄二帝及其时代的资料共计400多万字，近500幅照片。《炎黄汇典》的特点一是全面，炎黄资料皆有，各地资料皆有，各类资料皆有；二是丰富，辑录的炎黄资料相比而言最为丰富。《炎黄汇典》的出版为繁荣炎黄文化研究提供了资料保障，可谓功德无量。

三、学术研究硕果累累

据不完全统计，近30年出版了炎黄文化论文集30余部，出版论及炎黄文化的著作近百部，发表论文600余篇。著作有：王献唐的《炎黄氏族文化考》（齐鲁书社1985年出版）、费孝通主编的《中华民族多元一体格局》（中央民族学院出版社1989年出版）、刘起釪的《古史续辨》（中国社会科学出版社1991年出版）、何光岳的《炎黄源流史》（江西教育出版社1992年出版）、炎帝与宝鸡课题组编著的《炎帝·姜炎文化》（三秦出版社1992年出版）、李绍连的《华夏文明之源》（河南人民出版社1993年出版）、景明的《神农氏·炎帝》（西北大学出版社1993年出版）、李学勤的《走出疑古时代》（辽宁大学出版社1994年出版）、王震中的《中国文明起源的比较研究》（陕西人民出版社1994年出版）、霍彦儒、郭天祥的《炎帝传》（陕西旅游出版社1995年出版）、李学勤主编的《中国古代文明与国家形成研究》（云南人民出版社1997年出版）、苏秉琦的《中国文明起源新探》（三联书店1999年出版）、何炳武的《黄帝与中华文化》（陕西旅游出版社1999年出版）、江林昌的《中国上古文明考论》（上海教育出版社2005年出版）、许顺湛的《五帝时代研究》（中州古籍出版社2005年出版）、王明珂的《华夏边缘——历史记忆与族群认同》（中国社会科学出版社2006年出版）、高强的《炎黄子孙称谓的源流与意蕴》（三秦出版社2006年出版）、何光岳、杨东晨的《中华炎黄时代》（三秦出版社2007年出版）、刘毓庆的《上党神农氏传说与华夏文明起源》（人民出版社2008年出版）、沈长云、张渭莲的《中国古代国家的起源与形成研究》（人民出版社2009年出版）、王明珂的《英雄祖先与弟兄民族》（中华书局2009年出版）、王晖的《古史传说时代新探》（科学出版社2009年出版）等。

四、服务现实成效显著

学术研究要面向实际，历史研究要面对现实，否则就会成为所谓的“纯学术”，甚至成为“死学术”。近30年的炎黄文化研究始终扎根历史，面向现实，立足学术，面对实际，因而取得了显著成效。

近年来，各地政府希望借助炎黄文化来提升本地的文化品位，提高自己的知名度，招商引资，促进旅游业的发展。炎黄文化在很大程度上起到了这样的作用。“文化搭台，经济唱戏”，这是人们在论及二者关系时经常挂在嘴边的话。如果说这种做法在改革开放之初确实发挥过积极作用，那么到了改革开放已逾三十载的今天，就显得有些片面和落伍了。文化可以服务于经济，但不能从属于经济，沦落为经济的陪衬和工具。文化既要搭台，也要唱戏，而且要扮演主角，不能仅仅“跑龙套”。文化和经济应该互相搭台，共同唱戏，这样经济效益和社会效益才能双丰收。如果仅仅强调炎黄文化研究可以促进地方经济文化建设，显然弱化甚至贬低了炎黄文化的作用。炎黄文化最突出的功效在于强化“集体记忆”，凝聚海内外华人，构建民族共有精神家园。炎黄文化是根脉文化，其研究有利于海内外华人的“文化寻根”和“文化自觉”。中国人素有“慎终追远”“法祖敬宗”的传统，炎黄崇拜从某种意义上说是一种民间信仰。面对改革开放的新形势，面对全球化的大潮，国家需要利用炎黄文化这样的传统资源来激发国人的爱国主义和民族精神。政府对炎黄文化的重视，学界对炎黄文化的研究，顺应了时代和民众的需求。

五、结语

炎黄二帝所代表的凝聚统一的精神代代相传，成为中华民族生生不息的力量源泉。开拓创新、为民造福凝聚统一的炎黄精神，至今仍然符合时代的需要，仍然焕发出勃勃生机，仍然需要海内外的炎黄子孙发扬光大。

第三章

龙行天下：巨龙文化之根

统筹：王芬
撰写：罗涛　杨晴

中华民族以其悠久的历史与灿烂的文化屹立于世界民族之林，早在距今170万年以前，中华大地就出现了人类，从距今7000余年的新石器时代一直到今天，龙的形象在中华民族形成和发展中扮演着重要角色。在出土的青铜器上，千姿百态的龙纹令人目眩，在远古神话中，中华民族的神灵、祖先多带有龙的特征，秦汉以来，帝王们也以真龙天子自居，由此可见，龙对中华文化的影响是巨大而深远的。在广博的中华大地上，中原地区率先进入了文明时代，在中华文化的发展中独占鳌头，同时，迄今为止，龙的最早的图案也是在中原地区发现的，1987年5月至1988年9月，文物部门在河南省濮阳县西水坡发掘出仰韶文化时期的三组由蚌壳所砌成的龙虎图案。据科学测定，这三组龙虎图案距今大约6500年，这就充分说明了中原地区的龙文化之历史悠久，这也印证了徐光春书记提出的“一部河南史，半部中国史”的著名论断。

据古书记载，龙的形象有“九似”——角似鹿，头似驼，眼似鬼，项似蛇，腹似蜃，鳞似鱼，爪似鹰，掌似虎，耳似牛，是集各种动物特征之大成的综合体，具有超自然动物的神奇与灵性。龙的这种神奇怪异的特性及其在中华文化中的独特地位引起了古今中外人们的极大关注，闻一多曾说：“龙族的诸夏文化才是我们真正的本位文化，所以数千年来我们自称为‘华夏’。”龙文化不仅是华夏文化的象征，还是中华民族发祥和文化肇端的象征。有的人还认为，龙是中华民族的祖先，华夏儿女都是“龙的传人”，这一说法在身居海外的华人中仍然具有很强的号召力和凝聚力。我们在对龙产生认同与接受的同时，也对龙的形象产生了种种怀疑，早在战国时期，浪漫主义诗人屈原就有“应龙何画？河海何历？”的疑问，特别是在封建时代，基于龙成了帝王的象征，人们对龙形象有了些许反感。与此同时，由于“龙”的形象在西方语境中是恶魔的象征，所以在对外传播过程中也遭遇了各种各样的误读。鉴于此，我们有必要了解龙的起源、勾画出龙的形象的形成与发展的脉络，进而探明龙在中华民族意识形态中的内涵。

第一节　龙的起源

我们谈及中华文化中的龙现象，首先面临的是龙的起源问题，关于这个问题学术界说法很多，可谓是“百家争鸣”“众说纷纭”。人们对龙的起源问题的关注与热情不仅仅是出于中国人热衷于寻根求源的传统心理特点，更重要的是龙的起源问题是认识龙文化，以及重新审视中华文化的基础。

一般认为，中华民族的龙的观念并不是一下子产生的，而是在悠久的历史长河中逐渐形成的，其渊源或许可以追溯到新石器时代或者更早，其形成过程的复杂程度也远远超出我们的想象。因此，探究龙的起源就像是探究中国古代文明的形成过程一样，是非常困难且充满挑战的工作。自古至今有许多学者从考古学角度探求龙的自然形态方面来考察龙的起源，但我们认为，仅从龙的自然形态方面来考察龙的起源在方法上存在着欠缺。龙作为一种中华民族的象征，是观念与意识形态的产物，必然有它深厚的经济基础。所以，本章将从中国古代农业文明的具体发展历程来谈论龙的起源，以期揭示龙作为中华民族象征的内在本质。

首先，我们结合有关文献记载弄清楚一些有关于龙的概念和基本特征。在中国文明时代的早期“龙”字就已经出现了，中国目前所知的最为古老的文字——商代甲骨文中就有“龙”字：“甲子卜，亚戈耳龙。每启其启，弗每又雨。”（后上.30.5）“丁亥卜，龙佳若。”（续 1.31.5）后一句中的“若”字，郭沫若与罗振玉均释为“顺”字，这两条甲骨文所记一是向龙卜问天气状况（是晴还是雨），一是表达占卜者实现愿望。因此，在商代人眼中，龙就是一种关系着人类生活以及命运的具有某种神力的动物。

《周易·乾》则以龙所处的环境和形态为例较为详细地阐释了吉凶利害的关系。如《乾·彖》："大明始终，六位时成，时乘六龙以御天。"《乾·象》："潜龙勿用，阳在下也。见龙再田，德施普也。……飞龙在天，大人造也。亢龙有悔，盈不可久也。"龙的形态有潜龙（潜伏不露）、飞龙在天（翱翔于天空）、见龙在田（在田中活动）、跃于渊（在水中跳跃）等。从《周易》对龙所处的环境以及形态所做的摹写来看，龙显然具有动物的特征，但其能力也超出了任何一种真实的动物，龙既会飞，又会潜，还会在田中活动。

在春秋战国时代，许多思想家都提到了龙，他们或以龙打比方，或以龙为例来阐释自己的论点。如《庄子·天运》："孔子见老聃归，三日不谈。弟子问曰：'夫子见老聃，亦将何归哉？'孔子曰：'吾乃今于是乎见龙。龙合而成体，散而成章，乘云气而养乎阴阳。予口张而不能胁，予又何归老聃哉！'"。在庄子看来，孔子眼中的龙就是可以离散的云气之类的东西，这与《周易》中的"龙"形象相比则更加虚幻。

汉代刘向所著《说苑》中则专门有一篇对龙这种动物进行了论述，其曰："神龙能为高，能为下，能为大，能为小，能为幽，能为明，能为短，能为长。昭乎其高也，渊乎其下也，薄乎天光也，高乎其著也。一有一亡，忽微哉，斐然成章。虚无则精以和，动作则灵以化。"刘向认为龙能高能下、能大能小、能幽能明、能长能短，其形态能够变万千，不仅如此，龙在自然界中还变化无端，忽而在上，忽而在下，时而有，时而无。刘向把龙阐释成了一种多变的具有神性的动物。而后，东汉许慎在其《说文解字》中也沿袭刘向的说法，因此，这一说法几乎便成了龙的定义。

从以上先秦两汉文献有关龙的记载可以看出，先秦两汉文献往往强调龙的神性与变化多端，而对龙的具体想象则没有论及。我们目前所见的最早描述龙形象的记载则是明代李时珍《本草纲目》中所引的东汉学者王符的言论："其形有九，头似驼，角似鹿，眼似兔，耳似牛，项似蛇，腹似蜃，鳞似鲤，爪似鹰，掌似虎是也。其背有八十一鳞，具九九阳类。其声如戛铜盘，口旁有须髯，颔下有明珠，头上有博山。"这里所描绘的龙的形象，则是综合了驼、鹿、兔、牛、蛇、蜃、鲤、鹰、虎九种动物特征的大杂烩，而在现实中则不可能出现这样的动物。此后，宋代罗愿所撰《尔雅翼》则是基本重复了东汉王符的这种龙的“九似”说，龙的这种形象直至明、清，基本上则无大的改变，就这样龙的形象定型了。

根据上述文献资料，我们可以明确知道龙这种动物的特点。首先，龙出现于中国文化中，而不是现实生活中；其次，龙具有一定的神性，而且形态变化多端；最后，龙的形象“九似”：“头似驼，角似鹿，眼似兔，耳似牛，项似蛇，腹似蜃，鳞似鲤，爪似鹰，掌似虎”。因此，我们可以试着给龙下一个定义：龙是出现于中国文化中的一种变幻莫测的头似驼，角似鹿，眼似兔，耳似牛，项似蛇，腹似蜃，鳞似鲤，爪似鹰，掌似虎的世间所没有的神性动物。

一、龙形象的产生有着深厚的客观现实背景

作为观念形态的文化，都是社会发展的产物，是人类在一定社会历史条件下有意识、有目的的创造出来的。任何文化的产生与发展都离不开人类生存的环境和社会实践活动，一旦离开了由社会实践所产生的社会意识，文化就无从创作。因此，在探索龙的起源时，必须弄清楚它起源时期的社会历史环境，以及这个历史时期内原始先民的社会意识。

在遥远的远古时代，自然界的现象，如打雷、下雨、刮风、地震、火山喷发等，对于人类来说都是强大而神秘的，无助的人们在自然界面前就像一个中规中矩的听话的小学生。人们感到了自己力量之弱小，于是在人们的意识中就产生了自然崇拜，与此同时，人们也试图通过某种神秘的力量来控制或影响大自然以趋利避害，于是就产生了功利主义的原始巫术以及以巫术为职业的巫师。而且人类的这两方面的观念并不相互冲突，而是共同建立在人们对自然的认识基础之上。龙形象正是在中华民族的先民们自然崇拜与功利主义的原始巫术观念相互作用中产生的，从龙的形象“头似驼，角似鹿，眼似兔，耳似牛，项似蛇，腹似蜃，鳞似鲤，爪似鹰，掌似虎”即可明显地看出来，在先民的心目中龙这样的形象既是欲征服令人惧怕的大自然的反映，也是先民族群自然崇拜观念的集中体现。马克思主义认为：“一切宗教都不过是支配着人们日常生活的外部力量在人们头脑中的幻想的反映，在这种反映中，人间的力量采取了超人间的形式”，龙形象无疑也是支配着当时人们日常

生活的外部力量在人们头脑中幻想的反映。

二、龙形象的产生是东方文化发展的产物

仅仅从理论上推测龙的起源还稍显薄弱，我们结合考古资料谈一谈龙的起源的社会以及历史背景。目前我们尚未从旧石器时代遗址中发现有关龙的实物遗存，目前所发现的最早的有关龙的实物当属辽宁查海遗址龙纹陶片。据测定，辽宁查海龙纹陶片则有8000多年的历史，因此我们可以将中华龙的起源界定为距今8000～10000年，而这个时期正是中华大地由旧石器时代向新石器时代过渡的时期。在旧石器时代，先民们为了自身的生存，以采集和狩猎为生产方式，在生活上则选择洞居或巢居。此时，先民们的生产与生活资料都是依靠大自然来获得，于是，人们便对自然界的万事万物充满了崇敬之情，与此同时，“万物有灵”的观念也产生了。人类进入新石器时代之后，先民们除了继承了旧石器时代的“万物有灵”的观念之外，还认为在自然界中普遍存在着统治万事万物的“神”，而龙的观念与形象的产生则建立在先民万物有灵观念与神灵观念之上的，目前的考古发现也颇能证明这一说法。

随着地球之上最后一次冰期——乌木冰期的结束，世界之气候逐渐变得适宜人类居住，气候变暖，海水回升，许多冰冻的湖泊也逐渐开始变为湿润的沼泽。正如《孟子·滕文公》所说：“当尧之时，天下犹未平，洪水横流，泛滥于天下。草木畅茂，禽兽繁殖，五谷不登，禽兽逼人。”大面积的森林和广袤的草原开始变成潮润的湿地。受地区性季风环流和寒暖流变迁等一系列因素的影响，我国形成了独特的生态环境。原始先民们的主要活动从旧石器时代末期的山麓洞居转变成为在森林、草原和湖泊、沼泽进行狩猎、捕鱼，过着迁徙性、定居性很强的生活。为了适应这种生活，打制石斧开始出现，以便获得更多猎物。在逐渐安定的生活环境中，母系氏族制度有了很大的发展，人口显著增加，人类需要寻求稳定的生活来源，从而出现了栽培农业和畜牧业，农牧业取代渔猎而成为社会经济的主要部门。陶器的发明，各类陶器的出现和使用，则更加有利于熟食和定居。原始先民们大部分定居在适宜于进行农耕生产的浅山区河岸台地或丘陵区距河水较近的地方，形成了众多大小不同的原始房屋聚落，在原始聚落中出此案了半地穴式的房屋建筑。

考古发现，在我国的新石器时代早期，不论是黄河流域，还是长江流域

和辽河流域的遗址中均发现了栽培谷物，同时也在上述遗址中发现了许多生产工具。这些考古发现便有力证明了生活在黄河流域、长江流域和辽河流域的原始先民们进入农业生产的时间是大致一致的，在发展水平上并没有明显的差异。另外，这一时期还涌现出了许多不太实用的陶器、玉器、墓葬用品、祭坛、庙宇以及与宗教有关的器物，从这可以分析出当时的中国巫风很盛。目前出土的这一时期的彩陶器物上不仅有自然界中的日、月、山、水、动物、植物等形象，还出现了抽象的几何图案，其繁缛、复杂程度令人眼花缭乱。现代学者一般从艺术的角度去研究、欣赏它们，这虽然无可非议，但是仍无法从发生学的角度去解释这些现象。在生活条件十分艰苦的新石器时代，先民们为什么费事费力地在器物之上描绘极为繁缛的花纹，若要解答这个问题，只有从原始先民们的宗教信仰中寻找答案了。

人类社会进入新石器时代特别是农业的出现是人类发展历史上划时代的大事，这标志着人类社会开始告别茹毛饮血的时代，对人类社会的发展非常重要。但是随着人类进入农业社会，原始先民们便面临着诸多的危机，例如农业生产需要风调雨顺的自然条件，若不能满足这一条件则可能颗粒无收。在诸多的自然灾害中，干旱与洪涝是影响农业生产的最主要的自然灾害。此时，人们最为关注的是农业的丰收，于是，人们开始着眼于人与自然的关系，把天、地、日、月、星辰、风雨、雷电、山川等奉为神灵来顶礼膜拜。更为重要的是，动物在人们心目中具有极其重要的地位，同时人们认为动物形象是动物本身与神秘属性的结合，在当时的社会历史条件下具有特殊的巫术意义，从某种程度上说，这些器物上的动物形象比动物本身更具有神圣的性质。

三、龙形象本身代表了东方民族的精神追求

正是在这些充满着先民们神圣崇拜意味的器物之上，我们发现了许多带有龙特征的动物图案。当今许多学者将这些图案称为“龙”，在一定程度上是不妥当的，因为这些动物形象虽然都经过艺术再创造，与现实生活中的动物有着一定的区别，但并没有完全脱离现实。我们并不否认这些动物纹路就是后世龙纹的前身，但就其本身来讲，应仍以原型来命名，不应该统称之谓“龙”。在中华文明起源期，在“长江 – 黄河”两大流域之间，有着广袤的土地，正是在这相对复杂多样的地理生态系统中，形成了六大文化区系，形成

了多元一体的中华文明起源的独特格局，如在渭河流域发现的鱼纹（陕西宝鸡北首岭仰韶文化半坡类型遗址出土的“水鸟啄鱼纹”蒜头壶）、在漳河流域发现的鳄纹（濮阳西水坡遗址）、渭水流域的鲵纹（甘肃渭水流域出土的鲵纹彩陶瓶）、辽河流域的猪纹（内蒙古翁牛特旗三星他拉村出土的玉龙）、太湖流域的虎纹（浙江余杭瑶山良渚文化遗址出土的“龙手镯”、浙江余杭反良渚文化遗址出土大玉琮四面的“神人兽面纹”）、汾水流域的蛇纹（襄汾陶寺遗址彩陶盘），这些动物纹路直接来源于各自不同的原型动物，也有着自己独立的特征和稳定形态，它们之间并没有直接关联。先民在进行所谓的艺术创造时，总是描绘他们观念中最为重要的东西，即对其生活影响最大，对其心灵震撼最大的东西，因此，这些器物之上的动物纹都不是以审美为目的动物形象的简单再现，而是浓厚的宗教观念的体现。这种宗教观念的基础就是动物崇拜，纵观这些动物，它们大都是令人畏惧的，比如虎、蜺、鳄等，先民们崇拜这些动物的原因就在于他们认为这些动物具有沟通天地、沟通人神的能力。学者们认为这些动物纹路是构成后世龙形象的前身，但我们仍不可将之称为“龙”，我们可以将这些动物纹称为“原龙纹”。

以往的龙起源研究认为，龙起源于某种单一的原型，并有一个从简单到复杂的线性演化模式。近年来随着学界对龙起源问题的研究深入，这一说法逐渐落伍，况且近年来的考古发现并不支持龙起源于单一的原型动物这一理论。因此，本书借鉴学界对龙起源研究的最新成果，认为龙的起源并不是只有某种单一的原型，而是由多种原型构成的，即坚持龙起源多元说。

据严文明先生的研究，在原龙纹出现的新石器时代中晚期，中国存在着三个经济文化区，每个经济文化区根据考古学文化的特征还可以划分出较小的文化区。位于中国中心的是中原文化区，其它五个文化区“都紧邻和围绕着中原文化区，很像一个巨大的花朵，五个文化区是花瓣，而中原文化区是花心。各文化区都有自己的特色，同时又有不同的联系，中原文化区更起着联系各文化区的核心作用。”而且这些原龙纹分别分布于中原文化区、燕辽文化区、江浙文化区、甘青文化区这四个文化区，从原龙纹的形态以及产生时代、环境来看，这些原龙纹都是以独立的形式产生并发展下去的。令人惊奇的是，在中原文化区内不仅发现的原龙纹数量最多，而且发现了最早成型的龙的形象——濮阳县西水坡发掘出仰韶文化时期的三组由蚌壳所砌成的龙虎图案，这充分说明了说明了中原文化区是中华龙形象起源的主要区域，也说明了中原地区在整个中华文明进程中处于领先地位。

第二节　龙的形成

通过夏商周之前有关龙的考古发现，我们可以知道，原龙纹的出现以及发展标志着在中华文明起源期龙的观念的产生和发展，然而，龙的观念的形成和发展并不代表着作为中华民族象征的龙形象的最终定型。

一、龙形象的最终形成是在夏商周至秦汉这一时期

据资料显示，在洛阳偃师二里头出土的夏代陶器上有龟、鱼、蟾蜍、鸭、羊、兔、虎、龙等动物的形象，在这些动物形象中，龙的形象尤具图案化处理的特点，因为它并不是自然界中真实存在的动物。在二里头遗址出土的陶器之上的龙的图案有的与蛇接近，有的与兔接近，还有的与鱼接近，这就说明了这一时期的龙的形象并没有正式形成。距今3500年左右，中国历史上第二个国家政权商王朝建立，其势力范围较夏代大，其西至陕西西部，北至河北北部，南至汉水以南的长江流域，东至山东西部，不仅包括了中原文化区，还涵盖了江汉文化区和甘青文化区。因此，商代文化以中原文化为主，但也吸收了其他系统的文化之营养。

商王朝的建立，形成了各区域文化的空前融合，这是龙纹得以形成的文化与物质基础，然而具备了龙纹形成的文化与物质基础，并不意味着必然产生龙之形象。在原龙纹时代，龙之形象与其他动物形象并无二致，这反映了当时先民的万物有灵观念以及宗教意识。因此，龙的形成的关键因素还在于商代先民的宗教观念，只有物质基础与意识基础完备并互相作用，龙才会得以最终形成。

尤其在公元前1000年前后的殷周之际，这是一个令人瞩目的大转变时代。我们认为，殷周之际的这些大转变可以说是中华文明的雏形初成期，与此同时，龙的历史形态也发生了一个重大转变：由多元的原龙走向初步综合的龙，这个过程是一个复杂的历史演变过程。

公元前21世纪，中国历史上第一个国家政权——夏建立了，夏朝的建立在一定程度上促进了中原以及相邻文化区各类型文化之间的融合。从文化渊源上来看，夏文化实质上主要是四大源头、四种文化的综合创新，这四大源头和四种文化分别是：西北仰韶文化、东北红山文化、中原仰韶陶寺文化、山东大汶口龙山文化。河南偃师二里头遗址夏代文化考古发现即可证明，夏文化的直接历史源头是晋南汾水流域的陶寺尧帝文化，以此为基础，不同程度地综合了西北仰韶文化、东北红山文化、中原仰韶龙山文化、山东龙山文化以及东南良渚文化和中南屈家岭文化。从而形成了独具特色的华夏文明，实现了“九州一统”的初步综合。

正如夏代文明综合了西北仰韶文化、东北红山文化、中原仰韶陶寺文化和山东大汶口文化一样，夏代龙形象的发展也综合了这几大文化，从古史传说中大禹治水就可以看出夏代文化与龙有着不解之缘。据《山海经·海内经》记载，大禹的父亲鲧为了治理水患，私自窃取了天帝的息壤，后被天帝所发现，最后被天帝杀死在羽山之野，终年不见天日，只有一只叫作烛龙的神龙口衔蜡烛，才为其带来一丝光明。鲧死后，其精魂不散，尸体三年不腐烂，天帝怕他复活，派神人用“吴刀”为鲧剖腹，鲧的尸体便化为黄龙，沉入幽深的羽渊。而在鲧的躯体被剖开之时，从中飞出一条头生双角的虬龙，盘曲腾空，这就是鲧的儿子——大禹。在大禹治水的时候，也有一条叫作应龙的黄龙，长着两只大翅膀和一条长尾巴，帮助大禹勘察地形，用强有力的尾巴划开地面，引导洪水。同时，人面蛇身的伏羲则送给大禹一条玉简，让大禹来丈量大地，马首龙身的汶川神也帮助大禹推到两座山。

正是在夏代的文化综合的背景之下，夏人就把中华文明起源时期的多元原龙，以兼收并蓄的方式初步综合了起来，其中主要包括中原陶寺文化中的蛇形原龙、西北仰韶文化中的鱼形原龙和蜺型原龙、东北红山文化中的猪型原龙、东方龙形文化与东南良渚文化中的虎型原龙，这些都可以从夏代二里头文化遗址发掘的陶器上的龙形图案寻找到蛛丝马迹。

夏代首先综合了中原陶寺文化中的蛇形原龙。河南偃师二里头文化遗址，近年来越来越趋向于判定其为夏代中后期都城，代表了夏代文明的重要成果，也反映了夏代龙形象逐渐发展至成熟。在二里头文化遗址中，出土了一件带有龙纹的陶器残片，在正面就有一头双身的夏代蛇龙形象。从陶器龙纹的形象来看，龙头显然取自于蛇，呈现相同的三角形。身体形状也主要取自于蛇，而且是双身，身体上还长有鳞片。但这条蛇龙虽然其主要部位形状取自于蛇，但它还综合了其他一些原龙形态的典型特征，如龙的眼睛并不是像蛇那样又小又圆，而是很大的梭形眼；龙的吻部也不像蛇，而是与猪嘴有异曲同工之处，另外，在龙的旁边还有云雷纹。显而易见，这条夏代蛇龙主要渊源于中原陶寺文化的蛇形原龙，也综合了东北红山文化的猪型原龙和山东大汶口文化中的鹰型原龙的主要特征。

夏代龙还综合了北方红山文化中的猪型原龙。20 世纪 80 年代在二里头文化遗址中先后出土了 3 块近似于盾牌形状的青铜牌饰，长约 15 厘米，宽约 10 厘米，上有龙形花纹，还镶嵌有 200 多块绿松石，是夏代青铜器的代表。[1]观察这三块通牌上的龙纹，我们可以惊喜地发现，它包含着起源于东北红山文化和中南屈家岭文化中的猪型原龙形象，李学勤先生则在《论二里头文化的饕餮纹铜饰》中指出这些铜饰上的纹更近似于蛇，李学勤先生的说法也有一定道理，但仔细观察陶片上的龙纹，会发现其下端呈三角形，与蛇头形状有相似之处，但是更近似于前尖后方的猪型原龙头，所以，夏代龙综合了北方红山文化中的猪型原龙。

夏代还综合了西北仰韶文化中的鲵型与鱼形原龙。鲵型原龙纹同样也见于盾牌形状的牌饰中，牌饰一端龙纹的头型和眼睛都近似于鲵，除了在盾牌形状的牌饰中原龙纹近似于鲵形之外，还在陶片上发现了头、眼睛、前肢都近似于鲵的原龙纹。所以说，夏代龙纹综合了西北仰韶文化中鲵型原龙的形象特征。

夏代又综合了山东龙山文化、东南良渚文化中的虎型原龙。这种虎型原龙的形象在夏代礼器中出现最多。在古代，礼器起着沟通天地、人神的作用。二里头遗址中发现了玉琮、玉璜、玉三叉型器、玉王冠状饰等礼器，在这些礼器之上，多刻有饕餮纹，大多都是虎型原龙纹。这些原龙纹最典型的特征是：近似于方形的头型，圆圆的大眼睛；头的下部横着一张近似长方形的大嘴；口内往往有獠牙，以示猛兽之状，需要我们注意的是，这里些图案大多数是虎型原龙的抽象化、简单化形象。在新石器时期的东南良渚文化中的玉琮上就有类似的虎型原龙纹，所以夏代礼器上的虎型原龙纹在一定程度上来

〔1〕 王东：《龙是什么》，中央编译出版社 2012 年版，第 65 页。

源于东南良渚文化或山东龙山文化中的虎型原龙纹。

二、夏代的龙形象的形成是华夏大地多种文化交融的结果

在多种文化交汇过程中，中原地区由于气候、地势上自然条件优越，因而成为各种文化交汇的中心地带，此外，中原文化也有先天的包容性特征，为商代龙的最终形成奠定了坚实的基础。

随着商代文化的多样性、多元性和综合性的进一步发展，商代龙形象与夏代龙形象相比有了巨大的进步。如果说商代以前的龙只能称为原龙形态，那么商代的龙则超出了原龙形态，更接近于成龙形态。商代之前的原龙形态往往和龙的原型动物纠缠不清，不易辨认，而商代的龙形象则更多地超越了原型动物，被赋予了神性，与此同时，商代龙形象的数目也大大增加。自1928年开始发掘殷墟以来，考古发现了至少十二种商代的龙形象。

“蛇头有角龙”，在殷墟二期出土的青铜礼器中，其中一件鸟尊的身体上刻有蛇头蛇身的蛇形原龙。与众不同的是，这条蛇形原龙的头上有两只角，中南屈家岭文化中就有鹿型原龙的出现，这反映了商代中原文化与中南屈家岭文化的交融。

“独角大蜥蜴龙”，在侯家庄大墓和殷墟妇好大墓中发现的石鹗和司母辛四足觥盖中均有独角大蜥蜴龙的图案,[1]独角大蜥蜴龙的最大特点就是头部长有长长的粗壮的独角。

“蜺头蛇尾有角龙”，在殷墟妇好大墓中出土的青铜器、玉器上均有蜺头蛇尾有角龙，它们的特点是：身子像蛇、长有鳞片、头部像蜺，而且头部普遍有双角。这是起源于中原的社型原龙与起源于西北文化的蜺型原龙的综合，反映了中原文化与西北文化在商代的综合走向。

“鱼头蛇身龙”，考古工作者在殷墟妇好大墓和侯家庄大墓中发现了许多石器，在一些石器的图案上，有些龙形状有鱼头、鱼眼睛、鱼鳍而身体似蛇形，这是蛇龙与蜺龙、鱼龙的综合，反映了商代中原文化与西北文化的进一步融合。

“鹿头曲角龙”，殷墟侯家庄1004号大墓出土的大方鼎中，有一种叫作“鹿鼎”，上面有鹿头曲角龙纹头像。这种鹿不是一般的鹿，而是沟通神与人

〔1〕 王东：《龙是什么》，中央编译出版社2012年版，第73页。

之间的神鹿。鹿型原龙原来主要源于长江中游、中南区系的屈家岭文化之中，而在殷墟中发现这种神鹿，则表明屈家岭文化也融到中原文化中了。

除了这六种之外，出土的商代龙还有猪头虎爪直角龙、虎头牛角龙、虎头蛇身有角龙、牛头蛇身龙、鹗头蛇身虎爪鱼尾双角龙、鹰头蛇身龙、鹗头鸟翼有角龙等等。从以上对商代龙的形象的分析，我们可以发现，商代龙的形成并不是一蹴而就的，而是有一个漫长的历史过程演变。在这个漫长的历史过程中，西北仰韶文化、东北红山文化、东南良渚文化、中南屈家岭文化、山东龙山文化等文化在夏代基础上进一步相互交融于中原文化之中，形成了各具特色的龙的形象，构成了商代形状多样的龙的图纹，总言之，商代的龙我们称之为夔龙。

上古时期，夏商周是不仅是前后相继的三个历史朝代，更是华夏民族三大主要族群部落的文化融合时期。特别是周公旦的“制礼作乐”，在当时的政治、经济、文化领域实现了影响深远的创新，并形成了多元一体的中华文明的雏形。正是在这样的历史背景下，西周时期的龙便沿着夏代和商代所开辟的方向，迈向了走向综合的第三步，形成了更加具有多向性、多元性和综合性、统一性的西周夔龙。

西周的龙不仅广泛地综合了全国六大区系的龙的原型，而且在还创造出了一些更有综合性的龙的新形态，如下所述：

“花冠象鼻龙”，西周早期，在青铜器“匽侯盂”上刻有花冠象鼻龙纹，在青铜器的中间部位有一些花冠、花蕊、花枝的纹样，而在花冠的两侧则各是一头象鼻龙的纹样——头型、眼睛、长鼻子如象，身体长度则似蛇，而且身体之上有鳞片。令人惊奇的是，花冠象鼻龙的纹样还在西周的另一件青铜器“师趛鬲”上存在。[1]到了西周晚期，青铜器皿上花冠象鼻龙的龙纹则从具象走向抽象化、图案化，花冠、花蕊、花枝的纹样都变得难以辨认了，只有流畅的线条表达出花冠与象鼻龙结合的意象。

“鹗头凤冠龙”，《诗经·商颂·玄鸟》是商民族的史诗，其中“天命玄鸟，降而生商”道出了商民族的祖先与鸟类的重要关系，而周民族的神话传说也与鸟类密切相关，《国语·周语》说：“周之兴也，鸑鷟（凤凰）鸣于岐

〔1〕 王东：《龙是什么》，中央编译出版社2012年版，第90页。

山”。从中可以看出，无论商民族还是周民族都对鸟类有着特殊的偏爱，因此，龙与鸟类的结合，是西周文化象征与龙的形态上的一个重要走向。鹗头凤冠龙就是这一走向的重要体现，一方面，它有近似于鳄型原龙的头，头上还有角，身躯则似蛇；另一方面，在鳄型原龙的头后部则有凤鸟的冠，还有明显的鹰头、鹰眼。这一龙纹出现在周代早期的铁卣与凤纹卣之上，以凤为主，龙凤合体。[1]除此之外，还有鸟头虎头龙、鹰头象鼻龙等，反映出起源于西北部的周民族与山东文化、东南文化、东夷文化的综合趋势。

商周时期是中国古代农耕社会的形成时期，牛、马等家畜的作用得到空前的发挥，于是，牛的形象也在这时期的龙形象中体现出来。最有代表性的就是在西周的青铜器皿上出现了牛头形龙纹，这种龙纹的基本特征是：头型近似于牛，眼睛又长又圆又大，还有两个上翻的圆形鼻孔，头上的双角弯曲外翻。西周的青铜器皿上还有马型龙纹，这种龙纹的基本特征是，头型偏长方形，近似于马，嘴巴宽阔，尾巴长。

总之，夏商西周时期是中华民族走向初步融合的时期，也是民族融合的古代国家雏形期，从多元生发的原龙，到雏形初具的商周夔龙，正是中国古代民族融合、国家雏形形成的文化表征。

三、春秋末期至秦汉时期，龙的形象基本形成

历史上，中国龙形象的最终形成是在春秋战国时期，即中国历史上的东周时期，龙形象的最终定型主要表现在三个方面：一是龙的形态的最终定型，从多元生发的原龙，商周时期的夔龙，到东周时期的飞龙，经历了一个曲折复杂的过程；二是龙的本质功能也定型，原龙时期的龙形象最多是部落的图腾，商周时期的夔龙则是民族融合的象征，东周时期的龙则上升为中华民族的精神象征；三是龙的观念、龙的文化内涵也逐渐定型。

1949 年，湖南长沙郊外的陈家山楚墓中出土了一副战国时代的帛画《人物龙凤图》，在这幅图画中，飞龙和凤凰正在一起飞舞，似乎在引导墓主人的灵魂升天。飞龙的头部基本近似于蛇，但细看飞龙的吻部则有些像猪，也有几道花纹近似于猪。从飞龙的体态上来看，它修长的身体像蛇，而且身体上

---

〔1〕 刘志雄、杨静荣：《龙与中国文化》，人民出版社 1992 年版，第 139 页。

有着鳞片，前肢就像鸟类的脚一样颀长。1973 年湖南长沙子弹库楚墓又出土了战国时代的帛画《仙人乘龙图》，与《人物龙凤图》相比，这幅图更加突出了龙的地位。龙似乎在驼着墓主人遨游仙境，它的身体像蛇一样柔韧，身体似龙舟状，前后都有双翼，展开作飞翔状。龙头则近似于鳄鱼，头上有双角，有很长的上下吻，就像上下长出两只凤鸟的头。飞龙的尾巴分作两叉，向上跃起，上面还站着一只类似于仙鹤一样的大鸟。这就充分说明了这是一条飞龙，一条可以遨游太空的龙。

与这些出土帛画相互印证的还有当时的文学作品。其中有许多写到飞龙的地方，如屈原《离骚》等。《离骚》中“驷玉虬以乘鹥兮”，这句话中的“玉虬”指的便是玉白色的无角之龙，它和凤凰（鹥）一起搭载着主人在天空中翱翔，很明显，屈原所提到的“玉虬”就是飞龙。

《离骚》中还有“为余驾飞龙兮，杂瑶象以为车”“扬云霓之晻蔼兮，鸣玉鸾之啾啾”等语句，在这里，屈原则更加明确地描绘出飞龙的形象，云霓之中，龙凤在雾霭之中乘风飞翔。

《离骚》中提到飞龙的也不仅仅只有这两处，相应的，在屈原《楚辞》中也有其它篇写到了飞龙的形象，本书囿于篇幅不一一列举，屈原《楚辞》与战国帛画二者诗画相映成趣，共同呈现了春秋战国时期的飞龙的观念与形象。其实，从商周时期的夔龙到春秋战国时期的飞龙，这一演变不仅仅体现在帛画和楚辞中，还体现在那个时期的青铜器皿中。

河北平山县一座春秋战国时期古墓中出土了一尊铜方壶，在铜方壶的耳朵上有着两条精美的夔龙纹，这两条龙是春秋战国时期典型的飞龙形象，龙背上长出两只非常明显的翼，且龙翼要比殷周时期的翅膀更加健壮，这两条龙呈飞腾之状。

在故宫博物院收藏的战国透雕螭龙玉璧的后背上同样也有明显的龙翼，周围还有雕刻的云纹，很明显，这是一条飞龙。在中国的西南部的成都也出土了春秋战国时期的飞龙，它综合了诸多龙的特征——头部像蛇，吻部像鳄，眼睛像猪，颈部又有马鬃，身体两侧有云纹，表明龙在天空中飞翔。

所以说，在东周时期，飞龙取代夔龙成为龙的主流形态。但不可忽视的是，这种主流形态并不能否定龙的形态的多样性，多种形态的龙与飞龙并存是东周时期的龙形象的主要特征。

历史发展至秦汉时期，这一时期在中国历史进程中占有重要地位，中央集权的古代封建国家的在这一时期确立，也是中国古代政治、经济、文化走向大一统时期的时代，更是中华文明古代定型的时代。在这一时期，飞龙不仅形态定型，其本质意义也逐渐定型。在新石器时期以及夏商周时代，中国的文化仍是多元的，当时中国可以分为六大文化区系：北方文化区、西北文化区、中原文化区、东方文化区、东南文化区以及中南和西南文化区。这六大文化区不断交流融合，特别是春秋战国时期的征战杀伐加快了交流融合的速度，并为最终的大一统封建国家的形成奠定了基础。龙的形态也由商代的夔龙演化为周代的飞龙，秦汉时期龙形象在继承周代飞龙的基础上虽然有所发展，但飞龙的形象与本质却是一样的。

秦汉时期的定型的飞龙可大致分为“身体修长的蟒蛇型飞龙”和“颈长体宽的走兽型的飞龙”。前者的代表是陕西咸阳出土的秦代空心砖上的秦代空心砖，这块砖上刻着龙纹雕饰，仔细观看秦代空心砖上的龙纹，我们可以发现龙的头型像牛，双角也近似于牛，身躯修长，蜷曲如蟒蛇，在空心砖上还有云龙纹，这同样表明这是一条飞龙，而不是普通的蟒蛇。这种空心砖长约50厘米，宽约36厘米，厚约16厘米，主要用来铺地，可见这种砖在秦代已经相当普遍。〔1〕

汉代蟒蛇型飞龙的代表是1973年湖南长沙马王堆汉墓出土的“T”形帛画，整个帛画可以分为“上、中、下”三个层次，分别代表“天界、地界、水界”三界，每一层次都有两条盘旋的龙的图案。右上方的图是“应龙太阴图”，龙的头部长吻利齿，头上有牛角型的尖角，躯体长如巨蟒，身上有鳞片，还有四条腿，同时还有带有羽毛的双翼。龙翼上还驮着一个人，正在接近作为太阴的月亮，在上层的蟾蜍和玉兔分明昭示着龙带着人飞向天堂。在帛画的左上方，也有一条与右上方一样大小的飞龙，而这条飞龙接近的是一轮火红的太阳，在太阳之中有一只金乌。

在帛画的中部，表现的是陆地上的人间的情境，中间有一位主人，身前是两位仆役，身后是三位侍女，背景则是两条盘旋而升的飞龙，龙的形状与上层的两条龙大同小异，只是躯体更长，龙体周围还伴有缭绕的浮云。在帛

---

〔1〕 刘志雄、杨静荣：《龙与中国文化》，人民出版社1992年版，第163页。

画的下方，也有两条鱼龙，这两条龙作交叉状，头部像鱼，吻部则有些像鳄鱼，身体呈蛇状且长满鳞片，尾部分叉，呈鱼尾状。帛画的中部与下部分别代表着人间与地下，人间与地下分别有龙的出现，既显示了墓主人身份的不同凡响，又表明了汉代龙文化已经深入人心。

关于走兽型飞龙，经考古发现秦汉时期的画像石中此类图像较多，在山东曲阜出土的汉代画像石上有典型的走兽型飞龙，这种飞龙的特征是：鹗头，鱼须，鹿颈，躯体、四肢以及利爪都像虎，躯体之上还长有双翼，具有飞龙的特点。在河南南阳出土的画像石“翼龙云气图”也突出描绘了走兽型飞龙的形象。

在秦汉时期龙形象基本定型时，还有一个值得注意的走向，就是将龙的形象与皇权政治联系起来。表现出这一走向的是，汉代开始，人面蛇身的伏羲与女娲的画像石层出不穷，就连秦代开国帝王秦始皇也被称为“祖龙”，汉高祖刘邦也称自己为其母与龙交合有孕而生。总之，中国龙的形态以及观念是在东周至秦汉这段时期基本定型的。

第二节　龙的影响

通过对龙的起源以及形成的历程的回顾，我们可以看出，龙是原始宗教的产物，在漫长的发展过程中，龙的功能和意义从来没有完全脱离宗教，首先，我们从宗教和政治方面简单探索一下龙的影响。

一、龙形象的形成与发展过程实际是我国早期人类精神活动的记录过程

龙形象的形成与上古通天巫术密切相关，在上古通天巫术中所用的动物大致有两类：一类属于依赖上天赐予食物的依赖性动物，如河流中的鱼类、能够被畜养的牛、猪等；另一类是上天所派遣的畏惧性动物，如山林中的虎、蛇等。进入商代之后，这两类动物依旧是巫术所使用的主要动物，这可以从出土的商代青铜器皿上的纹路中得到证明。《史记·五帝本纪》中记载轩辕氏“教熊罴貔貅貙虎，以与炎帝战于阪泉之野”，以往学界将“熊”“罴”“貔”“貅”“貙”“虎”解释成以这些猛兽为图腾的六个氏族集团，其实轩辕氏驾

驭自然界中的猛兽参加祭祀和征伐正是当时的习俗。《山海经》中记载诸神多以上古巫术中的作法巫师为原型，其中以驯象为生的舜帝的子孙多能驾驭猛兽，此书中所记载的诸神除了能驾驭猛兽者之外，还多有以蛇为饰，乘两龙之神。如《山海经》中对夏后开的记载："西南海之外，赤水之南，流沙之西，有人珥两青蛇，乘两龙，名曰夏后开。开上三嫔于天，得《九辩》与《九歌》以下"（《大荒西经》），"大乐之野，夏后启，于此儛九代；乘两龙，云盖三层"。（《海外西经》）两处所载的夏后开与夏后启本是一人，从上述记载来看，他是一位以创作歌舞见长的巫师，他的交通工具为两龙。由此可见，巫师在从事沟通天地的工作时会以龙为交通工具，这样可以解释上古青铜器皿上多有龙纹了。

农耕方式是中国古代社会的主要生产方式，而在农耕社会中，天气状况则直接控制着农作物以及家畜的生长状况，而农作物的质量好坏又直接关系到人类的命运。因此，自远古以来，向天神祈祷降雨是巫术中最为重要的内容。在古人心目中，龙这种动物是能够影响天气状况的神兽，所以龙是古人祈雨仪式中的主角。在官方层面，国家在初春万物萌发之时，都要举行以祈雨为中心内容的雩祭，唐代杜佑《通典》卷四十三记载了举行雩祭的仪式，从仪式上来看，巫师载歌载舞祈求天神降雨，与掌控着天气状况的龙息息相关。《论语·先进》中记述的孔子与弟子们之间的对话则透露了更为详细的内容，当孔子问曾子的志向时，曾子说："暮春者，春服既成，冠者五六人，童子六七人，浴乎沂，风乎舞雩，咏而归。"东汉王充就对这句话进行阐释，认为曾子所说的情况就是古代的雩祭仪式。

向天神祈雨的仪式绝不仅有官方的雩祭，在民间还有形形色色的祈雨方法，比如，在商代遭遇大旱时，将祈雨的巫师放在柴火垛上，如果巫师祈雨不成功，就点着他身下的木柴，将他焚烧，民间的这种祈雨方法无疑是十分野蛮和残酷的。到了东周时期，由于文明的发展，人们逐渐认识到这种祈雨方式的野蛮，便将焚烧改成了曝晒，这是龙的祈雨巫术的民间承传。到了东汉时期，随着佛教的传入和道教的建立，二者均以各自的宗教形式渗透到祈雨活动中，人们的祈雨方式有了很大的改变，民间用曝晒巫师祈雨的方式逐渐绝迹，转而用造土龙、画土龙，或者打坐的方式来祈雨，在《西游记》中就有类似祈雨的情节。

二、自秦汉起龙被赋予特殊的帝王身份而受到膜拜

经过长时间的吸纳、综合、演化，龙的形象逐渐成熟，龙身上所具备的通天神性在宗教背景之下得以彰显，且这种通天神性与统治者的“代天牧民”多有吻合之处，所以帝王也就自称为“真龙天子”。即使是汉高祖刘邦，虽然出身寒微，但他在登上皇位之后，为了突出自己是“天之骄子”的至高地位，也要编造出先天不凡的经历来神话自己，以提高自己的威信与号召力。《史记·高祖本纪》记载：“其先刘媪尝息大泽之陂，梦与神遇。是时雷电晦冥，太公往视，则见蛟龙于其上。已而有身，遂产高祖。高祖为人，隆准而龙颜，美须髯，左股有七十二黑子。”在此文中，刘邦的母亲梦中与龙相交合，故生下了隆准而龙颜的刘邦，刘邦先天携带了龙的遗传基因，当为神人转世，故先天注定便是皇帝。从此之后，大凡当上皇帝的人都效法这位先祖，编造出了各种各样的帝王龙的神话，如光武帝“梦骑赤龙”、唐太宗“龙凤之姿”，即使是篡位的王莽也编造出“当仙成龙”的神话。

与此相对应的是，在公元前 49 年，汉宣帝以“黄龙”为年号，这是龙与皇权的正式结合，也是龙文化被皇权政治所垄断的标志。龙纹本来是上古宗教的反映，但随着龙形象的逐步定型，龙纹也被皇权所垄断。统治者对龙纹的垄断在服饰上表现最为突出，虽然在商周时期已经有了较为完整的章服制度，但当时还未禁止下层官僚使用龙纹。到了东汉明帝时期，九卿以下的官员已经丧失了使用龙纹的资格，到了唐代，出现了“在祀典中使用龙纹的资格应该由皇帝所垄断的”论调，这种论调虽然在当时未能被著之铭文，但也对后世产生了较大的影响。

三、元明清时期龙图腾所营造的文化走向极端

封建皇帝对龙纹的垄断在元代发展到了一个新的阶段。元代是蒙古族政权，它崛起于北方草原，以摧枯拉朽之势相继灭掉金国与南宋，统一全国，但蒙元统治者的残暴统治遭到了中原大部分汉族人的反对。出于政治的需要，元代统治者以垄断龙纹的手段来加强统治权威。至元七年（1270 年），元世祖忽必烈明文规定市街商店不得织造或贩卖日月龙凤纹的缎匹。至元十年

(1273 年)，元世祖忽必烈又进一步明令："中书省咨照得，先为诸人织造销金日月龙凤缎匹纱罗等，截日纳官，外实支价。已后诸人及各局人匠私下并不得再行织绣、挑销、货卖，如违除买卖，物价没官，仍将犯人痛行治罪。"(《大元圣政国朝典章》) 这条典章看起来十分严厉，但是统治者没有考虑到龙纹在中原地区广为流传，是否能真为一纸禁令所禁止。元代统治者看到无法达到预期目标，便降低了要求，在龙爪上大做文章，据《大元圣政国朝典章》大德元年（1299 年）三月三十一日载："不花帖木儿奏：'街市卖的段子似上位穿的御用大龙，则少一个爪儿，四个爪儿的着卖，有奏呵。'暗都喇右丞道：尚书两个钦奉圣旨，胸背龙儿的织呵不碍事，教织着咱似咱穿的段子，织缠身上龙的，皇泽根底说了，各处遍行文书禁约休织者，钦此。"宋代流行三爪、四爪龙的服饰，而五爪龙的服饰较为少见，元代统治者则限定五爪龙为皇家专用。后来元仁宗延祐元年（1314 年）和延祐六年（1320 年）又两次下诏严禁民间使用五爪龙纹。虽然元代统治者三令五申地垄断龙纹的使用权，但是民间还是屡禁不止，如 1975 年考古工作者在山东邹县发掘的元年至正十年入葬的李裕庵墓，男性墓主在里面就穿了当时所谓的"龙袍"，这种做法也表明了百姓对统治者垄断龙纹的禁令可谓阳奉阴违。

明清时期，统治者对龙纹的垄断随着皇权的进一步集中也逐渐加强，但仍压制不住民间百姓对龙形象的喜爱，近年来考古工作者所发掘的明清墓葬中墓主的穿着不守规制可以证明当时的禁令执行得并不十分严格。

对于皇帝对龙形象的垄断，我们要清醒地认识到龙的起源远远早于帝王产生的时代，龙是原始先民对身外自然力神化的产物，并不是先天就是皇权政治的符号。进入了阶级社会，因为龙具有通天、善变的特性，被封建统治者作为"代天牧民"的符号。即使在封建社会，龙在象征帝王和皇权的同时，也不能遮蔽广大中下层劳动人民对龙这种动物的喜爱。事实上，宫廷龙与民间龙是并行不悖的关系，比如在帝王穿龙袍坐龙椅的同时民间也在举行祭祀龙王、划龙舟等活动。龙作为皇权政治的象征，对龙的地位的提升、影响力的扩大也有正面作用，比如有"祖龙"之称的秦始皇结束了六国分裂，开创了中国大一统的传统，若不是秦始皇，恐怕中国会像西欧那样小国林立。具有"龙凤之姿"的唐太宗励精图治，开创了中国历史上著名的"贞观之治"，还开启了唐蕃和亲之举，创造性地开辟了处理民族关系的新路径。对龙情有独钟的清代康熙皇帝在位时，社会经济得到长足的发展，开启了“康乾盛世”的局面，东征西伐，维护了多民族国家的统一，奠定了现在中国的版图。早在商代，龙就成了商王朝以及四周方国共同尊崇的神兽，上古的祭祀中以龙为对象的各种巫术形式又给了人们更为生动而深刻的印象，长此以往，龙在人们的心目中就成了最神通，也最有智慧的神兽。随着历史的推移与中华民族的形成，龙就成了中华民族的祖先，我们都是“龙的传人”。

四、辩证看待龙文化

所以说，我们在对待龙的时候，要一分为二地看待问题，既要看到它的负面影响，也要看到它的正面作用。

龙在古人的宗教、政治生活中占有非常重要的位置，龙的图纹以及图案是百姓生活中不可或缺的元素，龙在文学家笔下也是绝佳的文学素材，下面就龙在文学中的影响做一探讨。

中国文学史上产生最早的艺术形式是诗歌。中国古代最早的诗歌总集《诗经》中收录了西周初年至春秋中叶的305篇诗歌，这些诗歌分为“风”“雅”“颂”三部分，在“颂”中，许多诗歌都写到龙旗，如“龙旗十乘”（《商颂·玄鸟》）、“龙旗阳阳”（《周颂·载见》）、“龙旗承祀”（《鲁颂·閟宫》）等。《诗经》中的颂诗主要是用于祭祀场合，所以说，颂诗中出现的与龙有关的意象是古代祭祀文化的标志，《诗经》中以民歌为内容的“风”中则很少出现与龙有关的意象，这就充分说明了早期龙纹与普通下层百姓的现实生活很远，而与上层统治阶级息息相关。

战国时期，南方的楚地又新兴了一种新的诗歌体裁——楚辞。楚国诗人屈原以楚地民间祭神巫歌为基础创作了《九歌》，在《九歌》中有很多涉及龙的诗句，如《云中君》中“龙驾兮帝服”，《湘君》中“驾飞龙兮北征”“石濑兮浅浅，飞龙兮翩翩”，《大司命》中“乘龙兮辚辚”，上述诗句艺术化地反映了龙的形象。屈原笔下的诸位神灵虽然同乘龙车，但表情神态各异：云中君辉煌壮丽，湘君哀婉缠绵，大司命狂傲洒脱，河伯轻灵飘逸。《九歌》并不是巫歌的实录，而是屈原的再创作，饱含了诗人的个人情感，充满了奇幻、幽深、瑰丽的艺术魅力。楚辞对后世的诗歌产生了极大的影响，特别是“竹林七贤”之一的嵇康。他崇尚老庄学说，其《游仙诗》中也出现了龙的意象——“王乔弃我去，乘之驾六龙”，这又是在继承楚辞的基础上的再创造。联系嵇康的一生，他时而愤世嫉俗，时而高傲狂放，在政治上他倾向于曹魏，因此受到司马氏的嫉恨，就这样，嵇康一生不得志。在嵇康的诗歌里，他经常以“潜龙”自比，以抒发郁闷愤懑的感情。《晋书·嵇康传》称嵇康“有奇才……人以为龙章凤姿，天质自然”。足见当时人们以龙、凤来赞美嵇康也无犯上之嫌。

随着诗歌的进一步发展，以龙为表现对象的诗歌逐渐增多。唐代以来，与龙有关的典故广见于诗歌中，但专门咏龙的诗作在卷帙浩繁的《全唐诗》中仅有初唐诗人李峤的《龙》：“衔烛耀幽都，含章拟凤雏。西秦饮渭水，东洛荐河图。带火移星陆，升云出鼎湖。希逢圣人步，庭阙正晨趋。”诗歌中使用了“北方烛龙”“龙饮渭水”“尧获河图”“皇帝铸鼎”等典故，说明龙是一种神异的吉祥瑞兽，该诗艺术上并无出彩之处。

赋在中国文学史中也是一类重要的文体，它滥觞于战国后期，到汉代发展至鼎盛，汉代大赋多为歌功颂德之作，属于为帝王润色鸿业的宫廷文学。汉代以来，统治者多以“龙现”来标榜祥瑞，皇帝也多以龙自喻，所以以龙为主要题材的赋要比诗多一些，最为著名的当属宋代改革家王安石的《龙赋》：“龙之为物，能合能散，能潜能见，能弱能强，能微能章。惟不可见，所以莫知其乡；惟不可畜，所以异于牛羊。变而不可测，动而不可驯。则常出乎害人，而未始出乎害人，夫此所以为仁。为仁无已，则常至乎害己，而未始至乎丧己，夫此所以为智。止则身安，曰惟知几；动则物利，曰惟知时。然则，龙终不可见乎，曰：与为类者常见之。”龙这种动物变化无端，时而聚合，时而分散，时而潜伏，时而出现，因其不可见，所以我们都不知道龙的栖息之处；其不可被蓄养，所以它也异于牛羊这类家畜，这道出了龙具有善变的精神。同时，龙也具有儒家所倡导的“仁”的精神，龙能够处理好自己与他人的关系，把自己与社会的关系处理得和谐美好。龙还具有很强的奉献精神，能够将“仁”与奉献精神相结合，达到了真正的智的境界。写作“龙赋”数量最多的是唐代的潘炎，他在唐中宗景龙二年作《黄见龙赋》，景龙三年作《黄龙再见赋》，还有《赤龙据案赋》等，这些赋作显示出潘炎对龙的“情有独钟”，更显示出了潘炎的谄媚之态。

小说这种文体亦是文学史中的重要体裁，在小说中特别是唐传奇中，龙常常作为重要角色出现。宋代重要类书《太平广记》中就收录了与龙有关的小说十余篇，最为精彩的当属李朝威的《柳毅传》。该小说的大致内容是，书生柳毅应试科举下第，在归家途中经过泾阳，碰巧遇到了洞庭龙王之女遭受其夫泾阳君和公婆的虐待，书生柳毅受龙女之托奔赴洞庭龙宫传信，因此龙女得以被其叔父钱塘君所营救回归洞庭龙宫。龙女为了感谢书生柳毅的恩情，在龙宫设宴招待柳毅，席上钱塘君采取不当的方式力劝柳毅与龙女成婚，但被有骨气的柳毅断然拒绝。后来龙女变换容貌，假称卢氏女，终于与柳毅成为眷属。这个故事情节曲折，人物性格鲜明，文辞华丽，是小说中的佳作。在小说中，当钱塘君闻柳毅传信后，愤然出行："语未毕，而大声忽发，天拆地裂。宫殿摆簸，云烟沸涌。俄有赤龙长千余尺，电目血舌，朱鳞火鬣，项掣金锁，锁牵玉柱。千雷万霆，激绕其身，霰雪雨雹，一时皆下。乃擘青天而飞去。"写龙女回到洞庭与柳毅相见时："俄而祥风庆云，融融恰怡，幢节玲珑，箫韶以随。红妆千万，笑语熙熙。中有一人，自然蛾眉，明珰满身，绡縠参差。迫而视之，乃前寄辞者。然若喜若悲，零泪如丝。须臾，红烟蔽其左，紫气舒其右，香气环旋，入于宫中。"作者用洞庭君与龙女的动作来衬托二"龙"的性格，一个脾气暴躁，一听说龙女在异乡受气便暴跳如雷，一个温婉淑雅，通情达理，具有大家闺秀之范。作者以其回旋如意的笔锋，蘸以浓丽的色彩，描写得如此栩栩如生，非大手笔不能达到此境界。洞庭龙王愿意与人为友，仰慕君子高义，但洞庭君又属兽类，以带有兽性而有异于人类。在《柳毅传》中柳毅不满钱塘君蛮横指斥道："若遇公于洪波之中，玄山之间，鼓以鳞须，被以云雨，将迫毅以死，毅则以禽兽视之，亦何恨哉！今体被衣冠，坐谈礼义，尽五常之志性，负百行怖之微旨，虽人世贤杰，有不如者，况江河灵类乎？……惟王筹之！"而钱塘君"乃逡巡致谢曰：'寡人生长宫房，不闻正论。向者词述疏狂，妄突高明。退自循顾，戾不容责。幸君子不为此乖间可也。'其夕，复饮宴，其乐如旧。毅与钱塘遂为知心友。"柳毅的轩昂气宇使钱塘君羞愧难当，钱塘君也认识到自己的鲁莽之处，于是"逡巡致谢"，柳毅与钱塘君最终成为知心友。从这个故事中，我们也可以窥见在唐代人心目中龙与人的关系。明清小说中以龙为主要角色的作品也是层出不穷，如许仲琳的《封神演义》、吴承恩的《西游记》、蒲松龄《聊斋志异》等等。

以上从宗教、政治、文学方面分别谈了龙的影响，下面就龙作为中华民族的象征与西方龙的差异，并谈谈龙在当代的影响与传播。

中西方龙的形象有着本质的差异。从起源上来看，中国龙的原型是多元的，它综合了人们日常生活中与人有密切关系的动物，或者是为人所敬畏、尊崇的动物的形象，集中了多种动物原型的优点。从审美上来看，中国的龙涵含着美感。而西方龙则并非如此，西方龙的原型是毒蛇，在其基础上还综合了其他种种使人产生恐怖感、厌恶感的动物，如鳄鱼、蜥蜴、蝙蝠、癞蛤蟆等。在古希腊罗马神话中，毒龙的源头是地母该亚和塔耳塔洛斯生的儿子堤丰和女儿厄喀德那。堤丰是一个奇特怪异的毒龙，他长着一百个毒蛇一样的头，每个蛇头都带有毒液，还能喷火。厄喀德那也是一个行为怪异的女妖，一半是女人，一半是毒蛇。而堤丰和厄喀德那结婚，生下的儿子勒尔纳，仍是一条水蛇。由此可见，中国龙形象与西方龙形象的形成存在着质的差异。中国龙是通天神兽，象征着国家权力，象征着民族融合，象征着君子之德，象征着皇权至上；而西方龙则象征着人与兽的对抗，象征着害人的恶魔，象征着邪恶恐怖，这样西方龙的形象与中国龙的形象截然不同。

近年来，随着中国综合国力的不断提升，作为中国文化的重要组成部分的龙文化也要对外传播，但怎样有效地传播中华龙文化而不致使西方人产生误解，这始终是一项重要的课题。别有居心者宣传“中国威胁论”时，就制作了龙在撕咬美国国旗的漫画，为了消除偏见，有人甚至提议不再使用龙作为中华民族的象征。与此同时，国内许多有识之士站在民族文化与构建和谐社会的高度认为龙文化是中华文化的有机组成部分，是中华儿女情感的纽带，不可或缺。

从上述对待“龙是中华民族的精神符号”的不同看法中，我们可以明白中西方文化在传播中面临着挑战。虽然这些差异给文化交流和互相理解造成了障碍，但是我们没有必要妄自菲薄，去改变龙作为中华文化的标志，这也是每一位中华儿女的共识。据有关新闻报道，由上海外国语大学吴友富教授领衔的“重新建构和向世界展示中国国家形象品牌”重要课题已经被上海市哲学社会科学规划项目立项，我们期待着这一项目的实施能够找到对外传播中华龙文化以及中国国家形象的方法。

第四章

甲骨传承：中华文字之根

统筹：赵青山
撰写：赵青山

第一节 甲骨文的发现与研究

19世纪末，一场考古学、文字学、艺术上的“大地震”在河南安阳的小屯村爆发，使得全球的目光齐集中国。在那里出土的一片片镌刻有“天书”的龟甲和牛骨，后由当时山东潍坊的古董商范寿轩携至京城，由时任国子监祭酒的金石学家王懿荣及天津古文字学家王襄等人认定为殷商遗物，并被审定为中国最早的文字。因其是刻在龟甲和兽骨上的文字，故称之为“甲骨文”，也称为“卜辞文字”“契文”。

一、甲骨文的发现与考古发掘

古代甲骨上的刻划痕迹被确认为是商代文字，是20世纪末至21世纪初的中国考古的三大发现（敦煌石窟、周口店猿人遗迹）之一。可是它的发现过程却是十分偶然而又富于戏剧色彩的，经历了由神药到文字的发现历程。

在甲骨文还未确认以前，河南省安阳市小屯村的农民在耕作时就不断在农田里挖刨出古代甲骨。据说第一个把甲骨当作药材到中药铺去卖的是一位叫李成的剃头匠。一次他害上一身脓疮，没钱去求医购药，就把这些甲骨碾成粉敷到脓疮上，想不到流出的脓水被骨粉给吸干了，而且发现骨粉还有止血的功效。从此他就把它们收集起来，说其是龙骨，卖到了中药铺。光绪二十五年（1899 年）秋，在北京清朝廷任国子监祭酒（相当于中央教育机构的最高长官）的王懿荣得了疟疾，派人到宣武门外菜市口的达仁堂中药店买回一剂中药。之后，王懿荣无意中看到其中的一味叫龙骨的药品上面刻划着一些符号。龙骨是古代脊椎动物的骨骼，在这种几十万年前的骨头上怎么会有刻划的符号呢？这不禁引起他的好奇。对古代金石文字素有研究的王懿荣便仔细端详起来，觉得这不是一般的刻痕，很像古代文字，但其形状又非籀非篆。为了找到更多的龙骨作深入研究，他派人赶到达仁堂，以每片二两银子的高价把药店所有刻有符号的龙骨全部买下，后来又通过古董商范维卿等人进行搜购，累计收集了 1500 多片。他对这批龙骨进行仔细研究分析后认为，它们并非什么“龙”骨，而是几千年前的龟甲和兽骨。他从甲骨上的刻划痕迹逐渐辨识出“雨”“日”“月”“山”“水”等字，后又找出商代几位国王的名字，由此肯定这是刻划在兽骨上的古代文字。从此这些刻有古代文字的甲骨在社会各界引起轰动，文人学士和古董商人竞相搜求。甲骨文发现的故事，后来被人们称为“一片甲骨惊世界”的奇迹，在中国和世界考古史上写下了带有传奇性的篇章。

1900 年秋，八国联军入侵北京，王懿荣投井殉难，其所藏甲骨大部分由后人卖给刘鹗。在罗振玉的鼓动下，刘鹗于 1903 年将自己搜集到的 5000 余片甲骨选拓 1058 片，编印为《铁云藏龟》。在该书的序言中，其指出甲骨文是“殷人刀笔文字”，这也是将甲骨文的时代确定为殷商的第一个文字表述。罗振玉先生通过多方探寻，终于在 1908 年得知甲骨的出土地点是河南小屯村。经过王懿荣的发现、刘鹗的年代鉴定、罗振玉的出土地确认，甲骨文终于得到了中外学术界的重视，成为一个新的研究领域。甲骨文的真正价值得到学术界的确认后，便由每斤卖制钱六文的“刀尖药”一跃而成为身价百倍的宝物。由于购求者日益增多，民间竞相挖掘。在 1928 年之前，民间自发性的私掘约达三十年之久，出土较多且可考者有八九批，总数已无法精确统计，粗估有 7000 片。这些甲骨多经古董商人之手，分别为王懿荣、刘鹗、王襄、罗振玉以及加拿大明义士、美国方法敛等人所得，只有少部分转让给国家机关。

从 1928 年 10 月至 1937 年抗战爆发，当时的中央研究院历史语言研究所在安阳小屯及其附近地区先后进行了十五次科学发掘，所获得的甲骨共24 929片。值得特别提及的是，在第13次发掘时有一编号为YH127的灰坑内竟出土甲骨17 096片。

在此期间，当时的河南省政府也派河南博物馆于1929年10月及1930年2月先后两次到小屯村发掘，共获得有字甲骨3656片。抗战爆发后，殷墟发掘工作被迫停止。自此至新中国成立前夕，甲骨虽仍有出土，但多流散国外。新中国成立后，在安阳小屯成立考古工作站，对殷墟进行有计划的科学发掘，其中1973年在小屯南地发现有字甲骨4800多片，1993年在安阳花园庄东地H3甲骨坑发掘甲骨1583片，其中有刻字者689片。这是继1936年YH127坑及1973年小屯南地甲骨以后殷墟甲骨文的第三次重大发现。值得一提的是：1977年以来陕西周原遗址先后出土了21 000余片甲骨，其中有字者293片。

二、甲骨文发现的重要意义

殷墟甲骨文与敦煌文书，新疆、甘肃、内蒙古等地发现的汉晋木简，内阁大库元明以来书籍档册，被学术界视为19、20世纪之际中国学术史上的四大发现，对中国学术界产生了巨大而深远的影响。

其一，甲骨文的发现，证实了中国早期国家——商王朝的存在。这不仅是中国历史研究的一件大事，同时也是世界历史研究中一件值得大书特书的事。由于王国维用甲骨文证实了《殷本纪》的史料价值，使《史记》之类的历史文献中有关中国古史的记载的可信度增强，体现了殷商文明在世界文明史的重要地位。这不仅把中国的历史学、古文字学的研究带入了一个新的领域，而且在考古学、古代科学技术等方面都有着重大的指导作用。

其二，甲骨文的发现，确定了汉字早期的存在形式，其结构与小篆有别，多象形、会意字，令当时学者眼界大开，开辟了对先秦中国文字学的认识。甲骨文的发现，使《说文》以小篆为本解释字源的理论与其整个文字系统皆难以维持，更使汉代以后被文字学家所崇尚的许慎《说文解字》的权威性受到了冲击。如果说 1883 年刊行的吴大澄的《说文古籀补》以金文资料充实、对《说文》的修订，为中国文字学向近代现代文学发展搭起一座桥梁，那么甲骨文的发现，则是使中国文字学走到了一个新的时期。

其三，甲骨文的发现，验证了中国文化的早期审美意识活动，揭开了中国先秦历史文化领域的和谐理念和自然审美观，让我们认识了古代中国优秀文化的审美体现。这种审美思想在中国文化史上占有非常重要的地位，从而为人类文明和中国文化的传承与发展注入了新鲜的血液，同时为中华民族在新时期下的文化战略提供了精神储备，具有重要的政治文化战略意义。

其四，甲骨文的发现使中国绘画、书法与篆刻艺术具有了文化上源，为中国传统艺术的发展提供了源泉。从而，绘画表现步入新机、书法体现异彩纷呈、篆刻再现别开生面，为中国艺术带来了更为广阔的发展空间，其影响力之大、作用之深远为艺术界所瞩目。

三、甲骨的整治与占卜

自商周以后，有关占卜之道逐渐“推归之至微，要絜于精神”，人们已不得其要领了。至汉朝文、景之时，因很长时间“未遑讲试”，“其经微深妙，多所遗失”，占卜进一步衰落。直到汉武帝即位以后，占卜之事又兴盛起来。《史记·龟策列传》里所讲龟卜虽然详细，但已是汉代之制，与商周时代的卜骨之法早已不可同日而语了。

甲骨文是商王朝晚期遗留下来的占卜记事文字。有关古代龟甲用占卜的记载，虽然一些先秦古籍，诸如《尚书》《诗经》《左传》《国语》以及《诸子》和《周礼》等书中都有所记载，但语焉不详。商人是怎样占卜的？学者们只得借助出土的甲骨实物结合上述古籍里的一些记述进行考察。

商代占卜记事所使用的材料主要是甲骨。甲，就是龟甲，以腹甲为主，间或也用背甲。骨，主要是牛肩胛骨，也有一些记事文字或用牛头骨、鹿头骨、人头骨或虎骨等。

商代卜用龟甲和兽骨来源于何地呢？生物学家对安阳殷墟出土龟甲的鉴定完全证明了这一点。“这种中国胶龟仅产于南方，如福建、广东、广西、海南、台湾等地。著名的 YH127 坑出土一块最大龟甲（《乙》4330），长一尺二寸。据鉴定，与现在马来半岛的龟类为同一种属。”

占卜用的牛胛骨，当为本地所产。罗振玉在《铁云藏龟》序中曾把牛胛骨外缘较厚部分破裂成条形，称为“牛胫骨”，这是不正确的。此外，也有称肩胛骨为象骨、鹿骨、牛肋骨等不正确的说法。正如陈梦家所指出的：“象骨只是一种推测，而卜用鹿骨不但在安阳而且在其他地区也有发现。不过安阳出土的，虽有鹿头刻辞（《甲》3940、3941）和鹿角器刻辞（《甲》3942），却不能指定哪一块有卜辞的是鹿肩胛骨。”

龟甲和牛肩胛骨在占卜之前是需要整治的。整治包括取材、削锯与刮磨、凿钻制作等工序。

第一步——取材。即收取贡纳而来的龟、骨等占卜用材料，尚未经削锯、刮磨等工序。万物秋成，这时的龟甲最适于占卜之用。在杀龟之前还要举行祭祀仪式，祭祀之后就可以把龟杀死，剔去血肉、内脏、使之成为龟甲空壳。然后把这些空龟壳贮藏起来，以备再进行削锯、刮磨等工序。

第二步——削锯与刮磨。龟壳和肩胛骨还要经过削锯、刮磨等工序后，才能施钻凿以备卜用。龟壳首先从背甲与腹甲的连接处（即所谓“甲桥”）锯开，并使一部分“甲桥”连在腹甲上。然后锯去甲桥边缘突起部分，并错磨成整齐的弧形，使腹甲较为平直。占卜多用龟腹甲，但有时也用背甲。背甲较大的，则从中脊锯开，使之一分为二。刮磨时先要刮去龟甲表面的鳞片，并将下面留有的坼文刮平。

牛肩胛骨或其他同类动物的肩胛骨都是左右各一。肩胛骨的整治，要锯除骨脊（柱脊）和骨扇前缘的软骨，骨臼的部分要经过修整。骨扇无骨脊之面为正面，有骨脊之面为反面，在骨版的正、反两面都要进行错磨，使版面平润。

第三步——凿钻。凿和钻是凿钻卜骨所使用的工具，用凿和钻所制成的槽洞和圆洞，简称也叫“凿钻”。王宇信先生据其在小屯南地所见甲骨，指出凿钻并不是一次完成，“多数是先轮开糟，然后再用刀加工修整。也有的用刀刻挖而成”。钻凿的作用在于骨版坚硬且薄厚不均，必须经过凿钻使它准确呈现兆纹。二者的程序是先凿后钻。

必须说明的是：骨版凿钻的形态不尽相同。小屯南地甲骨的凿迹形态，除了有椭圆形以外，还有长方形的。甲骨的钻凿形态，对甲骨文的断代研究有着十分重要的意义。

甲骨经过取材、削锯与刮磨、凿钻制作等工序后，就算是整治完毕，可供占卜之用。甲骨和牛肩胛骨整治完成了以后，根据祭祀的需要，开始占卜。占卜要进行灼龟，也就是灼兆。“在灼龟时，一边祷祝，一边述说所卜之事。”灼兆是“占卜时施于钻内或凿旁的烧灼痕迹”。用火烫灼使之爆裂兆纹，通过兆纹来判断卜卦的吉凶。灼兆使用的火有两种，一是有焰的火；一是用梗木枝放在燃火上边烧边吹，使之成炽炭，直接灼于凿钻之中。灼龟的用火点，是在“有钻者，灼于所钻中处；无钻者，通常灼于凿的左或右，但亦偶有灼于凿之左右两旁。”由于灼火之热力，使之在灼兆点发出爆裂之声曰“卜”。在其所施灼的正面，就是爆裂呈的“兆纹”。兆纹有兆干和兆枝之分。其龟甲的兆纹方向的原则是：龟腹甲以中缝（千里路）为中心，背甲以中脊为中心，它们的左甲或右甲，兆纹横枝（坼）一律伸向中缝或中脊。

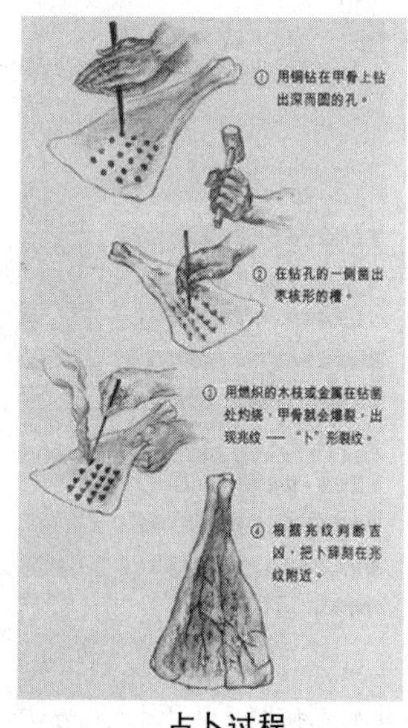

占卜过程

在灼兆爆裂了的兆纹形态变化之后，商代的卜官，就可以判断这次卜卦是吉兆还是凶兆了。决定吉凶的主要根据，是看兆枝（坼）的形态变化。据董作宾先生研究，兆枝（坼）可分为首、身、足三个部分。我们推测，吉兆是，首部向上，足部收敛。严一萍考释说：“首仰，横纹向上。与首俯当即《周礼》之礼，所谓象吉象凶者。”凶兆是，“首上开，内外交骇，身节坼”，或“首俯足肣，身节坼”。“身节坼”是凶兆的主要标志。“首俯，横纹向下”，“身节折，当指横纹自中间折断斜出形。”

卜官卜问吉凶之后，下一步就是刻辞，将其卜问事项及其内容刻记于卜骨之上以作记载。占卜过程以此为结束。在卜辞中还有相当一部分所问之事，要经过一段时间以后得到验证。把所验证的结果再补充刻于占辞之下，也就是验辞。当把验辞刻完了，这时占卜的过程就全部完成，也就是占卜的结尾。

卜用后的甲骨和记事刻辞用后的甲骨，都有专门的处理，或进入“档案库”。商代卜辞的吉凶说法仅仅是推测而已，还没有更充分的材料证实。尤其在骨版或拓片上很难看出原来吉凶兆纹的样子，原因一是骨版埋地甚久，原貌消失；二是我们还不明了商时卜人观察兆向的特殊技能。因此今人探讨这类问题是很困难的。这个问题在甲骨学中还是一个疑惑难解尚待讨论的问题。

四、甲骨文的资料整理与著录

20 世纪初叶，当出土于安阳殷墟的龟甲兽骨文字刚刚进入人们的视野不久，一些谙熟中华传统文化的大师们，在对这种前所未见、闻所未闻的铭刻文字尝试进行“识文字，断句读”，同时开始整理汇总这些资料并进行著录，列举如下：

《铁云藏龟》是“殷墟”甲骨文历史上的第一部著录书，刘鹗辑，全书共收甲骨 1058 片。该书将甲骨文由只供少数学者观赏摩挲的“古董”变为广大学者研究的资料，在甲骨学史上具有不可磨灭的开创之功。

《戬寿堂所藏殷墟文字》由王国维编纂，姬佛陀具名，本书共收甲骨 655 片。

《铁云藏龟拾遗》是第一部甲骨文著录书，刘鹗辑，该书共收甲骨 240 片。

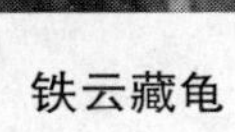
铁云藏龟

《福氏所藏甲骨文字》由商承祚编纂，共收甲骨 37 版。

《殷契佚存》商承祚编纂，该书共收甲骨 1000 片。

《铁云藏龟零拾》李旦丘编纂，该书共收甲骨 93 片。

《簠室殷契征文》共十二卷，由王襄编纂，该书共收甲骨 1135 片。

《殷墟书契》共八卷，由罗振玉编纂，该书共收甲骨 2221 片。

《殷墟书契菁华》罗振玉编纂，该书共收甲骨 64 片。

《殷墟书契后编》罗振玉编纂，该书共收甲骨 1105 片。

《殷墟书契续编》共六卷，由罗振玉编纂，该书共收甲骨 2016 片。

《卜辞通纂》郭沫若编纂，该书共收甲骨 929 片。此书考释中有许多精辟见解，对初学者也是一部极为方便、实用的入门书。

《殷契编萃》郭沫若编纂，该书共收甲骨 1595 片。

《殷墟文字甲编》董作宾编纂，该书共收甲骨 3942 片。

殷墟文字乙编

《殷墟文字乙编》（上、中、下辑）董作宾编纂，该书共收甲骨 9105 片。

《小屯南地甲骨》（上、下册）中国社会科学院考古研究所编辑，该书共著录甲骨 4612 片。

《殷墟花园庄东地甲骨》（1～6 册）该书共收甲骨 1583 片，是一部以甲骨拓本、摹本、照相“三位一体”出版的科学发掘所得甲骨的著录，是百年来著录甲骨的首创。此书是考古学方法整理甲骨材料的新成果，是甲骨学研究的新成果。

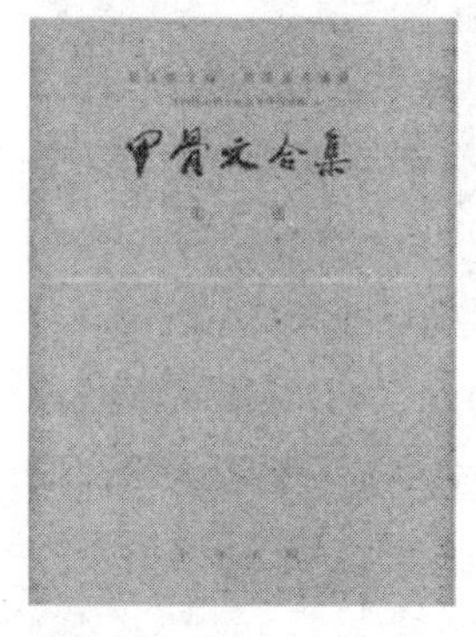

甲骨文合集

《甲骨文合集》郭沫若主编，胡厚宣总编辑，中国社会科学院历史研究所《甲骨文合集》编辑工作组集体编辑。1978～1982 年中华书局出版，刻版影印 13 册，选录 80 年来已著录和未著录的殷墟出土的甲骨拓本、照片和摹本，共 41 956 片。它收集了自清末甲骨出土以来，除小屯南地以外的所有甲骨文拓本，集甲骨文资料之大成，是研究商代史及上古汉语的必备书籍。

《甲骨续存》（上、下）胡厚宣编纂，该书共收甲骨 3753 片。

五、甲骨学史上有贡献的学者

甲骨文自 1899 年发现迄今，已出土 15 万片左右。甲骨学和殷商史的研究论著，已达二三千种之多。一百多年来研究甲骨文的中外学者，据统计达 400 人以上。不少前辈学者，为甲骨学的发展贡献了毕生的精力与智慧，他们的著作是甲骨学史上的一座座丰碑。他们所经历的道路和积累的丰富治学经验，值得后学认真借鉴和继承。

王懿荣（1845 年 ~ 1900 年 8 月 14 日），字正孺，号廉生，山东福山人，晚清翰林，曾三任国子监祭酒，追赠侍郎、荣禄大夫，谥文敏。王懿荣精通金石学，被普遍认为是甲骨文的最早发现者。

王懿荣

王襄（1876 年 ~ 1965 年），祖籍浙江绍兴，世居天津，字纶阁，别号簠室。其长年从事金石学、甲骨学研究，为我国的金石、甲骨学做出巨大贡献，被誉为中国甲骨文研究先驱。

王襄对于甲骨文不仅有鉴定、购买之功，还有著述传世，著述颇丰。在所著的《簠室殷契序》一书中，明确记载了他于清光绪二十四年（1898 年）首先发现、鉴定、收购甲骨的经过，以及此后研究甲骨文等情况。他写的《簠室殷契类纂》是甲骨学史上的第一部字汇。1925 年他出版了《簠室殷契征文》公布了他收藏的 5000 多篇甲骨中的精品。

还著有《簠室殷契征文附考释》《殷代贞史待征录》，以及《殷墟书契待问篇录本》《簠室所抚殷契》和《纶阁所录殷契》等甲骨文研究专著。

刘鹗

刘鹗（1857 年 10 月 18 日 ~ 1909 年 8 月 23 日），字铁云，刘鹗集中和保护了大量甲骨资料，积极刊布甲骨文资料，编辑、出版第一部甲骨著录书《铁云藏龟》，促进了甲骨学研究的发展，在甲骨文的研究方面，刘鹗也提出了一些创见。

罗振玉（1866 年 ~ 1940 年），中国近代金石学家，语言文字学家、甲骨文学家、文物收藏家，字叔蕴、叔言，号雪堂、贞松老人，浙江上虞人。其曾任清廷学部参事及京师大学堂农科监督，是近代金石学研究的集大成者。罗振玉考订甲骨文出土地为河南安阳小屯村，并确定小屯为殷代晚期都城。他自 1906 年开始搜购甲骨，共得甲骨达 3 万余片，为历来收藏家所不及。他亲手墨拓甲骨并鼓励刘

罗振玉

鹗编辑、出版第一部甲骨著录书《铁云藏龟》，直到现在对甲骨学研究仍有价值。他的《殷商贞卜文字考》《殷虚书契考释》及《增订殷虚书契考释》出版，结束了甲骨文“书既出，群苦其不可读也”的局面，开创了用甲骨文资料研究商代历史之先河。

王国维

王国维（1877 年～1927 年），初名国桢，字静安，亦字伯隅，初号礼堂，晚号观堂，又号永观，谥忠悫。汉族，浙江海宁人。其编纂《戬寿堂所藏殷墟文字》一书，公布了刘鹗旧藏甲骨，为学术界提供了不少重要资料。王国维在甲骨文的考释方面多有发明，不少论著直到现在还很有参考价值。他用甲骨文材料研究商代历史和典章制度，极大地提高了甲骨文的学术价值。他发凡启例，最早进行甲骨断片的缀合工作。

董作宾

董作宾（1895 年～1963 年），河南南阳人，原名作仁，号平庐，字彦堂，又作雁堂。

其对甲骨学与殷商史的贡献是多方面的，包含：为甲骨学和殷商史研究提供了大量科学发掘资料、《殷墟文字甲编》和《殷墟文字乙编》等甲骨文材料的刊布、大龟四版与贞人的发现、发表名篇《甲骨文断代研究例》提出“五期”说及“十项标准”、建构殷历并着有《殷历谱》、甲骨文字的考释与解读、殷代地理的推测及制度的研究等。董作宾建立了甲骨学的科学研究体系，是甲骨学史上划时代的一代宗师。

郭沫若

郭沫若（1892 年～1978 年），原名郭开贞，字鼎堂，号尚武，笔名沫若；生于四川省乐山市，祖籍福建汀州府宁化县；中国文学家、诗人、考古学家，新诗奠基人之一。他对甲骨学与殷商史研究做出的贡献是多方面的：郭沫若致力于甲骨文资料的搜集和公布，推动了甲骨学和商史研究的发展，主编了传世甲骨的集大成著录——《甲骨文合集》，为此后甲骨学的发展奠定了基础。郭沫若的甲骨文字考释也取得了很大成就，编写了

《卜辞通纂考释》《殷契萃编考释》及《甲骨文字研究》等书。他在甲骨文分期断代、断片缀合、残辞互补、卜法文例等研究方面也作出不少贡献。

胡厚宣（1911 年～1995 年），甲骨学家、史学家。幼名福林，自 40 年代起即饮誉海内外历史考古学界，他不断创造出超越前人的辉煌成绩，也给后人留下良多珍贵的文化财富。胡厚宣总编辑的《甲骨文合集》，是新中国成立以后，学术界集中、整理和公布甲骨材料方面取得的最大成功。他出版的《甲骨续存》一书，是以后大规模集中、整理、刊布甲骨材料的准备阶段；创造了纲目清晰、科学性强和使用方便的“先分期，再分类”的编辑体例。利用甲骨文材料研究殷商史，研究和解决了不少商代历史上的重要问题。

胡厚宣

陈梦家（1911 年 4 月 16 日～1966 年 9 月 3 日），笔名陈慢哉，1911 年 4 月 16 日出生于南京，祖籍浙江省上虞市。他在古文字学领域的贡献主要集中在他对甲骨文、殷周铜器铭文、汉简和古代文献的综合研究方面。他对甲骨文分期断代研究作出了新的贡献，将“五期”说和“十项标准”深化为“九期”分法，还对甲骨学六十多年来的研究成果进行了科学的总结。

唐兰（1901 年～1979 年 1 月 11 日），文学家、金石学家，号立厂，又作立庵，曾用名唐佩兰、唐景兰，曾用笔名曾鸣。

唐兰从事教学和学术研究 50 余年，涉及学术领域广泛，建树颇多。在古文字学方面，不仅考释出很多难识的字，而且还建立了一套较为完整和系统的古文字的研究方法，如对照法、推勘法、偏旁分析法、历史考证法等，使古文字研究摆脱了过去那种猜谜射覆式的主观臆想，走上了比较科学的轨道。

唐兰一生著作繁富，《中国文字学》《殷墟文字记》《古文字学导论》等著作是空前的。贪婪的文字考释和古文字的理论研究，对古文字学的发展和提高有深远的影响。

于省吾（1896 年～1984 年），古文字学家，字思泊，号双剑誃主人、泽螺居士、夙兴叟，辽宁省海城市人。著有《甲骨文字释林》《双剑誃殷契骈枝》《双剑誃殷契骈枝续编》《双剑誃殷契骈枝三编》《双剑誃吉金文选》《双剑誃吉金图录》《双剑誃古器物图录》《商周金文录遗》等行世。

李学勤（1933 年 ~），著名的历史学家、古文字学家，清华大学历史系教授。长期致力于汉以前的历史与文化的研究，在甲骨学研究领域取得的成绩，主要是：他参与缀合、整理殷墟发掘所获甲骨，用排谱法研究甲骨文反映的史事和历史地理，并首次鉴定出西周的甲骨文，首创殷墟甲骨的非王卜辞说，继而又就历组卜辞等问题提出两系九组的新分期法。在系统研究甲骨、金文的基础上，他对商周时期的礼制、职官、家族、法律等方面作了重要探索。从1975 年起他先后主持和参加过马王堆汉墓帛书、银雀山汉简、定县汉简、云梦秦简、张家山汉简等的整理、注释，并利用这些新材料，对战国至汉初的学术史、文化史进行探索，引起了学术界的广泛注意。

裘锡圭（1935 年 ~），生于上海，祖籍浙江宁波，古文字学家。现为复旦大学出土文献与古文字研究中心教授、博士生导师。裘锡圭文字考释精到，论证严密，撰写了文字考释的《甲骨文中所见的商代五刑》《读〈安阳新出土的牛胛骨及其刻辞〉》等一系列关于甲骨文考释的论文，对不少目前考释难度较大的甲骨文字进行了解说。撰写《关于商代的宗族组织和贵族与平民两个阶级的研究》《甲骨卜辞中所见的“田”“牧”“卫”等职官研究》等关于殷商史研究文章，对促进学术界关于“历组卜辞”年代的讨论和分期断代研究的深入，起了重大推动作用。与此同时，裘锡圭还对卜辞的性质问题，即甲骨卜辞是否为问句的根本问题提出了意见。

在新的一百年里，甲骨学研究还应再接再厉，发扬老一辈学者的进取精神，奋发有为，增加研究的深度和广度。前辈学者的谆谆告诫为后学的研究指明了方向。

第二节　甲骨文在汉字发展进程中的地位

殷商甲骨文作为一种较为成熟的文字系统，是大家普遍公认的汉字系统的前身。也就是说，现在所使用的汉字肯定是由甲骨文发展演变而来的，这一点不容置疑。

一、汉字起源与早期刻画符号

历史上对汉字起源有过种种传说和猜测，就算是明显表现英雄史观的“仓颉造字说”，对我们探索汉字起源也有一定的启示。

甲骨文是中国文字产生之端倪，也是中国艺术之萌生，更是人类从蛮荒进入文明之象征。同任何事物一样，甲骨文的发展也经历了一个从萌芽到成熟的漫长过程，具体来说，是伟大的中国先民们在劳动创造中相互帮助与交流时，由单一的表意或者个别的偶然表达向文字系统过渡并日益完善的长期过程。

（一）贾湖龟甲文字

出现于新石器时代，约公元前 6630 年 ~ 公元前 6440 年。龟腹甲，长 16 厘米，宽 10 厘米，20 世纪 80 年代河南舞阳贾湖新石器时代墓葬 M344 出土，现藏于河南省文物考古研究所。

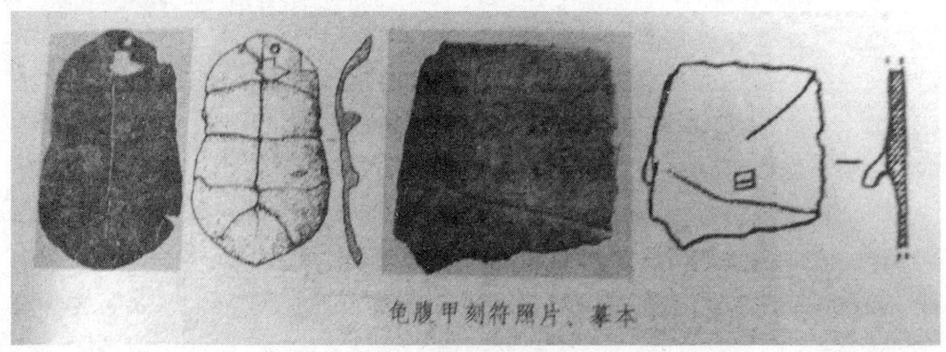

龟腹甲刻符照片、摹本

龟甲上独契一字，刻于龟下腹甲右侧的近似于甲骨文的“目”字，字形取象于眼目，结构严谨，刀法纯正，是到目前为止所发现的最早的古文字；而刻于残腹甲上的“曰”字与现有的“曰”字颇似。

龟腹甲刻符摹本

（二）良渚文化玉璧文字

出现于新石器时代晚期，约公元前3300年～公元前2200年。玉璧两件，高59.5厘米，口径30厘米，20世纪20年代以前在沪浙一带出土，现藏于美国华盛顿佛利尔博物馆。

两件玉璧上刻有相同的图像，一繁一简，内容关于礼天祭日，而于图像下部描绘祭坛的图像中央同刻一字，此字字形结构与贾湖龟甲文字相同。

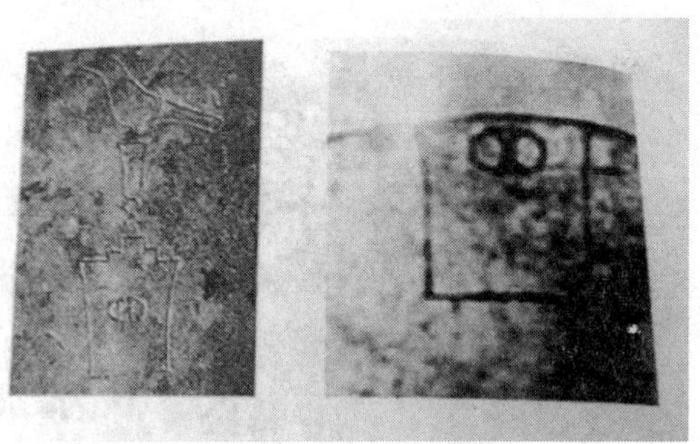

良渚文化玉璧文字

（三）大汶口文化陶器文字

出现于新石器时代，约公元前4300年～公元前2500年，刻有“图像文字”的陶缸，现藏于中国国家博物馆。

这是一件盛酒的祭器，樽上均有刻符。其实，标志本身也是文字早期的形态之一，尤其是有些符号在不同的陶器上面多次出现，这就说明它们有一定的表意性，这正是中国文字最早的抽象形态，是汉字在萌生阶段的一种特征。

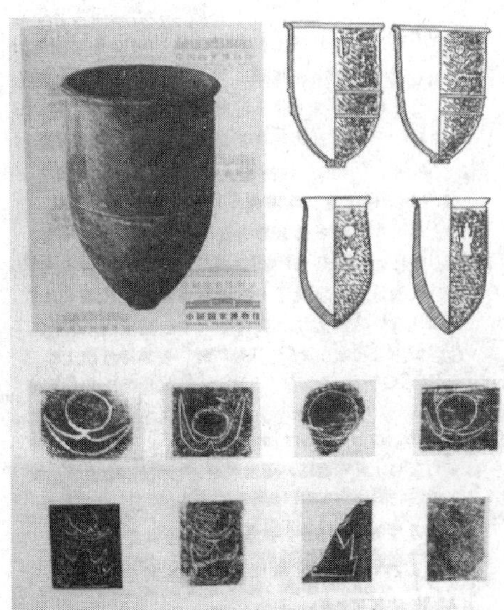

大汶口文化陶器文字

（四）宝鸡北首领遗址文字符号

20 世纪 50 年代末 ~80 年代，考古学者又先后在陕西半坡、临潼姜寨、青海民和马厂沿、乐都柳湾以及上海崧泽、马桥等新石器时代遗址中，发现了一些刻画在陶器上的符号，这引起了国内外许多学者的关注。最初有人认为这些符号“可能是代表器物所有者或器物制造者的专门记号”。

宝鸡北首领遗址文字符号

（五）澄湖良渚文化陶器文字

出现于新石器时代晚期，约公元前 2500 年 ~ 公元前 2000 年，黑陶贯耳壶，高 12 厘米，口径 8. 8 厘米，现藏于江苏省苏州市吴中区文物管理所。良渚文化被不少学者视为“中华文明的曙光”。良渚文化陶器文字也是人类运用简单的符号记事并迈向文明的一个重要信号。

澄湖良渚文化陶器文字

（六）洪山庙仰韶文化陶器文字

出现于新石器时代晚期，约公元前 3130 年 ~ 公元前 2190 年，陶缸，口径 18. 2 厘米，底径 13. 44 厘米，高 26. 7 厘米，在河南汝州洪山庙遗址出土，现藏于河南省文物考古研究所。从符号的构成特征看，已形似于商周古文中的某些字态，就这些符号的性质而言，它们显然是一种具有特定意义的记事标志，这类符号广泛应用，无疑对后来殷商甲骨文的产生起到了积极的借鉴作用。

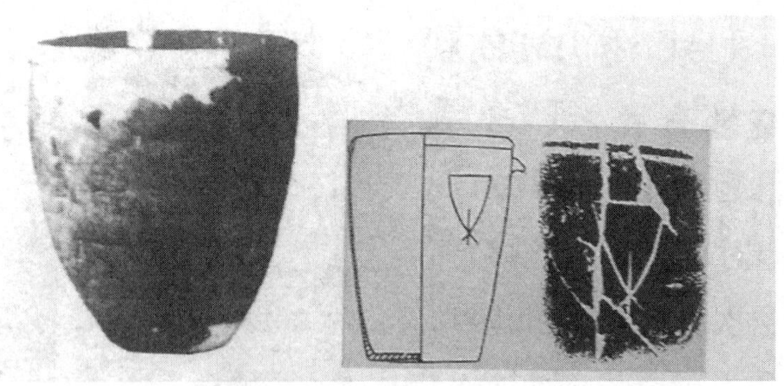

洪山庙仰韶文化陶器文字

（七）陶寺扁壶朱书文字

出现于新石器时代晚期，约公元前 2100 ~ 公元前 2000 年，陶扁壶残片，口部短颈 9. 4 厘米，长径 20. 8 厘米，腹部残周宽 24. 8 厘米，20 世纪 80 年代在山西省襄汾县陶寺遗址出土，现藏于中国社会科学院考古研究所。

这件新石器时代晚期的扁壶朱书“文邑”二字，是迄今为止发现的最早用毛笔书写的文字，更是中国书法最原始的记录，具有非常重要学术价值和艺术价值。

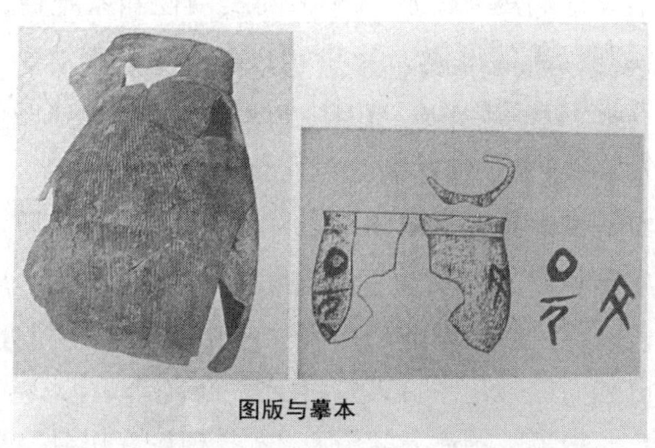

图版与摹本

（八）陕西龙山遗址陶器文字符号与登封王城岗遗址陶文

在黄河中游的河南、陕西龙山文化内涵中，已发现十余处遗址里有陶器符号，它们在时代上接近原始社会的尾声，属于考古文献记载中的虞夏时期。虽然出土例证有限，却是昭示甲骨文时代到来的一个重要符号。

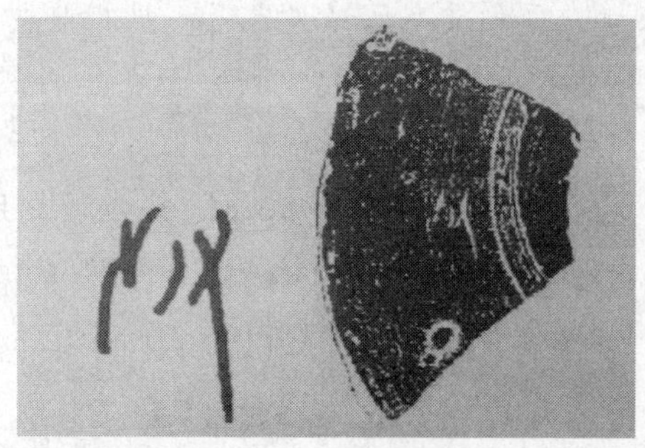

陕西龙山遗址陶器文字符号与登封王城岗遗址陶文

史前时期，刻符文字之所以能大行其道，主要是由于先民与我们今人观念的不同。他们把无形的、信仰中的存在转化成刻符图画的有形现实存在，沟通了自然界与超自然界。

二、成熟的汉字——甲骨文

甲骨文是研究华夏上古文明和原始汉语的珍贵素材，而且这些早期文字的构形，可使我们管窥到当时驾驭文字的人所具有的文化素质和在文字书写方面所达到的造诣。他们既着意展示文字的实用性和系统性，又力求赋予文字丰富的文化内涵和优美的形体。经过对甲骨文的字样整理、基础构件与构形模式分析，可发现甲骨文的构形具有一定的系统性，具有成熟文字的特征，且具有鲜明的时代特征。

（一）甲骨文字构形具有系统性

甲骨文在汉字漫长的发展历史上处于极其重要的地位，是汉字发展过程中的一个重要阶段。在目前已发现的甲骨文字中，除了一部分是象形文字外，多数文字的结构已趋向线条化。古人曾将汉字的结构规律总结为“六书”（即象形、形声、会意、指事、转注、假借），这些理论在甲骨文中都可以找到实例，它的构造已相当完备，包含了汉字构成的多种基本原则，可以作为一种成熟而有系统的文字。甲骨文由有限的、相对稳定的基础构件以一定的组合模式和组合层次组成了一定数量的单字，个体字符之间既不是孤立的，也不是散乱的，而是按照一定的构形规律相互联系、相互区别，从而形成一个有序的符号系统。甲骨文构形的系统性表现在以下几个方面：

1. 从构形元素来看，甲骨文字已经具备了一批相对稳定的基础构件

某一历史平面的构形系统是否形成，取决于它是否具有一批比较稳定的构形元素。甲骨文中已经具备了一批形体比较固定的基础构件，其中大部分是成字构件，少部分是非字构件。这些基础构件或独立地记录语言中的词，或和其他构件一起构成新字。例如：成字构件“□”是用象形的方式来构形的，它可以独立地记录语言中的词，也可以和其他构件组合成“□”“□”“□”等字，它与“□”“□”“□”“□”“□”“□”“□”“□”“□”等都既可以独立记词，又可以用作参构它字的基础构件。这些基础构件或表形，或

表义，或示音，或标示，以其自身的动能参构新字。这说明甲骨文已经有了一批形体与意义有着固定联系的基础构形元素，这为甲骨文构形系统的形成与稳定提供了条件。

2. 甲骨文具备了后代汉字常用的构件组合手段

构件的组合手段是指构件在参构字时所采取的措施，这些措施具有体现构意的作用，同时使得字与字之间能够相互区别。在甲骨文中，构件的组合有以下四种基本手段：

（1）选择不同的构件区别构意。例如：

—— ——

通过选择不同的构件来区别构意，这是一切汉字体制最常用的手段。

（2）通过构件相对位置的不同区别构意。例如：

—— ——

（承）字从双手在下，表示用双手将人承而上之，（丞）字从则双手在上，表示从上面将人拯而上之；（印）字从“又”在“卩”之前，（𠬝）字从“又”在“卩”之后。以上两字都是通过构件相对位置的不同来区别构意的。

（3）通过构件置向的不同区别构意。例如：

—— ——

（从）字的两个“人”方向一致，表示“跟从”之意，（北）字的两“人”方向相背，像二人相互背向之形；（大）像正面的人形；（屰）以倒逆的人形表示“不顺”之意。上面几字都是通过构件的置向变化来区别构意的。

（4）通过相同构件数量的不同区别构意。例如：

—— ——

在处于汉字发展早期阶段的甲骨文中，能够运用以上几种组合手段以区别构意，从而使系统内的字符既相互联系又相互区别，这是甲骨文字构形系统已经形成的表现。

3. 从构形模式看，甲骨文构形模式系统已经初步形成

甲骨文的构形模式有十种之多，其中，会形合成占了绝对优势，会义合成和义音合成两种最优化的构形模式也已经具备。这说明，甲骨文字已经脱离了单纯用据物绘形方式造字的原始阶段，已经进入以合成构字为主的发展阶段。有了合成构字方式，就可以使用原有形体作为构件组合成新字，一方面能够有效地把语言中的一些无法直绘其形的意义记录下来，另一方面使得基础构件的数量趋于稳定，这为甲骨文构形系统的稳定提供了条件。基础构件之间以其不同功能相组合，单字之间又通过不同的构形模式相区别，这样，构件与构件、构件与单字以及单字与单字之间相互区别，又相互依赖，形成了一个有机的联系体。例如用同一表形功能构件构成的字，或与其他构件组合以求区别，如[illegible]（杳）、[illegible]（乘）、[illegible]（休）、[illegible]（采）、[illegible]（析）等字，都有一个相同的表形构件“木”，“杳”字中和“日”组合，“乘”字中和“大”组合，“休”字中和“人”组合，“采”字中和“爪”组合，“析”字中和“斤”组合，这五个字有相同的表形构件，又相互区别；或通过附加标示构件来区别，例如[illegible]（皿）与[illegible]（血）、[illegible]（井）与[illegible]（丹）等。这样，构件以其不同的功能，通过不同构形模式的组合，使系统内的个体字符既相互区别，又相互联系。

三、甲骨文书法艺术

如果说甲骨文之起源是汉字的萌芽阶段，那么它也应该是古人艺术意识的开端。换句话说，探讨甲骨文的起源不仅要关注汉字的产生问题，而且也应该关注古代先民们在创造文字时所具有的审美性和艺术性。

（一）甲骨文是中国书法的第一块瑰宝

从广义上来讲，书法是指语言符号的书写法则。换言之，书法是指按照文字特点及其涵义，以其书体笔法、结构和章法写字，使之成为富有美感的艺术作品。

唐兰先生在《中国文字学》中说，原始文字是用绘画的，但在文字被大量的应用后，绘画的意味就逐渐减弱，而变成书写了。因为绘画方式适宜于

极少数的文字，文字数量少而空间大才可以自由发展。到了长篇文字，在同一篇文章里，笔画的肥瘦，结构的疏密，转折的方圆，处处受了拘束，却自然而然地生出一种和谐的美，这就是书法。

甲骨文与中国书法有着怎样的渊源呢？甲骨文尽管简单，但已具备“六书”（象形、会意、指事、假借、转注、形声）的汉字构造法则，其点横撇捺、疏密结构已初具用笔、结体、章法等书法要旨，而且具备了一定的审美情趣。具体的讲：

（1）在用笔方面，甲骨文是用刀契刻在龟甲兽骨上的文字，表现出来的是折笔、方笔较多。其笔法已有粗细、轻重、疾徐的变化，下笔轻而疾，行笔粗而重，收笔快而捷，具有一定的节奏感。笔画转折处方圆皆有。其线条比陶文更为和谐流畅，为中国书法特有的线的艺术奠定了韵律和基调。

（2）从结体上看，所谓结体，在书法上是指单个字形按照分当布白的疏密、宽紧、开合、聚散等间架结构原则织造成的字体造型。现代汉字无疑具有非常规整的形态，“方块”这个限定语或许是对这种规整性的最好概括。甲骨文结体长方，奠定汉字的字形，已经具备了后世汉字的方块特征。

（3）从章法上看，书法章法指安排布置整幅作品中，字与字、行与行之间呼应、照顾等关系的方法。甲骨文章法大小不一，方圆各异，长扁随形，错落多姿而又和谐统一。甲骨文一般以竖行排列，由上到下，由左到右或由右到左依次排开。后人所谓参差错落、穿插避让等汉字书写原则，在甲骨文上已经大体具备。

（4）从审美上看，我们知道，在商代，占卜是一件大事，占卜者出于对神的敬畏，又为取得统治者的欢心，而怀着诚惶诚恐之心，不得不认真考虑如何才能使自己刻写的卜辞更为美观。

因此，我们完全有理由相信：文字作为艺术之习尚，早在甲骨文时代就已经存在了。中国的书法是由甲骨文开始的，甲骨文是中国书法的第一块瑰宝。

（二）甲骨文与现代甲骨文书法

近现代甲骨文书法，既指今人用毛笔书写的甲骨文字，它不仅是我国墨苑里的一朵奇葩，也是甲骨学研究中的一个分支。

甲骨文书法是在甲骨学研究的基础上出现的。最早出现甲骨文书法作品是1921年左右。著名学者罗振玉在研究之余，首先集甲骨文字用毛笔写成楹联。他以《集殷墟文字楹联》为书名付印。这是最早的甲骨文书法集，是甲骨文书法时代的大事，这种古老的书体开始为现代人服务。

殷商甲骨文距今已有三千余年，是古文字学家研究我国文字源流的最早而系统的资料，在我国的文字学史上占有重要地位。甲骨文里保存了不少商代政治、经济和科学技术等方面的宝贵资料，是历史学家和古代科技史家研究的第一手资料，同时也是我们当今社会研究并发扬甲骨文书法的不可缺少的财富之一。没有甲骨文的创造和发现，就不可能有甲骨文书法这样一种令世人喜爱的艺术形式。甲骨文的发现开启了中国书法新纪元。

甲骨文书法在百年的探索和发展过程中，推动了甲骨文学科全面、深入地发展。甲骨文专家学者在研究甲骨文发展的过程中，不能忽视甲骨文书法的作用。书法家在应用甲骨文集联、作赋、造句时，不能违背古文字应用的基本规律。在实际的创作和研究中，二者才能相得益彰。所以，从书法艺术发展、书法史研究、书法理论和创作的高度，把甲骨文书法研究和创作推向一个新的层面，将极大地丰富和完善这一中华古老传统文化宝库。

甲骨文书法，一是指以商周甲骨文字体结构、书法特征为宗，加以工整地摹写而成的书法作品。二是指借鉴甲骨文特征加以自行创作的现代书法作品。他们将甲骨文视作一种灵感，以甲骨文作为文字素材，仅仅将其作为艺术创作中的一点启示，并不追求“形似”。

宋镇豪先生说，如今的甲骨文书法，已逐渐为众多的书法所注重，所模拟，所领受，所开发，大有众彩纷呈之趋。以商周之遗物，为三千年之后的书学助波推澜，为三千年之后的书坛添趣增辉，这门崭新的书艺，前景是光明的。

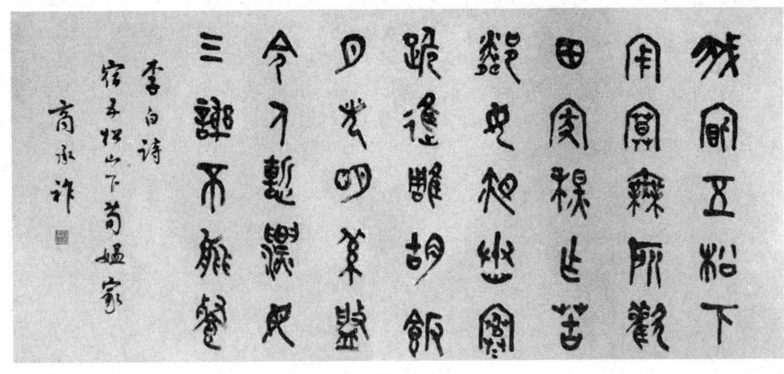

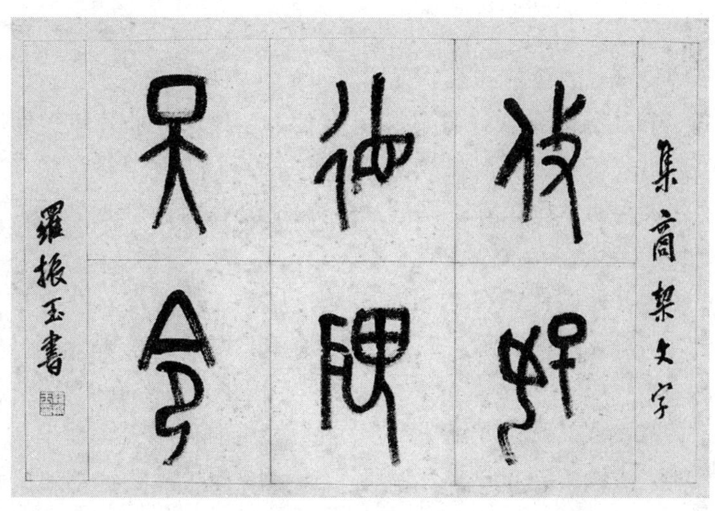

第三节　甲骨文的海外流传与研究

一、甲骨文的海外流传途径

甲骨档案是我国历史档案的重要组成部分，它真实地记录着中华民族的早期历史进程，是我们伟大祖国数不尽的文化宝藏中的一颗光彩夺目的明珠。它也在世界文明发展史上占据着极其重要的地位。1899 年被发现以后，甲骨档案因自身较高的经济和学术价值，受到了民间和学术界的极大重视。但是，非常不幸的是，大量的甲骨档案在清末民初流失海外。“根据我国甲骨学的专家最近所做的最新统计，目前收藏有甲骨文资料的国家共有 12 个，流散到这些国家的甲骨文资料总数为 26 700 片。”值得庆幸的是，由于甲骨档案本身极高的学术价值，流散到国外的甲骨档案大部分被较好地保藏了起来，一些国外学者也对所接触到的甲骨档案进行了相关编纂工作，使流散的大部分甲骨档案得以流传，为甲骨学研究的发展做出了重要的贡献。

在甲骨档案被发现后的第四年即 1903 年，美国驻山东潍县传教士方法敛和英国浸礼会驻青州传教士库寿龄在潍县合伙购买了很多甲骨档案，并把其中 400 片转卖给了上海英国人所办的亚洲文会博物馆。1904 年冬天，小屯村地主朱坤掘得的数车甲骨一批批地从河南流至山东，都为库、方二人所购得。

1906年后，二人将甲骨陆续转卖给美国普林斯顿大学、美国卡内基博物院、苏格兰皇家博物院、大英博物院、美国斐尔德博物院等机构。

1909年，德国人威尔茨在青岛买了甲骨711片，后来又转卖到德国柏林民俗博物院。另一位德国人卫礼贤也曾从青岛买到72片甲骨，后来转卖到了瑞士的巴赛尔人种志博物馆和德国的法兰克福中国学院。“据估计，早期欧美人搜购的甲骨，至少在5000片以上。”

最早在中国开始购买甲骨的日本人是西村博，其次是三井源右卫门——在罗振玉派人到安阳搜集甲骨之前，他就派专人到安阳收购甲骨，他先后共搜购甲骨30 000片以上。日本东京文求堂主人田中救堂早在1905年也买到了100片甲骨，当时在日本东京高等师范学校任教的林泰辅见到后即买了10片。此后，林泰辅又陆续买到600多片甲骨。至1917年，林泰辅把他所收藏的甲骨中比较重要的连同榷古斋所藏甲骨一起拓印成书，编为《龟甲兽骨文字》一书，于1921年以石印方式出版。这是日本人所编著的第一本甲骨文著录书。为了购买甲骨，林泰辅于1918年亲自由日本到安阳小屯进行调查，得到一些甲骨，回日本后将调查所得进行研究，写成《殷虚遗物研究》。1931年“九一八”事变后，日本帝国主义者利用在华北的特殊地位，大量盗运殷墟文物。1937年，金祖同在日本搜拓甲骨，仅东京一地所见河井荃庐、中村不折、堂野前种松、中岛蠔叟、田中救堂、三井源右卫门等六家所藏甲骨，已多达三四千片。此外，京都大学人文科学研究所藏有甲骨3000片，其他机构及私人亦有所藏，估计总数当以万计，可惜多数不知下落，亦未见著录。根据日本学者的统计，日本先后购到甲骨的学术单位三十多个，私人收藏家也在三十个以上。如以这些公私收藏情况为准，流散到日本去的甲骨总数在12000片以上。

外国人中搜集到甲骨数量最大的要数加拿大人明义士。1914年春天，明义士在河南安阳作长老会的牧师，当他了解到小屯这一带有带字甲骨出土的情况后，就积极向当地农民购买。到了1917年，他已买得甲骨50 000片左右，对于甲骨文也有了一定研究。于是，他从买到的这些甲骨中选出2369片，编成《殷虚卜辞》一书，在上海出版。此后，明义士又分别在1923年、1924年、1925年和1926年先后从小屯农民处买到几批甲骨，并从这些甲骨中选拓了1000多片，编成《殷虚文字后编》一稿，后未出版。1937年，抗日战争爆发后，明义士曾将他所收藏的甲骨选出一部分寄存在加拿大使馆，新中国成立后转归南京博物院。另一部分存在齐鲁大学，新中国成立后归山东文物管理委员会收藏，现存山东博物馆。明义士收藏的另一部分甲骨已流散到加拿大，现存加拿大多伦多安大略博物馆，有3000多片，其中不少是极精美的甲骨藏品。流散到加拿大的甲骨，除了上述明义士所藏之外，还有一批怀履光旧藏的甲骨及一些碎片，均藏安大略博物馆。总之，流散到加拿大的甲骨总数仅次于流散到日本的，在7000片以上。

除了上述几批流散到国外的甲骨，还有相当数量的甲骨文资料先后以各种方式流散到法国、苏联、比利时、瑞典、瑞士、新加坡、韩国等国家。

“国外搜贮的我国殷墟甲骨文，以日本所藏为最多。经过日本学者的努力，除个别大宗藏家商未全部公布外，其他主要藏家的甲骨基本上都已公布，为甲骨学的研究提供了极大方便。”“在甲骨学发展史上，日本在1951年就建立起‘甲骨学会’，同年10月创刊了不定期的《甲骨学》杂志。此后研究者日增，研究成果多见于书刊。如伊藤道治、松丸道雄、白川静、池田木利、加藤常贤、青木木菟哉等，都是为推动甲骨学发展而做出过贡献的学者。”目前流失日本的甲骨档案基本都已公布，共有公家收藏31个单位，甲骨7667片。私人收藏30家，甲骨1776片，总计12 443片。

二、甲骨文的海外研究

1912年出版的《龟甲兽骨文字》是日本学者林泰辅编纂的第一部刊布我国殷墟甲骨档案的著录书，共收甲骨拓本1023片。之后陆续有日本学者下中弥三郎编纂的《书道全集第一卷》，收录甲骨96片；原田淑人编纂的《周汉遗宝》，收录甲骨5片；梅原末治编《河南安阳遗宝》，收录甲骨144片等。

1959年3月，日本贝塚茂树将黑川幸七、上野精一和他为京都大学所收藏的甲骨文，编辑为《京都大学人文科学研究所藏甲骨文字》（图版篇），分一、二两册，著录甲骨文3246片。此书所收甲骨，皆注明拓本为龟甲或是卜骨，按董作宾的五期分期，再进行分类著录，主要分为“祭祀、求年、风雨、旬夕、田猎、往来、方国征伐、使命、疾梦、卜占、贞人、杂卜”十二类。本书为收录日本所藏甲骨最多的一部著录书，在甲骨学界和甲骨学史上有着一定的影响和地位。

1958 年之后，一些日本学者的编纂成果陆续在日本出版的杂志《甲骨学》上刊登。如青木木菟哉编纂的《书道博物馆所藏甲骨文字》，自 1958 年到 1964 年相继刊登在《甲骨学》的 6、7、8、9、10 期；松丸道雄编纂的《日本散见甲骨文字搜汇》，自 1959 年到 1980 年连载在《甲骨学》的 7、8、9、10、11、12 期，共收录 38 家藏品 560 片，甲骨全为摹本，目的在于汇集日本公私家零星所藏，其中有的甲骨虽已著录发表过，但亦在收录之列。此外，日本学者伊藤道治还在日本其他期刊上发表了多篇甲骨档案编纂成果：1966 年的《故小川之辅氏藏甲骨文字》、1968 年的《大原美术馆所藏甲骨文字》、1971 年的《藤井有邻馆所藏甲骨文字》、1972 年的《桧桓元吉氏藏甲骨文字》、1977 年的《关西大学考古资料室藏甲骨文字》。这五篇文章所著录的甲骨，集中名为《日本所见甲骨录》，附于日本朋友书店在 1977 年重印出版的郭沫若的《卜辞通纂》之后，以上五家所藏，除桧桓元吉氏藏甲骨仅有拓本摹本外，其余四家皆有拓本、照片与摹本。作者对所录各家的甲骨都分别介绍了收藏情况，在释文中，每片甲骨都附有摹本，对各片都划分期别、事类、并详细考释。另外，1984 年，伊藤道治还在日本《文化学年报》上发表了《黑川古文化研究所藏甲骨文字》以及《京都博物馆藏甲骨文字》。1979 年，东洋文库古代史研究委员会编著的《东洋文库所藏甲骨文字》出版，收录甲骨拓片 614 片，除无字或伪刻的 23 片外，实收 591 片，全部为林泰辅所收集。本书甲骨分别按甲和骨收录，按董作宾五期分法，不能划分者则放在第五期后。同年 9 月，《谢氏瓠庐殷墟遗文》出版，松丸道雄解题，收录甲骨 550 片，全部为拓片影印。

1983 年，松丸道雄编纂的《东京大学东洋文化研究所藏甲骨文字》由东京大学东洋文化研究所发行，收录甲骨 1315 片。每片甲骨都标出了图版号、期别、甲（S）或骨（B）、内容及其编号；“同时，该书每版甲骨均以拓本、照片相互对照印出；凡有背面施钻凿者，亦均以拓本与照片表示出来。”这样将甲骨拓本与实物照片相校勘，既可据拓本识读文字，又可据照片认识实物原形。“自 1903 年第一部甲骨著录《铁云藏龟》出版迄今，此书著录甲骨的方法还是所见不多的。”另外，伊藤道治在 1987 年还出版了《天理大学附属天理参考馆藏甲骨文字》。

后来松丸道雄编成《散见于日本各地的甲骨文字》收录在《甲骨文献集

成》一书之中，同时还收录了《日本后藤朝太郎氏藏的甲骨文字》《东京国立博物馆保管的甲骨片——有关人头骨刻字的考察》（日荒木日吕子着录片考释）、《立教大学博物馆学研究室所藏甲骨片的考察》。

欧美学者在甲骨档案的编纂中也做出了重要的贡献，其中加拿大、英国、美国三国由于保藏的甲骨档案较多，因此其编纂工作也更为突出。之后随着国内外文化交流的增多，国内学者也开始与国外收藏单位合作，对保藏在国外的甲骨档案进行编纂。

加拿大收藏的殷墟甲骨文数量仅次于日本，在世界 12 个收藏国中占第二位。目前加拿大收藏的甲骨档案总数为 7407 片，其中安大略博物馆收藏 7402 片，维多利亚艺术博物馆收藏 5 片。安大略博物馆所藏的甲骨有以下四种来源：明义士旧藏 4700 片；怀特氏等旧藏 2686 片；还有 1971 年博物馆新清理出来的一批甲骨，有 16 片，这批甲骨因某种原因，从明义士、怀特、乔治·克罗夫特等的收藏中挑选出来，又因某种原因而分别庋藏，以致无人知道这批甲骨的存在。安大略博物馆馆藏甲骨总计 7402 片。维多利亚艺术博物馆的甲骨是 1989 年明义士的子女明明德姐弟赠予的。

可以说，外国人中搜集甲骨数量最大的要数加拿大学者明义士。1917 年 3 月，明义士从所藏的 50 000 片甲骨中选摹了 2369 片编纂成《殷虚卜辞》一书，该书为欧美学者出版的第一部甲骨著录书。此后，明义士又分别在 1923 年、1924 年、1925 年和 1926 年先后从小屯农民那里买到几批甲骨，并从中选拓了 1000 多片，编成《殷虚文字后编》一稿，后未出版。明义士又在 1935 年出版了《柏根氏旧藏甲骨文字》，著录甲骨 74 片。1957 年，这位早期的加拿大甲骨学家逝世后，直到 60 年代末，安大略皇家博物馆邀请台湾地区学者许进雄，继续对明义士旧藏的甲骨文（约 7500 片）进行整理。1972 年，由许进雄编纂的《明义士收藏甲骨文集》出版，著录甲骨文 3176 片，该书按董氏五期分法将甲骨文先分期再分类编排。同年还出版了《殷虚卜辞后编》，著录甲骨 2805 片，仍分五期和按八类编排，将 1928 年明义士编的拓本 2819 片去伪、缀合后著录。1979 年许进雄又编辑出版了《怀特氏等收藏甲骨文集》，共著录 1915 片，其中一部分是加拿大传教士怀履光的旧藏。之后，许进雄的多篇甲骨著录文章又在期刊《中国文字》上发表，如《五种祭祀卜辞的新缀合例》《甲骨缀合新例》等。在《甲骨文献集成》第六册中还收录了《加拿大多伦多博物馆所藏一片骨柶铭文的考释》《加拿大多伦多大学安达黎奥博物馆所藏一片牛胛骨的刻辞考释》《拿大安河皇家博物馆所藏一片胛骨刻辞考释》。

美国人方法敛从1903年就开始购藏甲骨，“是欧美搜集和研究甲骨文字的第一人”。目前，美国现共有23个单位收藏甲骨，总数1832片；8个私人收藏甲骨，总数28片。

1935年12月方法敛编纂出版了《库方二氏所藏甲骨卜辞》，共收录甲骨1687片；1938年出版了《甲骨卜辞七集》，收甲骨527片，次年又出版了《金璋所藏甲骨卜辞》，著录甲骨484片。以上三书著录的甲骨，都是美国人方法敛和英国人库寿龄在山东潍县购得。著录美国所藏甲骨的著作还有李棪在1970年发表的《北美所见甲骨选粹》（香港中文大学《中国文化研究所学报》），收录甲骨拓本42片；饶宗颐的《欧美亚所见甲骨录存》（《南洋大学学报》1970年第4期），收录甲骨摹本200片；1973年，严一萍出版的《美国纳尔森美术馆藏甲骨刻辞考释》，收录甲骨12片；1976年，周鸿翔出版的《美国所藏甲骨录》（美国加州大学）收录甲骨700片。

“英国收藏甲骨有8个单位收藏3067片，3个私人收藏74片［孟克廉夫妇（汉普夏）69片，柯文4片，库克1片］，总计3141片。”

改革开放迎来新的时代，国门开启，国内外学者可以进行双向文化交流，互相参加学术会议，共同协作编纂甲骨档案。1981年10月初，李学勤去英国访问，先后调查了英国多个收藏甲骨的公私机构。库寿龄、方法敛旧藏甲骨的大部分和金璋旧藏甲骨都在英国。之后，经与伦敦大学亚非学院远东系的艾兰研究，商定由中国社会科学院历史研究所和英国伦敦大学亚非学院联合编辑《英国所藏甲骨集》。经过李学勤、齐文心、艾兰（英）等相关学者的合作和努力，于1985年9月出版了《英国所藏甲骨集》的上编，著录甲骨文2647片，该书“所收英国所藏甲骨，绝大多数是未经著录或首次以拓本形式发表的”，内容丰富，印制精美大方，体例上先分期再分类编排，共分5期12类。正如著名甲骨学家胡厚宣先生在本书序中所说，此书的出版，“无疑是对甲骨学研究的一大贡献”。此外，《英国所藏甲骨集》作为中英两国学者合作的产物，加深中英两国学术界友谊的同时，也促进了中英两国文化学术的交流。

欧美其他收藏我国甲骨档案的国家还有德国、苏联、瑞典、法国、新加坡、比利时等。

德国收藏甲骨的有3个单位，其中东亚艺术博物馆140片（库恩）；人种学博物馆（即另说为西柏林民俗博物馆）711片（柏林），法兰克福中国学院1片，此外私人收藏3片，共855片。

瑞典远东古物博物馆收藏111片，这部分甲骨档案目前已在国内出版，显示收入饶宗颐的《海外甲骨录遗》（东方文化杂志社1961年版），后收入李学勤等1999年在中华书局出版的《瑞典斯德哥尔摩远东古物博物馆藏甲骨文字》之中。

俄罗斯国立爱米塔什博物馆收藏甲骨档案199片，胡厚宣1958年到苏联讲学时亲眼见到这批甲骨，系苏联研究院马尔博士语言思想研究所的研究生布那柯夫所收集。在苏联卫国战争中，布那柯夫不幸牺牲，此批甲骨即为爱米塔什博物馆保存。

瑞士民族艺术博物馆（巴赛尔）收藏甲骨档案69片，丢失1片，被毁1片。

法国所藏甲骨有4个单位收藏57片；2个私人收藏2片，总计59片。其中，中国学术研究院收藏13片，季梅亚洲艺术博物院收藏8片，池努奇博物院收藏10片，法国国立图书馆收藏26片；雅克博收藏1片，戴迪野收藏1片。这些都收录入饶宗颐1956年出版的《巴黎所见甲骨录》和雷焕章1985年出版的《法国所藏甲骨录》之中。

荷兰的国立人种学博物院（来登）收藏甲骨档案10片。

比利时有2个单位共收藏甲骨7片。其中皇家艺术暨历史博物院（布鲁塞尔）收藏甲骨档案2片，玛丽蒙皇家博物馆（摩斯威森林）收藏5片。

新西兰的路易·爱理收藏10片甲骨档案。

目前国内外很多学者对这些流失欧美的甲骨档案进行编纂，如饶宗颐《欧美亚所见甲骨录存》（新加坡1970年初版），特别值得一提的是胡厚宣在1988年3月编纂的《苏德美日所见甲骨集》收录了苏德美日四国部分所藏甲骨共582片，收录了许多《甲骨文合集》《美国所藏甲骨录》等书未曾著录的海外甲骨中的重要材料，虽然都是摹本，仍有很大的参考价值。包括苏联爱米塔什博物馆所藏甲骨，共199片；德国西柏林民俗博物馆所藏甲骨、摹本共422片；美国所见甲骨补录，选摹周鸿翔教授《美国所藏甲骨录》未收的65

片中的24片；日本天理大学参考馆所藏甲骨，系王国维、罗振玉旧藏28盒819片。1997年雷焕章把在德国、瑞士、荷兰、比利时收集到的甲骨档案编纂为《德瑞荷比所见一些甲骨录》（利氏学社），共收录4国16家博物馆收藏的甲骨228片，包括六部分欧洲的珍藏：德国库恩“东亚艺术博物馆”、瑞士巴赛尔“民族艺术博物馆”、荷兰来登“国立人种学博物馆”、比利时布鲁塞尔“皇家艺术暨历史博物馆”、比利时“玛丽皇家博物馆”、荷兰阿姆斯特丹“国立博物馆”。

此外，新加坡南洋大学李光前文物馆还收藏甲骨档案28片收入到李孝定《李光前文物馆所藏甲骨文字简释》（《文物汇刊》第2号，新加坡南洋大学李光前文物馆，1976年3月）。

这些著作的出版为国内学者利用这些文献对国外所藏甲骨档案进行相关研究提供了有效途径，为甲骨档案的流传以及甲骨学的发展做出了巨大的贡献，也是我国同他国进行友好文化交流的具体体现，更为我们顺利调查流失海外的甲骨档案提供了重要线索和追索方式。

很多国外学者还发表了不少颇有见地的甲骨学商史研究论文并出版了内容翔实的专著。国外学者的大量著作和论文，为甲骨学的发展作出了贡献。国内不少刊物也发表了外国学者的论文或译文，或对有关国家的研究情况进行了介绍。与此同时，外国学者对中国甲骨学的研究也颇为关心和重视。每有新的发现，国外都及时予以报道。不少中国学者的著作被译成外文出版或发表书评。不仅如此，海内外学者间切磋交流学术的机会也更为增多。《英国所藏甲骨录》就是中国和英国学者合作的成果。中国殷商文化学会组织了多次大型国际学术会议，并出版了一批反映当前研究水平的文集。由中国社会科学院历史研究所、考古研究所和中国殷商文化学会等单位发起的一次高规格、高水平的国际学术会议于1999年8月在安阳召开，并出版了《纪念甲骨文发现一百年国际学术研讨会论文集》。以“文字”为主题的中国文字博物馆于2009年在安阳震撼开馆之际，召开了“中国文字发展论坛暨纪念甲骨文发现110周年学术研讨会”，吸引了海内外百余名专家学者参加。中国文字发展论坛已成功举办了四届，其立志于进一步彰显甲骨文的独特魅力，进一步推动中国文字的研究、保护和发展，进一步弘扬优秀中华文化和文明。

山川异域，同研甲骨。对不同国籍、不同语言的学者，甲骨文成了他们交流心得的共同文字。学者间的争论和评价、交流与切磋，推动了甲骨学的研究的深入发展。

三、甲骨文的内在文化价值

（一）重要的战略地位

站在中国历史文化发展的制高点，俯瞰当今中国文化艺术品市场，有几个问题引起了我们的思考与关注：当今中国书画的单幅作品越过亿元，拍卖纪录与指数不断被刷新之时，这些优秀作品的价格还能攀多高？其艺术根基靠什么支撑？其艺术源头又在哪里？要得到正确答案，其实并不难。纵观中国文明史与艺术史，我们看到了中华民族是如何利用自己的智慧与坚韧的毅力创造了伟大的文字发明、不断捍卫与丰富着这一世界文化创举，并一步步地迈向民族文化伟大旅途的辉煌历程。通过分析与研究，我们更深刻地认识到，在中国文化发展的历史过程中，甲骨文的开山贡献与支撑作用，以及它在今天应当承担的历史使命。同时，贯穿在中国艺术发展的红线延伸的向度中，如何站在中华民族文化的地平线上去认识和分析甲骨文在中华民族的文化进程中、在不断推动社会文明进步以及文化艺术发展中担当承上启下的重要角色，以及在当代文化发展进程中所面对的现实问题，是摆在我们面前的迫切课题。

文化是决定一个民族兴盛与否的终极标准，也是中国能否成为现代化强国的最高指标。当文化的自信随着国运的强盛逐渐向我们走来之时，文化这个曾经被政治边缘化的附庸，才一步步地走向社会、经济生活的前台。在经历了深思熟虑后，人们发现，文化精神才是一个国家与民族精神的支柱与灵魂。我们之所以提出甲骨文在中国文化发展进程中具有重要地位这个问题，就是要关注艺术创造及探索的根源，只有这样，才能避免迷失于技术与现实的丛林，沿着文化的坐标，主动而又自觉地向着文化精神的高地前行。唯有如此，艺术创造之源才能似长江之水滔滔不绝。

随着科技的进步与社会的发展，文化的交叉与融合也在不断地进行，甲骨文作为一种文化存在，其文化精神及其内核心的凝聚力可以作为一个民族在世界民族之林的一种重要的身份标识，同样，这种文化精神的凝聚力也将决定一种文化在人类发展的大视野中究竟有没有根基。从这个意义上讲，甲骨文在中国文化发展进程中具有重要的战略地位。

（二）不可或缺的战略作用

人类文明与文化发展进程的研究告诉我们，文明觉醒和文化生存与发展始终伴随并长期处在一个生态化的状态之中。不同的文化之间都存在一种竞争关系，每种文化都需要一个发展的空间，其进化都需要足够的资源支撑。在现实的世界中，空间与资源恰恰是有限的，由此产生的问题便是，不同文化的生态化生存一定是通过竞争、合作以及相应的竞合状态而存在的，不同历史阶段的文化格局的形成也都是不同阶段下不同文化间游弋、竞合、发展的结果。在这个过程中，价值性不强、核心稳定性不高的文化就会逐步失去其独立性，并一步步地被同化，成为强势文化的组成部分。当然，其应有的文化价值也会随之解体与融化，而文化的消解是一个民族走向解体的前奏。

甲骨文是一部集中国文字、历史、文化、艺术等诸多门类于一体的社会大百科全书，是在中华大地上千古流传并深深扎根于文化土壤中的“原生态资源”，在中华民族文化的复兴中占有极其重要的战略地位，是中国文化在当代发展中展示竞争能力的重要源泉，对此，我们应该有清醒的认识与具体的行动。甲骨文是中华民族最悠久而又连绵不断的文化源流，在当今世界关于空间及资源的竞争生存过程中，甲骨文作为一种历史与文化存在就显得尤为重要。如果说十几年前的中华民族面临的是发展的问题，那么，我们今天所面临的就是资源的问题，一个能否为我国持续发展提供相应的资源与环境支撑的问题。当然，资源并不是一个自然化的概念，它除了包括自然资源之外，还包括社会资源、文化资源等看起来属于软资源的战略性资源。未来我们所面对的是文化的战略竞争，这种竞争将是以文化为核心的战略资源及地缘文化影响力的竞争与整合。在此，甲骨文作为中国文化战略的“独特资源”，在中华民族文明进程中和当代文化建设中的意义举足轻重。

从世界范围来看，中国不仅仅是艺术品资源大国，更是市场大国。随着中国艺术品市场消费能力的不断增加，其规模也在不断地得到扩张。这是世界文化中心东移、中国文化消费能力增长迅速以及中国文化的核心价值魅力与影响力不断扩大的结果。这种文化影响力会随着中国综合国力的增强而得到进一步的强化。随着国家文化战略的提出，文化艺术品被视为我国在21世纪发展的重要产业之一，其重要性会进一步加强。在国家文化大战略的推动下，中国艺术品市场国际化、区域化的发展将成为文化创意产业发展的一大亮点，建设与发展中国甲骨文文化艺术、发挥其艺术品市场的支撑作用等工作就自然会站在国家文化战略的高度上。

我们可以自豪地说，中华民族因拥有甲骨文这样得天独厚、历史悠久的文化源泉，她的文明、进步与发展才会似江河长流、奔腾不息！

（三）承载着中华民族的文化与审美取向

时光荏苒，20世纪20年代末，中国文化巨擘郭沫若先生客居日本时，仅用2个月的时间就饱览了藏于东洋文库的所有甲骨文字合和文著作。在其所著的《殷契粹编》序文中，对甲骨文有着精辟的阐述："卜辞契于甲骨，而契之精而字之美，每令吾辈数千载后人神往。文字作风且因人因世而异，大抵武丁之世，字多雄浑，帝乙之世，文咸秀丽。细者如方寸之片，刻文数十，壮者其一字之大，径可运寸。行而之疏密，字之结构，回环照应，井井有条……"这充分肯定了甲骨文书法的艺术价值和审美价值。

时至今日，甲骨文书法以它博大精深的文化内涵改变了现代中国人的艺术观念、审美情趣甚至最基本的知识结构。因此，我们认为，在中国艺术传统中始终贯穿着一条特殊的主线，它在甲骨文审美中显现出来，它是中国艺术形象最基本的因素，承载着中华民族的文化与审美的基本取向。

回首甲骨文时代，在神秘活动的契刻过程中，有三点信息值得我们今天注意：一是在把自然界的动物之骨作为祭奠神灵的契材而精心打造的过程中，殷人的审美心理活动与愉悦的神情会随着即卜之物而展开。二是作为占卜的贞人或与神交流的巫师受到在龟甲、兽骨上产生的卜兆裂痕线条的启示后，对简单线条所产生的奇特效果开始萌发出美的偏爱。三是即兴式的契刻虽然受到工具和材料的限制，只能以线条来进行简洁的表现，然而这种简洁而抽象的表现，正好捕捉了生命瞬间的激情，抓住了艺术的真谛。

在汉字创造过程中凝聚成的形象思维直接孕育出了中国人审美的创造思维，造字表达对艺术的启发主要是运用以象写意、以形达意和以形写神的手法。汉字独特的造型影响除了对思维和方法的浸透外，主要表现在对精神与情感的牵引，而中国艺术的特征又主要沿着手法的意向、境界的高远两条途辙向前推进。艺术是为人类的精神需要、情感需要和灵魂与信仰需要而存在的，上天给人这种特殊的方式自有其道理。真正的艺术从其产生那天起，就一直在表达人类的喜、乐、忧、愁等深刻的情感。中国文化艺术的审美精神无论如何变迁，都要以传递中华文化精神为要旨，这种文化精神不是一个历史的僵化概念，而是一个与时代精神同步的过程，是一个让我们时刻关照自己、关照社会、关照审美的精神家园。从这种意义上说，甲骨文的价值承载着中华民族的一种文化审美取向。

第五章

万经之首：经学文化之根

统筹：赵传海
撰写：王　芬　赵传海　郦　平

作为一个有着五千多年悠久历史和灿烂文明的伟大国度，支撑着中华儿女世代薪火相传的就是独具特色的华夏文明。自强不息、厚德载物、顺时而化的“易”文化精神，则是华夏文明之源。

第一节　“易”的形成及“经”的地位的确立

一、“易”的含义及“易经”的形成

（一）“易”的内涵与外延

“易”在中国汉字构成中是一个会意字，原本指“日月交替”所形成的自然界变化，也用来指一种爬行动物“蜥蜴”。由于“蜥蜴”会随着温度的不同而发生颜色上的变化，后来人们就引申出它的另一个意思即“变化”。所以，从字面意思来理解的话，《易》就是古人在日积月累之后，根据所观察的日月变化等自然现象所引起的系列变化而推演出的经验和规律。而将《易》冠以“经”的名号，则是汉代以后的事情。由于《易》《诗》《书》《礼》《春秋》这五部作品相传都曾经经过孔子的修缮，故被儒家子弟奉为经典。到了西汉武帝时期，实行“废黜百家，独尊儒术”的政策，《易》被后人尊称为《易经》。

（二）《易》的形成

《易》这本书的形成大概经历了三个阶段，分别为伏羲画八卦、周文王演八卦和孔子修易三个阶段。

1. 伏羲画八卦，奠定八卦的基本属性

相传八卦最初是上古人们记事的符号。八卦的“卦”是一个会意字，从圭从卜。圭，指土圭，就是指在早期没有文字的时候，人们通过测日影计时的方法，据传是指以泥作成土柱来测日影。后来人们在此基础上发明了观星台，专门用来观天象。观星台是著名天文学家郭守敬的杰作，见证了元朝时期我国人民对天文研究观测的成果，现在仍屹立于河南省登封市城东南 7.5 公里的告成镇周公庙内且保存完好，其恢宏的气势和别致的建筑令人敬仰，成为 2012 年河南登封市申请世界非物质文化遗产“天地之中”的重要组成。据说，只有在登封的观星台所在位置进行观测，每天中午所测到的日影才会完全重合，这一奇特现象在世界上绝无仅有。“卜”即测度之意。古人为了深入了解日影的变化以及时间长短，发明了立八圭测日影的方法，即从四正四隅上将观测到的日影加以总结和记录，这就形成八卦的图像。《太平御览》记载：“伏羲坐于方坛之上，听八风之气，乃画八卦。”以“—”为阳，以“－－”为阴，组成八卦。由于日月运行时刻处于不间断的变化当中，因此，古人就将这种变化简单地称为“易”。“易”的原本之意就是变化。

八卦最基本的单位是爻，爻是记述日影变化的专门符号。爻有阴阳两类，阳爻表示阳光，阴爻表示月光。每卦又有三爻，代表天地人三才。三才的天部包括整个天体运行和气象变化，这些星象之学古称天文。地部指观测日影来计算年周期的方法，用地之理来了解万物生长化藏的全过程。人部指把天文、地理和人事结合，以便按照这些规律进行生产和生活。每卦的次序是自下而上的，最下一横叫初爻，中一横叫二爻，上一横叫三爻。八卦代表八种基本物象，分别为：乾为天，坤为地，震为雷，巽为风，艮为山，兑为泽，离为火，坎为水，总称为经卦（见下图），由八个经卦中的两个为一组的排列组合，则构成易经中的六十四卦。

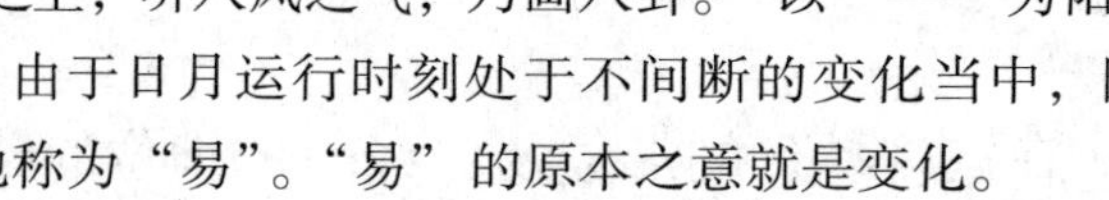

☰ ☱ ☲ ☳ ☴ ☵ ☶ ☷

乾 兑 离 震 巽 坎 艮 坤

伏羲始画八卦于河南孟津。上古时期，河南孟津东部有一条河与黄河相接，龙马负图出于此河，伏羲氏依龙马之图，仰观象于天，俯察法于地，在反复观察及推演的基础上画出了以乾、兑、离、震、巽、坎、艮、坤为内容的卦图。后人称为伏羲八卦图。伏羲通过观察明白了天地万物的演化规律和人伦秩序，将其中蕴含的深奥的哲学智慧用于社会治理当中，不仅开历史先河，而且成为中国人历代传承的哲学宝典。对此，《汉书·孔安国传》中有详细的记载："龙马者，天地之精，其为形也，马身而龙鳞，故谓之龙马，龙马赤纹绿色，高八尺五寸，类骆有翼，蹈水不没，圣人在位，负图出于孟河之中焉。"龙马负图寺遂成为"河图之源"，伏羲氏则被奉为中华民族的"人根之祖""人文之祖"。

伏羲设坛建都中原。伏羲氏除了在天文、地理方面有巨大贡献之外，还造书契、正婚姻、教渔猎，结束了人们茹毛饮血、结绳记事的蒙昧时代，开创了中华文明。因此，伏羲当之无愧地被人们推为部落首领，在他的带领下，部落人口逐渐增加，活动范围逐渐扩大，影响力也随之增强。在战胜了中原的另外一个部落之后，他即带领部落中人"徒治陈仓，都于陈"，"陈"为古地名，即现在的河南周口淮阳。今河南淮阳蔡河之滨，有"太昊伏羲氏之陵"，高约20米，上圆下方，据传此陵在春秋时已有，习传至今。陵区周围古柏参天，碑刻林立，为公认的伏羲墓地。陵旁有太昊庙，每年的农历二月二到三月三举办庙会的习俗已经有6000多年的历史。庙会期间，人声鼎沸，络绎不绝，香客达数十万人，而当地出土的泥娃娃彩塑，以造型别致、粗朴有韵成为庙会的另一大景观。

太昊陵与太昊陵庙会。太昊陵，即"三皇之首"太昊伏羲氏的陵庙，位于河南省淮阳县羲皇故都风景名胜区，毗邻风景秀丽的万亩龙湖，现在为国家AAAA级旅游景区，全国重点文物保护单位，中国十八大名陵之一。因太昊伏羲氏位居三皇之首，其陵墓被誉为天下第一陵。太昊伏羲陵占地875亩，规模宏大，肃穆庄严。其始建于春秋，增制于盛唐，完善于明清，历经3000多年，历代帝王52次御祭，新中国成立后，党和国家领导人多次亲笔题词留念。朱镕基总理亲笔题写的"羲皇故都"的牌匾就悬挂在大庙正门的正中心。

民间对蛇的敬畏及"龙的传人"的由来。由于人文始祖伏羲氏是"人面蛇身"，伏羲又是中华的"人文始祖"，因此，人们由对伏羲氏的敬畏延伸到了对“蛇”的敬畏。由于“蛇”在生肖中又被叫作“小龙”，故而炎黄子孙又习惯于称自己是“龙的传人”。至今，在中原的许多地方比如新乡、焦作等地、甘肃的天水等地，人们仍保留着对蛇的敬畏和禁忌。如自家宅院中发现的蛇叫家蛇，如果在自家宅院中发现有蛇出现，表示家中有邪气；家蛇不能安居，主人应焚香磕头礼拜；再如，看见交尾的蛇要回避，并且不能同其他的人说，因为交蛇的形象和古代伏羲女娲蛇身人首的形象相似；对蛇不能直呼其名而叫作“长虫”，因打蛇要遭报应的传说在民间更是数不胜数。这些关于蛇的禁忌的实质都有深刻的图腾崇拜性质。

2. 周文王演“易”对其进行总结与完善

据《史记》记载，商代末期，国君纣王荒淫残暴，导致百姓痛恨、官员怨恨。而此时周朝西部的诸侯国在西伯侯姬昌的治理下日益强大，这引起了殷纣王的疑虑，于是他寻找机会将姬昌囚在了羑里，姬昌被囚时间达七八年。在被囚的漫长岁月里，他发愤治学，潜心研究，用了整整 7 年的时间，将伏羲八卦演为 16 卦、384 爻，并提出“刚柔相对，变在其中”的富有朴素辩证法思想的观点，著成《周易》一书，后被列为五经之首。这便是历史上著名的“文王拘而演周易”的故事。后人在羑里城遗址上修建文王庙以纪念姬昌。

现存的羑里城遗址位于河南安阳的汤阴县，为一片高出地面约丈余的土台，南北长 105 米，东西宽 103 米，面积达万余平方米。台上有文王庙，坐北向南，古柏苍翠。现存建筑有演易坊、山门、周文王演易台、古殿基址，还有《周文王羑里城》《禹碑》《文王易》等碑刻十余通，对于研究《周易》相关的历史、书法都具有重要的史料价值。

3. 孔子批注“易”使其成为国学之基

孔子生于战乱频繁的春秋末期，他有感于生灵的涂炭和百姓生活的艰苦，出于拯救苍生、恢复周礼的愿望，孔子晚年尤其对“易”有特别的偏好，进而为其作传，从而为汉武帝时代“易”这本书成为五经之首进一步奠定了基础。据太史公《史记·孔子世家》记载，“孔子晚而喜《易》，序《彖》《系》《象》《说卦》《文言》”。孔子对《易经》的认识，与时人相比，既有相同之处，也有不同之处。相同的是利用《易经》的占卜功能，预卜行为的吉凶结果；不同的是孔子并没有停留在《易经》的卜筮功能上，而是更多地关注其道德因素。这一点，从帛书《要》篇的记载中已经十分清楚：“子曰：易，我后其祝卜矣，我观其德义耳也。后世之士疑丘者，或以易乎？吾求其德而已，吾与史巫同途而殊归者也。君子德行焉求福，故祭祀而寡也；仁义焉求吉，故卜筮而希也。祝巫卜筮其后乎？”由此可以看到，孔子对《易经》的兴趣主要集中在其“古之遗言”上，关注的是其道德训诫意义。这就是孔子的独特见识了。

因此，孔子为“易”作传的真正用意应该是为道德确立坚实的形而上学基础，这也是孔子对《易》的最大贡献，即从孔子开始，《易》这本书不再仅仅以“占卜”“巫术”为其社会功能，而是打上了鲜明的道德印记。孔子将自然界的万物的变化规律和政治道德修养紧密联系在一起，从而由物及人，由人推物，将自然规律与社会道德合二为一进行推理归类，从而为统治者治理国家及如何成为有道之人指出了框架性的总体设计和要求。这些，从《系辞上》开篇的论述就可以得出明确的依据：“天尊地卑，乾坤定矣。卑高以陈，贵贱位矣。动静有常，刚柔断矣。方以类聚，物以群分，吉凶生矣。在天成象，在地成形，变化见矣。是故刚柔相摩，八卦相荡，鼓之以雷霆，润之以风雨，日月运行，一寒一暑。乾道成男，坤道成女。乾知大始，坤作成物。乾以易知，坤以简能。易则易知，简则易从。易知则有亲，易从则有功。有亲则可久，有功则可大。可久则贤人之德，可大则贤人之业。”因此，与其说孔子作传的主要用意是为了弘扬社会道德在治理国家方面的作用的话，毋宁说他是为了尽性至命——对道德功利论的超越。而这一点，往往成为后世儒家学者或社会统治者作为至上宝典的重要原因。孔子“尽性至命”的理论在坚守道德立场不变的前提下，回应了来自现实境遇的严峻质问，其立论的深邃、严密远远超过了以往将道德视为吉凶之源的认识水平，这也是对殷周时期人的认识的突破。

二、“易”由书到“经”的历程

“易”从传说中的伏羲通过观天象、究天理、察人文出现雏形，到周文王被囚于羑里长期研究而丰富其内涵，再到春秋末期孔子于晚年如痴如醉地反复研修，完成了由简约⟶完善⟶复杂化的过程，“易”也从简单的符号变成了观察天地人文、进行综合治理的管理学大著，成为国人的文化精神的基础与支撑。而“易”从图到“文”的变化，也客观反映了我国古代社会治理进步发展的足迹，再现了古代中国封建集权最初的鼎盛过程。

（一）汉初学者董仲舒的极力举荐

董仲舒是西汉一位与时俱进的思想家、著名的唯心主义哲学家和今文经学大师。汉武帝元光元年（公元前134年），董仲舒在著名的《举贤良对策》中，提出了他的哲学体系的基本要点，并建议“罢黜百家，独尊儒术”。这一观点后为汉武帝所采纳。其后，董仲舒任江都易王刘非的国相10年，元朔四年（公元前125年），任胶西王刘端的国相，4年后辞职回家。此后，他居家著书，朝廷每有大议，令使者及廷尉就其家而问之，仍受武帝尊重。董仲舒以《公羊春秋》为依据，将周代以来的宗教天道观和阴阳、五行学说结合起来，吸收法家、道家、阴阳家思想，建立了一个新的思想体系，成为汉代的官方统治哲学，对当时社会所提出的一系列哲学、政治、社会、历史问题给予了较为系统的回答。

（二）汉武帝的鼎力坚持

西汉前期，经过景帝时期“清静无为”政策下的长期经济恢复，西汉的经济基础达到了一定的积累，人民安居乐业，百废待兴。汉帝国具备了一定的拓疆开土的实力，更需要有一套完善的制度与之相匹配。在这样的社会背景下，为了使统一后的西汉刘姓政权能够长治久安、高度统一，汉武帝在广泛借鉴了黄老哲学、儒家哲学等诸子百家所长的基础上，采纳了当时著名的儒学大家董仲舒“罢黜百家、独尊儒术”的建议。由于孔子对“易”的修缮与易传的重要影响，“易”从众多经书中脱颖而出，逐渐成为“万经之首”，从而逐渐登上至高无上的地位。

（三）东汉时成为经书之首

据《庄子》《淮南子》、董仲舒《春秋繁露》《礼记》和《史记》中提到五经时的顺序都是《诗》《书》《礼》《乐》《易》《春秋》，到东汉时《汉书》《说文解字》都将排序变成了《易》《书》《诗》《礼》《乐》《春秋》。根据《汉书·匈奴传·赞》“仲舒亲见四世（即孝惠、文帝、景帝、武帝）之事”一语来推断，董仲舒当生于汉高祖末年或汉惠帝初年，即公元前2世纪初叶。又根据董仲舒著书例用旧历，并未使用太初历，可见他在汉武帝太初元年（公元前104年）改历前已作古人。他历经四朝，享年达80岁以上。

董仲舒一生经历了文景之治和汉武盛世，这是西汉王朝的极盛时期。这段时期政治稳定，经济繁荣，国力空前强盛，人民安居乐业。尤其在孝惠帝、武帝时期，国家采取了相对宽松的政治策略，在思想文化方面相对活跃，很多因秦始皇焚书坑儒而秘藏起来的儒家典籍纷纷再现于人间；很多退避于草野的儒学之士也渐渐走出了山林。于是，民安于太平，士乐于学业，讲学通经之士大量增加。经师们为了经世致用，取悦当道，解经说义，绘声绘色，家有家风，师有师法，形形色色，粲然明备。董仲舒就是在这样一个社会安定、学术自由的背景下，走上仕途并提出自己主张的。董仲舒为学异常勤奋，数十年如一日，《史》《汉》本传说他专心学业，“盖三年不窥园，其精如此”(后引本传，不复出注)！王充《论衡·儒增》亦载：“儒书言董仲舒读《春秋》，专精一思，志不在他，三年不窥园菜。”桓谭《新论·本造》甚至说：“董仲舒专精述古，年至六十余，不窥园中菜。”由于深受家乡儒学之风的浸染，功夫不负有心人，董仲舒学通五经，义兼百家，且长于议论，善为文章，颇负盛名，有“鲁有胡毋生，赵（大河南北）则是董仲舒”的美谈。此外，董仲舒还多见博闻，知道许多稀见奇怪之物。王充称赞董仲舒“文说美善，博览膏腴”，还说他读了很多内容丰富的书，认识举世罕见的“重常之鸟”(《别通》)。在这样的环境下，不少有志青年被董仲舒的名气和博学所吸引，师从董仲舒。然而，董仲舒并没有被名气和社会舆论所左右，而是在审时度势之后，坚持全身心讲学，在讲学中韬光养晦以等待时机。因为当时的孝景帝是继文帝之后，又一个奉行黄老清静无为、讲究休养生息的帝王，所以政治大局与儒家的积极出仕主张并不吻合。但他并没有消极适世，反而广招生徒，私相传授，为汉朝培养了一批推行儒学的合格人才。《史记》说董仲舒弟子通经学者“以百数”，而且都很出色，褚大为梁相，嬴公为谏大夫，吕步舒为丞相长史，吾丘寿王（稍后）则官至光禄大夫侍中。大史学家司马迁也曾师从董仲舒，《史记》中对董仲舒的《春秋》之学多所阐发。司马迁也正是受孔子困厄著《春秋》、左丘失明著《左传》事迹的鼓舞，在极端困难的情况下，发愤撰著《史记》这部千古名著。此外，董仲舒又谨慎地观察现实，潜心地研讨百家学说，特别是深研汉初以来一直占统治地位的黄老之学，构建了一个前所未有、兼容诸子百家的新儒学体系，以适应西汉社会大一统之格局，以求积极有为之效。

到了汉武帝刘彻统治时期，董仲舒终于赶上了这个机会。面对富豪大财团势力的急剧增大，汉武帝急需要削弱附属国的权利而使中央集权得到高度强化的思想武器。而董仲舒提出的“罢黜百家，独尊儒术”的理念，与汉武帝的要求不谋而合。爱好文学、崇尚儒术、雄才大略、朝气蓬勃的汉武帝，不仅讲文治还广修武功。他在位时，北击匈奴，南抚百越，西通西域，东郡朝鲜，使西汉帝国声威大振，人才济济。《汉书》称赞说：“群士慕向，异人并出。儒雅则公孙弘、董仲舒、倪宽；笃行则石建、石庆；质直则汲黯、卜式；推（荐）贤则韩安国、郑当时；定令（制诰）则赵禹、张汤；文章则司马迁、相如；滑稽则东方朔、枚皋；应对则庄助、朱买臣；历数则唐都、洛下闳；协律（调制音律）则李延年；运筹则桑弘羊；奉使则张骞、苏武；将率则卫青、霍去病；受遗（托孤）则霍光、金日（石单）；其余不可胜记!”（《公孙弘传赞》）西汉此时之所以如此群贤毕集，广得异材，固然与受汉武帝本人雄才大略之感召有关，更是他求贤若渴，不拘一格选拔人才的直接效验。而其选拔人才的有效手段，便是经常下令郡国及百官公卿举贤才、荐奇士，下令郡国立学校、修儒学。据《汉书·董仲舒传》所载，汉武帝“立学校之官，州郡举茂才（秀才）孝廉，皆自董仲舒发（倡议）之”。

公元前141年，汉武帝即皇帝位，次年改元、建元。这位雄心勃勃、精力旺盛的少年天子一改文景时代一切因任自然、因循守旧、无所作为的施政方针，建元元年新年伊始，即“诏丞相、御史、列侯、中二千石、二千石、诸侯相：举贤良直言极谏之士”。但由于窦太后喜爱黄老哲学，儒学始终受到压抑。儒学的真正复兴和走俏是在窦太后死后，而为儒学的走红作好理论准备和舆论准备的，则是次年董仲舒的贤良对策。

元光元年（公元前134年），汉武帝又令郡国举孝廉、策贤良，而董仲舒以贤良对策。汉武帝连问三策，董仲舒亦连答三章，其中心议题是天人关系问题，史称《天人三策》（或《贤良对策》），后被班固全文收在《汉书·董仲舒传》之中。董仲舒的天命观基本上是精神性的，但也有物质之天的因素。他一方面承认天道不过表现为阴阳消长、四时运行，认为：“天之道，有序而时，有度而节，变而有常……”（《天容》）；“天之道，春暖以生，夏暑以养，秋清以杀，冬寒以藏”；又说：“天地之气，合而为一，分为阴阳，判为四时，列为五行。”（《五行相生》）他认为天道和天地之气都是物质的东西，表现为规律性的运动。另一方面，他又认为有“天命”“天志”“天意”存在，并十分强调天命对人事的干预和影响，此即他的“天人感应”说。董仲舒讲天人关系，其目的是要人君推行仁政，在肯定君权神授的同时又强调君主应法天行之德行，实行德治；君王应受上苍的约束，不能为所欲为，这在专制主义政体下无疑具有牵制皇权的作用。因此，董仲舒的天人观在科学上是落后的，在实践上却是进步的、积极的。

第二节 《易经》的历史影响

《易经》上通天文，下通地理，中通人事，以无所不包的最终原理来统摄万物。汉朝以来，研究《易经》的派别主要有三个：一是以东汉术士管辂为代表的术数派；二是在汉代占正统地位的象数派；三是从理论上注解经和卦的义理派。“易学三派”在中国学术史乃至思想史上各占据了自己的位置，对中国传统文化演进和中国文化传统传承均起到了重要作用，《易》文化是中华民族生生不息的智慧源泉之一。

一、《易经》与魏晋玄学

两汉时期，经学独尊，为朝廷入仕干禄之门，今文经学谶纬之说流行，天人、阴阳、符应等观念大盛，依附政治而日渐荒诞，深受王充、仲长统、荀悦等人批判；而古文经学则偏重章句训诂，流于繁琐支离。东汉所标举的士人气节多已陷于虚矫。魏晋时期，儒家经学虽仍为官方学术主流，然玄学风气已随名士清谈逐渐流行，以《老子》《庄子》《易经》“三玄”为讨论张本，喜好讨论有无、本末等玄理，论辩深具理致。

玄学即研究幽深玄远问题的学说，是魏晋时期儒学的一种新形态。“玄”这一概念，最早出现于《老子》：“玄之又玄，众妙之门。”王弼在《老子指略》中说：“玄，谓之深者也。”魏晋玄学以“三玄”为主要研究对象，以辩证“有无”为其中心议题，以解决名教与自然的关系为其哲学目的，以“辨名析理”为其思维形式，以“得意忘言”为其治学方法，逐步发展成蔚为壮观的主流思潮。《易经》原为儒门六经之一，但是在两汉黄老思想和魏晋玄学的影响下，它和道家思想逐渐合流。魏晋玄学的主要代表人物有何晏、王弼、阮籍、嵇康、向秀、郭象等。

魏代的“正始之音”是玄学的开创时期，这个时期的主要代表人物有何晏与王弼。在他们看来，整个世界“以无为本”“以有为末”“无”是世界的本体，“有”是具体存在物，是本体“无”的表现，并认为世界的本体“无”是绝对静止的，现象的“有”是千变万化的，运动着的万物最后必须反本，归于“虚静”。他们崇尚老子的无为而治，认为儒家的名教出于道家的自然，治理社会要以道家的自然无为为本，以儒家的名教为末，主张调和儒道两家的思想。

何晏（公元190~249年），字平叔，南阳宛（今河南南阳）人，东汉末年大将军何进之孙，曹操的养子、女婿，三国时期玄学家，魏晋玄学“贵无”派创始人，与王弼并称“王何”，玄学代表人物之一，在高平陵之变中与曹爽等同被司马氏诛杀，卒于正始十年（公元249年）。何晏主要著作有《道德论》《论语集解》，主张儒道合同，引老以释儒。他认为，天地万物都是“有所有”，而“道”则是“无所有”，是“不可体”的，所以“无语、无名、无形、无声”是“道之全”。“道”或“无”能够创造一切，“无”是最根本的，“有”靠“无”才能存在，由此建立起“以无为本”、“贵无”而“贱有”的唯心主义本体论学说。

王弼（公元226~249年），字辅嗣，山阳郡（今山东济宁、金乡一带）人，曾任尚书郎，正始十年（公元249年）病亡，年仅24岁。王弼曾著有《周易注》《周易略例》《周易人衍论》《周易究微》《易辨》和《易传纂图》等，以玄理解《易》，独宗义理，一扫象数，倡导《周易》之理学，把象数之学改变为思辨哲学。他在《周易注》中，通过对贵贱尊卑之序、刚柔之性、中正之德、损益之则、动静之理以及有为无为之道的阐述，对贵贱尊卑秩序加以肯定，对名教的结构与功能加以解说，进一步发挥其名教本于自然的思想，不仅从“道”的层次上论证名教之治的合理性，而且还在“本”的层面上为实施名教之治提供方法。王弼坚持用老庄义理解经，取代繁琐的传注训诂，开创了易学史上的义理派，对后世产生了深远影响，其“易学”成就为后人所推崇。东晋时期，韩康伯继承和发展王弼的思想方法，注《周易·系辞》，也颇有成就。南齐以后，人们将王注和韩注合为一书，此版书一直被

“易学”研究者奉为“善本”。唐代孔颖达《周易正义序》中说，汉儒注《易》，“大体更相祖述，非有绝伦，唯魏世王辅嗣之注，独冠古今。所以江左诸儒，并传其学，河北学者，罕能及之”。王弼另著有《论语释疑》，认为“道者，无之称也”，把孔子之“道”解释为玄学以“无”为本的宇宙本体。“通过这些论述，王弼将道家自然观念与儒家名教观念融会贯通，试图化解两者之间的矛盾与冲突，在名教与自然之间架设一座理论桥梁，从而建立了系统的玄学理论体系。”〔1〕

魏晋之际，局势动荡，司马氏趁机谋权篡位，于公元265年颠覆魏室，建立晋朝。司马炎一方面极力提倡儒学名教，标榜“以孝治天下”，另一方面则对曹魏宗亲和不愿依附自己的士人大肆杀戮。面对司马氏的高压政策，许多士人采取了逃遁避世的态度，其中“竹林七贤”便是代表。阮籍、嵇康、山涛、向秀、刘伶、王戎、阮咸等人为友，常常集于竹林之下肆意酣畅，世称竹林七贤。他们从道家自然无为的思想出发，提出了“越名教而任自然”的主张，带有强烈的反儒倾向。同时他们又都欣赏庄子遁世逍遥的思想，希图以消极的手段反抗司马氏的强权政治。阮籍、嵇康的老庄学，为玄学从老学向庄学的过渡起了承前启后的作用。

阮籍（公元210～263年），字嗣宗，陈留尉氏（今河南开封）人，曾任步兵校尉，世称阮步兵。阮籍在思想上崇奉老庄，在政治上采取谦退冲虚、谨慎避祸的态度。阮籍著有《通易论》《通老论》《达庄论》等文章，全力批判儒学的虚伪，而将思想归于老庄，从道家自然无为思想出发，提出了“越名教而任自然”的主张。阮籍这些充满老庄思想的文章，对当时的玄学运动产生了一定规模的影响力。

嵇康（公元223～262年），字叔夜，文学家、思想家与音乐家，魏晋玄学的代表人物之一，世称嵇中散。本姓奚，祖籍会稽（今浙江绍兴），其先人因避仇迁家谯郡铚县（今安徽濉溪临涣镇），因家居侧有嵇山，故改姓嵇。早年丧父，家境贫困，但仍励志勤学，文学、玄学、音乐等无不博通。崇尚自然、养生之道，著有《养生论》，在哲学思想上，倡非汤武而薄周礼，“越名教而任自然”。

---

〔1〕 张国刚、乔治忠：《中国学术史》，东方出版中心2002年版，第227～228页。

西晋元康时期，玄学得到进一步发展，试图实现“齐一儒道”的任务，在理论上取得重要进展。这个时期的代表人物就是向秀与郭象等人，调和了自然与名教的关系，主张“名教即自然”。

向秀（约公元227～272年），字子期，河内怀（今河南武陟）人，官至黄门侍郎、散骑常侍。他注《庄子》，“发明奇趣，振起玄风”。后郭象“述而广之”，别为一书。向注早佚，现存《庄子注》，可视为向、郭二人之共同著作。他主张“名教”与“自然”统一，合儒、道为一。他认为万物自生自化，各任其性，即是“逍遥”，但“君臣上下”亦皆出于“天理自然”，故不能因要求“逍遥”而违反“名教”。

郭象（公元252～312年），字子玄，河南洛阳人，早年担任司徒椽，历官黄门侍郎、豫州牧长史、太傅主簿。太尉王衍与郭象有交游，常说：“听象语，如悬河泻水，注而不竭。”郭象曾注《庄子》一书，把《庄子》的比喻、隐喻变成推理和论证。他主张“有”之自生独化说，以此否定“无中生有”说和“以无为本”说，认为“有”是自生自化的，并不需要一个“无”作自己存在的根据。郭象提倡“名教即是自然”的儒道合一说，认为逍遥游与从事名教世务本是一回事，因此逍遥游并不要遁世。

魏晋玄学在中国学术史上占有重要的地位。值得一提的是，在魏晋南北朝时期，儒家经学虽然不再像两汉时期那样一门独盛，但是仍然以一种新的姿态继续向前发展，取得了令人瞩目的成就。根据《隋书·经籍志》的记载，魏晋南北朝时期有关经学著述，共计627部，5371卷，如加上亡佚之数（指隋书时），则有950部，7290卷，其中涉及《易经》之书近百部。由此可以看出，玄学和经学都重视对《易经》的解读和运用，《易经》对玄学和经学继续发展都有重要影响。魏晋玄学不仅上承先秦两汉的道家思想，克服了汉代经学的弊病，开创了糅合儒道学说的一个新的哲学时期，而且对之后的佛学乃至宋明理学，都产生了深远影响。

二、《易经》与宋明理学

虽然隋唐是中国历史上的兴盛时期，但是汉朝以来“独尊儒术”的政策在隋唐时却连连受到冲击。唐朝统治者尊崇道教，武则天在位时又独尊佛教，这使得儒家的地位发生了动摇。这种状况促使人们为儒家思想注入一些新的东西。在禅宗的影响下，唐末出现了儒、释、道“三教合一”的趋势，这个趋势一直延续到北宋时期，终于收获了丰硕的果实，这就是宋明理学的出现，中国传统学术由此迎来了又一次高峰。正因为如此，陈寅恪指出：“华夏民族之文化，历数千载之演进，造极于赵宋之世”。

宋明理学亦称“道学”或“新儒学”。狭义的理学仅仅是指以北宋程颐、程颢兄弟、邵雍、南宋朱熹等人为代表的程朱学派的思想，它以洛学为主干，在宋朝学术上占有统治地位。广义的理学还包括以南宋陆九渊、明朝王守仁为代表的“心学”一派，这是在明代中后期占主导地位的以“心”为最高范畴的思想体系。宋明理学不仅是传统学术中儒、释、道三家的共同产物，而且与《易经》有密不可分的关系，可以说宋明理学是《易经》思想的又一次复兴。宋代学者治易经，“象数派”与“易理派”并存，以“易理派”为主。在《四库全书》的经部易类中收录158部共1757卷，宋人注释的有56部605卷，占1/3；这“尚不包括散见于文集笔记中的未单独成书的作品，如范仲淹的《易义》、欧阳修的《易童子问》等，宋代学者治《周易》以邵雍、程颐和朱熹成就最大。”[1]可以说，《周易》启迪了宋明理学，宋明理学再次复兴了《周易》思想。

邵雍（公元1011～1077年），字尧夫，自号安乐先生，谥康节，范阳（今河北涿州市）人，后随父迁共城（今河南辉县）。隐居苏门山百源之上，后人称他为百源先生。屡授官不赴。后居洛阳，与司马光等人从游甚密。他从“象数”入手阐释《易经》，著有《皇极经世》一书，根据《易经》中关于八卦形成的解释，掺杂道教思想，虚构一宇宙构造图式和学说体系，成为他的象数之学，也叫先天学。仁宗皇佑元年（公元1049年）定居洛阳，以教授生徒为生。邵雍认为，先有形后有象，最后有数，用象和数便可以解释形，试图依次来解释宇宙万物。邵雍的“象数”的出发点主要还是汉学的方法，是从汉学向宋明理学的过渡。

宋明理学的开端是以周敦颐作《太极图说》为标志的。周敦颐（公元1017～1073年），字茂叔，号濂溪，宋营道楼田堡（今湖南道县）人，北宋著名哲学家，是学术界公认的理学派开山鼻祖。《宋史·道学传》将周子创立理

---

〔1〕张国刚、乔治忠：《中国学术史》，东方出版中心2002年版，第351页。

学学派提高到了极高的地位："两汉而下，儒学几至大坏。千有余载，至宋中叶，周敦颐出于舂陵，乃得圣贤不传之学，作《太极图说》《通书》，推明阴阳五行之理，明于天而性于人者，了若指掌。"周敦颐一生阅读广泛，从先秦时期的诸子百家，一直到汉代才传入中国的印度佛教，都有所涉猎，这为他精研《易经》、创立先天宇宙论思想奠定了基础。周敦颐认为"万物生而变化无穷焉，惟人也得其秀而最灵"，圣人仿照太极建立起了"人极"，也就是"诚"，这种至善之诚是道德的最高境界，凡人要通过主静、无欲等修行逐渐达到这一境界。周敦颐提出了很多哲学范畴：无极、动静、性命、善恶等，这些成为后世理学研究的课题，也是宋明理学与《易经》哲学结合的充分体现。

程颢、程颐兄弟是北宋时期影响最大，也是最为典型的理学学派代表。因二程兄弟长期讲学于洛阳，故世称其学为"洛学"。早年，程颢与程颐共师周敦颐，在哲学上发挥了孟子及周敦颐的心性命理之学，建立了以"天理"为核心的唯心主义理学体系。"理"的基本内涵包括三个层次，即"天理"是宇宙的终极本原和主宰世界的唯一的存在；"天理"又是封建道德原则及封建等级制度的总称；"天理"也具有事物特性及发展变化规律的意义。

程颢（公元 1032 ~ 1085 年），字伯淳，号明道，河南洛阳人。北宋嘉祐二年（公元 1057 年）进士，历官鄠县主簿、上元县主簿、泽州晋城令、太子中允、监察御史、监汝州酒税、镇宁军节度判官、宗宁寺丞等职。后追封"豫国公"，配祀孔庙。他与程颐的著作，明代后期合编为《二程全书》，现有中华书局校点本《二程集》。

程颐（公元 1033 ~ 1107 年），字正叔，河南洛阳人，学者称其为伊川先生。早年，与兄程颢在洛阳讲学。司马光执政时，被荐为崇政殿说书，与修国子监条规。在为哲宗侍讲期间，敢以天下为己任，议论褒贬，无所顾忌，声名日高，从游者日众。其后，程颐因反对司马光的新党执政而被贬，任西京国子监守。不久削职，被遣送至四川涪州，交地方管制。至南宋，追谥正公。程颐主要哲学著作有《周易程氏传》《遗书》《文集》《经说》等。

程颢与程颐以"理"为最高范畴，以"理"为世界本原，提出"万物皆只是一个天理"的最高命题。他们认为，阴阳二气和五行只是"理"或"天理"创生万物的材料。从二程开始，"理"或"天理"被作为哲学的最高范畴使用，即被作为世界的本体，而且人类社会的等级制度及与之相适应的社会道德规范，也都是“天理”在人间社会的具体表现形态，“君臣父子，天下之定理，无所逃于天地之间。”程颐在《周易程氏传》中，将元、亨、利、贞等易经思想纳入理学的哲学范畴之内。他认为，道即理，是形而上的，阴阳之气则是形而下的。离开阴阳就无道，但道不等于是阴阳，而是阴阳之所以然，“所以阴阳者，是道也。”他明确区分了形而上与形而下，以形而上之理为形而下之器存在的根据。他又从体用关系论证了理和事物的关系，认为理是“体”，而事物是“用”。程颐承认事事物物都有其规律，天之所以高，地之所以深，万事万物之所以然，都有其理。他进一步认为，“一物之理即万物之理”，天地间只有一个理，这理是永恒长存的。程颐还认为，每一事物发展到一定限度，即向反面转化。他说：“物极必反，其理须如此。”他还提出“物皆有对”的思想，说：“天地之间皆有对，有阴则有阳，有善则有恶。”这反映了他的辩证法观点。关于人性问题，程颐以为人的本性，即是人所禀受的理，于是提出“性即理也”的命题。程颐在论述为学的方法时提出自己的格物致知说，认为格物即是穷理，即穷究事物之理；最终达到所谓豁然贯通，就可以直接体悟天理。他所讲的穷理方法主要是读书、论古今人物、应事接物等。关于知、行关系问题，程颐主张以知为本，先知后行，能知即能行，行是知的结果。程颐的哲学，提出了一些新的概念、命题，对宋明哲学产生了很大影响。

虽然二程都以理作为哲学的最高范畴，但程颢是以心解理，开启了以后陆王心学一派；程颐一般是把理与气相对来论述的，开启了以后朱学一派。程颢、程颐所创建的“天理”学说在中国古代思想史上具有重要地位，对宋、元、明、清时期的政治思想和哲学思想都产生了重要而深远的影响。到了南宋时期，朱熹、陆九渊等人继承、整合和发展了二程的理学思想。

朱熹（公元 1130 ~ 1200 年），字元晦，一字仲晦，号晦庵、晦翁、考亭先生、云谷老人、沧州病叟、逆翁，别号紫阳。朱熹的主要著作有《四书集注》《四书或问》《太极图说解》《通书解》《西铭解》《周易本义》《易学启蒙》等。朱熹继承周敦颐、二程之学说，兼采释、道各家思想，构建了一个庞大的哲学体系。这一体系的核心范畴是“理”，或称“道”“太极”。朱熹把理称为“天理”，认为理是先于宇宙而存在，具有永恒性，因此他的学说称为“天理派”。朱熹是理学集大成者，也是易学大师。“朱熹易学的形成与演进，经历了一个由早起的著《易传》到后来著《周易本义》，由著《周易本义》到著《易学启蒙》，再对《周易本义》作修改的思想发展过程，其易学思想最终趋于成熟。”〔1〕他用“道”来解释《周易》的太极理论，在《周易本义》中画了九种伏羲、文王的卦图，称为“河洛九图”。其主要是用象数来阐释问题，并把道与人的心性联系在一起，成为南宋官方理论。朱熹的学术思想在中国元明清三代一直是封建统治阶级的官学，标志着封建社会意识形态的更趋完备。元朝皇庆二年（公元1313年）复科举，诏定以朱熹《四书集注》试士子，朱学定为科场程式。朱元璋洪武二年（公元1369年）科举以朱熹的“传注为宗”。朱子理学遂成为巩固封建社会统治秩序的强有力精神支柱。

陆九渊（公元1139～1193年），号象山，字子静，书斋名“存”，世人称存斋先生，自号象山翁，世称象山先生、陆象山，江西省金溪人。在“金溪三陆”中最负盛名，是著名的理学家和教育家，与当时著名的理学家朱熹齐名，史称“朱陆”。他发挥程颢提出的“心即理、理是心”的思想，创立了“心本论”，被称为理学中的“心学派”。他认为，“理”当然是至高无上的，宇宙万物都受其制约；同时，人心与宇宙是等同的，提出了“宇宙便是吾心，吾心便是宇宙”的命题。他在治经时，提出了“六经皆我注脚”的论断，强调“六经注我，我注六经”。他用“心”取代了“天”，也包含了“理”，成为宇宙万物的本原。陆九渊是宋明两代主观唯心主义——“心学”的开山祖，明代王阳明发展其学说，成为中国哲学史上著名的“陆王学派”，对近代中国理学产生了深远影响。

宋代学者治《易经》，主要是借题发挥，阐发自己对自然界和人类社会的看法，力图揭示自然和社会的演变原因和规律，助推了理学的形成和发展。到了元朝，朱熹的理学派学说仍然是官学，但是陆九渊的心学派学说也在延续。不同于宋朝的是，元朝的理学家多数不再专习一家之言，而是以“和会”朱熹、陆九渊学说为己任，试图将两者统一起来。如许衡（公元1209～1281年）、吴澄（公元1249～1333年）等都反对朱、陆弟子“各立标榜”，主张两家学说“同于一理”。值得一提的是，元朝经学家刘因（公元1249～1293年）

---

〔1〕 蔡方鹿：《朱熹经学与中国经学》，人民出版社2004年版，第298页。

和郝经（公元 1223～1275 年）等人打破了对经典的迷信，提出了“经即史”的观点，认为“《易》即史之理”“六经自有史耳”。

到了明朝，中国学术基本上还是沿着传统轨迹发展，儒家学说特别是理学仍然居于官学和学术主流地位。明初代表人物有刘基（公元 1311～1375 年）、宋濂（公元 1310～1381 年）等旁学杂收，涉足道、释，经济等诸多领域，而以理学为宗；明朝中期，陈献章（公元 1428～1500 年）、湛若水（公元 1466～1560 年）师徒开始向心学转移，王阳明完成了理学到心学的转化，把陆九渊以来的心学发展到一个新高峰。

王阳明（公元 1472～1528 年），初名云，后改为守仁，字伯安，自号阳明子，浙江余姚人。因筑室于阳明洞，世称阳明先生。王阳明 28 岁中进士，历官庐陵知县、刑部主事、兵部主事、吏部主事、左金都御史、南京兵部尚书等，一生文治武功俱称于世，敕封新建伯，世存《王文成公全集》。王阳明是陆王心学之集大成者，其代表作有《传习录》《文录》等，非但精通儒家、佛家、道家，而且能够统军征战，是中国历史上罕见的全能大儒。他被封“先儒”，奉祀孔庙东庑第 58 位。王阳明的学说可以用“致良知”来标榜。他说：“吾平生讲学，只是致良知三字。”他认为，人心之灵明就是良知，良知即是天理，故不可在良知之外求天理。在他看来，良知是造化的“精录”，天地万物皆从良知中产生，没有我的良知，便没有天地万物；良知是“天渊”，是天地万物发育流行的根源，因此，良知又称为“太虚”。王阳明还提出了良知无善无恶的思想，认为良知是超出善恶之上的绝对至善，是超出是非之上的绝对真理。他晚年提出：“无善无恶是心之体，有善有恶是意之动，知善知恶是良知，为善去恶是格物”，并将此“四句教”作为立言宗旨。在知行关系上，王阳明主张求理于吾心、知行合一。他说：“知是行的主意，行是知的功夫；知是行之始，行是知之成。只说一个知，已自有行在；只说一个行，已自有知在”。知行是一个功夫的两面，知中有行，行中有知，二者不能分离，也没有先后。与行相分离的知，不是真知，而是妄想；与知相分离的行，不是笃行，而是冥行。黄宗羲认为王守仁学术思想的发展可分为三个阶段：始泛滥于辞章，继出入于佛老，最后归本于孔孟，建立了知行合一说。王阳明的思想中包含着某些促进思想解放的因素，为中国近代康有为和梁启超所注意，受到熊十力的推崇。

心学的形成与发展，与玄学、理学的形成与发展一样，都与《易经》密切相关，都受到了易学的规制和启迪，反之，也推动了易学传承和创新。例如，王阳明在阐发心学时，自始至终都没有脱离《易经》的掣肘。正德元年（公元1506年），王阳明因谏入狱，他自述道："正德初，某以武选郎抵逆瑾，逮锦衣狱，而省吾亦以大理评触时讳在系，相与讲易于桎梏之间弥月，盖昼夜不怠，忘其身之为拘囚也。"[1]他在狱中撰写的《读易》诗说："瞑坐玩羲易，洗心见微奥。乃知先天翁，画画有至数。"正德三年（公元1508年），他在被流放贵州龙场期间，日夜反思，忽然顿悟，史称"龙场悟道"，其中也得益于他对《易经》的思考和启迪。他把自己居住的山洞称为"玩易窝"，撰写了《玩易窝记》，其中写道："阳明子之居夷也，穴山麓之窝而读《易》其间。始其未得也，仰而思焉，俯而疑焉，函六合，入无微，茫乎其无所指，孑乎其若株。其或得之也，沛兮其若决，联兮其若彻，菹淤出焉，精华入焉，若有相者而莫知其所以然。"龙场悟道之后，王阳明"始知圣人之道，吾性自足，向之求理于事物者误也。乃以默记《五经》之言证之，莫不吻合，因著《五经臆说》"。[2]王阳明通过思索易理安顿了自己的身心，整合了自己原有的儒释道思想资源，最终实现了思想的重大突破。反言之，王阳明龙场悟道得益于"所以终吾身"的易学。王阳明如此，其他心学大家亦是如此。

三、《易经》与乾嘉经学

清朝学术思想伴随着中西文化交流大幕的拉开，在明朝末年理学为主的学术思想发展道路上继续前行的同时，又进行着积极的批判和改造，探索着新的学术思想发展的可能性。其中，对于理学的批判揭示了儒学以伦理取代一切的弊病，但是主流的学术思想未能突破旧有的经学独大的格局。正如清朝学者皮锡瑞说的那样："经学自两汉后，越千余年，至国朝而复盛。两汉经学所以盛者，由上能尊崇经学、稽古右文故也。国朝稽古右文，超轶前代。康熙五十四年（公元1715年），御纂《周易折中》二十二卷；乾隆二十年（公元1755年），御纂《周易述义》十卷；……乾隆五十八年（公元1793

〔1〕《王阳明全集·卷二十二·送别省吾林都宪序》，上海古籍出版社1992年版，第884页。
〔2〕《王阳明全集·卷三十三·年谱一》，上海古籍出版社1992年版，第1228页。

年），诏刊十三经于太学，依《开成石经》，参以善本，多所订正。嘉庆八年（公元 1803 年），复命廷臣磨改，以期尽善，尤为一代盛典，足以别黑白而定一尊。”[1]由此可见，《易经》在清朝仍然时兴，经学在清朝仍居尊位。

明清之际是中国学术思想的又一个转型期，学者们一方面提倡继承传统、复兴理学，另一方面在行动中积极实践“学以致用”“民为邦本”的精神，为学术思想带来了诸多新鲜气息。其中，明末清初的代表人物有黄宗羲、顾炎武、王夫之“清初三大儒”，皆能“通易释经”，颇有见地。

黄宗羲（公元 1610～1695 年），字太冲，号南雷，浙江余姚人，学者尊为梨洲先生。他一生著述大致以史学、经学、地理、律历、数学、诗文杂著为类，多至 50 余种，300 多卷，其中最为重要的有《明儒学案》《宋元学案》《明夷待访录》《孟子师说》《葬制或问》《破邪论》《思旧录》《易学象数论》《明文海》《行朝录》《今水经》《大统历推法》《四明山志》等。他生前曾自己整理编定《南雷文案》，又删订为《南雷文定》《文约》。他为学领域极广，成就宏富，于经史百家及天文、算术、乐律、释道无不涉猎，而史学造诣尤深，清政府撰修《明史》，“史局大议必咨之”。他身历明清更迭之际，认为“国可灭，史不可灭”。他论史注重史法，强调真实可信。在哲学上，认为“气为本，无气则无理，理为气之理”，但又认为“心即气”“盈天地皆心也”。在政治上，他从“民本”的立场深刻批判封建君主专制，提出君为天下之大害，不如无君，主张废除君主“一家之法”，建立万民的“天下之法”。他还提出以学校为议政机构的设想。他精于历法、地理、数学以及版本目录之学，并将其所得运用于治史实践、辨析史事真伪、订正史籍得失，多有卓见，影响及于整个清代，被称为“中国思想启蒙之父”。

顾炎武（公元 1613～1682 年），原名绛，字忠清，明朝灭亡后，因慕文天祥学生王炎午为人，改名炎武，字宁人，亦自署蒋山佣，世人尊称亭林先生，江苏昆山人。顾炎武后致力于学术研究，留心于经世致用之学。他对宋明所传心性之学深感不满，主张“著书不如抄书”。他晚年侧重经学的考证，考订古音，分古韵为 10 部，著有《日知录》《音学五书》等。他反对宋明理学的唯心主义玄学，而强调客观的调查研究，提出以“实学”代替“理学”

〔1〕 皮锡瑞著，周予同注释：《经学历史》，中华书局 2004 年版，第 214 页。

的主张。他提出“君子为学，以明道也，以救世也”，强调做学问必须先立人格：“礼义廉耻，是谓四维”，提倡“天下兴亡，匹夫有责”。清代中期许多学者以此发端，崇尚研究历史典籍，对中国历史从天文地理到金石铭文无一不反复考证，被称为“乾嘉学派”，顾炎武被普遍认为是该学派的主要奠基人。

王夫之（公元 1619 ~ 1692 年），字而农，号姜斋，晚年隐居衡阳金兰乡石船山附近，学者称船山先生，衡阳县人，明末清初之际的思想家。王夫之一生著书达 320 卷，录于《四库全书》的有：《周易稗疏》《考异》《尚书稗疏》《诗经稗疏》《春秋稗疏》等。他善于通过诠释儒、释、道经典来阐发自己的思想，其中不乏对《周易》的妙解，著有《周易外传》《周易内传》《周易内传发例》《周义大象解》等。他凭借渊博的学识、敏捷的思想和锲而不舍的精神，承“宗濂洛正传”之学，对中国古代哲学思想进行全面批判总结，详论义理、心性问题，构建了一个博大精深的思想体系。他以精湛的哲学思辨能力，对宋代以来的理学范畴进行了创造性的阐述和发挥，从宇宙论、道器论到心性论、修养论，都发表了自己的看法，把理学推向一个新高度。他的不少思想是划时代的，许多思想为近代许多先进的知识分子所吸收和利用，对传统走向现代起到了一定的促进作用。

清朝经过顺治、康熙、雍正三代近百年发展，社会逐步稳定，经济繁荣，出现了“治世”景象。乾隆本人就是一个文经武略的大家，不仅个人著述丰富，而且多次组织大规模的修书活动。在经学编辑方面，乾隆朝大多在康熙朝已有成果的基础上补充提高，如《御纂周易述义》进一步阐发了康熙《御纂周易折中》的意蕴，《钦定诗义折中》亦是对康熙《诗经传说汇纂》的补充发挥。乾隆、嘉庆年间，一方面扩大科举取士的规模，另一方面大兴文字狱，活跃了学术，却压抑了思想，逐步演化为以考据为主的学术生态，史称“乾嘉学派”。乾嘉时期的考据学家，较早且名声著者有“吴派”首领惠栋，中有“皖派”领袖戴震，后有大师段玉裁诸辈彰显其本，在经学、史学、文献学等以及一切相关治学领域，秉承考据方法，张扬求实学风，谱写了中国封建时代经学发展史上的辉煌挽歌。

惠栋（公元 1697 ~ 1758 年）字定宇，号松崖，江苏元和（今江苏省苏州市吴中区）人。祖周惕，父士奇，皆治《易》学，三世传经，赞为一代佳话。早年，惠栋随其父至广东提督学政任所，父卒归里，课徒著述，终身不仕。

其学沿顾炎武，一生治经以汉儒为宗，以昌明汉学为己任，尤精于《易》学。其所著《易汉学》《易例》《周易述》等，驳诘宋人《河图》《洛书》、先天、太极之说，深得乾嘉学者推重。但因其固守汉儒《易》说，不复甄别，以致后世有“株守汉学”“嗜博泥古”之讥。他还撰有《九经古义》《古文尚书考》《后汉书补注》《明堂大道录》《松文钞》等大量著作。惠栋在经学研究上，奠定了通过古字、古音的考释以明其义的汉学治学方法的基础，影响广大，弟子众多，形成了治学宗旨相近的群体，如沈彤、江声、余萧客、江藩、王鸣盛等人均“唯汉是信”，注重搜集汉儒经说，加以疏通证明，被后人称为乾嘉学派的“吴派”。

戴震（公元 1724～1777 年），字东原，安徽屯溪人。早年从著名学者江永问学于经学、文字、音韵、训诂、数学等，打下了坚实基础。家贫，以教书为业。乾隆二十年（公元 1755 年），因避仇家陷害，携所著书北上京城，得交新科进士纪昀、王鸣盛、钱大昕、王昶、朱筠等人，被赞为“天下奇才”，声名大著。后南下扬州，结识惠栋。他一生著述丰富，精于考证，先后撰成《筹算》《勾股割圆记》《六书论》《尔雅文字考》及《考工记图注》《原善》《尚书今文古文考》《春秋改元即位考》《诗经补注》《声类表》《方言疏证》《声韵考》及《孟子字义疏证》等。他批判儒学“以理杀人”，其视个体为真实，对晚清以来的学术思潮产生了深远影响。他的弟子甚多，以段玉裁和王念孙、王引之父子最为有名——尤其重视三礼（即《周礼》《仪礼》《礼记》）中名物制度的考证，以语言文字学为治经的基本途径，被后人称为乾嘉学派的“皖派”。戴震本人也被梁启超、胡适称为中国近代“科学界的先驱者”。

道光以后，清王朝摇摇欲坠，加以西方殖民主义势力入侵，士大夫不能不问社会的现实问题。于是，学术风气久经酝酿而发生了一个较大的变化，沉沦千余年的今文经学得以复兴，从事于“经邦济世”之学。王国维总结说：清朝“国初之学大，乾嘉之学精，道咸之学新”〔1〕。所谓“新”，是指“言经者及今文，考史者兼辽金元，治地理者逮四裔”。同治、光绪之世，汉学已经穷途末路，仅有俞樾、孙诒让谱写着考据的续曲，章太炎则倡导顾炎武的“博学于文，行已有耻”之学，以伸张其政治主张，是汉学的一个光辉结束。

〔1〕 王国维：《观堂集林·卷二十三·沈乙庵先生七十寿序》，中华书局 1959 年版。

与此同时，今文经学渐有兴起之象。清朝的今文经学起于乾隆末年的“常州学派”，始于庄存与、庄述祖，立于刘逢禄、宋翔凤，到晚晴的魏源、龚自珍、康有为之学达到顶峰而走向衰落。

值得一提的是，在晚晴今文经学兴盛之时，《易经》仍是士大夫常修的功课，而且多有见解。比如，在《易》学上独有创见的焦循，就编著了多种《易》学著作。

焦循（公元1763～1820年），字里堂，江苏甘泉人。母亲卒后，托疾闭户，建“雕菰楼”，足不履城市十余年，著书数百卷，皆精妙博大。其中用力特深的，为《周易》《论语》《孟子》三书。其中，研究《周易》方面，著有《易章句》12卷、《易图略》8卷，《易通释》20卷（以上40卷合辑为《雕菰楼易学三书》《易广记》3卷、《易话》2卷。焦循研究《易》学时，提出务必做到严格、规范性与生命、灵动性统一，力图将“学问”和“性灵”都融贯到经学之中。他认为，真正的经学必须有两个特征：一是“学问”的贯通，经学应当成为经文本身与百家子史、天文术算、阴阳五行、六书七音等学问相互贯通的产物；二是“性灵”的贯通，经学应当成为后代经学家注释经书的“性灵”与古代圣贤著述经书的“性灵”相互贯通的产物。

从以上挂一漏万的大跨度叙述中可以看出，《易》在汉朝确立为儒家经学地位之后，历来受到士大夫青睐，或成为他们进仕利禄的必修功课，或成为他们穷究天理的制胜法宝。它作为中国最古老的文化基因之一，注入了中华民族的血液之中，影响了中华民族的精神世界，进而也影响了中华文明的传承与创新。正如有的学者指出的那样：“先秦诸子百家无不从《周易》中吸取营养……汉儒马融、郑玄等尽力开显卦辞爻辞背后的象数，推衍卦象，构架解释体系。唐儒孔颖达撰《周易正义》，对《周易》进行全面系统的总结，乃集孔子以来研究易学之大成，并加以发展。宋儒程朱诸家主张以理解《易》，以史证《易》，提出理在象先，象以明理，从而构建了融儒释道为一体的易学思想体系。元明诸儒多关注人事，探索义理。清儒焦循摆脱陈规，构建自己的《易》学符号系统，梁启超称其脱出两千年传注重围，表现极大创造力。”〔1〕

〔1〕 黄俶成：“推天理以明人事——论《周易》在中华文化推进中的伟大作用”，载吴秋文、孙晶主编：《中国周易》（第1辑），中国社会科学出版社2011年版，第181页。

《易经》对中国传统文化以及中国文化传统的影响，可谓是深远而广大。

四、《易经》与当代中国文化

《易》自出世以来，历经数千年而不衰，实为中华传统文化思想的活水源头。《易》的核心价值仍在启迪国人智慧、振奋民族精神，阐发大同理想、培育独立人格，当然也深入民众生活、影响社会风气。“沉睡三千余年的《易经》成了当今的热门话题，这为多人始料所不及，然而它毕竟真的‘热’了起来，不仅成了一门‘易学’，而且诸家蜂起，学会团体林立，及于中外。根究“热”因，自然是复杂而多向的。但《易经》之博大精深，玄机妙理及由此而罩上的神秘色彩，强烈地调动了人们的探求欲，并由此而发现传统文化中尚有如许佳处，不免洞天大开，心驰神往。这当是易学走红的首要一面。这就与前一时期出现的‘西学热’而今开始降温的现象形成了鲜明的对比。”[1]概括而言，《易》的研究仍在持续，《易》的精神仍在弘扬，《易》的占卜仍在流行，在改革开放的新时代甚至掀起了全国性的“易经热”。

近代以来，特别是“五四运动”及“新文化运动”以来，面对西方列强入侵以及西方文化的传播，中国士大夫面临“救亡”与“启蒙”的双重历史任务，因此源自西学的“新学”迅速飙起，传统的经学逐渐沉沦，《易经》之学也不例外。但是，《易经》之学并未绝迹。台湾地区学者胡瀚平在《迈向二十一世纪的易经学》一文中指出，当代中国易学研究，呈现出一个新特点：人们除了继续从“象数”“义理”两方面进行探讨外，还会沿着19世纪末大量运用新理论、新方法研究《周易》，使《周易》在历史、哲学、文学、数学、医学、物理、民俗、宗教、科技等方面继续得到广泛而深刻的阐述，大大拓宽了“易学”研究的视野。在这个路线下，20世纪中期出现了一批运用自然科学知识研究《周易》的论断，像沉仲涛的《易卦与科学》《易卦与代数之定律》、薛学潜的《易与物质波量子力学》、丁超五的《科学的易》，刘子华的博士论文《八卦宇宙论与现代天文》等，给传统的易学注入了新鲜的空气，开拓了《周易》的新领域。20世纪80年代之后，随着思想解放运动的逐步深入和“中国传统文化热”的兴起，《易》研究似乎成了中国哲学研究乃至社会

---

〔1〕方烈：“‘易经热’是随想”，载《中国图书评论》1990年第2期。

科学研究中的一门“显学”，出版了大量关于《易》的论著。例如，武汉大学的唐明邦自称：“五十余年，我学易、研易、论易，付出不少心血。”他先后撰写出版了《当代易学与时代精神》《邵雍评传》《易学与长江文化》《周易评注》《周易纵横录》等十余部有关《易》的著作。刘大钧把大道之源的易学继承下来，结合现代进行研究，著书立说，先后著有《周易概论》《周易古经白话解》《周易全译》《周易讲座》《周易传文白话解》《纳甲筮法》《大易集成》《大易集要》《大易集述》及《象数易学研究》等众多著作，创办了《周易研究》专刊，推动易学由过去走向未来。俞长江族上四代习《易》，著有《遐思苦耕录》《经学概论》等三十余部著作，对研究《易经》颇有心得。姜广辉主编的大型著作《中国经学思想史》以及撰写出版的《易经讲演录》也有较大反响。我国台湾地区学者傅佩荣撰写出版的《我读〈易经〉》《易经与人生》《傅佩荣译解易经》《乐天知命：傅佩荣谈易经》等，曾仕强撰写出版的《大易管理》《易经的智慧》《易经的中道思维》《曾仕强详解易经系列》丛书等，都是易学研究不断热烈的缩影。

在当代中国，对《易》的研究、整合、研习还逐步走进了大学课堂，成为哲学专业或管理学专业的必修课程，得到了更有效的传承。清华大学的校训就来自于《易经》：“自强不息、厚德载物”。历史的车轮进入 21 世纪之后，清华大学、北京大学、中国人民大学、武汉大学、四川大学等众多名校先后开设了《易经》课程，或者举办了《易经》文化培训班。山东大学易学与中国古代哲学研究中心（原周易研究中心）已经被列为教育部人文社会科学重点研究基地，该中心设有易学专业的硕士点、博士点及博士后流动站。《易》学走进大学课堂，一方面表明讲解《易经》得到了教育主管部门的许可，另一方面表明社会上依然有人期盼从《易经》中得到智慧启迪。

社会宽容了《易经》的研究传播，其精髓也早已融入国人内心，构成了民族精神的基本元素。中国共产党第十六次全国代表大会指出，民族精神是一个民族赖以生存和发展的精神支撑。在五千多年的发展中，中华民族形成了以爱国主义为核心的团结统一、爱好和平、勤劳勇敢、自强不息的伟大民族精神。我们党领导人民在长期实践中不断结合时代和社会的发展要求，丰富着这个民族精神。面对世界范围各种思想文化的相互激荡，必须把培育和弘扬民族精神作为文化建设极为重要的任务，纳入国民教育全过程，纳入精神文明建设全过程，使全体人民始终保持昂扬向上的精神状态。事实上，当今中国提倡的“自强不息”的奋斗精神、“厚德载物”的修身精神、“阴阳调和”的辩证精神、“趋时变易”的创新精神、“天人合一”的和谐精神等，毫无例外地都能够在《周易》中找到最原始的文化基因。甚至有学者宣称：“我炎黄子孙的当今使命，正是要在马克思主义指导下，重振国学，复兴儒学，弘扬易学，光大祖国传统文化，中西融合，古今贯通，建设中华民族共有精神家园，全面建设社会主义和谐社会。”〔1〕

与此同时，用《易经》卜卦算命和风水堪舆，在民间表现更为普遍。在民间，大多数人视《易经》为纯粹的卜筮之书，推崇占卦、算命、风水等象数运用，在不理解中崇拜《易经》。走遍大江南北、长城内外，无论是道观、寺庙，还是道旁巷尾，随处都可以见到测字算命的卦摊，或者勘察地形的风水先生。在互联网上，各种诸如“易经中国”“周易天地”等各种依附《易经》的算命测字网站更是数不胜数。种种迹象表明，《易经》早已广泛地注入民众的社会生活之中，或给人以慰藉，或给人以遐想。正所谓：“《易经》虽然是中国古老的智慧，但它与现代人依旧有很大关系，具有现代意义。”〔2〕

纵观整个中华文明史，几乎每一步发展都与《易经》息息相关。先秦诸子百家构成了中国第一个思想高峰，尽管他们的主张各不相同，但他们都有研究《易经》的经历，并且把《易经》原理应用到各自的理论之中。魏晋时期，玄学家们奉《易经》《老子》《庄子》为“三玄”，并把《易经》作为“三玄”之首，围绕着“有”与“无”及“名教”与“自然”的关系展开辩论，构成了中国思想史上的第二个高峰。宋明理学以周敦颐著《太极图说》为开端，邵雍所著《梅花易数》改进占算方法，推进理学兴起与发展，演绎了中国思想史上的第三个高峰。元明清之后，经学潮起潮落，《易经》亦张亦弛，直至当今，延绵不断，或雅或俗，或理或术，始终没有离开中国人的精神境界与现实生活。

---

〔1〕 唐明邦：“《周易》思想的核心价值”，载吴秋文、孙晶主编：《中国周易》（第1辑），中国社会科学出版社2011年版，第3页。

〔2〕 傅佩荣：《易经与人生》，东方出版社2012年版，第132页。

第三节 《易经》在海外的传播与发展

《易经》是一部凝聚中华文明精神精华的哲学经典著作，它不仅被视为中华文化之源，还被视为世界文化的奇书宝典。《易经》自汉代被尊崇为群经之首，其统摄天地与阴阳之道的体系和博大精深的意蕴对中国乃至世界文明产生了重要影响。本节首先考察《易经》在海外，尤其是在亚洲和欧美国家的传播历程；其次分析《易经》在海外的研究发展，重点介绍以韩国、日本为代表的亚洲学者以及欧美学者对《易经》研究的贡献；最后阐明《易经》在海外的影响，尤其是它对欧美数学界、心理学界、哲学界以及现代物理学的影响。

一、《易经》在海外的传播

（一）《易经》在亚洲的传播

《易经》在亚洲的传播范围主要在朝鲜、日本、韩国等东亚国家。早在我国汉朝时期，《易经》就传播至朝鲜半岛。汉代之后，中国内乱，陷于南北分裂的对峙状态，朝鲜半岛遂脱离中国而独立发展。朝鲜半岛南北分裂为三国，《易经》与儒学在三国中先后得到进一步传播。高句丽在小兽林王（公元372～384年）时期，重视儒学经典。据《三国史记· 高句丽本纪》小兽林王条记载："立太学，教育子弟。"高句丽不仅有官方太学传播儒学经典，其"扃堂"，即私塾亦教授儒学经典。这说明儒家经典，包括《易经》，已在民间普及。百济也重视儒家经典，曾设置五经博士。新罗于公元682年设立太学，以《周易》等儒家经典为教育科目。

以《易经》为代表的儒家经典在朝鲜的李朝时期极受重视，其传播也达到鼎盛阶段。李朝实行独尊儒学的政策，代表中国儒学新发展的朱子学在朝鲜占有统治地位，当时就涌现出李穑（公元1328～1378年）、李退溪（公元1501～1570年）、李票谷（公元1536～1584年）等三位儒学大家，他们成为经学、特别是朱子学在朝鲜的传人。朱熹对周敦颐的《太极图说》评价极高，曾作《太极图说解》加以阐发，并作《周易本义》阐述自己的易学思想。朝鲜朱子学也是从研究易学开始的。李退溪20岁时，贪读《周易》。他继承朱子易学，并将易学的变易原理与朝鲜的现实结合起来，将《易》历算化、现实化、生活化。

《易经》在朝鲜半岛的传播不仅源远流长，而且其影响至今仍然广泛而深远。位于朝鲜半岛南部的韩国现在仍以太极图形为国旗图案。

《易经》与其他儒家经典是经过朝鲜半岛的百济传入日本的。钦明天皇十四年（公元554年），百济王派五经博士王柳贵、《易经》博士王道良东渡日本。这里明确提到《易经》博士王道良，说明他是专门传授《易经》的。儒家经典传入日本，促进了日本的社会改革。江户时代（公元1603～1867年），中国宋明理学在日本得到广泛传播。藤原惺窝（公元1561～1619年）用日语对《四书》《五经》进行新的注释，使《四书》《五经》在日本更得以广泛传播。明治维新时期，儒家经典受到西学的冲击，但由于明治维新是自上而下的资本主义近代化运动，儒学"尊王攘夷"论反而成为维护明治天皇、反对幕府的理论工具，因而儒家经典在近代日本仍有其巨大影响，研究《易经》的专家很多，易学是日本汉学研究的重点之一。

《易经》是通过越南传播到东南亚的。近代以来，移居东南亚各地的华人、华侨不断增多，这些华人、华侨在当地开设私塾，传播儒学经典，《易经》在东南亚各国也得以广泛流传。

现代以来，随着中国孔子学院在世界各地的普及，包括《易经》在内的儒家经典也随之在世界各地广泛传播。

（二）《易经》在欧美的传播

《易经》在欧美的传播主要历经了三个重要阶段。与在亚洲各国的传播相比，《易经》在西方国家，尤其是在欧美国家的传播则要晚得多。17世纪至20世纪初，这一时期被认为是《易经》在西方国家传播的第一阶段。这一时期最具代表性的译著是理雅各的《易经》英译本和卫礼贤的《易经》德译本，它们为《易经》在西方的广泛传播奠定了文献基础。

西方人最初对《易经》的兴趣主要源于来华传教士们所展现出的异国文化风尚。其后，从17世纪初期开始，他们逐渐把《周易》译成多种文字并介绍到自己国内。西方最先译介《周易》的，当推法国传教士金尼阁（公元1577～1628年），他的《易经》拉丁文译本于1626年在杭州刊印。金尼阁追随其老师利玛窦，力图在东方传统思想与基督教义之间寻找结合点，这也是他研究并翻译《易经》的初衷。非常可惜的是，金尼阁的这一译著现已遗失。1659年，比利时耶稣会士柏应理（公元1623～1693年）与他人用拉丁文翻译出版了《中国哲学家孔子》，内附《周易》六十四卦及六十四卦的意义。目前，国内外学者普遍认为这才是《周易》传入西方的真正开始。

1710年，深得康熙赏识的法国传教士白晋（公元1656～1730年）完成了《易学宗旨》的撰写，此书内含先天六十四卦次序图和方位图。这一著作传入欧洲后，引起了包括德国科学家和思想家莱布尼茨在内的西方学界的兴趣和关注，也正是由于莱布尼兹对《易经》的关注和研究，才使《易经》引起了西方社会的重视，导致了对其进一步研究和翻译的热潮。

1834年，法国传教士雷孝思（公元1663～1738年）的《易经》拉丁文译本出版。这是第一部在西方出现的《周易》全译本，书名是《易经——中国最古之书》（Y—— King ant iguissimus Sinar um Liber quemexLatina interPretat irn）。1876年，英国传教士麦格基（公元1813～1885年）的《易经》英译本问世。这是《易经》的第一个英译本。1885年及1893年，法国学者霍道生的《易经》法译本分两次发表；与之同时，尚有比利时鲁汶大学教授法阿尔莱（公元1832～1899年）发表于1889年的《易经》法译本，而后者是当今西方通行的《易经》法译本。

1924年，德国汉学家卫礼贤（公元1873～1930年）发表以朱熹《周易本义》为蓝本的德译本。卫礼贤的译本较好地保持了原著的精神，因而在德国出版发行后，广受称赞并多次再版，成为西方最负盛名的《周易》译本。

1950年，贝纳斯夫人将卫礼贤的德译本转译为英文本在美国发表。瑞士著名心理学家荣格（公元1875～1961年）为该英译本写了前言。此译本被多次修订再版，在西方传为名作。1968年，贝洛夫人将卫氏德译本转译为法文本，这一译本后来成为《易经》的法文通行本。卫礼贤之子卫德明著有《变易——周易八论》，他的这一著作被西方汉学界称为研习《周易》的最佳作品。苏联科学院院士舒茨基（公元1897～1977年）的《周易研究》发表于1960年，这一著作在20世纪70年代末被译为英文并广为流传。近年又流行布洛菲尔德的新英译本。

20世纪60年代到80年代初，可以认为是《易经》在欧美传播的第二阶段。在这一阶段，卫礼贤译本的英译及法译本相继问世，并因荣格的序言而风靡欧美，引起了第二次世界大战后公众对《易经》日益增长的兴趣，《易经》也因而得以在欧美国家广泛传播流行，并成为一代崇拜东方神秘主义的嬉皮青年的精神食粮。

近20年来，国际易学研究出现了一个重要动向，即《易经》研究与现代世界主流学术和文化相沟通。这突出地表现在以下两个方面：一是易学与现代最新自然科学相结合；二是易的观念进入当代人类的实践理性领域。

现代以来，随着中国孔子学院在世界各地的普及，以《易经》为代表的儒家经典在世界各地获得了更为广泛的传播。

（三）《易经》在海外得以传播的原因

《易经》能在世界各地获得广泛的传播，首先，《易经》具有人文精神；其次，《易经》蕴含了辩证思维模式；最后，《易经》在诸多领域都具有重要的应用价值。

二、《易经》在海外的研究发展

（一）《易经》在亚洲的研究发展

亚洲的《易经》研究，以李退溪的贡献为最大。李退溪[1]是朝鲜李朝时期的朱子易学大家，他笃信朱子易学，并在“破邪显正”的旗帜下对之进行改造、修正、阐发，使之更适应朝鲜国情和统治者的需要，亦巩固了朱子学的统治地位。他继承了朱熹“象数”和“义理”归一、“变易”和“交易”得兼的传统，并从更广大的层面上研读各书、博采众长，又从更精微的深度探索奥义、评判得失。李退溪认为在太极生两仪、四象、八卦的过程中，所含之数为自然之数，所蓄之理为自然之理，故自本至末，由干及枝，纯归自然而不假人为。他曾对“洛书变数”作了探索，依据洛书“中五”具五奇数之象与河图“中五”具生数之象相类，说明一、三、五、七、九天数（奇数）变为二、四、六、八地数（偶数）之规律；他又依据洛书纵横十五，而七、

〔1〕 李滉（公元1501～1570年），号退溪，朝鲜人，曾研究邵雍、朱熹之易学，并明确指出其异同，代表著作有《启蒙传疑》等。

八、九、六迭为消长，说明七、八、九、六之所以消长变化的规律。他还根据八卦形成的道理和河图五行相生的理数及伏羲八卦次序，将河图与八卦结合起来，在论述八卦横图、圆图及六十四卦横图、圆图时，依据朱熹揲蓍求卦的方法，用简易明确的语言表达揲囗之数和“四象”可能出现的次数，指出了老阳、老阴、少阳、少阴的阴阳进退、消息和老阳、少阳、少阴、老阴四处空白的原因。

日本学界对《易经》的研究更为广泛和深入。以下是较有代表性的几位学者。一是东京大学名誉教授武内义雄，他于1910年京都帝国大学中国哲学文学科毕业，1923年任东北帝国大学教授。第二次世界大战中，他曾为日本天皇讲授中国哲学史。武内义雄尤其关注《易》与《中庸》的研究。二是国士馆大学教授高田真治，他关于《易经》研究的代表作有《易经译注》《易的国家观》《易的形而上学》《易的思想》《易和东洋思想》等。三是大东文化大学汉学会铃木由次郎，他长期专注于《周易》思想史、形成史和学说史的研究；1962年，他进行了易的宗教思想研究；1966年~1962年，他进行了《易》与阴阳五行思想的研究；其易学著作有《汉易研究》《易经译注》《易与人生》等。此外，他还撰有《易的运命观》《易随想》《孔子与易》《伏羲六十四卦方圆图与莱布尼兹二进法算术》等论文。四是日本中国学会今井宇三郎，他于1964年编撰《周易参同契校本》；1968年进行《周易参同契》的文献学研究。他在易学史的研究上有较深的造诣，其《易》学著作有《宋代易学的研究》等。五是日本文学家本田济，他1959年参加“怀德堂讲座”，主讲《周易》。其易学著作有《易译注》《易学——它的形成与发展》等。这些学者对《易经》精深的研究，进一步促进了《易经》的广泛传播与发展。

（二）《易经》在欧美的研究发展

《易经》在欧美的研究发展。

20世纪后半叶以来，西方多数国家和地区的《易经》研究呈现出积累而进、连续发展的面貌。因此，当代国际《易经》研究的学术动向，在一些基本的方面与20世纪上半叶的《易》学发展密切相关。

半个世纪以来，欧美学界关于《易经》的研究，主要分为以下三个阶段：

（1）1960~1980年。《易经》的新版英文译本逐渐出现，学者们在原来理雅各（James Legge）与卫礼贤（Richard Wilhelm）译本的基础上，又发展了多项翻译，出现了《易经》翻译的热潮。其中，布罗菲尔德（Blofeld）的译本流传最广，因为他的翻译主要是为了普及占卜之用。

（2）1980～2000年。由于出土资料的流行，更专业的《易经》译本逐渐出现。如肖内西（Schaunenessy）翻译的《帛书易经》及相关文本，虽然极其粗糙，但却启发了人们对出土资料的研究。在这一阶段，更为大型的译本也开始出现，如理查德·林恩（Richard Lynn）对王弼《周易注》的翻译，十分细致。

（3）2000～2008年。在这一阶段，更多学者开始探索《易经》在中国思想传统、政治及社会各个层面的历史发展过程与重要影响，出现了一些有影响力的著作，如理查德·史密斯（Richard Smith）在2003年出版的《易酌》等。这些文献从本体上展示了《易经》对现实问题的诠释。因而，《易经》的精神是"虚而不屈，动而愈出"的。

近现代以来，欧美学界对《易经》的研究做出了更为突出的贡献，学者们的研究更为专业化、细致化、多元化。

第一是瑞士心理学家和精神病学家荣格。他精于西方《易》学史上的卜筮类研究，以人的心理现象与心理特征为出发点，从心理学的视角重点研究《易经》所呈现的各种不同的心理现象，将问卜作为探索潜意识的一个方法。在荣格看来，《易经》的方法确实把存在于事物和人类中隐微的个别品质，包括在一个人的潜意识自我中隐微的个别品质都考虑进去了。他强调，《易经》始终坚持自知之明，而且是一本关于要悉心审视自已的性格、态度和动机的长篇劝说书，主张中国人立场的本身与人们对占卦问卜持何态度无关。

第二是中英科学合作馆馆长李约瑟。[1]他对中国道家和炼丹术极为倾心，对炼丹仪器、三十六水法、秋石与甾体激素作了原始性的基本研究。他以严谨精妙的论证告诉这个世界：中国古代科技文明从天文、地理到医药、农业，

---

〔1〕李约瑟（Joseph Needham，1900年～1995年），字丹耀，号十宿道人、胜冗子。1922年毕业于英国剑桥大学，1924年获哲学、科学两种博士学位。1942～1946年，任英国驻重庆大使馆科学参赞、中英科学合作馆馆长。1946年应召到巴黎担任联合国教科文组织自然科学部负责工作。两年后，回到剑桥大学。1966～1973年，任剑桥大学冈维尔凯厄斯学院院长。他曾任李约瑟研究所所长、东亚科学史图书馆馆长。他在获得英国皇家科学院院士后，又先后获得中央研究院和北平研究院外籍院士、英国学术院院士、国际科学史研究院院士、中国科学院和中国社会科学院名誉教授等殊荣。

都无比辉煌；中国的四大发明和其他科技成就曾经直接改变了欧洲社会进程，直接影响了文艺复兴和近代工业革命的到来。

第三是美国人文与科学院院士席文。〔1〕他在《伏炼试探》、“中国炼丹术和时间控制”〔2〕，《中国科技史》五卷四分卷“外丹术的理论背景”“中国炼丹术”〔3〕中都论述了《周易参同契》。席文认为，对于基础著作，特别是《参同契》需要许多解释，因为其中充满隐喻和象征，它们的密集度分为多层。流行的理解认为，内外丹一起产生。没有理由相信，两者同时实施是晚近的或逐渐发展的。《参同契》所引出的精致的象征体系，对人体内外可以同样理解的过程有关。这部著作不仅提到形象化想象的内丹术，而且也提到性医学，它的基本文字表达提出对立物的结合。后来的炼丹家们对于性实践有益抑或有害于修行成仙意见不同，但是许多有重要影响的大师考虑到《参同契》具有外丹术、内丹术和性炼丹术（Sexual Alchemy），认为是一个过程的不同方面。因而化学史家们发现难于就某段原文是否涉及矿质原料的操作而达成一致意见。席文还对《周易系辞》的“变”“通”“化”等概念作了综合的研究。

第四是国际中国哲学会执行长唐力权。〔4〕他精于形而上学、比较哲学和《易》学研究，尤其善于运用现代西方哲学观念与《周易》作比较研究，开创了以现代比较哲学方法治《易》之先河，有较大成就，在西方影响较大。他

〔1〕 席文（Nathan Sivin，1932 年～），美国宾夕法尼亚大学科学史与科学社会学系教授，美国人文与科学院院士，国际巴黎科学史研究院院士，国际东亚科技与医学史学会会长。1958 年毕业于宾夕法尼亚大学化学系，后获博士学位，博士论文即其名著《伏炼试探》（Chinese Alchemy - Preliminary Studies 1968）。曾在麻省理工学院任教授，后返母校任教。席文治学领域广泛，包括科学思想史、天文学史、数学史、化学史、技术史、医学史等，是目前美国最活跃、最有成就的中国科学史学者，著作极丰。

〔2〕 Isis，67，513，1976.

〔3〕 Hidden Truths，*Magic*，*Alchemy*，*and the Occult*，1989，pp. 253～260.

〔4〕 唐力权（Lik Kene Tong，1935 年～），美国康州美田大学（Fairfield University）哲学系教授。其易学方面的代表作有《周易与怀德海之间：场有哲学序论》（黎明出版社 1989 年出版；辽宁大学出版社 1991 年出版）、《怀德海与〈易经〉中的时间观念》（《英文中国哲学季刊》1974 年第 1 期）、《从〈易经〉的观点看怀德海与中国哲学》（《英文中国哲学季刊》1979 年第 6 期）、《意义的化裁：〈易经〉中的感通观念》（《英文中国哲学季刊》1990 年第 3 期）等。他 1935 年 10 月 26 日出生于香港，毕业于纽约大学经济系，获美国纽约社会研究新校（New School for Social Research）哲学博士，曾任国际中国哲学会（ISIP）会长，现任国际中国哲学会执行长。

认为,《周易》哲学是场有哲学,其特征就在相对相关性。《易传》的所有主要观念和“太极”“易”“生生”“道”“阴阳”“天地”“乾坤”等无一不是由场有观念发展出来的形而上学观念。“太极”是此宇宙场有之本体,是构成一切事物的相对相关性的无限背景。而“易”和“道”则是此太极体之“场用”。《易传》以生生不已而言“易”,以阴阳相交而言“道”;其“易”和“道”都是太极之用,即场有场体之场用。

第五是美籍华裔学者成中英和西雅图华盛顿大学教授卫德明。他们对《易经》的研究发展都做出了重要贡献。

三、《易经》在海外的影响

《易经》对海外文化的重要影响,主要表现在以下几个方面:首先,《易经》对莱布尼兹及德国数学界、科学界的重要影响;其次,《易经》对黑格尔及德国古典哲学、欧洲哲学思想的重要影响;再次,《易经》对日本政治、文化的深刻影响;从次,《易经》对荣格及其心理学、精神分析学的影响;最后,《易经》对现代物理学的影响。

(一)《易经》对欧洲科学界的影响

17 世纪,德国著名自然科学家、哲学家、大代数与微积分的发明者莱布尼茨发明了二进制,这是德国数学界的一个重大成果。有趣的是,虽然莱布尼茨于 1666 年发明了二进制,但由于在当时没有实用意义,他一直不敢把这一成果公布于世。1698 年,他在与赴华教士闵明我、白晋的通信中,了解到了中国的《周易》和八卦图。莱布尼茨将《周易》的八卦图和自己的二进制进行比较后发现,《周易》64 卦在思想与数学表达方式方面与自己的二进制竟然惊人的一致!他认为,如果以阳爻代表 1,以阴爻代表 0,那么《周易》64 卦图就是从 0 到 64 的二进制连续排列,而 64 卦图完全可以按二进制算术方法排列成“0”和“1”,从而转换成计算机语言。

莱布尼兹没想到他发现的二进制会和伏羲先天 64 卦图有异曲同工之处,他费心劳力的发明,在《周易》64 卦图中早就有所表达。激动、兴奋和敬佩之余,他对东方古国的崇拜也油然而生,遂写信给当时清朝的康熙皇帝,要求成为中国公民。他认为,伏羲八卦是“最古老的科学纪念物”。后来,他还在德国法兰克福创立了一所中国学院（该学院在第二次世界大战中被毁）。

莱布尼兹的观点在后来得到了证实。今天，当我们把计算机摆在案头的时候，你可能不曾想到，它的理论依据竟与《周易》存在着亲缘关系。

（二）《易经》对欧洲哲学界的影响

德国古典哲学的集大成者黑格尔在他的自传中承认，他创造正反合的辩证逻辑定律是受到《易经》的启发。黑格尔正确、充分地估计了《易经》在中国古代思想文化中的重要地位和作用。他指出，“《易经》包含着中国人的智慧”，构成“中国人一切智慧的基础。”

1949 年，欧洲哲学权威 C. G. 捷恩在英文版《易经》的序言中指出：“谈到世界人类唯一的智慧宝典，首推中国的《易经》。在科学方面我们所得的定律，常常是短命的，或被后来的事实所推翻，唯独中国的《易经》，亘古常新，相延六千年之久，依然具有价值。”

（三）《易经》对亚欧政治文化的影响

日本在明治维新时期，运用中国的《易》学治理国家，收到了富国强兵的效应。为此，日本明确提出“不知《易》者，不得入阁”的组阁原则，举国上下掀起学《易》、用《易》的热潮。韩国的国旗国徽是太极图。美国著名的贝尔研究所所徽、第二十四届奥运会会徽也采用太极图。

（四）《易经》对欧美心理学界的影响

荣格是瑞士的一位精神病学家，早年从教于苏黎世大学，并担任苏黎世大学神经病诊疗所的高级医生，对东方哲学与修炼极感兴趣。荣格的一生可以说是与东方思想不断对话的一生。荣格深受《易经》阴阳平衡思想的影响，曾极为犀利地批评当时的学院心理学，认为它是过分强调理性而束缚人们思想的唯理智主义。

荣格曾通过卫礼贤的帮助，来准确领会中国传统文化。可以说，荣格最有原创性的一些观念都与东方思想有关。荣格自己也承认，他的某些观点源自东方思想的启蒙，最明显的例子莫过于其“同时性原理”。荣格认为，“同时性原理”除了可以从心理分析的案例中获得佐证外，主要是《易经》为其提供了最为完美的理论基础及程序运作。荣格曾高度赞誉《易经》：“很可能再没有别的著作像这本书那样体现了中国文化的生动气韵。”

受《易经》的启发，荣格提出了他的重要创见“共时性原则”（synchronicity），并将这种“共时性原则”作为其分析心理学发展的基石，而建立在共时性原则基础上的思维方式，在《易经》中表现得最为充分。

（五）《易经》对现代物理学的影响

著名量子物理学家玻尔于 1937 年到中国访问，当他了解到中国关于阴阳互补的概念时，曾十分惊叹。被封为爵士时，他用阴阳太极图作为其徽章的图案，并刻上“互补即对立”的文字。直到量子物理学成熟起来，充分认识到物质波粒二象性时，西方的有识之士才认识到太极图是对波粒二象性的高度形象概括。

1975 年，美国高能物理学家卡普拉出版了《物理学之道》一书。在这本书中，他把量子力学理论与《易经》作了对比，认为《易经》与基本粒子相互作用、相互转化的动力学模型是一致的，而且八卦图与强子的八重态是相对应的。

第六章｜万姓同宗：姓氏文化之根

统筹：张金岭
撰写：张金岭

第一节　姓氏源流，根深叶茂

一、姓氏的意义

（一）姓氏的含义

1. 姓氏

“姓氏”是“姓”与“氏”的合称，是标志家族系统、表明血缘关系的符号。中华民族的“姓”，起源于原始社会的母系氏族，而“氏”是“姓”的派生，起源于父系氏族时期，是古代贵族系统的称号。如今的“姓”，包含了“姓”与“氏”两方面的内容。

在秦汉以前，“姓”和“氏”是有明显区别的。“姓”源于母系社会，同一个姓表示同一个母系的血缘关系。中国最早的姓大都从女旁，如姜、姚、姒、妫、嬴等，表示这是一些不同的老祖母传下的氏族人群。而“氏”的产生则在“姓”之后，是按父系来标识血缘关系的。因此，当我们看到“黄帝轩辕氏，姬姓”“炎帝列山氏，姜姓”时，就可以知道中华民族的共同始祖炎、黄二帝原分属于两个按母系血缘关系组织起来的部落或部落联盟。

2. 姓

中国历史发展到原始社会的母系氏族时代，“姓”产生的历史条件成熟了。

首先，这是一个“知其母而不知其父”的母系社会，“姓”最为突出的特点是从母所出。其次，这时还没有脱离“与禽兽无异”“知有爱而不知其礼”的“群婚”“乱婚”时代。人们逐渐发现这种婚姻习俗的弊端，从而开始命“姓”，其目的是用来“别婚姻”，实行“族外婚”。此后，我国的婚姻制度发生了重大变化。最后，随着生产力的发展，人类需要提高自身素质，这是“姓”出现的前提与基础。因此，“姓”是母系社会孕育的古文明产物，是中国远古文明的曙光。

姓产生于原始氏族时期，代表着一个外婚的血缘团体。此时的姓是所有氏族成员的共同符号，“同姓不婚”成为原始氏族的婚姻习俗。

关于姓的来源，学术界主要有两种说法。一种是“图腾说”，认为姓与氏族图腾有关；另一种是“地名说”，认为姓是得姓者所居之处的地名。所谓姓的来源，实际是指“姓”的取命方式。

除了上述两种说法外，关于姓的起源，还有“吹律定姓”说。“律”指律管，古代一种用以定音的乐器。律管因长短不同，可以吹出高低不同的音节，古代就有“五音十二律”之分。所谓“吹律定姓”，就是指圣人用吹律听音的方法来确定人们的姓。这种说法具有很浓厚的神秘色彩，它与古代的五行学说有关。汉代著名学者京房对《易经》素有研究，他就曾推律自定姓为京姓，实际上他本来姓李。这种情况历史上存在过，但是不具有普遍性。

3. 氏

氏的出现也很早，在表示家族或宗族组织的氏之前，也有表示部落组织的氏。周朝之前所说的“氏”，如无怀氏、葛天氏、伏羲氏、燧人氏、神农氏、轩辕氏等，都是指国家出现以前部落的名称或部落联盟首领的名号，与周朝以后的氏号明显不同。西周实行奴隶制贵族宗法统治，氏就是奴隶主贵族的宗族组织的名称。于是，氏就逐渐成为一种社会等级的标志，用来标明人的身份地位及他所出身氏族的等级。贵族的氏号往往因其官爵、职务而取命。氏的产生、取命、继承及其所反映的实际意义都与西周的分封制、宗法制、嫡长子继承制等有着密切联系。

（二）姓氏的文化意义

姓氏文化是中华民族传统文化的瑰宝。

姓氏最早起源于部落的名称或部落首领的名字。它的作用主要是辨别部落中不同氏族的后代，以便于不同氏族之间的通婚。因此，姓氏的产生标志着从“群婚制”到以血缘关系区别的“婚姻制”的转变，是人类文明进步的一个重要的里程碑。

中华民族拥有五千年的灿烂文明史，而能够彰显其伟大成就的，除了猿人化石、甲骨文字、千古长城、秦砖汉瓦、敦煌壁藏、典籍文献等不计其数的实体文物与载体外，还有的就是我们人人皆有的姓氏。中华姓氏史，从一个侧面反映了中华民族文明史的进程。由三皇五帝等中华祖先创造并传承下来的姓氏文化，积淀着中华民族的血脉、国脉、文脉，形成了中华文明的文化基因，是中华传统文化的生命信息学遗产。作为中华传统文化的一个重要组成部分，姓氏文化的内涵十分丰富，涉及历史学、考古学、民俗学、社会学、民族学、语言学、文献学、遗传学、文化人类学等诸多学科，它生动而具体地反映着我国历史上的社会形态演进、文明起源、民族融合、中外交流以及历代政治、经济、文化和社会习俗的发展与变革，是中华民族源远流长的原生态文化，具有世界上其他民族姓氏文化所没有的鲜明特色。姓氏文化对于发扬爱国主义传统，增强民族凝聚力、向心力，乃至促进祖国统一大业的早日实现，推动全世界华侨华人的文化认同，都会产生积极的作用。

自古以来，“家”就是华夏儿女一切社会关系的基础，是维系生存与发展的重要纽带，是人们进行社会交往的血缘网络。对于已经成为过去的悠久历史文化，我们今人能感受到的、触摸到的，除了那些猿人化石、文物古迹、典籍文献以外，还有一个至今繁衍不息、含义深邃的活化石，那就是人人皆有、个个尽知的中华姓氏。

中华姓氏源远流长，丰富多彩。每一个姓氏都可能拥有一段意味深长的来历，蕴含一个生动有趣的故事。正因为如此，中华姓氏才成为一种超越时空、贯穿古今的文化现象，成为中华文明的一个重要组成部分。

姓氏是一个人和家族的标志符号，又是一种超越时空的文化现象。每一个生活在 21 世纪的中国人的姓氏符号都可以与历史上著名人物的姓氏符号联系起来，甚至可以追溯到太古初民的原始崇拜。屈原赋骚，首句即是“帝高阳之苗裔兮”。今天姓屈的现代人，与这位两千多年前行吟泽畔的楚国大诗人的姓氏符号是完全相同的。由今之“屈”姓上溯至屈原，再由屈原上溯至“帝高阳”，这是一条多么悠长、多么神秘而又多么动人心弦的寻根隧道！

了解、研究中华民族的姓氏，不仅是对祖国文化遗产的继承和发扬，而且还可以为诸多海内外华人提供寻根问祖的依据。姓氏文化渗透到我们生活中的方方面面，深入每个人的心中，尤其是漂泊在异国他乡的炎黄子孙，都对“家”“根”有一种深深的渴望和眷恋。正因为如此，中华姓氏文化才深受华夏儿女的青睐。

也许有些人会认为，姓氏是私人的事，或者是家庭、家族的事，其实不然。姓氏关系着我们的历史与血脉，祖先历经的苦难和辉煌通过这条血脉流传到现代，从姓氏到家庭，从家庭到家族，从家族到家族文化。在家族文化里，我们既可以阅读到古往今来的政治、经济、教育、道德，也可以了解到祖先的生存状态、处世为人、价值观念等。可以说，姓氏文化是中华民族文化的一个缩影。我们要继承和发扬一切优秀文化，这其中也应该包含着优秀的姓氏文化。通过中华姓氏的桥梁，我们可以进一步了解他人、了解社会，从而打开人际交往、文化交流的大门。

寻根问祖是中华民族骨子里的民族情结。研究和宣传姓氏文化，可以增强中华民族的凝聚力，增加海内外中华儿女的民族向心力，促进民族团结和国家统一，这无疑对实现中华民族伟大复兴的“中国梦”具有重大意义。

二、姓氏的历史演变

“参天之木，必有其根；怀山之水，必有其源”。人生在世，为了确认自身生命存在的价值，总要发出“我是谁”的“天问”，追寻“我从哪里来、到哪里去”的终极性问题。清人张澍在《姓氏寻源》自序中写道：“草木祖根，山祖昆仑，江海祖源，不此之求，是谓昧。”“昧”即糊涂，不明白，漆黑一团。人生短短几十秋、上百年，来到世上不容易。人如果不知自己的血脉传承，弄不清自己的祖根来源，稀里糊涂，度此一生，岂不悲乎！

现代欧美各国的姓氏大多来源于中世纪，最早的可以追溯到古希腊和罗马帝国。而早在5000多年以前，中国就已经形成姓氏，并逐渐发展衍变，世代延续。

人们往往认为，中华姓氏，导源于上古，传续至今世，在漫长的历史进程中，离合演化，殊为复杂，不免让人眼花缭乱。在这里，我们对中华姓氏历史演变的轨迹进行一番梳理。

姓氏的概念是在七八千年以前的伏羲时代产生的。伏羲以后的炎、黄二帝时期，姓氏形成比较有规律的模式。到西周，氏产生。此时男性在社会上占有绝对地位，需要权利和土地。"氏"就是土地的意思，所以姓氏里面有很多氏。秦汉时期，姓、氏合为一体。因为经过长时间的发展，尤其是到汉朝的时候，许多将领都出身农民，根本找不到血统，所以秦汉以后，姓、氏就合并为一了。

（一）姓氏的来源

第一，原始图腾崇拜是中华古姓的根源。无论是古代文献资料，还是现代少数民族中留存的图腾信仰，均为这一点提供了佐证。"姓"的本义是指源于同一女性始祖、具有共同血缘关系的族属所共有的符号标志。

第二，现在的姓氏制度确立于秦汉之际。西周至秦汉间由氏转姓，到姓、氏合一，是现代中华姓氏来源的最基本、最重要的途径。现代中国人的大多数"姓"都是从周代众多的"氏"承袭而来的；而周代众"氏"则来源于周王室的宗法制与分封制。"别子为祖，继别为宗。""氏"的本义是指源于同一父姓族祖分出去的各支系的开氏始祖的符号标志。

第三，魏晋六朝的门阀制度造成了世家门第、著姓庶姓的社会现象，从而使作为人的个体符号的姓氏有了高低贵贱之别。这是中华姓氏史上的一段畸形历史。但由于当时姓氏世系成为选官、婚姻的重要依据，故反过来又促进了姓氏之学与谱牒之书的兴起。

第四，兼容并包的华夏文化与古代各民族文化之间的互相交融，直接导致了大量胡姓汉化与部分汉姓胡化，而胡汉姓氏的混淆互化又反过来进一步促进民族交融。出于帝王意志与政治目的的赐姓、避讳，因战乱人祸避难而改姓，因特殊事件或因省文、音讹而改姓，以及古代复音姓氏单音化等，凡此种种，使中国姓氏变得更加错综复杂，致使世系难辨，脉络难清。同宗不一定同姓，同姓不一定同宗，近代中华姓氏乃是包含着多种文化因素的结晶体。中华姓氏史为中华各民族共同创造，它是中华文化史、社会史、制度史、民族史等的综合产物。

（二）姓氏演变阶段

中华民族的姓氏在发展演变过程中，由少到多，不断分衍。迄今历史上使用过的姓氏共有两万多个，这些姓氏的取得方式多种多样，其发展演变可分如下几个阶段：

第一阶段是姓的产生。中华姓氏产生于伏羲、女娲时代的母系社会。伏羲为了避免近亲交媾给后代带来危害，将族人按血缘关系区分为不同的集团，这些不同的血缘集团就是姓族或姓。周代“同姓不婚”制度就渊源于此。

第二阶段是氏的出现及其演变。氏大约出现于从炎、黄二帝时期开始的父系氏族社会。父系氏族的社会组织以男性为中心，原来的姓族分裂衍化出若干男性为主导的氏族。氏族显示着家族对土地和财产的所有，标志着贵贱和等级的差别。舜时的“赐姓命氏”，是大规模赐姓命氏的渊源。

第三阶段是中华姓氏的普及和定型。周初实行周朝贵族内部的层层分封制，共建立 71 个诸侯国，还分封了不少有功的异姓贵族，至春秋时，发展为 140 多个国家。这些诸侯多以封国为氏，封国以下层层递封，有更多的人以封邑为姓，以官职为姓，建立了一套完备的姓氏制度。中华姓氏在这一时期得到普及和定型。

第四阶段是姓、氏混一。战国时期，随着宗法制度的崩溃，等级制度被破坏，姓、氏合二为一，标志着现代意义上的姓氏的产生。

第五阶段是少数民族的融合。秦汉以后，少数民族不断入侵和入主中原，中华文化以其特有的先进性、强固性和包容性，将它们一一融合，中华姓氏也不例外。

第二节　万姓同根，老家河南

一、万姓同根，万宗同源

河南是中华姓氏的重要发源地，是中华姓氏文化的摇篮。当今的 300 个大姓中，根在河南的有 171 个；依人口数量多少而排列的 100 个大姓中，有 78 个姓氏的源头或部分源头在河南；有“陈林半天下，黄郑排满街”之称的海外四大姓氏均起源于河南。无论是客家人还是闽南人，其祖籍基本上都在河南。近些年来，到河南寻根谒祖的海内外人士络绎不绝。可以说，河南是所有中华儿女心灵上的故乡。

在有来源可考的 4820 个姓氏中，起源于河南的姓氏共有 1834 个，占 38%；在按人口多少排列的占汉族人口 90.14% 的前 120 个大姓中，全部源于河南的姓氏有 52 个，部分源头在河南的姓氏有 45 个；起源于河南的姓氏，其人口数量占汉族人口的 80% 以上。

中原是华人根亲、省亲、寻亲的华夏祖地，中华民族有源可考的姓氏中，1/3 源于河南，"老家河南" 实至名归。近年来，河南省以"万姓同根，万宗同源" 为主题举办姓氏文化节，得到了海内外华人的广泛认可与响应，在全球华人中掀起了寻根到河南、朝觐到河南、拜祖到河南的热潮。

河南有三个地点是东南沿海和海外华人魂牵梦萦的寻根圣地：一是洛阳市的洛阳桥；二是信阳市固始县；三是开封市的宋都珠玑巷。

1. 洛阳桥

超过 1 亿人口的客家人，主要分布在广东、福建及港澳台和东南亚地区。客家人根在河洛，不少台湾地区和海外华人都称自己是"河洛郎"。而洛阳的洛阳桥，正是客家人普遍认同的最初迁出之地的标志。

2. 固始县

固始是中原姓氏一个重要的迁出地，在东南沿海和台湾地区，许多华人的族谱上都写有"光州固始" 的字样。

据记载，固始人第一次南迁始于公元 669 年，陈政、陈元光父子先后率兵赴福建地区平乱，随后，将士 80 余姓落籍闽地。第二次南迁始于公元 885 年，固始人王潮、王审知兄弟率乡民随农民义军入闽，所率将士 50 余姓也在闽地落户。据 1953 年台湾地区官方的户籍统计，每 5 户居民中，有 4 户先民来自固始。固始成为东南人民眼中的"大槐树"。

3. 珠玑巷

珠玑巷位于广东南雄市，是粤港人寻根问祖的圣地。南雄珠玑巷得名于开封珠玑巷，因南宋时移居此地的官吏士民眷恋故土而得名。今天，这些移居南雄的中原人士的子孙已经遍布粤港，从广东地方志和许多姓氏族谱中可以追寻到其祖先出自宋都开封。

二、华人祖根大半在河南的原因

不管是在“姓”起源的原始社会母系氏族制时期，还是在“氏”起源的父系氏族社会，河南都是人类活动的重要地区。从血缘关系上说，当今 120 个大姓分别属于三个族系，即黄帝族、炎帝族、东夷族，河南是这三族长期活动的中心。在姓氏发展时期的夏、商两代，河南均是国都所在地。夏、商时期，奴隶制兴起并达到全盛，此时也是中华姓氏得以发展的时期，而这两个朝代活动的中心地带均在今河南境内。总之，河南历史悠久，“一部河南史，半部中国史”，河南人口密集、建都频繁、民族融合多，得姓的机会自然也就多。

河南是中华姓氏的摇篮。把中华姓氏史与河南历史加以对照，就不难发现，无论是姓氏的萌芽、产生、发展，还是普及、定型，无不与河南息息相关，具体可概括为以下六点。

（1）河南是姓氏肇始时期人类活动的重要地区。在姓起源的原始社会母系氏族制时期，河南是人类活动的重要地区。在氏起源的父系氏族社会，中原地区（主要是今河南）氏族林立，这成千上万的氏族、部落，便是“氏”的渊薮。

（2）河南是华人祖先炎、黄二帝和太昊的活动中心。从血缘关系上说，当今 120 大姓分别属于三个族系，即黄帝族、炎帝族、东夷族；出自四位祖先，即黄帝、炎帝、太昊与少昊。其中，属于黄帝族的有 86 姓，占 120 姓的 72%；属于炎帝族的有 6 姓，占 5%；属于东夷族的有 8 姓，占 7%；兼属黄帝族与炎帝族的有 11 姓，占 9%；兼属黄帝族与东夷族的有 9 姓，占 7%。河南长期是这三族活动的中心，因此，其姓氏也多数是在河南境内形成。

（3）河南是姓氏发展时期夏、商两代的国都所在地。夏、商时期，奴隶制兴起并逐渐达到全盛，这一时期也是中华姓氏得以发展的时期，而这两个朝代活动的中心地带均在今河南境内。

（4）河南在姓氏普及时期的周朝占有重要位置。周朝是我国产生姓氏最多的朝代，也是姓氏基本普及并相对定型的时期，中华姓氏在周朝以后已没有更大的发展，而河南是在这一时期起到关键作用的地区。

（5）河南有得天独厚的产生姓氏的优越条件。河南历史悠久，产生的姓氏必多；人口密集，得姓受氏者必众；建都频繁，得姓的机会必多。

（6）河南是北魏鲜卑族政权入主中原改姓的基地。北魏孝文帝拓跋宏于公元493年迁都洛阳后，进行汉化改革，令鲜卑人改姓，仅见于《魏书·官氏志》单独列出的姓氏，即有114个。

第三节　播迁九州，遍布四海

中国历史上曾出现过多次移民现象，其中尤以中原汉民族南迁和北方民族内迁最具规模且影响最大。中原民族在历史上曾出现过三次南迁高潮，主要是从黄河流域迁居到长江流域。中原先民的多次南迁，为南方地区带去了中原地区先进的文化和先进的生产技术，自然也将源于中原的姓氏播植于南方各地。中原人民遍布祖国的角角落落，他们代代相传，推进了姓氏文化的传播和扩散。

一、永嘉之乱，晋室南迁

西晋末年永嘉之乱之时，中原人民在阶级和民族的双重压迫下，纷纷越淮渡江，相率南下，导致了中国历史上第一次大规模的人口迁徙。此后，中原每出现一次较大的政治变动，如祖逖北伐、淝水之战、刘裕北伐、北魏南侵等，都会导致一次较大规模的人口南徙。据研究，截至刘宋时期，南渡人口共约90万，占当时刘宋全境人口的1/6。西晋时北方诸州，包括淮河以北地区共有140万户，约700余万人口，南渡的90万口占其1/8强。换言之，即北方3个人中就有1人南徙，而南方6个人中就有1人为北来侨民。北来的侨民主要集中在长江上游的成都平原、江汉流域的襄阳、江陵、武昌以及长江下游的今江苏省境内，而以淮阴、扬州、南京、镇江、常州一线为最多，政府因此在这一带设了大批侨州郡县。侨置在今镇江的南徐州，侨民多于当地土著人口。对此，不少古代文献均有明确记载。《资治通鉴》说："时海内大乱，独江东差安，中国士民避乱江左者，多南渡江。"北齐文学家颜之推《观我生赋》自注云："中原冠带，随晋室南渡者百家。"《闽书》说："永嘉三年（公元309年），中原板荡，衣冠始入闽者八族，所谓林、黄、陈、郑、詹、丘、何、胡是也。”《晋书·王导传》说：“京洛倾覆，中州士女避乱者江左者十六七。”

二、安史之乱，中原不安

唐朝初期至五代，中原人又多次南迁，其中主要有三次：第一次是在唐初的高宗和武则天执政时期，从河南迁往福建南部；第二次是唐朝中期的“安史之乱”造成的中原人民南迁；第三次在唐朝末年至五代的农民大起义时期，迁往南方主要是福建。

（一）唐初固始向闽越大移民

据河南《光州志》和福建《漳州志》《云霄县志》等书记载，唐朝初期，福建南部的泉州与广东东部的潮州一带“蛮獠啸乱”。唐高宗总章二年（公元669年），派归德将军、光州固始（今属河南）人陈政屯守九龙江以东；唐武后垂拱二年（公元686年），又派陈政之子陈元光率众辟地置屯。

随陈氏父子戍闽的中原将士，两次共约7000名，一说是58姓，《台湾志·人氏志·氏族篇》列为45姓，而福建《云霄志》则记有64姓。由于陈元光实行军垦，这64姓军人几乎全部在福建漳州安家落户，有的与当地妇女结婚，有的把家属迁往闽地。据《唐开漳龙湖宗谱》记载，当时迁闽的军眷有400余户、40姓。发生在唐初的这次大移民，在河南迁民史上占有重要地位，对闽、台的影响尤为深远。

（二）安史之乱时河南人民南迁

安史之乱，中原涂炭，许多河南居民南下江淮，部分则向西入川。安史之乱历时八年，给唐王朝的社会经济造成严重破坏。更为严重的是，此后，中原地区陷入了长达百年的藩镇割据的混乱状态，相对和平的南方再次成为中原居民逃避战火的首选之地。湖北荆州至湖南常德一带，因移民而增加户口十倍。在太湖流域，人口也有显著增加，吴县（今江苏省苏州市吴中区，下同）的移民可能占到全县户口的1/3。由襄州沿汉水南下经郢、复至鄂，诸州户口都有不同程度增加，连移民路线都斑斑可考。

（三）唐末河南人再次南迁

唐朝末年，土地高度集中，赋役繁重，阶级矛盾异常尖锐，农民纷纷揭竿而起，其中最为著名的当属黄巢起义。这次大起义，长达十年之久，遍及今十二省区。河南为起义军作战的重要地区，战事频繁。从唐末到五代，有一批人参加起义军至福建，还有一批人为避免战乱而持续南迁，分别徙居广东、广西、四川、湖南、湖北、江西、安徽等省。

三、靖康之乱，宋室南渡

“靖康之乱”以前，由于宋金连年征战，中原地区民众几乎无法生存，不少居民已经开始南迁，而“靖康之乱”导致的南迁规模迅速扩大。

这次南迁，历时约40年之久，其规模之大、人口数量之多、范围之广都是空前的，而这些南迁人口所涉及的姓氏自然也不在少数。因南宋建都临安，宋高宗曾一度驻扬州、镇江、建康（今江苏南京），而流民又多追随南宋小朝廷活动，所以，此次南迁的中原人以寓居浙江、江苏者为最多，并散居于上海、福建、湖北、湖南、江西、广东、广西等地，其中南宋首都临安则是接受移民最集中的地方。据葛剑雄等人统计，临安在1163～1173年间，人口约26万户，其中土著7万户，移民及其后裔则多达18.9万户。

四、移民之史，延续不断

移民史从未间断过，进入近现代以来，中国也出现过多次移民，只是与以往相比，多多少少有些不同。从上面三次大规模移民事件可以看出，这些迁徙人口都是被战乱所迫，流离失所，南迁是不得已而为之，而现代移民则多是为了追求更好的生活，或是依据国家政策有计划地迁移。这又可以分为以下几个时期。

（一）河南、山东人闯关东，可歌可泣

“闯关东”是中国近代向东北移民的略称，闯关的以山东、河北、河南、山西、陕西人为多，而其中又以山东人最多，山东又以胶东最多，几乎村村、家家都有“闯关东”的，甚至村里青年人不去关东闯一闯就会被乡人视为没出息。之所以称“闯”关东，是因为清王朝把东北作为龙兴之地，并不准汉族人随便迁入。明朝末年的汉族人，要么逃回关内，要么就变为满族。那为什么要去闯关东呢？首先，随着日、俄势力进入东北，满清对东北的移民禁

忌已形同虚设；其次，随着日、俄对东北的开发，东北地区需要大量的劳动力；最后，内地曾发生了光绪三年（公元 1877 年）、民国十八年（公元 1929 年）、民国三十一年（公元 1942 年）三次大灾荒，内地居民扶老携幼，结队成群，逃荒到东北，以投靠亲友并开种荒地。民国时期，历年进入关东地区的人数多寡不一，但至少也在 20 万人以上，而超过百万人的年份就有 4 年。清代、民国时期，进入关东的内地居民累计各超过 1000 万。可以说，今天东北超过 8 成人的祖先，都是那个时期的移民。

（二）抗日战争时期河南人沿陇海铁路的西北大移民

河南人沿陇海铁路大规模西迁是由三大历史事件造成的：一是 1937 年"七七事变"后，日本开始大规模侵华，群众开始往西安等大后方逃亡。二是国民政府"以水代兵"，1938 年扒开黄河花园口。一泻千里的黄河水淹没了豫、皖、苏 3 省 44 县市，1250 多万人受灾，死亡 89 万余人。三是 1942 年的中原大饥荒，再一次激起了中原灾民大规模的西迁浪潮。1942 年，河南省发生了近百年来罕见的惨绝人寰的特大灾荒，米珠薪桂，饿殍载道。而当年的关中平原，则风调雨顺，获得了大丰收。当时河南省有 3000 万人口，而在 1942 年~1943 年，因灾荒而死亡者，据官方统计竟达 300 万之多。多灾多难的中原人民辗转洛阳，或扒火车，或步行，沿陇海路方向逃难至西北大后方。据估计，豫、皖、苏三省的逃亡人数共有 390 万人，其中河南人占绝大多数。他们背井离乡，一路乞讨，远的甚至逃到甘肃、青海、宁夏、新疆等省。从中原到西北，漫延着一幅长长的饿殍图。即使到现在，沿陇海铁路的西北城镇中，河南人都占有很大比例：在渭南、西安、咸阳，占 1/3；在宝鸡、天水，甚至超过 1/2；在西宁、兰州，都有很多河南人；新疆每 6 个人中，就有 1 个河南人。很能说明这个问题的是，豫剧大师常香玉，就是在西安、天水、兰州唱红的。著名作家李准的《黄河东流去》，全面记录了河南人的逃亡苦难史。

（三）新中国成立及以后半个多世纪的移民路线

新中国成立前后，伴随着解放军的南下和国民政府的垮台，大批军政人员、家属和富豪逃离大陆，前往台湾、香港、缅甸等地区或东南亚国家，有的甚至远赴欧美。据报道，仅到台湾地区的就有 200 万之众。那么，解放时逃离大陆的人员应该不下300万之众。新中国成立后，也有几次大规模的人口迁徙活动。

第一，生产建设兵团。新疆军区生产建设兵团曾吸收10万来自上海的知识青年和来自鲁、豫、赣、蜀等省的农民加入。1974年，该兵团人口总数达226多万，约占新疆总人口的1/5，占新疆汉族人口的2/5。黑龙江生产建设兵团当年有10万转业官兵，还接收了本省和京、津、沪、杭各城市知青50万人。内蒙古生产建设兵团吸纳了20多万名来自北京、上海、天津等大城市和自治区内城市的知识青年。虽然后来很多知青返城，但也留下不少人。

第二，"三线"建设。如果从卫星上俯瞰，"三线"地区包括甘肃乌鞘岭以东、京广铁路以西、山西雁门关以南、广东韶关以北的广大山区腹地。16年中，国家在属于"三线"地区的13个省、区投入巨资和400万工人、干部、知识分子，建起了1100多个大中型工矿企业、科研单位和大专院校。

第三，改革开放以来的劳动大军奔往东南沿海和农民工进城。以深圳为例，1000多万人，均是来自全国各地的移民；还有10万大军下海南等。据报道，我国有一亿多农民工在城乡间往返、流动。现在有多少已经定居，还没有准确的数字，但恐怕这是中国历史上最大的一次移民运动了。

第四，出国潮。改革开放以来，大批人员出国求学、务工、经商。估计世界各地都有华人社区，但国人出国的主要目的地还是东南亚、北美、澳洲和欧洲。近30年来，已经在国外定居的华人大约已有几百万。

第四节　报本思源，寻宗谒祖

参天之木，必有其根；怀山之水。必有其源，是谓"寻根"。草木祖根，山祖昆仑；江河祖海，是谓"问祖"。"寻根问祖"不在祈福于祖先，而在明白我们自身：我们与祖先血脉相连，祖先曾经的苦难与辉煌，一定会通过这血脉，流传到我们现在。

当文明的演进勾起每个人无限的怀旧之情时，一种对稳定和简朴的向往之情便化作我们对寻根的难以稀释的情结。倒不是因为我们要倒退回过去的生活，只是长期以来，心中对现代生活所郁结的那股莫名的幽怨，太需要一种纾解。所以，我们踏上了寻根的旅途，在奔波中追寻着祖先们渐行渐远的背影，去揭开一个个被岁月遮蔽了的存在。

在中国人的观念中，特别重视乡土之情，依恋本源，讲究重生报本、尊祖敬宗。而当代世界各地华人、华裔纷纷回归祖国故土寻根祭祖，这正是中华文化、民族血缘强大凝聚力的生动体现。

海外各地的华人、华侨不远万里回到祖国大陆寻根谒祖，这浓浓的血脉亲情，是中华民族凝聚力的直接表现，也是中华民族敬祖尊宗传统文化的传承与发扬，这将带动世界各地的寻根热潮。

中原文化是中华文明的母体，中原地区又是海内外华人的主要祖根地，这些赋予了河南丰富的根文化资源，使其成为海内外华夏儿女魂牵梦绕的寻根谒祖圣地。而海外华人来河南寻根祭祖的热潮也促进了河南的经济社会发展。

华人祖根大半在河南。中华民族的人文始祖，大都出自河南或主要活动于河南；中华大姓除了个别例外，大都发源于河南；而中华民族历史上许多著名人物，也出自河南。可以说，中华民族的血脉之根在河南。

一、问源

对于中华姓氏文化的发源地，海内外姓氏研究专家具有共识：中华万姓源于羲皇故都宛丘，即今河南省周口市淮阳县，这里是中华姓氏文化的发祥地。

据史书记载，大约在6500年前，伏羲率领自己的部落由成纪（今甘肃天水市）沿黄河东下，定居于宛丘，即今河南省周口市淮阳县。伏羲以其圣德团结统一了华夏各个部落，并综合各部落图腾的特色，形成了新的图腾——龙。龙的传人便由此而来。

太昊伏羲定都于宛丘后，以龙纪官，分理宇内。他做网罟、画八卦、造甲历、养牺牲，去穴巢之居，改茹腥之食，兴礼教以导文，造干戈而饰武，开创了中华远古文明，被尊为“人文始祖”。特别值得关注的是，伏羲还定姓氏、制嫁娶，创立了男女对偶婚的婚配制度。伏羲自定风姓，其他或以所养动物为姓，或以所种植物为姓，或以居所为姓，或以官职为姓等，华夏姓氏自此起源。

据统计，中国历史上曾使用过的姓氏共有 1 万多个，现在常用的有 3000 多个，这些姓氏均可追溯至太昊伏羲，而其中李、陈、王、孙、胡等 100 多个大姓则直接起源于淮阳。伏羲之后，中华民族姓氏虽经数千年的历史演变，但有些东西没有变，众多姓氏同根同族，互为依存，血脉相连。

二、追根

自 20 世纪 80 年代起，随着改革开放的深入，国门大开，海外华人一批批到祖国大陆寻根问祖，由沿海到内地，掀起了一波又一波的寻根热。据侨务部门不完全统计，30 多年来，河南省共接待来自世界 30 多个国家、人数达 30 多万的各种寻根谒祖团体。而这些以姓氏为纽带所进行的文化寻源活动也为河南省经济发展注入了强大的力量。2003 年在郑州召开了规模空前的“世界客属第十八届恳亲大会”，有 3000 余人参加，这次盛会把海外华人的中原寻根活动推向高潮。刘姓、张姓、谢姓、杨姓、范姓、温姓、钟姓等单姓的世界性联谊大会频频在河南召开。新郑黄帝拜祖大典、郑州公祭炎黄二帝活动、周口姓氏文化节等被定为省级节会，得到空前重视。不少海外华人通过寻根祭祖活动，增加了对祖根地的了解，积极为祖根地捐资或在祖根地投资兴业，促进了家乡经济文化教育事业的发展。1986 年清明节，叶剑英亲自委派其侄子到河南叶县代为祭扫叶公墓。1989 年，陈立夫先生听说淮阳人祖太昊伏羲陵举办龙花庙会，欣然磨墨以赞：“不忘本不忘恩为道德之衡量标准，华夏文明，伏羲氏贡献最大，凡属炎黄子孙，岂可以忘怀乎？”

1991 年 10 月，由来自英国、法国、荷兰、比利时、卢森堡、德国、爱尔兰、意大利等 8 个国家，包括张、傅、邓、何、钟、曾、李、天、彭、叶、蔡、刘、谢、陈、邱、魏、黄、荷、万等 19 姓的 245 名客家人组成的全欧客属崇正总会“寻根祭祖及商业考察团”到郑州、洛阳祭祖、访问。该团团长、全欧客属崇正总会联合会会长张醒雄先生激动地说：“欧洲有华侨 80 多万，其中一半以上是客家人后裔。在我们的家谱里，就记载着我们的祖根在河（南）洛（阳）一带，我们是河洛郎。今天越过千山万水，我们终于踏上了洛阳的土地，一方面寻根祭祖，一方面看看中国改革开放后的变化和成就，考察投资环境，为建设祖地尽一分力量。”

1992 年 7 月，台湾地区各县、市河南同乡会通过了台北市河南同乡会

《发动台湾同胞追根，以增进乡谊情感，提高爱国意识》的提案。提案中说："中原有旧族，迁徙名客家"，"方言足证中原韵，社俗犹留三代前"，"客家是中国的老移民"，"台湾同胞都是河南人，大家都应该加入河南同乡会，形成河南大团结"。要求各县、市河南同乡会发动同乡，了解河南姓氏堂号，向台湾"闽南语"及"客家语"系亲属朋友，讲述姓氏源流及堂号来历，引导其追根寻祖，溯本归原，鼓励台湾各县、市河南同乡会群策群力，谋求爱乡爱国之具体行动。

1993年5月，来自美国、日本、加拿大、泰国、新加坡等国家和中国台湾、香港、澳门等地区的林氏后裔527人到卫辉市参加"中国卫辉市比干诞辰3085周年纪念会"。大会呼吁用血缘、地缘、民族精神和文化联谊，推动世界华人的大团结。

1996年10月，首届"豫闽台姓氏源流研讨会"在河南召开。与会的100多名专家、学者和旅游工作者，列举大量事实，证明台湾同胞"寻根的起点是闽南，而终点无疑是河南"，"台湾同胞的祖根500年前在福建，1300年前在河南"，豫闽台"地缘、血缘、史缘不可分割"。

2003年10月，旨在以"联谊、寻根、合作、发展"为主题，以弘扬民族精神和增强民族凝聚力为宗旨，以客家乡情、亲情为纽带，以客家民俗、中原文化、寻根旅游、经贸合作搭台，共商发展客家事业之大计的"世界客属第十八届恳亲大会"在郑州召开，来自世界各地138个客属社团的2600余名代表参加了大会。大会为期三天，举行了"根在中原"拜祖仪式、世界客属文化中心奠基仪式、"客家文化之旅"活动、客家与中原文化国际学术研讨会、经贸洽谈、"情系黄河"大联欢等十项主要活动。

世界客属恳亲大会一共举办了18届，其中10次在海外，5次在台湾，3次在大陆。在客家先民的祖根地举办恳亲大会，这是第一次。遍布世界各地的客家人，这次终于找到了回家的感觉。客家氛围、乡情亲情在这里已营造得很浓很浓，中原故土以其淳朴宽阔的胸怀拥抱着每一个归来的客家游子。

在此前后，刘姓、张姓、谢姓、杨姓、范姓、温姓、钟姓等单姓的世界性联谊大会也相继在河南召开。新郑黄帝故里拜祖大典、郑州公祭炎黄二帝活动、周口姓氏文化节等被定为省级节会，得到空前重视。

第五节　叶落归根，报效桑梓

华人、华侨不忘叶落归根，报效桑梓，在中原建功立业，为中原发展做出了杰出贡献，并在新的历史条件下继续发挥着不可替代的作用。

一、华商积极投身于中原建设，企业遍地开花

海外华侨华人的祖根地大都在中原，河南省政府外侨办要发挥独特优势，大力发展寻根文化，联系海内外华侨华人多来河南走走看看，让他们了解河南，认知河南，感受河南五千年的辉煌文化，加深对河南的感情；让他们伸出援手，投资河南，帮扶河南。

据不完全统计，改革开放以来，截止到2013年底，河南省共批建外商投资企业6000多家，其中侨资企业4200多家，占河南省外商投资企业总数的70%左右。侨资企业投资方式以合资、合作、独资为主，投资者主要来自美国、泰国、新加坡、日本、加拿大等国家和香港、澳门等地区，其中来自香港的投资最多。截至2000年，香港投资项目共3315个，合同外资金额46.25亿美元，实际利用金额21.04亿美元；2000年香港投资项目89个，合同外金额1.99亿美元，实际利用金额3.71亿美元，居其他国家和地区之首。河南省的侨资企业发展情况良好，如双汇集团的控股公司华懋·双汇实业集团有限公司，在1996~1997年度中国最大工业行业状元榜屠宰及肉类加工行业中名列榜首；1997年，双汇商誉评估价值达17.98亿元；1999~2000年度入围“全国最大500家外商投资企业”。

二、河南愿为华商来豫建设继续提供广阔平台

（一）省侨联努力提供后台保障，加快“智慧侨联”建设

河南省侨联于2015年1月8日在郑州召开九届五次全委（扩大）会议，总结回顾2014年工作，表彰侨联系统先进集体，并部署2015年度的主要工作任务，表示要在新的一年，有效地发挥侨联自身独特优势，凝聚侨界力量，

为“四个河南”建设做出新的、更大的贡献。

河南省侨联主席董锦燕在《工作报告》中详细阐述了2014年省侨联九届四次委员会以“服务侨胞”为宗旨，积极拓展海外工作和新侨工作，努力建设“侨胞之家”，广泛凝聚侨界力量，为河南经济社会发展服务等方面所做的工作。董锦燕说：“一年来，省侨联结合我省工作实际，发挥独特优势，打造工作品牌，拓展工作载体，加强自身建设，推动侨联工作创新发展，迈出了新的步伐。”

董锦燕在报告中指出了省侨联在拓展海外工作中所取得的新突破。河南省侨联在2014年2月与11月，分别组织了“亲情中华·中原文化印尼行”和“亲情中华·中原文化韩国行”活动。这两次活动是我省剧院（团）赴海外演出文化交流方面取得的重大突破。演出活动有效地向海外宣传了河南，推介了河南，向世界传递了河南声音，展示了河南形象。

在对河南省侨联2014年的工作做了回顾后，董锦燕对2015年省侨联的主要任务作了部署，并表示：在新的一年，省侨联还要持续打造“圆梦中华·知名侨商中原行”工作品牌，进一步发挥侨商会服务经济发展的作用，采取多种创新措施，重点拓展海外工作、新侨工作，加强“智慧侨联”建设。此外，要下大力气做好“侨情专报”素材收集、整理等工作，畅通侨情民意反映通道，维护侨界群众合法权益，注重开展“情暖侨心”“侨帮侨”等活动，延伸基层侨胞服务，努力建设好“侨胞之家”。同时，她特别强调要加强侨联自身建设，探索“党建带侨建”的途径，加强侨联骨干队伍建设，履行能力建设、作风建设。董锦燕最后总结道：“全省各级侨联面对新的形势和任务，要集中精力细筹划，扑下身子抓落实，切实为侨界群众服务。同时，更加有效地发挥侨联独特优势，助推‘富强河南、文明河南、平安河南、美丽河南’建设。”

（二）中原经济区建设诚邀海内外友人共同投资

中央政府始终高度重视河南的发展。2014年，以河南为主体的中原经济区建设上升为国家战略，中央出台了《关于支持河南省加快建设中原经济区的指导意见》，批复了《中原经济区规划》，在财税、金融、投资、产业发展等方面出台了诸多支持政策，在推进人地挂钩、建立农村人口有序转移机制、健全资金筹措机制、发展内陆开放型经济等方面赋予了一系列先行先试权，全力支持中原经济区在带动中部地区崛起和服务全国大局中发挥更大作用。

中国政府为把中原经济区建成服务全国发展大局和支撑未来经济发展的重要增长极，决定在河南建设郑州航空港经济综合实验区，以此作为中原经济区建设的战略制高点和战略突破口，并于2015年3月7日正式批复了国家发展改革委编制的发展规划。

国家规划建设郑州航空港经济综合实验区，顺应了经济全球化背景下航空经济作为继陆路经济、海洋经济之后的新增长点这一趋势，充分考虑了郑州发展航空港经济的现实基础和巨大优势：一是区位条件优越。郑州航空港地处中国内陆腹地，空域条件较好，便于接入主要航路航线，适宜衔接东西及南北航线，发展航空运输条件得天独厚。二是陆空衔接高效。郑州机场作为中国大型航空枢纽，开通航线95条，其中国际客运、货运航线各9条，美国联合包裹、俄罗斯空桥等国际知名航空运输企业已进驻发展。以郑州为中心、“米”字形布局的高铁网正在加快建设，陆空对接、多式联运、内捷外畅的现代综合交通体系日益完善，集疏货物的时效成本和物流成本相对较低，综合交通枢纽地位持续提升。三是产业基础良好。一批电子信息、生物制药、航空运输等企业加快向郑州航空港集聚，全球智能手机生产基地初步形成，已成为全球最大的苹果手机生产基地，去年生产苹果手机6800万部，呈现出航空枢纽建设和航空关联型产业互动发展的良好局面，带动航空物流迅猛发展。去年郑州机场货邮吞吐量增速居全国大型机场之首。四是开放活力彰显。综合保税区、保税物流中心、出口加工区、铁路集装箱中心站等集中布局，航空、铁路、公路口岸功能不断完善，园区与航空港联动机制初步建立，跨境贸易电子商务服务试点全面启动，开放型经济发展势头强劲。

“河南愿意在机场建设、产业发展、运营管理等方面，与大家加强交流合作，共享发展机遇，共创丰硕成果。”河南省人大常委会副主任张大卫在华创会“武汉论坛”上表示，诚挚邀请海内外朋友多到河南走走看看，亲身感受厚重河南、务实河南的风采和魅力，共创互利共赢、繁荣发展的美好明天。“机不可失，时不我待。建设郑州航空港经济综合实验区既是河南的机遇，也是海内外华侨华人的机遇。”张大卫表示，实验区的建设将在中国内陆地区形成一个重要的国际航空物流中心，为海内外客商迅捷利用全球市场和资源，为高端制造业、现代服务业在中国内陆地区战略布局创造佳机，诚邀海内外华侨华人到河南投资兴业。

三、“一带一路”开启新的沟通平台

博鳌亚洲论坛2015年年会“华商领袖与华人智库圆桌会”于2015年3月29日在海南博鳌召开。新加坡国立大学东亚研究所所长郑永年在圆桌会发言时表示，在“一带一路”使中国资本、企业走出去之际，世界华商应该抓住机遇重新定位自身，发挥独特作用。郑永年表示，华商在中国重大历史节点发挥了重要作用。在第一个阶段中，华商支持中国革命。在第二个阶段中，华商参与中国现代化的建设。20世纪80年代，中国处于资本高度短缺时代，华商积极参与到中国改革开放事业中，作了很大贡献。目前，华商正面临着中国的第三个发展阶段。“一带一路”主要是中国资本、中国企业走出去。为了使中国企业走出去，政府需起搭台作用。海外华商可以抓住机遇，配合当地政府，和中国走出去的资本、企业合作，发展自己的事业，同时为当地百姓做好事。

河南的区位条件优越、市场潜力巨大、政策优势明显，目前正在积极实施郑州航空港经济综合实验区、中原经济区和国家粮食战略工程河南粮食生产核心区三大国家战略。

河南省外侨办主任宋丽萍表示，在积极融入“一带一路”国家战略上，郑欧班列的开通，不仅打开了中欧经贸往来的大门，还将在更大程度上影响郑州未来的城市定位。此次黄明顶来郑考察并洽谈地下管网设计、商务物流等项目，也是今后10~20年，河南在城镇化发展中所需要的项目，希望广大华商能够多在河南考察，寻找合作商机，实现双赢，造福社会，为中原建设添砖加瓦。

第六节　血亲纽带，心灵家园

在中华民族悠久的历史长河中，姓氏已远远超出它本来的功能，成为一种增强海内外中华儿女民族自尊心与自豪感的民族凝聚力和黏合剂。姓氏文化是中华民族重要的文化传承符号，是我们祖先留下的宝贵财富。

一、发扬河南姓氏文化的重要意义

姓氏文化是凝聚全球华人的血亲纽带和心灵家园，具有重大意义。寻根的历史意义在于普天下所有龙的传人不忘血统、不忘根本；寻根的现实意义在于使华夏民族认同、团结、凝聚、合作。我们要从更高的角度来认识河南的姓氏文化。

河南姓氏文化是维系海内外华人的重要纽带。要从祖国统一大业的高度、从增强海内外华人凝聚力的角度去认识姓氏文化的意义；要承担起历史赋予河南的重任，充分发挥河南的文化优势，做好姓氏文化开发这篇大文章。

河南姓氏文化是实现中原崛起、实施开放带动战略的助推器。要利用河南的姓氏文化优势，吸引更多的海外华人与民营企业家到河南创业，以寻根为纽带，深入挖掘更多的人力资源，将文化优势转变为经济优势，为实现中原崛起和开放带动战略奠定良好的基础。

发展河南姓氏文化要求我们有自己的寻根文化战略与产业。通过建立完善的寻根文化资源开发性研究体系、系统的寻根文化资源保护体系、特点鲜明的寻根文化对外宣传体系、全面系统的网络性的海内外华裔联谊体系和紧密配套的寻根文化资源开发产业体系，打造姓氏文化的品牌与基地。

二、以血缘关系为纽带的根亲观念是中原文化的核心凝聚力

“家园”和“家国”的观念深深植根于全球华人的心中，其根基是血缘关系，所谓“炎黄子孙”“血浓于水”是也。

人类历史上，比较重要的血缘关系有家庭关系、家族关系、宗族关系、氏族关系、种族关系等。在不同的历史时代和不同的社会制度下，血缘关系的亲密程度和作用是不相同的。在古代社会中，血缘关系是社会的基本关系，是社会组织的基础，对社会生产及人们的生活起着决定性作用。近现代以来，民族的血缘关系逐步居主导地位，并且随着社会生产的发展，血缘关系更多地与地缘关系和业缘关系结合在一起。改革开放以来，以民族血缘关系为主、家族和宗族关系为辅的血缘纽带，吸引力和凝聚力与日俱增。我们立足于中华民族的血缘关系，充分挖掘根亲文化资源，促进血缘关系与地缘、业缘关

系有机结合，在招商引资，加快区域经济发展方面取得巨大成就。

现在，河南已成为海内外华人寻根问祖的圣地，“无论走到哪里，我都会想起家”，这已成为中原儿女心底挥之不去的声音。历年的黄帝故里拜祖大典，都会吸引大批海内外炎黄儿女聚集河南，共同祈福华夏繁荣昌盛。对中原文化产生的认同感和归属感，让黄帝故里拜祖大典等一系列寻根活动享誉海内外，为河南带来了人流、物流、资金流、信息流。2010 年 8 月 22 日，1006 名港澳深地区闽籍企业家回到老家河南，签约 341 个项目，合同金额 1462 亿元。2010 年 10 月 26 日，2010 年豫台经贸合作洽谈会举行，500 多名台商“寻根河南”，签约 182 个项目，合同金额 528 亿元。

三、祖根地是全球华人的精神寄托之所

姓氏文化是中原文化的核心组成部分。《中原经济区规划》强调，要挖掘中原历史文化资源，提升全球华人根亲文化影响力，依托新郑黄帝故里、老子故里、庄子故里、淮阳太昊陵等文化资源，打造中原根亲文化品牌，培育国际影响力，增强中华民族凝聚力。河南是中华姓氏的祖根地，在当今依人口数量多少而排列的 300 大姓中，有 171 个姓氏的源头或部分源头在河南，有 98 个姓氏的郡望地在河南。在最新排列的 100 大姓中，有 78 个姓的源头或部分源头在河南。可以说，河南是姓氏文化大省，是海内外华人寻根的圣地。

姓氏对于一般人而言，有着使人奋发向上的作用，对形成人的自信心、自尊心有着一定的影响。“独在异乡为异客，每逢佳节倍思亲”。中国的传统节日具有很大的内聚力，逢年过节，人们特别注重团圆。八月十五的月亮最明亮、最圆满，阖家赏月过仲秋，过的就是一个“但愿人长久，千里共婵娟”。一元复始的春节最吉祥、最红火，四方游子赶回家，赶的就是一顿热闹欢快的团圆饭。中央电视台从 1983 年开始，接连举办了 32 年的春节联欢晚会，把“喜气洋洋闹新春、亲情浓郁全家福”的民族人文氛围传送到了天南海北，使晚会成为全国各族人民和全世界华人同欢同乐的大聚会。孟子提倡“老吾老以及人之老，幼吾幼以及人之幼”；范仲淹呼吁“先天下之忧而忧，后天下之乐而乐”。前者提倡的是尊老爱幼的美德和爱心，后者倡导的是忧国忧民的责任与正气。生于斯长于斯的炎黄子孙，在五千年的文明进程中，很早就孕育了这种情结，培养了这种与日俱增的责任感，并从中升华出无与伦

比的民族凝聚力。

寻根，在20世纪是十分普遍的世界文化现象，是许多海外移民组织的共识。第二次世界大战后，只要是移民社会，就会有寻根活动。直到20世纪90年代中后期，许多具有移民背景的国家地区寻根热潮犹方兴未艾。报载仅美国“寻根热”就影响了多达4000万人。寻根原是人类的天性，中外皆然。但是，寻根与祭祖一体枷联，却是中华民族的文化传统。中华民族自古即有寻根归宗的风尚，海外华族及台湾民间社会尤然。台湾地区其实是个典型的移民社会，而移民反而往往最不容易忘记其生命之根。由于他们始终没有忘记自己的祖根在大陆，所以，台湾地区的宗乡会馆，几十年来活动不断。如台湾第一大姓陈姓，仅其中福建安溪一派，供奉始祖陈昭直（抗元名将）的“祖师庙”就多达63座。近年来，陈氏后人更通过查姓氏、修族谱，主办或与大陆协办姓氏族谱研讨会，出版《中华姓府》《五百年前是一家》

等有关姓氏源流的研究著作，考证台湾地区各姓氏的堂号，开展形式多样的寻根活动。目前，台湾地区已查证的堂号有80个，建有122个姓氏宗亲会。1987年，泰国谢氏宗亲总会组织中原故事探亲团，不辞辛劳，长途跋涉，终于在当年10月19日寻访到河南唐河县苍台乡谢家庄，找到了近3000年的祖根。这是海外第一个在中原寻到千年祖根的姓氏团体。此后，海外及台湾地区的探亲寻根团体接踵而至。

在所有民族的感情深处都有一块不可侵犯的圣土。对中华民族来说，祖根就是至高神圣的土地。“礼有五经，莫重于祭。”（《礼记·祭统》）崇祀祖先，是中华民族的历史传统，也是中华民族的文化制度。祖根，是寻求这种血缘和地缘的联系，换句话说，是寻求吾族吾民生命发展的历史文化连续性。寻根认宗既表现了慎终追远的儒家伦理人文精神，也表现了华夏民族文化的向心力和凝聚力。

四、中原文化架起全球华人心灵回归的金桥

改革开放30多年间，大量的海外华人来河南寻根谒祖、投资兴业。他们由单个寻根到组团寻根，由个别国家和地区组团寻根到多个国家或地区与大陆各省组团共同来祖地寻根，由一般的寻根活动到在祖地举办姓氏的世界大会。可以说，进入新世纪以来，海内外华人到河南寻根已形成热潮，成为时

尚。他们不但在古老的中原大地追寻着先人的踪迹，体验着先人奋斗的艰辛，同时也眷恋着这块焕发着时代气息的热土，在这里捐资建学、整修古迹、投资兴业。寻根、扎根、育根，已成为中原独特的靓丽风景线。

五、大力弘扬姓氏文化，创建精神家园

学术界提出，河南拥有六种最具代表性的旅游核心吸引物，即“古（文化）、河、戏、拳、根、花”。我们认为，在这六大旅游核心吸引物中，“根亲文化”是最重要、最闪亮、最具全球文化价值、社会价值和经济价值的旅游吸引物，其他几个吸引物应当围绕“根亲”这一文化主题，形成海纳百川、众星捧月之势。在中原经济区建设大局中，应当把根亲文化旅游研究和开发放在更加突出的位置上。

国家和河南省高度重视建设“中华民族共有精神家园”为河南研究和开发根亲文化旅游带来了历史机遇。党的十七届六中全会通过的《中共中央关于深化文化体制改革推动社会主义文化大发展大繁荣若干重大问题的决定》中提出：“优秀传统文化凝聚着中华民族自强不息的精神追求和历久弥新的精神财富，是发展社会主义先进文化的深厚基础，是建设中华民族共有精神家园的重要支撑。”中华民族的共有精神家园是民族的凝聚力和生命力的根脉所系。高度重视民族共有精神家园建设，并把它作为战略任务提出，充分体现了我们党在新的历史条件下对繁荣发展民族文化的高度自觉性和强烈的历史责任感。掀起社会主义文化建设新高潮、推动社会主义文化大发展大繁荣，提高中原文化软实力，是中原经济区建设中的重要任务。《国务院关于支持河南省加快建设中原经济区的指导意见》指出：“提升中原文化影响力，挖掘中华姓氏、文字沿革、功夫文化、轩辕故里等根亲祖地文化资源优势，提升具有中原特质的文化内涵，增强对海内外华人的凝聚力。”“创新文化传播内容和形式，进一步推动中原文化‘走出去’，扩大对外文化贸易。”《中原经济区建设纲要》浓墨重彩地提出，我们应“突出根文化、姓氏文化、汉字文化等中原文化的传承弘扬，建设全球华人寻根拜祖圣地，提高中原文化影响力，增强中华民族凝聚力，使河南成为传承弘扬中华优秀传统文化重要区域，在促进祖国统一和中华民族伟大复兴中发挥更大作用”。河南省委书记卢展工高度重视发挥“根亲文化”的巨大能量，指出：“要提高对文化自身内涵的认

识。认识到文化是根，是民族之根、文明之根、发展之根；文化是魂，是民族之魂、人类之魂、发展之魂；文化是力，是时代发展、人类进步的推动力、凝聚力、提升力；文化是效，不但产生经济效益，更重要的是产生社会效益、社会效应、社会效果。通过提高认识，在深入贯彻落实科学发展观、加快经济发展方式转变中，把文化建设放到更加突出的位置。”“中原是中华民族之根、中华文化之根，要因根而溯源、因根而结缘、因根而自强、因根而作为。”河南对根亲文化的认知和定位，体现出河南新的文化自觉、文化自信和文化自强，证明我们在文化发展创新之路上又迈出了坚实的一步，并为未来文化建设开辟新的格局。

六、谋划“根亲文化”研究与开发新思路

河南要确立“根亲文化”开发新思路，即“植根河南，面向世界，分层推进，多方辐射”。针对海外华人、港澳台同胞，要打文化牌、姓氏文化牌，以根亲文化推介河南，不断扩大市场份额；针对东亚和欧美市场，要打中华文化体验牌，精心包装中原文化，扩大文化的影响力；针对东部发达地区和以京津沪高端游客为代表的省外客源市场，要山水与文化并重，以迷人的山水吸引游客，以博大精深的文化感染游客；针对省内游客，家门口的文化吸引力减弱，要注意把文化、山水、生态、乡村等多种资源整合起来，多打造功能复合型新休闲旅游产品，让文化与自然相得益彰、共生共荣。

河南“十二五”期间的根亲文化旅游开发要重点实施以下十个文化工程：①进一步扩大新郑黄帝故里拜祖大典的品牌影响力；②深度挖掘、创新开发淮阳伏羲文化，掀起姓氏文化寻根的新高潮；③建设中华姓氏博物馆，让姓氏寻根在河南遍地开花；④建设洛阳“中华文化圣城”；⑤建设嵩山“中华文化圣山”；⑥提升白马寺、少林寺佛教文化寻根之旅；⑦提升功夫文化寻根之旅（少林拳、太极拳）；⑧打造中原民俗风情寻根之旅；⑨提升河南古都寻根之旅；⑩推介大黄河寻根之旅。

第七章

客在他乡：客家文化之根

统筹：沙家强
撰写：沙家强 王兆霈

客家是我国汉族分布于南方赣闽粤等数省的诸多民系之一，经历千年的迁徙、流动与开拓，客家人积淀下来了宝贵的精神品质：儒家文化、移民文化和山区文化等多元文化融合体，强烈的生存意志，浓厚的寻根意识，深重的入世情怀以及鲜明的“耕读”传统。这其中，客家人的祖根意识尤其浓厚，十分重视亲情和乡情。然而，客家民系的先祖之根在何处？“家”在何方？根据诸多资料显示，其“根”在中原，在河南，这里有“家”的底色和“家”的召唤，客家后裔依此形成了与中原密切相关的独特的语言、民俗和族群观念。同时，当今世界日益彰显出鲜明的全球化趋势，各种多元文化不再各自独立，而是相互依存，关系紧密。所以可以预见，在全球经济一体化而文化多元化的大背景下，客家文化作为世界性的多元文化中的一元，其影响也在日益扩大。

第一节 客家：“家”在何方？

客家人，是历史上由于战乱等原因，自河洛、中原地区南迁聚居的移民及其后裔所组成的群体，故而又被称为“河洛郎”。河洛是“根”，客家是“枝”和“叶”，客家文化与河洛文化有血缘和地缘上的根系联系。客家人迁徙千年，根在河洛。离开了河洛这个源头，客家就成了无本之木，无源之水。离开了中原之根，就难以谈客家的发展与演进。

一、“河”与“洛”：水的滋养

河洛地区是世界上人类最早的生息地之一，至少 50 万年前就有人类在此劳动和生活，历史上曾长期是文化繁盛的中心。“河洛”之“河”，特指“黄河”，但这里却不是指整条黄河，而是指与“洛河”交汇地附近的一段黄河。河洛地区指以黄河、洛水夹角地带为中心区域的地区，也就是狭义的中原地区。河洛文化是中原文化的源头、核心和集中代表，对华夏民族传统文化的形成、发展、传播及体系构成具有不可替代的地位和作用。河洛文化是中华文明的摇篮文化，是数千年来的中国传统文化的主体。之所以说客家民系“根在河洛”，其依据有三：

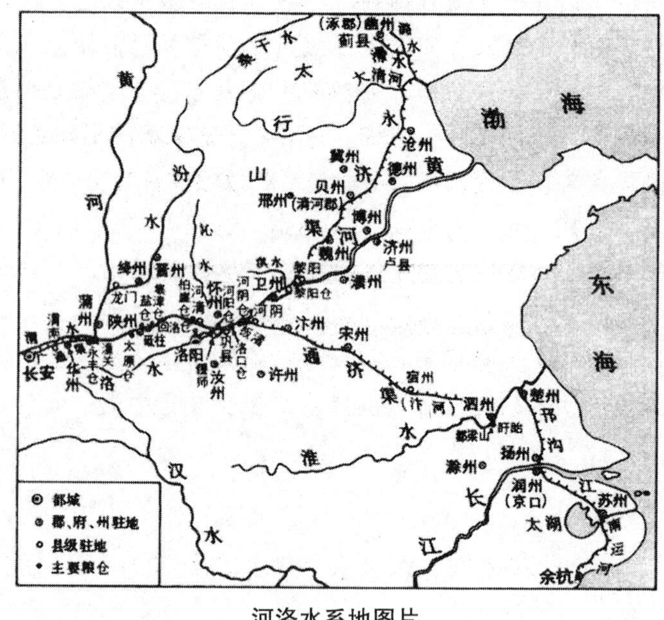

河洛水系地图片

（一）客家族谱记载其先祖居住于河洛

魏晋时期，中原世风和社会理念特别重视门第、先祖、祖训、家风，以及崇尚文教传家，信仰兼容。从中原南迁的中原汉人十分重视自己的族谱，通过雕刻堂匾、门联的方式，记录下本姓始祖世系、居地、本姓本宗堂号、堂联以及先人创业、发展等情况。客家族谱被称作“是天下最后可信之文籍”，用客家各姓族谱探讨客家渊源、迁徙经历是目前可循的重要史料之一。堂匾一般都悬挂在祠堂或中堂的正上方，是表明家族姓氏的发祥地或郡望的堂号。

陈、钟、赖、乌、邬等姓祠堂堂号为“颍川堂”，说明他们的先人曾在颍川郡（今河南省许昌市、长葛市、禹县一带）居住过。钟姓族谱也记载其先人曾在颍川郡长社（今河南省长葛市）长期居住。郑、潘两姓的堂号称“荥阳堂”，堂联左用“荥阳世泽”可见这两姓曾在今河南郑州市一带生息繁衍过。蓝、陈两姓堂联有“汝南世第”“汝南家声”一联，说明他们曾在今河南汝南一带居住过。

梅州市汇编的《客家姓氏渊源》一书，介绍了客家各姓祖居地和古代繁衍、迁徙等方面的情况。梅州市所属县区的一部分家谱共收入了77姓的资料。据统计，这77姓当中，源于河南区域的有刁、王、李、何、沈、吴、林、范、黄、陈等48姓，占62.3%。《客家姓氏渊源》告诉我们“客家姓姓通中原，客家事事联河洛”，这正符合国学大师章太炎先生《客方言·序》中的论断：“客人大抵来自河南……”

（二）客家方言具有中原古音的特点

中原是中国古代文明的发祥地，该地区的方言曾是古代官方语言的基础，因此保留的古语、古音较多。客家人多居山区，交通不便，与外交往甚少且聚族而居，使得客家话中保留了许多古代汉语的词汇、语音和语法，具有早期中原古语、古音的特色。因而，客家方言被语言学家称为古代汉语和中原音韵的“活化石”。

第一，客家方言是由古汉语演变而来。客家话中第一人称“涯”（我）脱胎于古代汉语第一人称声母“吾”（nga）（我）。nga有两个系统，一为鼻音ngan读作“俺”，一为舌尖音dra读作“余”或“予”，因为后来北方话中大部分ng声脱落，所以今天的普通话不发古音。但是山东、河南等一些地方的农村俗语和传统戏剧里仍用“俺”（ngan）而不用“我”，这与客家话中“涯”（ngai）的发音近似。客家话第二人称“伲”与古汉语中第二人称“汝”

(ngca) 也类似。可见，客家方言发引于古代汉语，保留了许多我国古代中原的语音，和北方语系是同一源头。

第二，客家方言保留有许多古代中原语音的痕迹。客家方言由古汉语孕育而来，虽然已经有自己的特点，但仍然可见母音的影子。现将古汉语、普通话与客家方言一起排列，作一比较。

古汉语、普通话客家方言比较

古汉语	普通话	客家方言
作甚末	做什么	做吗个
食毕	吃完了	食撇
蓬	很松散	粉双（松）
值	值得	抵得
日	日	日头

客家方言中至今还大量保留、使用中原方言的例子还有：称妻子为“老婆”、称老太太为“老妈儿”、称儿媳妇为“大姐”、称太阳为“日头”、称开水为“滚水”、店铺称雇员为“伙计”、称学徒为“小伙计”等。

第三，客家方言中一些词义与古籍中词义相通。古籍是古代中国（其活动中心在黄河中下游的河洛地区）活动的记录，其中有许多古代口语。今天的客家话有不少与之相通，足见客家人根在河洛。如：客家话中“端”（由古“缀”字演变而来）指双手取捧，这与《广雅》释“缀”为“取”是相同的。客家话中“桄”是指盛物已满的意思，如“桄桄鼓鼓”，《说文》中将“桄”解释为“充（满）”，与客家话中的意思也相同。客家话中“揿”指把人或物从上面按下去，如“将浮起的衣衫揿下去”，这与《集韵》中将“揿”解释为“按”是相同的。客家话中“踭”指肉类中精瘦部分，《广雅》中就有“踭，善也”的解释，可见客家话词义与古汉语词义是息息相通的。

其四，客家话发音、用韵与古汉语、古诗发音、用韵大体相当，有阴平、阳平、上声、去声、阴入、阳入之分。客家话与古汉语一样无轻唇音，将“飞”读成“卑”，“分”读成“奔”，“粪”读成“笨”等，可见，客家话用韵、发音均保留古代汉语的特点。如《诗经》对“秦”“人”“身”“薪”

"门""问"等字分属不同的韵，但普通话统用拼音（en）韵，客家话则同古汉语一样将其分属为不同的韵。用今天客家话和流行的台湾话诵读诗经中的《国风》及一些唐宋诗词，不但顺口，而且押韵，非常和谐。究其原因，正是因为客家话保存了古汉语发音的缘故。台湾地区学者黄敬安专门从《诗经》《礼记》《左传》等先秦典籍中找出了与福建和台湾地区方言音、义相同或相近的例子，分类列为 131 个条目，著成《闽南方音证经举例》一书，有力地证明了古汉语发音在客家话中的确凿存在。

综上可见，客家方言与古汉语关系是十分密切的。古汉语在河洛地区孕育、形成、流行，它是客家话的母体。嘉应大学陈修先生的《客家称谓新说》从语言学角度即客家方言与古汉语演变的相互关系论证中得出，"客家"是由"河洛"二字转音而来，使得"客家文化的源头是河洛文化，客家根在中原"的论据更为充实。

（三）客家人保留了古代中原的习俗

客家人来源于中原汉民族，深受河洛文化的影响。千百年来，散居在各地的客家人始终不敢数典忘祖，在与当地人的交往中并没有被完全同化，一直保持着中原河洛文化的风俗习惯、生活方式以及为人处世的观念，所传承的依然是中原的古朴之风。

客家继承了古代中原汉人崇尚教育的传统。中原地区古代崇尚教育以战国时期最为突出，百家争鸣，各家收徒讲学的风气经久不衰。汉代公私学都发达，南迁汉人始终把子弟入学求知作为第一要义。客家人一开始就受士族子弟"万般皆下品，唯有读书高"的影响，后来又因为处于客居地位受歧视，唯有读书做官方可出人头地，所以崇尚教育风气始终被坚持。若人们不读书则被认为最没出息，客地有民谚说："养子不读书，不如养头猪；子弟不读书，好比无眼珠。"反映了客地重视教育，望子弟求学上进的社会风尚。

客家人讲究礼仪名节。讲究礼仪名节的意识和观念本是先秦中原地区一大风尚，在汉魏得以发扬，成为中华民族一大传统。汉人在南迁时因为是远距离的迁徙，又是去到新区作外来户，所以南迁汉人十分注重本分，对内信守儒家纲常礼教，注意和睦团结，对外讲究外交礼仪名节，把中原的风尚礼节观念传向四面八方，发扬光大。

此外，客家人在婚娶礼仪的传统上都与中原一样，从议婚、定亲到迎娶，许多程序和礼仪都保持着上古的“六礼”。早先儒家的婚娶传统在客家地区得以世代遵用和传承。目前，一些客家村落仍保留着夜间迎亲的习俗，印证了客家对早期传统的继承，因为“婚”，原本作“昏”，即夜间娶亲的意思。在丧俗上，客家与中原一样，厚葬的理念根深蒂固，重视落叶归根，主张入土为安，讲究各种祭祀敬拜仪式。在岁时节令方面，客家人与中原人一样，最注重的是春节，不仅要家人团聚，最好是几代同堂欢聚；其次是中秋和清明，赏月吃月饼、扫墓祭祖是基本活动。

客家人根在中原河洛，汉族文化是客家文化的基础和源头。源远流长、博大丰厚的河洛文化不仅养育了客家先民，而且作为客家文化的源头和核心，至今仍哺育着世世代代客家子孙，并成了他们永不枯竭的文化之根，精神之源。

二、偃师古城废墟：“家”的底色

汉魏洛阳故城位于今河南省洛阳市与其下辖的偃师市、孟津县毗连处，现存城垣总周长达 14 345 米，城内总面积约 9.5 平方公里，有 60% 分布在偃师市。汉魏洛阳故城是我国著名的古代都城遗址之一，故城之南，另有太学、灵台、明堂、辟雍等大型建筑遗址。

（一）1800 年前，客家人的先祖从汉魏洛阳故城走出去开始闯荡世界

汉魏洛阳故城为西晋的政治中心，也是当时经济发展水平最高、文化最发达、“衣冠大族”最为集中的地区。西晋末年，自公元 291 年开始，西晋王朝出现内乱外患的局面，司马睿南渡建立东晋王朝，中原士民“衣冠南渡”，形成中国历史上第一次南下移民潮。这一南迁活动在地方志和客家族谱中都有重要反映，其涉及地域之广，波及族群之众，为历史上所罕见。这次南迁对客家民系的形成与客家文化的个性塑造，均具有重要意义。

中原是中华文明的发祥地之一，东汉、魏晋时期以都城洛阳为中心和代表的中原文化，是华夏民族传统文化的重要组成部分，在中国历史发展进程中起到了十分重要的作用。客家先民所具有的原本文化素质和传统，正是孕育、根植于此。自东汉经魏到晋，洛阳都城、中原地区的社会环境和文化积累、发展所达到的水平，孕育了早先移民的文化素养和精神品格，以及世代

相传的家族传统和家世风范。然而，由于时代久远，我们现在要追寻客家族群的地域之根、血缘之根和文化之根，在中原大地已经不容易寻觅到直接、系统而不间断的证据链条。现今在洛阳偃师的客家先民首次南迁纪念地的标志性景观，对我们追寻和缅怀客家历史文化的渊源，探寻客家先民的南迁之路，无疑具有十分典型和象征的意义。

客家先民首次南迁纪念地的标志性景观除汉魏洛阳故城遗址外，其他相关的遗址遗迹有：太学、灵台、明堂、辟雍等。太学位于故城开阳门外御道东，今偃师太学村西北。遗址四周有墙，内有大面积夯土建筑基址，以及排列有序的夯筑房基。太学作为当时的最高学府，与客家人重教育的传统不谋而合；灵台遗址位于今偃师大郊寨与岗上村之间；明堂位于今岗上村，是祭祀性建筑；辟雍遗址位于今岗上村东，距明堂300米远。太学、灵台、明堂、辟雍四大建筑均创建于东汉初年，魏晋时期沿用，是当时都城文化和王朝文明发展程度的重要体现。

此外，标志性景观还有：建春门位于韩旗村的东北，永宁寺塔基在首阳山镇龙虎滩村西北，刑徒墓地在西大郊村东，西晋皇陵在偃师市区西北，西起峻阳陵，东至枕头山，西晋当阳侯杜预之墓在城关镇后杜楼村北，东汉烧煤瓦窑遗址位于今翟镇镇西罗洼村西北，东南门在首阳山镇龙虎滩村东等。

除以上标志性景观外，客家大量的族谱表明，许多姓氏家族源于偃师。《百家姓》中有七成姓来源于洛阳偃师。以刘姓为例，刘姓始祖刘累就曾生活在偃师。刘姓一源为姬姓，春秋时周匡王封小儿子王季于刘邑，号刘康公，后代因称刘氏。据《刘氏族谱》所载，后来迁入福建、广东、江西等客家聚居地的刘姓家族，不少是刘康公的后裔。今天客家聚居的福建宁化的刘姓家族，就源于偃师。

（二）1800年之后，客家人不忘祖根，多次到偃师寻根问祖

2007年8月20日，来自海内外的知名历史考古学、客家学专家在河南偃师召开了“客家先民首次南迁出发地”国际学术研讨会。参加研讨会的代表们认为，客家的第一次迁徙发生在东晋年间，位于河洛之间的“汉魏洛阳故城”为当时的国都，正是客家人的祖根之所在。在研讨会上，华夏文化纽带工程组委会授予偃师市“客家先民首次南迁地”的纪念性称号，全球客家崇正会联合总会向偃师市赠予“主体客家先民首次南迁圣地”牌匾。

“中原客家先民首次南迁出发圣地纪念碑”也于2009年7月7日在河南省偃师市举行奠基仪式，并在2009年9月10日于偃师市虎头山森林公园凤凰山顶落成，这不仅是客家文化研究的一个实质性突破，而且为全球客家人寻根溯源提供了一个独特的精神地标，为前来中原寻根拜祖的海内外客家人提供指引。

“中原客家先民首次南迁出发圣地纪念碑”建在寓意1700年历程的17级台阶的两层方坛上，由粉红色花岗岩雕刻而成。碑体正面刻有时任河南省委书记徐光春亲笔题写的“中原客家先民南迁圣地纪念碑”13个鎏金大字，背面镌刻着由黄石华撰文、中国书法家协会主席张海书写的碑铭，着重记述了西晋永嘉元年（公元307年）中原客家先民从洛阳大批南迁的史实。基座四周是表现客家先民南迁及客家人发展历史的浮雕。

作为客家先民首次大规模南迁纪念地的标志性景观，“中原客家先民首次南迁出发圣地纪念碑”的落成，使偃师在“客家先民首次南迁地”的确认上具有更强的标志性意义，这里是南迁先民情感凝结最为深厚的地域，也是客家先民南迁的圣地。这一切都表明，客家人根在中原、根在偃师。

三、光州固始：闽台始祖之基

在中原汉人向南迁移的过程当中，大量族群和民户的迁移经历了诸多磨难和挫折，其居留地也往往经历了多次变迁。从移民居留的区域来看，整体上来说，江淮之间以固始为中心的豫皖鄂交界地带是历史上中原南下移民的首要聚集地，也可谓中原黄河流域南下移民的第一集中居留地。同时，这一地区是留居移民进一步向江南迁移的遣散地。唐末黄巢起义以后，战争的波及迫使一些移民向偏远的福建西部山区转移，河南光州的移民迁移是在此期间人数最多，影响最深远的一次北方移民入闽。现今南方地区的许多家谱中，都将其先祖先世与河南固始联系起来。

固始位于河南省东南部，今属信阳市管辖，历史上曾长期隶属于“光州”（今信阳市潢川县）。固始南依大别山，东有安阳山，北枕淮河，史河、灌河、黄水（白露河），属淮河上游的西南流域。自固始再往东南走出几十公里，便进入了安徽——传统上被视为江淮的地区。从地理形势、自然环境等方面来说，以固始为中心的豫皖鄂相交地带都是中原移民南下自然流向的区域。

作为中原移民中转站和江淮移民出发地的“光州固始”，不仅是南迁移民的中转站和集散地，也是南迁移民中原之根的象征，在客家先民南迁和客家民系形成过程中发挥着重要作用。固始是客家民系最后告别中原的地方，他们正是在这中原的边地作了最后的停留，才惜别了中原，进入江淮。

（一）福建、台湾地区客家祖籍多源自“光州固始”

据族谱和地方志记载，黄姓，远祖封于黄（今河南光山县）得姓，祖居地在晋之光州一带。晋以前已经有部分黄姓迁江夏（在今湖北北部，汉时为江夏郡与南阳郡连接），在彼地繁衍兴旺，故黄姓祠堂堂号叫“江夏堂”。黄姓堂联左为“河南家声”，说明黄姓第一次发达是在河南。族谱又记载，黄姓一族是在五代时，随王潮、王审知从光州、寿州（安徽北）迁往福建的，晚清诗人、外交家黄遵宪之先人也是这个时候由河南迁入福建。

固始还是绝大多数福建陈氏人的祖籍地。陈氏在中原入福建的移民潮中居于领头地位，因此在族裔的数量与地位上为一般姓氏所无法比拟。不管是从河南固始县直接南迁入福建，或是间接、迂回南迁入福建，他们共同的迁徙出发地都是河南固始县。由于人口骤增、灾害频繁及清初“迁海”政策，福建陈氏人之后又迁往台湾地区。今天的台湾陈氏族人绝大多数都来自福建南部地区。台湾地区陈氏族人的根在福建，其祖根当然就在固始。

据 1953 年台湾地区的户籍统计，每 5 户台湾居民中就有 4 户先民来自“光州固始”。当时台湾地区 500 户以上的大姓有 100 个，其中有 63 个姓氏的族谱明确记载，其先祖是由河南光州固始迁徙到福建，再由福建迁往台湾地区。中原民众为躲避灾祸多次经过固始逃往福建、广东等地并落地生根，以致出现“闽人称祖皆曰自光州固始来”的现象。如今福建、台湾等一些地区在方言和语音、婚丧习俗、传统节庆、儿童游戏方面仍保留着“固始印记”。

（二）固始是“开漳圣王”陈政、陈元光父子的故里

中国历史上几次大的移民浪潮几乎都与中原有关，在移民浪潮中，固始几乎占据了主导地位。唐初移民，固始陈政、陈元光父子带领固始宗亲进入了福建，在漳州一带落户生根，这是固始人在东南一带聚居的开始。

陈氏在历史上很早就是一个望族，而固始陈氏最早的当属浮光陈氏。从固始陈氏的族谱上可以看出，浮光陈氏，源于宛丘，望于固始，中盛于颍川，

南开闽漳，在陈氏家族中是最显赫的一支。固始陈氏最早见于史册的当属东汉陈孟琏。陈氏族人在固始建立根基的时间应该从东汉算起。陈孟琏的第八世孙陈实，东汉末年在颍川开基，为颍川陈氏祖先。孙陈实的二十三世孙陈庆云，南朝梁时任合浦太守，对百姓有恩惠，百姓建立祠堂祭祀他，他的三个儿子陈霸商、陈霸周、陈霸汉，一直居住在光州浮光山，陈霸汉在陈朝时还担任大宗正。陈氏的二十六世孙陈克耕，唐太宗时任大将军。唐高宗总章二年（公元699年），陈氏的二十七世孙陈政以岭南行军总管的身份，受命率府兵3600人、副将123人入闽平叛。陈政病逝后，他的儿子陈元光代父职任岭南行军总管，平叛后任新设漳州刺史。陈元光在闽南落户，建设和开发漳州地区，被尊为“开漳圣王”。陈政、陈元光开发漳州为固始在福建以及整个东南地区竖起了第一个丰碑。

固始人进入福建已经过了1000多年，原有的固始人早已变成了福建人，但在今天的漳州一带，还遗有陈王庙供人凭吊。为了纪念陈元光开发漳州的丰功伟业，陈元光的孙子陈澧不仅在漳州弋阳旧宅修缮故居，还在固始陈氏祖籍也修建了祠堂，这就是我们现在还能看到的“陈氏将军祠”。

“陈氏将军祠”修建于唐代，尽管经历了一千多年的风雨沧桑，原来的祠堂已经被毁坏，现在的祠堂是在清嘉庆年间重修的，但祠堂基石的雕刻上依然能看到唐代的风格。陈政、陈元光的祖籍在光州固始陈集乡，“陈氏将军祠”坐落在今天固始陈集乡的安阳山西麓，泉河右岸，占地500平方米，在群山环抱、绿树成荫的山坡上，面向安阳山的主峰“浮光山”，这似乎在告诉人们“浮光陈氏”的由来，也是让从固始走出去的陈氏后裔永远记住自己是固始人。

（三）“闽王”王审知是唐代光州固始县人

唐末天下乱，唐代光州固始县人王审知与兄王潮、王审带领万众于光启元年（公元885年）入闽，其中5000人为固始县籍民。王氏三兄弟率领义军除暴安民，不久统一全闽。光化元年（公元898年）九月，唐廷授王审知为福建节度使。唐亡后梁太祖于开平三年（公元909年）封王审知为闽王。福建在王审知的治理下出现了少有的兴盛。当时随王氏兄弟入闽的固始县籍民达70多姓氏5000余人，他们在福建安家落户，繁衍生息，其后裔播及广远，并播迁至台湾地区与海外，其中在台湾地区目前就有近50万王审知后裔。

王审知的故里今属固始县分水亭乡王家寨村，千百年来成为福建、台湾地区及海外“固始王氏”后裔的郡望。王家寨四面环水，是南方特有的水围子，因村民搬迁新居，整个村庄只偶尔有几户人家居住，村寨里还保留有远近闻名的王家老井，在村寨中连接特有的土坯茅屋的土路上随处可见残碎的砖块，个别茅屋还用条形青石做基。据村民说，当年的王家寨房屋考究，还有楼台式建筑，其中王家祠堂为两进大院，青砖大瓦十分排场，在村东的泉河上还建有石板桥，显示出当年的王家寨少有的辉煌。

陈元光、王审知两次率固始将士1万多人及其眷属南下闽越，开漳定闽，不但改写了唐朝之后南部中国的历史，而且使其后裔遍及福建南部、香港、澳门、台湾等地区及日本、新加坡、马来西亚和菲律宾等国。根据史书记载，这两次入闽共涉及87个姓氏1万多人，特别是陈元光带领的多数都是固始的乡勇。在福建厦门，郑成功、陈嘉庚是被隆重纪念的风流人物，他们的祖先都是跟着“开漳圣王”“闽王”南下的，其中郑成功死后就归葬固始。在现在的漳州、泉州、莆田一带，还有不少家族的门楹上挂着“浮山陈氏”“颍川世家”的标志，这些就是来自固始的标志。“光州固始”在今天福建、广东、台湾居民的心目中有着十分重要的地位。

如今，福建“台人”与祖籍河南固始亲人，在血缘、文缘、史缘、地缘关系上，“织”成特殊的精神与情感纽带，穿越历史时空，将福建、台湾、河南三地人紧紧地连接在一起。有人曾形象地说，台湾之根500年前在福建，1000年前在河南，台湾、福建、河南1000年前是一家。现今福建、台湾的居民与祖籍地——固始的亲人，虽相隔遥远，天各一方，但是同根同源，拥有一脉相承的亲情纽带。

四、三次民族大迁徙：“家”的南移

中国古代，由于河洛地区发生战乱和灾荒，生活在这一地区的汉族人民多次向南方迁徙，主要是从黄河流域南下，首先集中在江淮之间豫皖鄂的三角交接地带，进而渡江向赣南转移，再辗转移居闽西等地。大约到了宋代，客家民系已经基本形成，主要聚居在赣闽粤的山岭地区。客家先民总体上经历了三次大迁徙：“永嘉南渡”是第一次大规模的南迁；“安史之乱”及唐末的黄巢起义，导致中原汉人又一次大规模南移；宋元时期，金兵和蒙古军队

进入中原，中原汉人第三次大规模南迁。

（一）魏晋时期第一次迁徙

魏、蜀、吴三国纷争，黄河流域战火连年，民不聊生，百姓四处逃难。两晋南北朝时期的“五胡乱华”和“八王之乱”历经18年，加剧混乱。特别是西晋末年（公元311年）的“永嘉之乱”，匈奴贵族率兵攻陷洛阳，俘虏怀帝，杀人3万之众，后来还逼得晋元帝迁都江南建康。苦于连年战乱的中原士族百姓因不堪各少数民族统治者的烧杀抢掠，向往南方的平静生活，怀着支持东晋汉族政权的动机，纷纷跨黄河，渡长江，南下避乱。

当时避乱的人们往往没有明确的目的地，在迁移途中只要有安身落脚的地方就停下来。这个时期的迁移，以族群的形式居多，除了强宗大族、地方官员的迁移族群外，更多的是普通民户族群。西晋末年以后形成的北方人口南迁潮，持续到东晋初年，甚至更长的时期。“据统计，北方人口迁到南方的总数为90余万，大约北方每8个人中就有1人南迁，南方人口有1/6为北方的侨民。”

这些南迁汉人并非都是客家先民，他们可以分为三大部分：

第一部分以原居住在陕西、甘肃、山西西部的人为主，曾被称作“秦雍流人”。这一带在“五胡”侵扰中首当其冲，因而早在“永嘉之乱”前就已有不少人南下避乱，“永嘉之乱”后达到高潮。他们沿汉水迁至江陵、洞庭湖一带，有的溯湘江到达桂林，再顺西江流入广东中、西部，后来可能就演变成广府人。

第二部分以原居住在中州（河南）及山西太原、长治一带的人为主，曾被称作“司豫流人”。他们越淮渡江，到达鄱阳湖及长江中下游的九江至当涂一带，有的到达福建、广东、江西。现在的广东大埔县，东晋时设“流民营”，义熙九置义招县，当时接纳的“流民”应当就是从中原迁来的汉人。“司豫流人”的人数远远超过第一部分和第三部分的综合，构成了客家先民的主体 。“司豫流人”的人口数最多是因为西晋的都城是洛阳，洛阳的皇室宗亲、达官贵人、文人学士、名商巨贾人数众多，这些地方遭受的蹂躏践踏也最为严重。他们先是大部分滞留于淮河以南，盼望“王师北定中原日”重返故土，但是东晋无力恢复中原，且南北朝、隋、唐又战乱不断，滞留于江淮之间的中原汉人，到唐末黄巢起义时又继续渡江而南，直接抵达江西南部、福建西部，在那里的山区找到了安身立命之所。

第三部分以原居住在山东及安徽、江苏北部的人为主，曾被称作“青徐流人”。他们也是越淮渡江，到达江苏太湖区域，有些则到达浙江、福建沿海，其中一部分继续迁徙，后来可能就演化为闽南人。

魏晋时代门阀政治盛行，作为政治中心的中原地区，人们的宗族意识和乡土观念非常浓重，移民南迁是在北兵南进、局面大乱形势下不得已之举，所以无论这些移民迁往何处，他们的故乡和宗亲观念都尤为强烈。最明显的例证就是：这个时期南迁的北方移民，在南方许多地区建立了侨置州郡县，让北方人集中居住，保留其北方原籍贯、免除其摇役税赋，侨州郡县官员仍由北方士人担任。这个措施对稳定南方社会秩序、巩固东晋政权、发展南方经济文化起了积极作用。客家先民在南迁到达的第一站生活了大约570年，直至唐末才又继续南迁。

（二）唐末至北宋第二次迁徙

唐代末年的黄巢起义的征战波及长江中下游和南方各省，使大半个中国处于战火之中，客家先民住地成了战祸的要冲。除唐末黄巢起义外，还有五代各地割据势力的纷争和北宋软弱国力与消极政治所带来的社会混乱；另外，福建、广东、江西边区特别是福建西部和广东东部在这一时期相对安定、人烟稀少等特征催生了继东晋末年之后又一次大规模的客家先民南迁。

与第一次迁徙相比，这次南迁不仅移民来源更为广泛，而且移民数量也更加庞大。据统计，今日客家姓氏中有一半“是在唐末至宋初迁入闽粤赣边区的”。到了北宋时期，在江西南部、福建西部和广东东部一带的客家聚居区已经初具规模了。所以说，唐末至北宋的移民迁徙是客家源流史上的重要组成部分。

唐王朝经“安史之乱”严重摧残后，社会经济与政治制度都朝衰败的方向迈步，唐末已经到了病入膏肓的境地。在僖宗乾符元年爆发了以王仙芝和黄巢为首的农民运动，这次长时间的大规模、大范围的征战，对于瓦解和摧毁唐朝政权起到了积极的历史作用。这次农民起义经过并征讨了中原大部及华中、华南和华东各省，但闽粤赣边区除赣南遭受短暂且小规模战乱之外，闽西与粤东均处于平静安宁的状态。正因为如此，这片刚刚开始汉化而大有开发潜力的土地，在这时涌入了无数北方南来的移民。不少长江中下游沿岸及其以北受战乱影响的移民，鱼贯而入这片世外桃源般的乐土。

唐亡之后，五代的开国君主为夺取或捍卫政权，各军事力量甚至自身内部之间常发生战争，并且以各种惨无人道的军事与暴力形式施加于人民。在五代这个充满恐怖和血腥的时代里，广大群众为避免坐以待毙，其出路也只有两条：一是武装暴动，以武力对抗暴力；二是迁徙逃亡，逃往偏僻或较为安宁的地区以躲避暴政的压迫。由于五代客家迁徙是承袭唐末大动乱时北方移民而南迁的，因而其迁徙规模稍逊于唐末。另外，由于闽国重视文教的建设，特别是广取文士为吏，使得五代时期流向福建而成为客家人民的北方文人占有相当的比重。

北宋时期，中原以北地区战乱不断，不少人民除遭异族的杀戮与掳掠外，就是往内地乃至南方迁徙。即使在难得的和平之际，人民也饱受北宋政府及其所赖以支持的剥削阶级的残酷压榨。北宋与其北邻少数民族统治者互争利益而引起的民族战争在南方几乎没有，因而人民在南方所受的直接危害就轻微得多。居住在这里的人民只要勤劳而不懒惰，则完全不愁无开垦耕种之地，也没有严重的灾荒出现，因为北宋统治者用于荒年征募饥民入伍的制度与它较少有缘。正是这些原因，闽粤赣边区在北宋时期，对于外地饱受战乱与有经济压迫的人民来说就有相当的魅力，甚至对一些向往长久平安的宦者也有一定的诱惑，所以，在这一时期便有相当多移民的涌入。

（三）两宋之交至明代中叶第三次迁徙

客家第三次大迁移发生在两宋之交至明代中叶。南宋末年，当兴起于北方草原的蒙古贵族的铁骑席卷而来时，祸乱波及了整个黄河中下游地区，破坏非常严重，形成了“几千里无复鸡鸣，井皆积尸，莫可饮”的悲惨景象。怯懦无能的南宋帝室仓皇逃往福建、广东。这时，中原百姓渡江南迁，渐次进入江苏、浙江、江西、福建等省区，而早年定居在江西、福建的客家先民则再次南迁。他们有的沿东路从浙江、福建进入广东东部梅州地区，也有的沿西路从江西北部进入江西南部再迁至广东北部和惠州地区。这时，广东的客家人口迅速增长，江西南部、福建西部和广东东北部成了客家人口集中的聚居区，而且，其中除了平民百姓外，还有不少文人墨客和官宦人家，他们带来了长江中下游的先进文化，提高了客家地区的人口素质。

也有许多人认为客家先民共经历了五次迁徙。除上述三次迁徙以外，第四次迁徙是在元代时期，客家聚居区大举南下、西迁，迁入珠江三角洲及广东西部一些沿海地区，其中包括今日深圳和香港九龙、新界等地。与此同时，还有渡海迁入台湾地区的。第五次大迁徙是由于广东台山、开平、四会等地的客家人口激增，与当地的居民矛盾日益加剧，爆发了大械斗。后由官府拨钱，将这一带的客家人迁至信宜、徐闻等广东西部山区和雷州半岛，以及今日的广西合浦、钦州和海南岛等地。我们可以看到，第四次和第五次迁徙已经与中原地区没有直接关系，是客家先民南迁以后的再次迁徙，所以本书仍持“三次说”。

第二节　“客”流异乡

一、分布状况

客家人有多少？有一种通俗的说法是：“凡是有太阳的地方，就有客家人的足迹。”还有人说：“有海水的地方就有华人，有华人的地方就有客家人。”客家组织有多少？全世界的客家社团组织包括同乡会、宗亲会、联谊会、商会、文化研究会等，活动能力较强的有三四百家，最大、最早客属社团是成立于1921年的香港崇正总会。现在，世界客家网站约有630家。客家人还有全球性的大聚会——世界客属恳亲大会。世界客属恳亲大会起源于1921年香港崇正总会成立50周年庆典，与会代表商定那次聚会为“世界客属第一次恳亲大会”，嗣后，每隔两三年就在世界各地举办数千人的客家大聚会。

（一）客家人在国内的居地

据考证，客家人的居地主要分布在广东、江西、福建、广西、四川、西康（1924年置省，治所在今四川康定县，辖有今四川西部地区，1955年并入四川省）、湖南、贵州、台湾等9个省的177个县市。其中，一县都是客家人的，称为“纯客住县”；部分为客家人的，称为“非纯客住县”。具体情况是：江西省，有纯客住县10个，非纯客住县17个；福建省，纯客住县8个，非纯客住县7个；广东省，纯客住县有15个，非纯客住县有50个（其中的临高、陵水、儋州市、定安、崖县、澄迈、万宁在今海南省境）；广西省，无纯客住县，其非纯客住县有 45 县；湖南省，无纯客住县，其非纯客住县有 5 县；四川省，无纯客住县，其非纯客住县有 13 县；西康省，仅有非纯客住县 1 个，即会理县；贵州省，仅有非纯客住县 1 个，即榕江县；台湾省，无纯客住县，其非纯客住县有 5 个县市。以上 9 省共有纯客住县 33 个，非纯客住县 144 个。近些年，关于客家分布情况又有新的研究成果。吴炳奎等的《梅州客家简说》，在《客家源流考》的基础上，又根据台湾地区出版的《梅州文献汇编》《台北市梅县同乡会会刊》及中国社会科学院方言研究所出版的《方言》杂志中有关资料统计结果表明："全国客家分布的地区共有广东、江西、福建、广西、四川、湖南、台湾、海南、贵州 9 个省的 250 多个县市，其中纯客县 43 个，非纯客县 208 个。（以）广东省东部、福建省西部、江西省南部最为集中。"中国侨联主席林兆枢于 2002 年 11 月 4 日在雅加达召开的"世界客属第十七届恳亲大会"上的致辞中说："在中国，客家人聚居地共有 17 个省区，200 多个县市。在海外，客家人则遍布各大洲，所谓'有阳光的地方就有华人，有华人的地方就有客家人。"

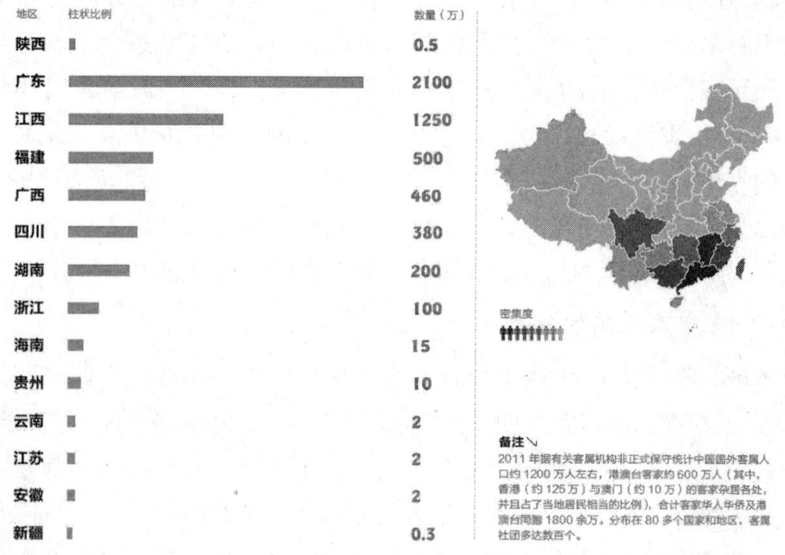

中国是客家文化的重要传承地，具体分布情况如下：

广东省有客家人居住的纯客住县市区 16 个：即梅江区、梅县区、兴宁、大埔、五华、蕉岭、平远、连平、和平、龙川、紫金、新丰、始兴、仁化、翁源、英德、陆河等；非纯客县 64 个：即深圳，韶关、南雄、曲江区、乐昌、乳源、连南、连县（今连州市）、连山、阳山、宝安区、惠阳区、河源、东莞、花都区、清远、佛冈、从化区、惠东、揭西、海丰、陆丰、饶平、潮州、揭阳、丰顺、潮阳区、惠来、普宁、珠海、斗门区、龙门、深圳、南海区、增城区、博罗、广州、中山、新会区、广宁、三水区、高要、云浮、封开、高明区、新兴、鹤山、开平、台山、郁南、罗定、德庆、阳春、阳西、阳江、遂溪、海康、徐闻、电白区等县（区/市）。总人口 2500 万人。

江西省有客家人居住的纯客住县市 18 个：即宁都、石城、安远、兴国、瑞金、会昌、赣县、于都、铜鼓、寻乌、定南、龙南、全南、信丰、南康、大余、上犹、崇义等县市、非纯客住县有 20 个：即广昌、永丰、吉安、吉水、莲花、泰和、万安、遂川、井冈山、宁冈、永新、万载、萍乡、宜丰、奉新、靖安、高安、修水、横峰、武宁等。总人口 1250 万人。

福建省有客家人居住的纯客住县 8 个：即永定、上杭、长汀、连城、武平、宁化、建宁、清流、明溪等县；非纯客住县 16 个：即诏安、平和、南靖、云霄、沙县、永安、顺昌、泰宁、将乐、邵武、浦城、建瓯、建阳、福鼎、福安、福州等。总人口约 500 万人。

广西壮族自治区境内客家人数约 600 万（2013 年），客家文化浓郁的地方主要有：南宁市宾阳县、柳州市区、柳城县、来宾市兴宾区、贺州市八步区、昭平县、玉林市区、陆川县、博白县、北流市、贵港市区、桂平市、平南县、北海市合浦县、钦州市区、浦北县、灵川县、防城港市，等等。（备注：广西壮族自治区境内除桂林市的全州县、兴安县、资源县和河池市的凤山县没有客家人居住外，其余均有客家人分布。其中，广西客家人人数 10 万以上的市辖区、县级市、县、自治县除上面列出的，还有南宁市区。）

四川省无纯客住县，非纯客住县市有 35 个：即成都（市郊）、新都、涪陵、金堂、广汉、什邡、彭州、温江、双流、新津、简阳、仁寿、乐至、安岳、威远、内江、荣昌、隆昌、资中、宜宾、合江、泸县、仪陇、巴县、通江、广安、西昌、木台、德阳、绵竹、梓潼、会理、华阳、新繁、灌县等县市。总人口约 380 万人。

湖南省非纯客住县有：汝城、郴州、桂东、炎陵县、茶陵、攸县、浏阳、平江、江永、新田、江华、隆回等。总人口约200万人。

浙江省非纯客住县有：云和、松阳、青田、丽水（莲都）、宣平（现为莲都、松阳和武义所分辖）、龙泉、遂昌、景宁、缙云、泰顺、苍南、汤溪（金华）、江山、衢州、龙游、常山、开化、建德、淳安、长兴、于潜（临安）、新城、分水（桐庐）、昌化（杭州）、玉环等县市。总人口100万人以上。

海南省：儋州、临高等地，总人口40多万人

湖北省：非纯客住县市有2个：红安县、麻城市，总人口约15万人。

贵州省：非纯客住县有榕江县。总人口约10万人。

云南省：客家人约2万人。

江苏省：客家人约2万人。

安徽省：客家人约2万人。

陕西省：客家人约0.5万人。

新疆维吾尔自治区：客家人约0.3万人。

台湾省非纯客住县有19个县市：即桃园县、新竹县、苗栗县、屏东县、彰化县、高雄市、花莲县、台中县、台中市、台北县、台南县、台北市、南投县、云林县、嘉义县、台东县、宜兰县等，总人口460万人。

香港特区客家总人口约125万人。

澳门特区客家总人口约10万人。

以上统计，中国境内纯客住县41个，非纯客住县246个，纯客住县非纯客县合计287个。

同时，客家包含着东江客家和韩江客家两个系统。

在广东，客家地区东起韩江（除潮州平原外）西至北江，包括了粤东、粤北、粤中的绝大部分地区。在这个广阔的区域中，客家分为两个既相同又不完全相同的两个系统，即以龙川为代表的东江流域客家系统和以梅州为代表的韩江流域客家系统。这两个系统相辅相成，构成了客家民系和客家文化的整体。

东江流域是客家地区的中轴，它上溯江西赣南地区，下溯珠三角的东莞、增城等地，以龙川为轴心，上下伸延几百公里，构成一个近千公里的客家带。这一带的客家民系和客家文化始自秦汉，延至当代，历史悠久，是客家民系和客家文化的基础地。韩江流域是客家的腹心地，它以梅州为核心，东延福

建，北接江西，西连东江，方圆几百公里。这个地区是客家民系和客家文化的继发地和标志地，它承接和优化了东江流域客家文化，促成了独特的客家民系和客家文化的最终形成。

（二）客家人在海外的分布

客家人成批播迁海外，侨居于南洋各地、南北美洲以及其他国家和地区，始于南宋末年，以后络绎不绝，足迹遍及五大洲的各个国家和许多地区。据香港《地平线》1982 年 4 月刊登的《客家人的逃亡与迁徙》及其他有关资料记载，海外客家人主要分布在越南、老挝、柬埔寨、缅甸、泰国、新加坡、马来西亚、印度尼西亚、菲律宾、巴基斯坦、斯里兰卡、文莱、东帝汶、沙巴、朝鲜、日本、蒙古、印度、尼泊尔、澳大利亚、巴布亚新几内亚、所罗门、斐济、西萨摩亚、加拿大、美国、檀香山、巴拿马、多米尼加、危地马拉、玻利维亚、智利、牙买加、千里达岛、古巴、圭亚那、苏里南、秘鲁、巴西、阿根廷、英国、法国、德国、荷兰、苏联、丹麦、挪威、比利时、卢森堡、南非、塞舌尔、法属塔希、大溪地、巴布亚、猎包尔、毛里求斯、留尼旺等几十个国家和地区。客家人的世界性组织创建于 1921 年 10 月，初名“旅港崇正工商总会”，现为崇正总会。

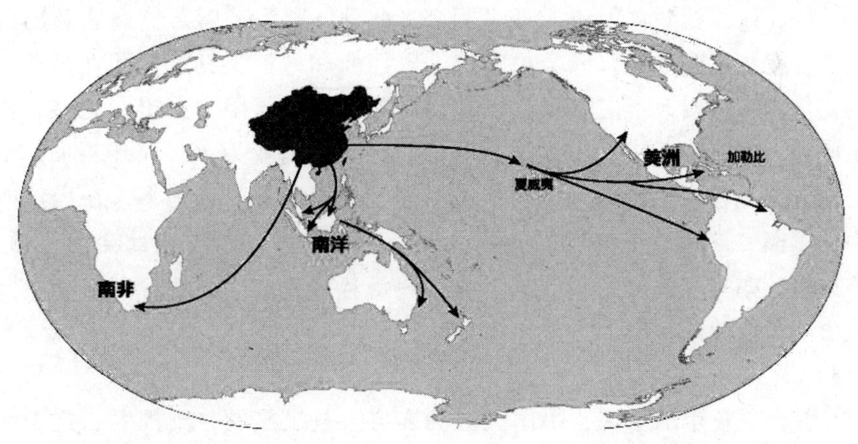

（三）客家人之中外比较

中国国内的客家人和海外客家人也有很多不同点，特别是在居住的自然环境、经济生活和社会文化生活方面有很大的不同：

1. 居住的自然环境

从居住的自然环境看，中国国内的客家人大多居住在连片的山区农村，其中以闽粤赣边区最为典型，少数居住在海岛、城市；而海外客家人大多数居住在海岛、城市，少数居于山区和农村。从气候方面来说，中国国内客家人大多生活在亚热带季风气候区，四季较为分明；而海外客家人大多数生活在热带海洋气候区，没有明显的季节变化。

2. 经济生活

从经济生活来说，中国国内的客家人大多数是以农业为主要职业的农民，而海外客家人大多数从事工商业和服务业。

其中美洲和东南亚的客家人，不仅已向专业技术、金融贸易挺进，而且政治上也崭露头角。据1950年台湾地区的有关调查资料，在20世纪四五十年代，马来西亚的华侨大多数住在城市经商，如开设杂货店、皮鞋店、药店等，还有一些则从事建筑业、典当业。在山区者，多以开采锡矿及种植橡胶、椰子为业。印尼是客家华人最多的一个国家，华侨所操职业以经商为多，其中以经营杂货、酒酪、皮鞋、首饰、衣服、药材等业者众。东帝汶客属侨胞，多经营杂货、药材等商业行业，亦有从事种植业者。美国的客家人，在纽约及东部地区，以经营餐饮及洗衣业者为多。此外，则为经营杂货商店及出入口公司，亦有从事农业者。旧金山客家人以经商和种植为其主要职业。在巴拿马的华侨中，客属人士占一半，以原籍广东梅州、惠阳，赤溪者为多，皆从事工商业。古巴华侨中客家人达数千，以经营工商业为主。在牙买加，华侨几乎全部都是客家人，尤以原籍广东东莞、惠阳、宝安者为多，在当地颇有势力，多操工商业。千里达的客家人以经商者为多，在当地社会地位颇高。在苏里南，亦有客属侨胞数千人，颇有经济势力。这种职业分工，和中国国内以农业种植业和家庭手工业为基本职业是很不相同的。

3. 社会文化生活

从社会文化生活来说，中国国内的客家人是汉族的一支民系，是生活在没有种族歧视且占人口多数的主体民族的国家之中；而海外客家人属于海外华人的一个支系，海外华人除在新加坡、马来西亚等少数国家属主体民族外，绝大多数国家的海外华人都属于少数民族。与中国国内相比，海外客家人生活在种族构成、社会制度、宗教信仰、语言民俗等方面都相对不同的社会环境之中。海外客家人生活的国度，大多具有多民族、多元文化的特点。美国、加拿大及大多数美洲国家都是移民国家，大洋洲、东南亚各国也具有多民族的特点。比如，我们所熟知的马来西亚，就是主要由印尼人、华人、印度人三大主体民族组成的移民国家，美国更是由欧洲移民为主，包括了亚洲、非洲许多国家移民构成的国家；西印度群岛的特立尼达和多巴哥这两个岛国，也是由印度人、黑人、华人组成的移民国家，宝安客家人何才在 20 世纪 70 年代担任总督；南美洲的圭亚那合作共和国，总人口约 71 万人，内有华人、白人、印第安人及非洲印度混血族，华人约有 5000 人，以原籍惠州、梅州的客属人士最多。该国于 1966 年 5 月脱离英国统治宣布独立，并由客家人张亚瑟当选为首任总统。1999 年，有客家血统的华裔伍冰枝当选为加拿大总督兼三军总司令。海外客家人在政治、经济、文化领域都出现了不少杰出人物，客家人在世界各地的政治地位和社会地位都呈上升趋势。

二、客家姓氏

“巍巍客家，情系中原，根在河洛”。客家人是由母亲河——黄河孕育、抚养的先民的子孙后代。众所周知，台湾地区的客家人自称“河洛人”“河洛郎”，闽南话也叫“河洛话”；客家人的姓氏、民风民俗、节日庆典都源于中原、河洛；他们对中原、河洛、洛阳有着极为深厚的感情。在广东的汉族三大民系中（客家、福佬、广府）都有详细的历史记载，说明他们的祖先来自中原。特别是客家民系对根的意识尤为强烈，每到春节，家家户户大门前或厅堂上贴刻堂号、堂联，在祠堂中供奉祖先牌位以表达客家人敬祖先、爱故土的千秋情怀。

据考证，在中国的姓氏中，有一千多个源于河南，其中常用姓氏为 105 个。这是由于河洛一带位于黄河中游，作为中华民族文化的摇篮，是华夏民族活动和兴起的发祥地，也是客家姓氏及客家文化的主要渊源。河洛先民就是汉族直系血脉的先祖，是中华民族总根中的主干和直根。所以说，河洛为中华民族的根，华夏文化之本。

广东梅州客家联谊会办公室和梅州市地方志编委会办公室编纂的《客家姓氏渊源》第一集及第二集的《导言一》称：“梅州客家姓氏，据初步统计约有一百八十多姓，各姓大都编有族谱或家谱。”该书两集共收列客家姓氏 67 个，并选摘了每个姓氏的族谱、家谱资料。所列 67 姓是：刁、王、丘、伍、朱、李、何、沈、吴、林、范、姚、徐、凌、黄、陈、张、郭、曾、汤、杨、叶、刘、邓、黎、卢、钟、缪、谢、魏、罗、萧、蓝、饶、丁、卜、文、孔、古、冯、邬、江、池、庄、邹、余、宋、巫、袁、郑、练、洪、胡、侯、高、唐、梁、曹、温、赖、彭、雷、廖、薛、戴、韩、欧阳。除此之外，有谱牒资料可考的客家姓氏还有：赵、周、孙、程、许、傅、吕、苏、蒋、蔡、潘、汪、田、姜、方、熊、陆、毛、贺、龚、詹、颜、翁、卓、涂、严、阮、童、韦、华、房、甘、利、官等。其中，黄、林、陈、李、郑、叶、谢、刘、钟、邱合称“客家十大姓”。

以上这些姓氏，有相当一部分起源于河南。例如：黄姓出自今河南潢川，林姓出自今河南淇县、卫辉，陈姓出自今河南淮阳，李姓出自今河南鹿邑，郑姓出自今河南新郑，叶姓出自今河南叶县，谢姓出自今河南唐河、南阳，刘姓出自今河南鲁山，王姓最早的一支出自今河南卫辉，张姓出自今河南濮阳，周姓出自今河南汝南、临汝、洛阳，孙姓出自今河南濮阳、淮滨，胡姓出自今河南淮阳、郾城、洛阳，郭姓出自今河南陕县，宋姓出自今河南商丘，唐姓出自今河南方城，冯姓出自今河南新郑、荥阳，程姓出自今河南洛阳，袁姓出自今河南太康、洛阳，邓姓出自今河南邓州，许姓出自今河南登封、许昌，傅姓出自今河南安阳，沈姓出自今河南平舆、沈丘，吕姓出自今河南南阳、新蔡，苏姓出自今河南温县，蒋姓出自今河南淮滨，潘姓出自今河南固始，戴姓出自今河南商丘、民权，范姓出自今河南范县，方姓出自今河南禹州，姚姓出自今河南范县，廖姓出自今河南固始、唐河，熊姓最早的一支出自今河南新郑，陆姓有一支出自今河南嵩县，孔姓有一支出自今河南商丘，毛姓有一支出自今河南宜阳，邱姓有一支出自今河南淮阳，江姓出自今河南正阳，侯姓有一支出自今河南辉县，雷姓出自今河南禹州，汤姓出自今河南商丘，赖姓出自今河南息县，龚姓有一支出自今河南辉县，文姓有两支分别出自河南鲁山和滑县，洪姓有一支出自今河南辉县，庄姓有一支出自今河南商丘，翁姓有一支出自今河南禹州，温姓出自今河南温县，巫姓出自今河南安阳，童姓有一支出自今河南新安，韦姓出自今河南滑县，华姓出自今河南商丘，房姓出自今河南遂平。可见，客家人与中原尤其是今河南在血缘、史缘上有着密不可分的关系。

史载，客家有许多人是中原士族或名人的后裔。他们对先人业绩和家庭历史念念不忘，引以为荣，并将其写进族谱里，显示在堂号、堂联中。例如：林氏族谱称林氏是殷纣王时贤臣比干的后代，记述了比干因忠谏而被纣王杀害，其子因生于“牧野长林石室”而被周武王赐姓名为林坚的情况；叶氏族谱记述了其祖先沈诸梁勤政爱民、靖难救危的事迹；兴宁罗岗《袁氏族谱》自称该地袁氏是东汉大臣、汝南汝阳（今河南商水西南）人袁安的后代。“堂号”指某一家、某一房（家族的一支）的名号，大都有一番来历，能够集中展现这一家、一房最荣耀的事迹。客家一些姓氏所标的堂号，有的源于河南，可以体现出他们是从河南迁去的，如福建莆田方氏的“六桂堂”、广东兴宁王氏的“三槐堂”。据《金紫方氏宗谱》载，西汉末年，汝南尹、河南固始人方紘，避乱南迁，至唐代，其裔孙方廷范，因在福建做官而定居于莆田刺桐巷，他的六个儿子皆以固始籍第进士，时称“六桂联芳”，方氏以此为莫大荣耀，于是便定堂号为“六桂堂”。椐《宋史》记载，北宋初，兵部侍郎王祜曾在开封自己的庭院亲手种植三棵槐树，说：“吾之子孙，必有为三公者。”后来，他的二儿子王旦，果然官至宰相，天下谓之“三槐王氏”，于是，“三槐堂”便成了他家的堂号。兴宁庆源王氏以王旦为51世祖，以59世王钦哉为迁兴宁始祖。客家许多姓的堂联更可以直接说明该姓与河南的关系。例如，陈氏的堂联有“东山世德，颍水家声”；赖氏的堂联有“松阳世德，颍水家声”。这里所云“世德”，指世代留传的功德；“家声”，指家世的名声；为何称“颍水家声”呢？因陈氏、赖氏的郡望均为颍川郡（治所在今河南禹州，后移治今河南许昌），而颍川郡因颍水而得名。郑氏的堂联有“荥阳世泽，诗礼家声”及“系出荥阳，家传诗教”。其中的“世泽”，即祖先的恩惠，主要指权势、财产、地位等。“荥阳”指古代的荥阳郡，其治所在今河南荥阳，辖境相当今河南省黄河以南，东至朱仙镇，西至荥阳，南至密县，东南至洧川及黄河以北的原阳县地。因郑氏曾在荥阳郡形成人丁兴旺、人才辈出、有声望的大家族，故有上述堂联。袁氏先人袁安，在未做官时客居洛阳，专心学习，遇大雪被冻僵。其在任楚郡太守时，平反冤案，获释者四百余家，世人称其有仁爱之风，故广东客家袁氏堂联有“仁风世德，瑞雪家声”。

从对中原南迁姓氏与客家姓氏的关系以及客家的郡望堂号的考察，证明客家人来自以河南为中心的中原地区，客家人与中原人有着割不断的亲缘关系。

三、与当地的融合

客家人在不断的迁徙过程中，无论在血缘上还是在习俗文化上，都既保持原乡特色也明显打上迁入地痕迹。客家民系形成后，到明清时期，随着人口攀升，生存压力的加大，与其他族群因争夺资源时时常发生冲突，从而强化了客家民系的意识，也凸显了客家文化的特色。因此，客家人自此以后向外迁徙，在迁入地都刻意保持文化自觉。

（一）客家在迁入地的文化认同

客家人自宋代在闽粤赣地区形成后，从明代开始有规模地向外迁徙，客家学研究大师罗香林认为其主因是“内部人口的膨胀”所致。清代客家人以闽粤赣为中心呈放射状迁徙，规模较大者为向东渡过台湾海峡进入台湾，甚至漂洋过海向境外发展；向西跋山涉水进入四川。客家人在迁入地与其他族群交流互动，渐渐融入当地文化中，但始终自觉保持着原乡文化。

客家人通过婚姻渐渐认同迁入地文化。台湾地区流传“有唐山公，无唐山妈”说法，揭示的正是移民与当地人通婚的事实。清前期移民渡台以男性为主，当时台湾地区当地流行男子入赘女家随妻居的婚姻模式，男女自相婚配，移民男性遂把婚配对象转向当地女性。在汉番通婚过程中，汉文化习俗逐渐占据主导，乾隆时期台湾“番女”与汉人通婚，也追求“媒妁聘娶”。一方面是客家人“为番妇赘婿”，另一方面则是“番民娶闽粤各女为妻”，通婚导致血缘混化，“彼此婚配生传，不分气类”，既有“闽粤人入籍变番”，也有“番女”嫁汉人，“能通汉语”，移民与当地人彼此发生文化交融。

四川客家人也与其他族群通婚，现今成都仍流传“不跟湖广人通婚”的故事。笔者在成都附近的刘家沟调查时发现，当地80%刘姓为湖广移民后裔，周围住有“土广东人”。刘家两位祖妣分别为湖广人、广东人。两位祖婆生下的儿子分别讲湖广话、广东话。婚姻关系不仅把不同地区的人扭结在一起，而且通过婚姻组成的家庭也改变了不同移民之间的心理隔阂。

客家人在迁入地与其他族群通婚，说明移民之间会有共同的语言交流。

从某种意义上说，婚姻的建立是以认同彼此文化为基础，客家人祖训“宁卖祖宗田，不忘祖宗言”，但在迁入地却发生变异。成都流传的“只说客家话”的故事，讲述了一位客家人偷学湖广话，勾引湖广姑娘，遭到湖广人反对，双方发生矛盾，客家又居下风，遂发誓“客家人只说客家话”。这个故事将语言与情感、融合与冲突糅合在一起，显示出不同族群的文化交流现象。男女通婚需要双方有一定的语言交流和基本的心理认同感，客家人通过婚姻已在迁入地不断调适自己的文化心态，并通过婚姻渐渐地融入当地社会。

（二）客家迁徙后的文化寻根

客家人在不断迁徙中建构自己的文化，但无论如何，他们在认同迁入地文化过程中从未放弃原乡文化。客家移民在迁入地较长时间里均保持或沿用原籍风俗习惯，客家方言被代代传承即是例证，清代四川出现“粤人操粤音，楚人操楚音，非其人不解其言”的现象。客家方言和习俗至今仍在台湾地区和四川流行。

客家人在迁徙后几乎都与祖籍地保持良好的关系，迁徙到台湾的居民在早期大多属“候鸟式”迁移，即使后来的单身男性移民，其眷属也大多留在祖籍地，与祖籍地关系相当密切，对祖籍的情感认同十分强烈。四川客家人与祖籍地的往来也始终畅通，尽管大多数人在进入四川时就已做好扎根四川的心理准备，但他们迁川后，仍通过各种形式与原籍保持关系。

客家人在明代以来纂修的族谱中，都将祖先追溯到中原。清代迁徙台湾与四川的客家人在构建宗族时基本上以原籍为蓝本，他们通过各种途径与祖籍地进行沟通，甚至新修族谱还冠以原籍名称，如四川泸州的《广东五华徐氏族谱》，当时还派人回五华寻根对谱。《华阳谢氏族谱》称，谢氏来自广东连平州，同治年间派族人至连平州，“抄来家乘增辑蜀产子孙”，然后分发给蜀中各房。

客家人在迁入地的祭祖因时间推移而有所变化，在台湾早期多以唐山祖为奉祀对象，四川虽多以“入川主”为奉祀对象，但也多把原籍祖先放置祠堂一同祭拜。一般而言，移民社会的早期多通过地缘组织管理和约束移民，当移民人口不断增加，血缘组织也随之建立，并与地缘组织共同发挥管理职能。随着家族组织的建立与完善，客家人从心理上对迁入地的认同感也更明晰，移民社会逐渐过渡到定居社会。

总之，客家民系在不断迁徙的历史过程中与其他族群不断交流互动，最终形成的客家文化已不完全是纯粹的中原文化，其中添加了很多迁入地族群的文化元素。客家人在迁入地因种种原因，被迫或主动改变原有的文化习性，认同迁入地文化，这在客家迁徙的历史中较具普遍性。客家人在迁徙以后对迁入地文化的认同，将不同地域、不同族群的文化元素增加到客家文化中。这一现象充分说明，历史上的客家文化始终以一种开放的姿态，在迁徙中不断吸收其他外来文化元素，最终创造了灿烂的客家文化。但客家文化并不整齐划一，不同地域的客家文化各有自身特点，如台湾和四川的客家文化就不尽相同。

三、客家民系的最终形成

客家历史上经过几次大迁徙，辗转南来，源远流长。客家民系作为汉民族共同体中的一个重要民系，是当代世界上分布范围最广、影响最为深远的民系之一。在其自身的形成和发展过程中，除其所具有的本民族的地域、语言、经济生活和心理素质外，又有着自身的诸多特征，从而与本民族的各历史、文化特征既同又异、同中有异，呈现出共性与个性统一，一般性与特殊性共存的关系。“南迁的中原汉族、客家先民及其后裔在迁徙过程中和在自己民系形成和发展过程中，所遭遇到的种种挑战，自然不同于中原地区。一方面，客观的生活环境迫使他们调整自身原有的心理素质；另一方面，迁徙过程中必然发生的与客居地土著、他族的相互影响、融合乃至争斗，也会或多或少改变着他们原先的心理因素。这样，在地理环境、历史传统、民族融合以及迁居地经济生活等诸多作用的相互影响下，南迁的中原汉族在心理素质方面，自然会有这样或那样的调整、改变和重新整合。一旦这种调整、改变和重新整合得以完成，客家民系也就最终形成了。”

第三节　“客”迎四方

历史清楚地表明，客家人的迁徙，大多是由人口稠密、文化经济比较发达的中原地区向人烟稀少、经济落后的偏远荒蛮地区而转移的。这些来自中原汉族的客家先民们，在辛勤耕耘创立新的家园的过程中，不断与南方的百越族（主要是畲、黎、瑶等族）融合，不仅形成了一个稳定的社会群体，而且创造出了独具特色的客家文化。

客家文化是这个群体在其形成与发展过程中，为适应和改造生存条件而创造出来的全部物质文化与精神文化的总和。一旦这种文化产生，它就成了该群体的识别标志及维系该群体生存与发展的最核心的力量。换句话说，没有客家群体，就不会有客家文化；但如果没有客家文化长期稳定的发展，客家群体也是不可能具有那么强大的生命力，以至于经过数百上千年之久。

一、独特的客家文化

为什么在这里会产生具有如此强烈地域特色的客家文化呢？

一方面，生活在这里的原始居民是与赣、闽、粤、浙等南方地区同一族属的百越民，他们“各有种姓，互不统属”。秦汉以后，由于北方汉子不断进入该地区，使得百越民，有的成批汉化，有的被强制迁往江淮地区，有的则退出平原，进入深山老林，成了历史上曾经名噪一时的“山越”民。所以，从总的方面看，这里早已是一块人烟稀少的地方。

另一方面，两晋之际，尤其是唐宋之际，由于北方不断遭受战争的摧残，农村经济凋敝，因而大批难民渡江南下，另求生计。在经过不断辗转迁徙之后，部分移民来到了这块被大山屏蔽的赣、闽、粤三角地区，与当地土著相互杂居，并在相对封闭的社会与自然条件下，与土著民相互融合，从而创造出一支以汉文化为主导的、与周边文化相区别的地域文化，这就是客家文化。所以，组成该文化的原始基础是具有浓郁乡土气息的土著文化和具有汉唐风韵的中原汉文化，而推动该文化产生与发展的巨大动力是唐宋以来大批进入赣、闽、粤三角地区的北方移民。

正是由于客家文化是以中原汉文化为主体的移民文化，所以它不仅具有中原文化的深厚底蕴，而且还具有作为移民这一特殊群体所具有的文化面貌。

（一）客家服饰

客家服饰讲究朴素实用，力求洁净、耐穿、舒适、大方，而不尚奢华。普遍喜穿素色，尤以蓝、黑、白色最为流行。农村女子普遍系着的一种围裙"掩腹"，其实可以掩胸，下摆宽及两侧，上端缝花刺绣，另加"颈链""腰链"和"牙牌""手镯"等服饰。姑娘梳辫，少妇盘髻。劳动者则多穿对补救短衫的，俗称褂哩。读了书的男子多改着西式裤。鞋袜方面，多穿布鞋，是家庭妇女自制的。

（二）客家民居

客家民居包括赣南的围屋、闽西的土楼和粤东的围龙屋，几者屹立在青山绿水之中，构成了神秘而绚丽的画面。

客家人客居异乡，面临着许多凶险。为了自卫，他们修建了许多圆形或方形的民居建筑。龙南的关西围，占地一万多平方米，内有九栋十八厅，结构精巧，布局合理，设施齐全，既有广阔的生存空间，又具有安全防御功能；闽西土楼有圆形、方形、府第式、交椅式等多钟形态，多依山而建，前低后高，窗户小，如同城堡要塞，令人叹为观止；广东丰顺、始兴的土围屋也颇具特色，土围楼是客家先民在两晋、唐末两次大规模由中原南迁至闽、粤、赣的早期屋式，它来源于中原地区的坞壁建筑。

魏晋南北朝时期，中原地区战乱频仍，为了保证生命财产的安全和维持生产生活，人们多组织起来结坞壁自保。坞壁在史书中有坞、壁、堡、垒等多种名称。从汉末至五胡十六国时期，中原地区坞壁林立。西晋末永嘉年间，石勒等进攻魏郡、汲郡、顿丘，“陷五十余壁”。刘粲等率军“周旋梁、陈、汝、颍间，陷垒壁百余”。可见在战乱期间，中原地区普遍建立过坞壁。

坞壁多建在山林险阻处。如一合坞“在川北平原上，高二十丈，南北东三厢，天险峭绝，唯筑西边”。崖口坞“翼岸深高，壁立若阙，崖上有坞，伊水径其下”。修筑坞壁是为了防守。因而要“峻险恶，杜蹊径，修坞壁，树藩障”，完备防御设施。坞壁不仅是一种建筑样式，也是战乱年代的一种社会组织和生产生活方式，它使人们聚族而居，共同生产，共同防卫。

客家人的民居，无论是土楼、围屋还是围龙屋，在建筑样式上都继承了中原地区的坞壁，同时有有新的发展，在功能上与坞壁相同。

（三）客家语言

客家方言又称“客家话”，是一种只在客家地区使用，跟标准语有明显区别的话语，为汉语八大方言之一。广东梅县的客家话，被公认为是标准的客家话。客家方言是中原汉族部分人南迁流亡的产物，整个语言系统的构成，约在宋代。由于其居地交通艰阻，与外交流较少，其语言与外界语言基本上处于半隔离状态，因而能较多地保留他们固有的河南语言。他们在南迁流亡途中，曾受到畲、瑶等民族、民系的方言土语的影响，加之近代客家人大批走向世界各地而得到国外语系的渗透，从而使客家话成为一种历史悠久、源头复杂、同南北各地的语言都有些差异的汉语方言。尽管如此，客家方言却一直保存着最多的中原古音，具有始终不离母体、万变不离其宗的本质属性。客家方言的特点，一是在语音方面，声母、韵母、声调同普通话都有差异，保留了较多的汉语古音韵；二是在词汇方面，有对古词语的沿用；三是在句法方面，同普通话也不一样。

（四）客家山歌

客家人喜欢唱山歌，有独唱、对唱、合唱、表演唱和比赛等形式。客家山歌原本是客家山民、挑夫在耕地种田、挑担运输时，在山野田间抒发心情的歌。内容多是倾诉劳动生产的艰辛、表达男女真挚的爱情、讽喻劝进等。歌词多为每首4句，每句7字，押韵严格，较注意平仄，明显受中原诗歌，尤其是《诗经》和唐代诗歌的影响。

（五）客家戏曲

从源流分，可有这么三种：一是来源于当地民歌，综合其他艺术形式，吸收兄弟剧种养分而发展起来的本地戏曲剧种，如：采茶戏（分赣南采茶戏、闽西采茶戏、粤北采茶戏、广西采茶戏、台湾地区客家采茶戏等）、山歌戏等。二是外地传入当地而逐渐地方化的剧种，如：汉剧、傀儡戏等。三是外地剧种以原来形式流传于客家地区的。如：祁阳戏、京戏、越剧、赣剧等。

（六）客家节日

岁时节令的民俗活动起源很早，如春节，源于上古社会的“腊祭”，“过年”的传统也起源于上古。除过年过节，还有四时节令，以及其它俗信纪念。这些活动表达了人们的善良心灵，特别是随着时代的前进，人们在传承旧俗中，不断摒弃陋俗、继承良俗、增添新俗，使传统的岁时节令民俗活动更加绚丽，展示出中华民族客家人的传统文化风采。

（七）客家婚姻

客家人的祖先来自中原，所以他们的婚姻礼俗深受中原古时风尚习气的影响。客家人属性成规，男婚女嫁定要明媒正娶，才不为乡间讥笑。客家人的婚姻方式，都依照古制“六礼”。所谓六礼是：“说亲、送定、报日子和送聘金、盘嫁妆、接亲与送亲、拜堂与吃面碗鸡”。

（八）客家农事

客家人多住山区，经济以农业为主；主要农产品以水稻为最。客家地区的水田，近山用溪水，靠河用河水。皆以水车灌水入田。农家肥料，以“沤粪”或“沤火炉灰”作粪种，掺上石灰肥田。

稻谷成熟后，收割时，不雇工，约左邻右舍的妇女，到时她们自带镰刀来田里帮助割水稻，这叫“帮工”。等她们各家收割水稻时，被人“帮”过工的妇女再“帮”人家的工。这是客家人团结互助、平等相待的好传统的充分表现。

（九）客家祭祀

客家人对于丧葬之俗做得十分周到，甚至过于繁文缛节。客家人祖先崇拜意识很浓，对慎终追远的事十分重视。一般丧葬仪规可分为葬、埋葬和葬后三个部分，或谓之三个阶段。

（十）客家习俗

（1）诞生礼仪。催生：出嫁女儿怀孕快分娩时，一般是婴儿出生前一二十天，娘家要带着鸡蛋、面条、粉干等来到女儿家“催生”，有预祝平安出生之意。如母亲已不在，则由嫂子去催生，中午要设宴招待。

（2）成年礼仪。客家的成年礼仪分男、女两种，男子的成年礼仪叫作“冠礼”，女子的成年礼仪叫作“笄礼”。客家的成年礼仪俗称“出花园”。

（3）祝寿。祝寿时，出嫁的女儿要送来大公鸡，还要送寿衣、寿帽、寿饼、寿鞋、寿袜，从头到脚一整套，若是父亲做寿，同时要给母亲送上一整套。此外还要送来寿轴、喜炮、寿烛、公鸡以及寿桃、寿面、寿饼、寿酒、寿肉等。其他人来祝寿，一般亲友送寿幛、寿联，或者再加上送礼金。不少地方，为七十岁以上高龄，且子孙多、家境较好的老人祝寿，要举行拜寿仪式。客家人生日和祝寿，是知情人自行送礼，上门祝贺，先贺后请；除内亲、至交有发请帖外，不贺不请。

（4）建房迁新居。客家人把建房和乔迁新居亦视为重大喜庆之一，要进行隆重庆贺。

（5）崇九风俗。客家语“九”与“久”同音，故客家人把“九”视为“吉祥”的象征，有“崇九”风俗。客家人建新房子，通常要挑选与九相关的日子，如初九、十八等。所建楼房的层数和房间数也要是九的倍数，认为这样可以长久同居共处。“九”在客家人的婚姻嫁娶中显得尤为重要，男女双方相亲、换帖，一般都选与九有关的日子，聘金尾数要带“九”，如 1999 元，迎亲的队伍也要凑足9人，凡礼品都要9方为吉利。客家人做寿，寿粄要做81个或360个，所用菜都暗含“三、六、九”，如三鲜汤、炖狗肉（狗偕九），韭菜豆腐、重阳（九九）寿糕等。由于九与韭谐音，小孩破学启蒙都要食韭菜。客家山歌也用韭谕九，如：“燕子含泥过九江，妹子送郎出外乡，九月九日种韭菜，两人交情久久长。”客家人对九的重视，还表现在把正月初九视为良辰吉日。春节后，出门做工、经商的人一般要到初九这天才离家启程，期望在新的一年里吉祥如意，兴旺发达。

（十一）客家饮食

客家人有句俗话：“平时莫斗聚，年节莫孤凄。”意思是平时节俭，一日三餐粗茶淡饭，但逢年过节，则要尽可能丰盛一些。客家人的主食是大米，但要掺配许多杂粮。此外，客家人喜欢吃狗肉，尤其爱吃乳狗，山区的人还捕食老鼠。客家菜讲究色、香、味，偏重肥、咸、烧。

酿豆腐是客家三大名菜之一。这道菜是根据北方酿饺子演化而来的，由于南方稻多而麦少，又盛产黄豆，人们便把豆腐当作饺皮酿进肉馅煎煮熟，发现味道特别鲜美，于是便成了客家名菜。烹制手法上，有红烧、炸、煎、煮、清蒸，半煎半煮等，五花八门，争奇斗艳。

擂茶这一习俗一般只在客家人中存在。客家人热情，多以擂茶待客。待客擂茶分荤素两种，招待吃素的客人饮用，加花生、豇豆或黄豆、糯米、海带、地瓜粉条、粳米粉干、凉菜等；招待吃荤的人饮用，则加炒好的肉丝或小肠、甜笋、香菇丝、煎豆腐、粉丝、香葱等配料。

二、客家精神

客家精神来自五千多年历史文化的沉积，客家精神的形成与发展，与客家历史与文化的发展演变关系密切。客家精神是在客家人的物质生产活动的基础上形成的，同时又为客家社会的人文发展起引导作用。

来自古代中原而形成的客家族群总是获得很高的评价。《美国国际百科全书》说："客家是中华民族最优秀的民族之一"。人们普遍认为：全世界有两种人是专家学者研究的热门，一是以色列的犹太人，二是中国汉民族南迁形成的支系客家人。美国耶鲁大学韩廷敦教授在《种族的品性》一书中说："客家人的历史很值得研究，许多有眼力的人不是说过么，他们是今日中华民族里的精华。"有人说："中华民族是牛奶，客家这一支系则是奶酪。"还有人说："客家男人是牛奶的话，客家妇女则是奶酪，客家妇女可称得上最美的劳动妇女的典范，看客家妇女涌现的杰出代表，如宋庆龄、何香凝等。"

客家人经过历代长期艰苦奋斗使民族性格得到考验和磨炼，使客家人自始至终带有一种浩然正气的民族节操，他们崇尚忠义，反抗压迫，义不帝秦，同仇敌忾，爱国爱乡，注重武术的凛然自傲之气，使他们成为"民族心理发展中的一群勇者"。客家先民是中原华胄，他们来自中华文明的发源地，具有较高的文化素养，虽经辗转流徙，其文化气质不变，他们讲礼节，重伦理，好学问，尚教育，敦亲族，敬祖先，隆师道，客家人深重的文化气息使他们成为"优者的遗业与涵儒"。客家民系最值得称道之处在于客家妇女的地位不同一般。客家女无缠足怯弱之习，她们能躬操耕作，主持农计，她们朴素节俭，勤劳洁净，崇敬丈夫，热爱儿女，任劳任怨，牺牲自我，维护家庭，她们以坚强和聪颖，在世界妇女中占有重要地位。客家妇女的特性充分体现出客家精神的精髓所在。

（一）硬颈精神

硬颈精神就是指客家人不屈不挠的精神。随着岁月的迁移，在客家地区，"硬颈"一度理解为"脖子硬硬、不会转弯"的负面字眼。于是包括台湾地区在内的一些客家学者千方百计搜罗一些新词汇，试图用"硬程""硬耿"来代表客家精神。"硬颈"含有执着、不怕死的意味，当然这种不怕死，不是贪财好色式的不怕死，也不是权迷心窍式的不怕死，而是对民族气节的认同和坚守，客家人将它延续到近现代的中国革命史上。

（二）吃苦耐劳

"逢山必有客、有客必住山"，客家先民在扎根山区、艰苦创业中，历经千辛万苦和艰难险阻，锻炼了吃苦耐劳、艰苦奋斗的精神并世代相传。改革开放中，又一批客家精英勇闯特区或战商海，拓展国际市场，成为新一代优秀的企业家（如曾宪梓、叶华能、杨钦欢等）。

（三）勇于开拓

客家人历经千百年的奋斗，五次大迁徙，扩展到江西、福建、广东、广西、四川、湖南、台湾等省，18 世纪末又远渡南洋、美洲，尔后辐射到世界 70 多个国家和地区，在全球繁衍了一亿多客家人及其后裔。海外客家人多半是"扎条裤带出远门"，漂洋过海创业。马来西亚著名侨领叶亚莱是创办吉隆坡的开埠元勋。该国梅州大埔籍华侨肖畹香先生，十多岁还在梅州大埔山区放牛，尔后"一条裤带"闯南洋，白手起家，成为当地巨富。

（四）民族意识

翻开数百年来的中国近代史，许多革命运动都和客家人密切相关。客家人洪秀全领导了太平天国革命，震撼了清廷的统治根基。革命先驱孙中山先生领导了辛亥革命，一举推翻了几千年来的封建帝制。在新民主主义和社会主义革命中，一批客家人如朱德、叶剑英、杨成武、肖华等成为革命中坚、驰名将帅。

（五）溯本思源

许多海外客家人虽身在异邦，但始终不忘自己是炎黄子孙，时刻想念"唐山"和出生地"胞衣迹"，常讲"阿姆话"，教导子女溯本思源、寻根问祖，兜好香火，永远不忘祖籍国与列祖列宗。抗战时不少爱国华侨捐巨款支持抗日斗争，"四化"建设中，又投资国内办实业，热心乡梓，乐善好施，捐建桥梁、医院、学校，善举多多。

（六）克勤克俭

客家地区多半是文化之乡，名人辈出，这与客家人崇尚文化、重教兴学有关。不少客家父母再穷也要克勤克俭挑担缴子女读书。男人出门闯天下，有的报考黄埔军校、云南讲武堂、保定军校成为一代将军和高官（如叶挺、罗卓英、吴奇伟等），有的发奋读书，攀登科学成为优秀科技人才和精英（如当代文豪郭沫若、桥梁专家李国豪、数学奇才丘成桐等）。

（七）崇文重教

客家人是中国最重视子女品德和文化教育的汉族族群之一，客家人的聚集地之一梅州素有“文化之乡”的美誉。中华人民共和国成立之初，由周恩来同志领导的中央文字改革委员会在调查全国各地百姓的识字率时惊奇地发现：梅州地区的梅州客家人中居然找不到不识字的人，哪怕是种地的农民和妇女，因为在当时重男轻女的传统观念依然比较顽固的社会里，女子一般不能像男子一样公平的接受教育，但是客家地区则不同，客家人虽然在当时也有重男轻女的观念，但是出于对子女文化教育的高度重视，几乎所有客家女孩在当时也跟男孩一样读书识字，接受过较高水平的文化教育。这在当时的中国实属一种较为罕见的现象。因为当时新中国农民识字率并不高，有相当一部分农民是目不识丁的文盲。

（八）精诚团结

客家人是汉民族的支系，在长期辗转、艰苦开拓的过程中，形成了互助互爱、精诚团结的优良传统。世界各地都有客家公会、客家同乡会、崇正会。近20多年来，五洲四海客家乡贤携手举办了18次世界客属恳亲大会，同根、同源、同心、同德，敦亲睦族，全球客家大团聚、大联谊，增进了亲情、乡谊，促进了客属团结，增强了民族凝聚力、向心力，沟通了海内外信息，加强了海内外的交流，促进了经济繁荣。客家人尊老爱幼、孝顺父母，众口皆碑，不少传为佳话。

客家精神是革命的精神，客家精神也是一种激励人向上的精神，客家精神还是和睦亲邻、繁荣社会的精神。发扬客家精神，于社会进步，于民族发展，于家庭和睦，于个人上进都是具有重要意义的。

第四节　客家之升华

客家，在继承中原文化主体的基础上，形成了自己共同的语言、共同的经济、共同的文化和风俗习惯、共同的心理特征。这个共同体被称为客家民系或客家族群，她的成员叫客家人，她的语言叫客家话，她的文化叫客家文化，她的习俗叫客家风俗习惯，其心理特征构成了客家精神。客家与中华汉族的密切关系可概括为三句话：客家话是古代汉语的活化石，客家人自诩为正宗的汉族，客家保留了汉族的古老文化传统。

一、客家文化与精神是构成中国传统文化的重要组成部分

在文化学界，关于“物质、制度和精神”文化结构三层次的学说逐渐为我国文化理论界所普遍接受。客家先民在反差十分强烈的新环境下，在客家文化的物质文化层次中，保留了大量的土著民族文化。客家文化与中原汉文化的区分，在物质层面中体现最为明显。在制度与精神层面，才更能体现出客家文化是构成中国传统文化的重要组成部分。

（一）制度层面的体现

家族制度是汉文化的重要内容，它在商周时期就已确立。客家地区以姓氏划村，聚族而居，为了家族的兴旺发展建祠堂、修族谱、购族产。客家人在生活中还修订了严格的家族法规，要求族人时刻遵守，如果有人任意作为，将会按照家法族规对其进行严厉处置。遵守国家政策法规也是汉文化的内容，大部分客家族谱的家法族规都要求族人遵守国家法令、皇帝圣谕等。例如，在赣南宁都的黄氏族谱有“固常揭于家约中，每遇祭祀焚香毕宣读，俾子子孙孙知所遵守矣”的记载。客家文化的婚姻制度也保持着与中原汉文化的一致性。例如客家人在婚嫁礼仪中既完整地保留了古代中原地区的“六礼”，还严格遵循着“同姓不婚”的风俗。“凡子姓不得与同姓为婚。如有不肖子孙违犯，通族告官离异”。这与畲瑶实行族内“自相嫁娶”的婚姻制度完全不同。不过居住在特殊环境的客家人仍会受到当地土著居民的影响，由此形成的部分制度具有与当地少数民族相交融的内容。但从整个制度文化层面来看，客家文化的主要内容还是中原汉族文化，客家文化与汉文化之间保持着高度的一致性。

（二）精神层面的体现

精神思想是文化的核心部分，主要包括文化受众体的价值观、道德观、审美观、思维模式、思想品质，体现了一种文化较之于另一种文化的特殊性。

客家人文特质主要还是传承了中原汉族的精神思想，如重视忠义、爱国爱乡、勤劳勇敢、艰苦奋斗等特质与中原儒家文化所提倡的道德和价值标准相一致。不过客家先民从中原故土迁移他乡，在与当地土著居民长期的生产生活中，难免会濡染当地的一些习气。如“客家人有信奉鬼神、迷信风水的特性和有喜斗争胜的民性”，学者们认为这是受到当地少数民族的民风影响而形成的。尽管如此，客家人所体现出来的种种人文气质，基本上与中原汉族是一致的，因为中原文化也存在鬼神思想与风水信仰。由此可见，在精神层面上，客家文化传承的仍然是中原汉族正统文化。

由于受特殊自然环境的影响，在与当地少数民族的长期生活生产中，客家文化的物质层面融合了当地土著文化，虽然已经迁徙至南方，但客家人依然保持着传统的文化心理、道德标准和价值观念，所以客家人创造的客家文化以中原传统文化为主要内容。

除了在制度与精神层面上可以看出客家文化是中国传统文化的重要组成部分外，在客家建筑的杰出代表——客家土楼蕴含的文化内涵中也有体现。客家土楼是客家文化的重要载体，其在构造、楹联等方面处处彰显出客家文化与中国传统文化之间不可磨灭的渊源关系。规模巨大的客家土楼的文化内涵也如土楼的群体一样凝重厚实，除了精湛的建筑文化、别样的民俗文化外，还包含了传统的儒家文化、道家文化以及多元的信仰文化。

客家土楼文化中蕴含着儒家思想。儒家文化是中国传统文化原典之一，千百年来，儒家思想在世世代代的中华儿女心中深深扎根。客家作为中华民族的一支优秀民系，也深深地根植于儒家思想之中。千万座客家土楼折射出的古朴凝重、绵烂无比的中原文化，正是浸润着儒家思想的中国传统文化。客家土楼上的楹联就是儒家忠、孝、礼、义、信、温良、恭、俭、让等思想精髓的最好诠释。以振成楼为例：在大厅正面主人摘引《金刚经》句：“言法行则，福果善根”教育后人在言行上要遵规守法，善有善报。大厅的四根石柱上雕刻着“振乃家声好事孝悌一边做去，成些事业端从勤俭二字得来”上联讲要尊老爱幼，下联提到要勤劳省俭。“能不为息患挫志，自不为安乐肆志”告知后辈要自强不息。在客家文化中，客家人视“孝”为天经地义的责任。因此，在福建永定客家土楼文化中重孝思想颇为浓厚，他们用“孝道”来维护家庭的伦理关系。于是在土楼中，就出现许多跟“孝道”有关的楹联。无论是体现重孝思想的楹联还是教育后辈做人道理的楹联，都可以透露出浓厚的儒家思想。客家土楼通过楹联来教育子孙后代，传承客家文化。这种传承客家文化的方法无疑是行之有效且效果明显的。

客家土楼文化蕴含着道家思想。客家土楼文化内涵中除了浓厚的儒家文化外，当数道家的八卦文化最为引人入胜了，因为八卦文化与土楼的形状紧密相连。庞大的客家土楼内部布局极其讲究阴阳八卦，加上廊道交叉纵横，错综复杂，房间门厅众多且十分相似。永定客家土楼作为古老建筑系列之一，其设计理念中贯穿的正是睿智精深的八卦学说。其中最具有代表性的振成楼建于 1912 年，占地 5000 平方米，悬山顶抬梁式构架，分内外两圈，形成楼中有楼，楼外有楼的格局。前门是“巽卦”，后门为“乾卦”。外楼圈 4 层，每层 48 间，每卦 6 间；每卦设一个楼梯，为一单元；卦与卦之间以拱门相通。楼内有一个厅、两口井、三扇门、八个单元。两口井暗指“八卦”中的阴阳两极、三门是正大门和两头边门，意指八卦中的天、地、人。其中两口井分别称为阳井和阴井，似太极图的两个鱼眼，东西方两口井水的水位高低不同，东高西低而且水温也有所不同，但井水都清凉可口，取之不尽，用之不竭。

小结：中华文化光辉灿烂，源远流长，犹如一部规模宏大、气魄非凡的交响乐，而客家文化是其中扣人心弦的华彩乐段。“唯唯客家，系出中原。”客家儿女分布世界五大洲，足迹遍天下。他们天涯漂泊，客居异邦，而爱国爱乡的传统世代相传。过去，客家人秉承传统文化造就一批又一批客家优秀人才；今天，闪烁着人文理想光辉的客家文化，又正在哺育新一代客家儿女及华夏子弟茁壮成长。

二、客家文化的发展契机

海峡西岸经济区的建设为客家文化的广泛发展提供良好的契机。2004 年初，福建省提出建设海峡西岸经济区的思路，受到党中央、国务院的肯定。围绕海峡西岸建设的中心，福建省也努力建设海峡两岸文化交流基地，促进海峡两岸文化的交流和对话。海峡西岸经济区的建设对客家文化的发展来说是一次机遇，不仅为客家文化在当代社会的发展提供了良好的契机，也为联络海峡两岸同胞的感情与客家文化的进一步深入研究提供稳定的物质经济基础与支撑。作为闽台文化重要内容的客家文化担当着延续海峡两岸共有精神文脉的重任，海峡两岸的各界人士纷纷关注与研究客家文化，期望促进海峡两岸客家文化的联系与发展，以此加强海峡两岸人民的交流与合作，为海峡西岸经济区的建设做出贡献。客家学术研讨会和客属恳亲大会也先后在海峡两岸召开，相关部门与各大高校也纷纷成立了客家研究机构与客家研究中心，为海峡两岸客家文化的发展提供平台。

客家土楼申遗成功为客家文化的宣传与发展提供重要的契机。2008 年 7 月，中国客家文化的象征——“福建土楼”申遗成功，被正式列入《世界遗产名录》。客家土楼申遗成功不仅是客家人的骄傲，也是中国人民乃至世界人民的骄傲，使得客家文化走进更多人的视野，增强人们对客家文化的认同感，肯定客家文化的重要性。神奇伟大的客家土楼孕育着丰厚的客家文化，发展客家土楼旅游业正是对外宣传客家文化的重要契机。客家土楼旅游业的兴盛提高了客家文化的知名度，越来越多人对客家文化产生兴趣，海内外人士纷纷聚焦客家文化，掀起了社会各界人士研究客家文化的高潮。

胡锦涛总书记曾考察客家土楼，为客家文化的进一步弘扬与发展提供有力的契机。2010 年 2 月，胡锦涛总书记考察了福建客家土楼，肯定与赞扬了客家文化的独特魅力，为人们在新时期努力弘扬与发展客家文化鼓舞士气，为人们完整地保护中华民族文化遗产提出要求，为新时期客家文化的弘扬和发展提供了有利的契机。客家文化在新世纪一次又一次地受到广大民众的关注，相信客家文化凭借这些好机会发展得越来越繁荣。

三、小结

客家人，遍布华夏、广布五洲、散居世界；他们，远涉重洋、艰苦拓殖、创富天下；他们，感恩奋进、励精图治、叱咤风云。客家人的昌盛实质是中华民族繁荣的反映，客家儿女的未来是中华儿女的前景一斑。谨以《客家之路记》（客家公祠前客家之路的碑刻）作结：“两千年，一条路。回首望，黄河水患，血影刀光，瞻前程，重峦叠嶂，千古洪荒。从中原到石壁，多少华夏子孙，以血汗铺就求生路，慷慨而悲壮。客家民系形成，石壁生光。客家人从此迈出坚实第一步，走遍南国，奔向五洲四大洋。开拓进取，业绩辉煌……客家之路乃奋发之路，成功之路，亿万客家儿女携手阔步，一路高歌，一路春风，一路阳光。”

第八章

商行四海：商业文化之根

统筹：王　芬
撰写：魏思佳

河南是中国商人、商业和商业文化的起源地，中原商圣群、古都古商城、庄园文化、商业会馆以及古商埠重镇等商业文化资源丰富、种类齐全。河南商业历史文化资源的开发也可以深度挖掘中国商业文化的精髓，有利于弘扬中华商业文化，建设中华民族的商业信仰和商业道德规范，构筑中国商家的精神文化体系。

第一节　中原商业之溯源

一、中原商业的奠基

河南有着悠久的商业文化传统，是考古界、史学界公认的中国商人、商业和商业文化的起源地，在中国商业文明进程中占据着重要的地位。据考证，商先公活动的地点主要集中在豫东，而豫东的商丘应该就是商人与商业的起源地。就是从商丘出发，王亥“肇牵车牛远服贾”，成了中国第一个用牛车装载货物到远地去做生意的人。另据翦伯赞考证，商部落最早的商品交易市场在今天河南商丘的火神台。商丘的“丘”字在说文解字中是集市交易的场所，商丘的涵义应该是商人进行商品交易的地方。为什么会将火神台选为集贸市场呢？这主要是源于古人对于“火神”的崇拜，由于古人经常祭祀火神，火神台就成了人流集中的地区。人们为图便利，便把自己的剩余产品带到这里交换，渐渐地，火神台就成了一个大的商品交换市场。

关于商业起源，一般多以为始自商朝灭亡之后周初的殷顽民。周公迁殷民于成周，成周居四方之中，可耕之土田少，又压迫于异族之下，力耕不足资生存，故多转而为商贾。商贾之名，疑即由殷民而起。李亚农认为："郑国所分得的殷民却是做生意的贾人。郑桓公把这些善贾的殷民带到郑国来之后，一方面强迫他们开荒垦地，一方面仍旧容许他们在农事之暇从事于商业，以经商的利益来笼络奴隶们，换取他们的效忠不叛。由于殷人善贾，周人重农，后来周人以贱视殷人鄙视贾人，竟通称贾人为商人了。这就是中国人称生意人为'商人'的缘由。"这一行业，周的贵族不屑做，庶民要种地不能做，而又为社会所需要，日子久了，商业成为殷遗民的主要行业了。林文益也说："殷人善贾，周人重农。周武王灭殷纣，因为贱视被征服的商族人，因此规定他们必须以经商作为主要谋生手段，足见周人鄙视商业。周人讥讽殷人经商为业，追逐商业利润是唯利是图，'胜而无耻'。正因为当时经营商业的人多是商族人，所以专门作买卖的人就被称为商人，这个行业就被称为商业。"但是商业行为，远非来自商朝灭亡之后。《周书·酒诰》称妹土人"肇牵车牛远服贾"，肇者始也，可见在周初人的眼中认为商行为是始于殷。大约就因为这样，所以后世称经营这种行为的人便为"商人"的吧。商朝人会做买卖，商亡后，西周最高统治者还鼓励他们从事这种活动。因此，在周人的心目中，做买卖的就是商族人。

关于商贸交易的起源，可以追溯到三皇时期。如《易经·系辞下》："神农氏作，……日中为市，致天下之民，聚天下之货，交易而退，各得其所。"《世本·作篇》："祝融作市。"《古史考》："神农作市，高阳氏衰，市官不修，祝融修市。"这些都反映了交易行为的历史悠久。

如前所述，在研究商人与商业起源时不仅注意到其与商族人有关，而且与商朝有关。郑州商城的陶器作坊，安阳殷墟的平民与贵族墓葬中数量不等的随葬品，尤其是墓葬中出土的用作货币的海贝与铜贝，有的竟多达数百枚。在甲骨文与金文中，也有关于以朋为单位的赏贝的记载，均反映了当时商业贸易的发达。因此关于商人与商业的起源可以向前进行追溯：

第一，文献中有记载，如《世本·作篇》："相土作乘马。亥作服牛。"而

《山海经·大荒东经》记载："有人曰王亥，两手操鸟，方食其头。王亥讬于有易，河伯仆牛。有易杀王亥，取仆牛。"《竹书纪年》载：帝泄"十二年，殷侯子亥宾于有易，有易杀而放之。"范文澜认为："相土造马车，王亥造牛车，大大提高了车的功用。王亥驾着牛车，用帛和牛当货币，在部落间做买卖。大概要扩大商业，曾迁居到黄河北岸。后来被有易（狄）族掠夺杀死，王亥弟王恒战败有易，夺回牛车。王亥有这样大的功业，所以子孙祭他用牛多到300头，礼节很隆重。"因此，商人的经商行为可以追溯到商先公的王亥时代，王亥赶着牛车与有易氏进行交易，是有文献记载的商族首领最早的商业交易行为，王亥因这种交易而遭杀身之祸，也因此受到后人的隆重纪念。毫无疑问，中国商人的鼻祖与商业的源头，应该就是王亥了。

第二，关于王亥及商先公的活动范围。据《史记》记载，自契至于成汤，共有八次迁徙。王国维在《说契至于成汤八迁》的名篇中，列出了八迁之地为蕃、砥石、商、商丘、相土之东都、殷、亳，其中四迁与今河南商丘有关。王国维在《说商》一文中，更认为："《史记·殷本纪》云：契封于商。郑玄、皇甫谧以为上雒之商，盖非也。古之宋国，实名商丘，丘者虚也，宋之称称商丘，犹洹水南之称殷墟，是商在宋地。"郭沫若在《中国史稿》中更明确指出："舜子商均封于商，在今河南商丘。商朝就是从这里发展起来的。"周自强也认为："商族在建国前活动地域主要在豫东、豫北及鲁西一带。'有易'，其地在今河北易水流域。王亥赶着牛羊远到易水流域而进入有易部落境内，显然不是生产性放牧，而是一种经商性质……王亥与有易人的交往，当是商人的先祖就曾跋涉山水，运赶着畜群到远方进行交易活动。可见商人的经商传统，其来自有。"既然商先公的活动地点主要集中在豫东，那么，豫东的商丘应该也是商人与商业的最早发生地。

第三，商丘保留有许多与商先公相关的遗存，如阏伯台。《商丘县志》载：阏伯台"在城西南二里。高八十八尺，周二百步。"现保存完整的阏伯台，高12米，为夯土堆积而成，台上保存有完整的古建筑群，有大殿、拜殿、东西配房、钟鼓楼和东西禅门，整个建筑群结构严谨、古朴典雅。关于阏伯，《左传·昭公元年》载："昔高辛氏有二子，伯曰阏伯，季曰实沈，居于旷林，不相能也，日寻干戈，以相征讨。后帝不臧，迁阏伯台于商丘，主辰，商人是因，故辰为商量；迁实沈于大夏，主参，唐人是因，以服侍夏商。"《左传·

襄公九年》云："陶唐氏之火正阏伯居商丘，祀大火，而火纪时焉。相土因之，故商主大火。《史记集解》宋忠曰："相土就契封于商。"《春秋左氏传》曰："阏伯居商丘，相土因之。"《索隐》："《左传》曰：'昔陶唐氏火正阏伯居商丘，相土因之'，是始封商也。"《正义》："《括地志》云：宋州宋城县古阏伯之墟，即商丘也。"由此可知，阏伯即为商的始祖契，所居商丘即今阏伯台。据宋人王明清《挥尘后录》可知，当年赵匡胤曾"醉卧阏伯庙"，可知其历史传承相当悠久，而类似保存如此完整，在地方影响较大的商始祖的遗存，在其他地区几乎看不见。此外，商丘还有帝喾陵，有高辛集，也有与南亳相关的谷熟镇，这些地名和遗存，是当地商先公文化历史积淀的符号和象征。

第四，商丘地区的考古发现，尤其是有关先商文化的研究，早已就是商文化研究的焦点，自1936年李景聃的豫东考古之行后，1976年至1979年中国社会科学院考古所对王油坊等遗址的发掘，尤其是1994年以来，中国社科院考古所与哈佛大学人类学系的考古调查工作，都取得了积极的成果，并对当地所谓的岳石文化提出了新的看法，认为，岳石文化是东方文化，亦即东夷文化。东夷文化属于鸟图腾部族的文化遗留。商族起源于东方，其中有文献的支撑，如《诗·商颂·玄鸟》："天命玄鸟，降而生商。"《史记·殷本纪》："殷契，曰简狄，有娀氏之女，帝喾次妃。三人行浴，见玄鸟吞之，因孕生契。"以及《山海经·大荒东经》："有人曰王亥，两手操鸟。"均反映商部族以鸟为图腾的历史事实。

第五，商丘不仅是商源，而且也是商流所在区。《史记·宋微子世家》记载，商朝灭亡后，武王封殷纣王之兄微子及其殷商部族的遗民于宋，实际上是封微子于商人的故地。如前所述，商人以善经商而著称，在宋国的殷商后裔也继承了这种传统。如《韩非子·说林下》："宋之富贾有监止子者，与人争买百金之璞玉，因佯失而毁之，负其百金，而理其毁瑕，得千镒焉。"反映了宋国商人的阔绰与机敏。《左传·文公十一年》（公元前616年）："宋公于是以门赏班，使食其征。"是史载最早的关税征收活动。《韩非子·外储说右上》："宋人有酤酒者，升概甚平，遇容甚谨，为酒甚美，县帜甚高著。"反映了宋国商人经商的风格及待客的诚实。《庄子·逍遥游》："宋人资章甫而适诸越，越人断发文身，无所用之。"反映宋国商人已远足江浙去经商。《吕氏春秋·召类》则反映了宋都睢阳专门经营鞋业的繁华情况，"宋国有'恃为鞔'——作鞋帮或皮履的手工业者，已维持生活三世，为了保持与老顾客的联系，就不愿迁移。为了在竞争中取得优势，他们开始注意保持技术秘密。如宋国有人'善为不龟手之药者'，有人出百金要买他的处方，这家手工业者便'聚族而谋'，认为世代干这活所得不过百金，今一朝而鬻技百金，很合算，便把方子卖给他。"《史记·货殖列传》所云："夫自鸿沟以东，芒、砀以北，属巨野，此梁、宋也。陶、睢阳，亦一都会也。昔尧作于成阳，舜渔于雷泽，汤止于亳。其俗犹有先王遗风，重厚多君子，好稼穑，虽无山川之饶，能恶衣食，致其蓄藏。"正是这里待人诚实的民风和独特的区位优势，才成就了一代商圣范蠡。

二、悠久的商业文化

河南的商业文化源远流长。其一，商业根源来自商族。汉语中作为"商业""商人"意义的"商"字来源于历史上的"商族""商朝"的"商"；而先商活动于豫北、豫东；早商、中商定都于豫西、豫中；晚商定都于豫北。可以说，中国商业起源于河南，商业、商人之名起源于河南。其二，商业繁荣于先秦时期的河南。"弦高犒师""郑人买履""人弃我取、人取我与""待价而沽""陶朱公"等商业典故均出自先秦时期的河南。其三，商业发达于汉唐宋。东汉、北魏、隋唐的洛阳城，商业极为发达，是丝绸之路的起点。北宋都城东京，是当时著名的国际商贸大都会，也是当时最繁华的城市，《东京梦华录》《清明上河图》均详尽直观地描绘出开封城当时繁忙的商业图景。除了拥有上述商圣群体外，河南还存留下来大批物质文化遗产，它们虽然默不作声，但同样向我们讲述着商业文化的辉煌。中国真正意义上的市出现在商代的河南，最早的车马实物和道路遗迹发现于河南安阳，最早的货币——贝币发现于商代。此外河南还有四大商埠重镇之一的朱仙镇、天下第一会馆社旗山陕会馆、商业神话巩义康百万庄园等众多值得称道的商业遗迹。

（一）流芳百世的中原商圣群

从先秦时代商朝的王亥到明清时期的康百万、怀帮，历史上成功的豫商人物不胜枚举，如璀璨繁星在商业历史长河里熠熠生辉。如王亥，商族始祖契的六世孙，文献有"肇牵牛车而远贾"的记载，是中国最早的商人，被称为“华商始祖”“商业鼻祖”。西周时期，周公鼓励洛阳的商遗民牵牛驾车，四方贩运，这是商人在政府领导下大规模从事商品经营之始。弦高，春秋时期郑国商人（今河南新郑人），在经商途中因“犒师救国”的智举使郑国避免了一场大灾难，是我国有史记载的第一位爱国商人。白圭，东周时期洛阳大商人，因擅长经商致富而誉满天下。“人弃我取，人取我与”，被后人誉为商圣。司马迁《史记·货殖列传》对其事迹有详细记载，并称“盖天下言治生祖白圭”，是中国历史上第一个具有战略思路的产业商人，后世商人把他尊为本行业的祖师爷。经刘继兴考证，宋景德四年，真宗皇帝封白圭为“商圣”，民间称白圭为“人间财神”，并设神牌供奉。子贡，即孔子的弟子端木赐，卫国（今河南浚县）人，躬行儒学，《史记·货殖列传》记载：“既学于仲尼……鬻财于曹、鲁之间，七十子之徒，赐最为饶益……子贡结驷连骑，束帛之币以聘享诸侯，所至，国君无不分庭与之抗礼。”子贡是中国历史上第一个儒学出身经商致富的商界奇才，被称为儒商第一人，同时，还是孔子事业的支持者，是中国历史上第一个学术赞助人。计然，今河南商丘人，《史记·货殖列传》记载他的经商治国七策，是第一个商业理论家。范蠡，春秋战国时期楚国宛人，和计然共同辅佐越王勾践，后用计然七策经商，是历史上弃政从商的鼻祖和开创个人致富记录的典范。《史记·货殖列传》载其“十九之年三致千金，散与贫交疏昆弟。此所谓富好行其德者也。后年衰老而听子孙，子孙脩业而息之，遂至巨万。故言富者皆称陶朱公”。在从商的十九年中，他曾经“三致千金”——三次散尽家财，又三次重新发家。在秦汉时代，人们就把那些巨富们称为“陶朱公”，其名字成了财富的代名词。他富而好德，也是中国历史上第一个关心贫弱的商人，被后人称为“商圣”“文财神”。西汉洛阳人桑弘羊，是第一个重商理论倡导者。以上商业名人可说是中原商圣群的奠基性人物。

（二）厚德载物的中华商魂

历史上的豫商人物如璀璨繁星，在中国商业历史长河中熠熠生辉。他们开创的经商哲学、经营理念、商业法则，奠定了中国传统商业理论和经商理念的基础，是中国传统商业文化的活水源头，其有关市场行情预测、经营决策、商业道德、经营者素质的思想对古代传统商人、近代民族实业家都产生了深远的影响，为今天的商业文化建设提供了深厚的民族文化传统养分。

中国第一位商业理论家计然提出，经商要关注气候变化和农业生产的规律，“旱则资舟，水则资车”，在进出货物时要“贵取如粪土，贱取如珠玉”。他还提出物价升降的规律：“贵上极则反贱，贱下极则反贵”。现代经济学对于供需反应和价格变化基本机制的认识，无不出之左右。白圭提出了“乐观时变”“人弃我取、人取我与”的经商理念，认为经商如同“伊尹、吕尚之谋、孙吴用兵、商鞅行法”，经商如同作战，要有谋略，有章法。他说：如果有人“智不足于权变，勇不足以决断，仁不能以取予，强不能有所守，虽学吾术，终不告之”。就是说，商人要具备智、勇、仁、强等多方面的素质，富于决断和权变。范蠡提出经商要“择人任时”。这些见解十分中肯地揭示了商业运作的基本规律，它对后世商人搞好经营具有极好的指导作用，是弥足珍贵的商业文化经典箴言。“人弃我取，人取我与”的思想，是白圭对中国商业发展的最大贡献，也是司马迁在《史记·货殖列传》里推崇的出奇制胜的重要策略。道理看似浅显，但依然是今天商业思想体系里最基本的理论。范蠡的“经济循环论”“积著之理”“待乏原则”“平粜齐物价格理论”，至今仍闪耀着先秦经济学说的熠熠光辉。从弦高、范蠡、子贡、白圭等杰出的古代豫商身上，可以领会到古代豫商的文化和精神：

第一，目光远大。与其他地域商人的目光局限在经济空间里不同，古代豫商的目光远远超越了经济空间，纵横于政治、经济、文化、外交等领域。吕不韦以经商起家，后来走上政坛，成为秦之相国，为中国统一立下不朽功绩；他所编《吕氏春秋》，流传数千载，至今仍然大放异彩。范蠡则由从政起家，功成名就后卸官去职，舟浮江湖，变姓异名而经商，“十九年之中三掷千金”。子贡师从孔子，为儒家言语门的最杰出者，从事外交“存鲁，乱齐，破吴，强晋而霸越”，从商而至“结驷连骑，束帛之币以聘享诸侯，所至，国君无不分庭与之抗礼”。

第二，社会责任感强。古代豫商生活极为俭朴，薄食、忍欲、节衣，但却有极强的社会责任感。主要表现在：一是富于爱国精神。如《左传》所载弦高犒师的故事，反映了郑国商人的机智爱国。二是助人为乐精神。范蠡“三掷千金，再分散与贫交疏昆弟”。子贡从商致富后，尽力帮助孔子弘扬儒家学说，得到司马迁的称颂：“夫使孔子名布扬于天下者，子贡先后之也。”在现代商场上弘扬智、勇、仁、强的商业精神，商人与商人之间角逐的不仅是经济实力，更重要的是包括智、勇、仁、强等在内的整个商业文化。

第三，豫商普遍具有深厚的传统文化底蕴。整个豫商的教育水准在所有的商帮中还是处于一个比较高的地位，豫商常常是以儒家传统文化来教导整个商帮的内部成员，他们信奉中国传统的孔孟儒家思想中的仁义道德，坚持将儒教所宣扬的伦理道德和经商之道融入每个成员的行为规范之中。如康百万庄园中就有大量的匾、额、楹、联，这些都直观体现了康家秉承的儒家文化思想。

第四，勤俭创业。中国古代的圣贤都提出了，商人务必要做到不暴殄天物，节制个人的欲望，要勤俭持家，平易待人，不要仗势欺人。自古以来，豫商一直秉持着这些中华传统美德，坚持从小事做起，逐步影响身边的群体，并扩大到周围的群体。在豫商的实际经商活动中，有很大一部分豫商坚决恪守不暴殄天物，节制个人的欲望，勤俭持家，踏踏实实做事。所以，古豫商往往都比较俭朴，过着薄食、忍欲的生活，将节省下来的钱财用于国家或是家乡的建设之中。

第五，乐善好施，积极救济贫苦的百姓。史书上大量记载了古豫商在国家出现危机时，利用自己的微薄之力来帮助穷苦的百姓的事例，利用自己的关系网来集中修筑河堤、帮助国家募集资金来抗击外来入侵，这样的事迹数不胜数。例如春秋时期的范蠡曾经三致千金，三散家财；明清时期的康百万更是其中的典范，他虽家财万贯，但是从不吝惜自己的钱财，他们整个家族非常重视国家的慈善事业，康百万家族多次以公益为手段，修黄河大堤，建学校、赈灾民等。这种精神也是整个古豫商的真实写照，豫商基本上都是乐于好施而友善的，早已在中原地区影响深远。

（三）独具特色的商业理论

河南地区早期的商业与货币理论对中国商业的发展也起到了积极作用。东周鲁山人墨子（一说墨子为宋，即今商丘人）提出了“兼相爱，交相利”的主张，将商之利的理念广泛运用到社会各个层面。洛阳人单旗，阐述了货币的子母相权论，较全面地分析了货币流通必须结合货币价值的问题。商丘人计然讲求“积著（贮）之理”，把西周以来的传统经济概念，特别是贸易和价格等方面的理论向前推进了一大步。濮阳人商鞅在秦国实行抑商政策，力求将社会上从事工商业的人数限制在一定范围之内，将商业资本的活动限制在一定范围之内，虽然对巩固新兴的封建制度起到了一定作用，但是却阻碍了商品经济的发展。他的思想为中国从东周到近代三千年左右的封建王朝所承继，"抑商"政策成为中国古代商业文化的一大特征。西汉时期洛阳桑弘羊认为商业是致富的本源，由于各地资源不同，所以商业交易的对象也各有不同，而都市的繁荣与财富的聚集均与商人密不可分。可以说，他不仅仅是西汉杰出的理财家，也是中国古代重商理论的倡议者。此外，洛阳人贾谊关于货币理论方面的认识，东汉许昌人荀悦有关货币流通的概念，唐代孟州人韩愈关于农工商并重的理论，新郑白居易的货币与农工商业关系的认识等，在当时重农抑商的传统思想垄断的氛围下，对中国商业文化的发展均具有积极的意义。

三、历史的沉淀

河南地区还是我国重要的商业都会所在地。东周秦汉时期，中原地区商业发达，根据《史记》和《盐铁论》等资料记载，这个时期河南已经形成了温（今温县西）、轵（今济源轵城镇）、荥阳（今郑州古荥镇）、洛阳、睢阳（今商丘市区）、卫（今濮阳市南）、阳翟（今禹州市朱阁乡）、陈（今淮阳县）、宛（今南阳老城东北）、宜阳（今宜阳县西）等10多个商业中心。北魏迁都洛阳后，不仅对洛阳城重新进行了整修，还在外部城内西、东、南三郭设立了三个市，供不同行业商品经营之用，洛阳成了北方商业和贸易中心。唐代洛阳继续发展，不仅是全国最大的商业城市，而且外商云集，是中外交流的国际性商业大城市。北市不仅有多种行业，还有不少中亚商人，并有以工商业为单位组成的佛教组织社，其某种意义上类似于后代的行业商会。除北市外，唐代洛阳还有东市、西市，以及其他商业区，值得注意的是三市还设有"市长"一职，管理市场交易。洛阳以外，邺城（河南、河北两省交界处）"平原千里，漕运四通"，也是一个繁华的大都会。北朝后期，开封也发展起来，入宋以后，以汴河为主干线的漕运路线，方便了各地商品与以东京（今河南开封）为中心的市场相互交流，使得河南在这种物流过程中受益不少。北宋都城东京是当时中国也是世界上最繁华的城市，不仅城市面积较唐代城市有所扩大，经商者还可以在城内大街上临街开店，甚至可以通宵营业。此外，同类商业集中在一起，形成"行"，市场的分工更为明确。可以说以开封为代表的宋代都市商业，已经开始向近代转型，具备了近代都市的各种特点。

（一）以商丘、郑州为代表的古都古商城文化

“在整个华夏大部分区域还处于蛮荒期时，中原地区就已经存在了较高水平的农耕文化，并且还逐步形成了若干个较为发达的商业大都会。洛阳、开封、安阳、商丘、郑州都是著名的千年古都。”同时也是古商城，因此，河南的古都古商城文化资源很丰富，在全国首屈一指。

郑州商城遗址：即今河南省郑州市区偏东部的郑县旧城及北关一带，是商代早中期的都城遗址，史书记载的由“城”和“市”结合而成的都会式商业城市，是中国商业城市兴起地。当代诗人陈运和诗称：“七公里长的商代古城墙，一根能挑起郑州历史的扁担，3500 多年的延绵不断，3500 多页的树碑立传”“考古价值无法估量，现代的目光莫轻视这残壁残垣”。

商丘：商朝建都地，是商人、商业、商品的发源地。商丘因此被誉为“三商之源·华商之都”。商族的先族东夷人在商丘一带从事物物交换活动，久而久之人们就把从事贸易活动的商部落人称为“商人”，把用于交换的物品叫“商品”，把商人从事的职业叫“商业”，由此衍生的文化称为“商文化”。

（二）以康百万、叶氏庄园为代表的庄园文化

庄园是中国建筑古迹史上最辉煌的篇章，从诞生之日开始，庄园建筑便成为融宫殿、家居实用建筑为一体的宏伟的建筑群。庄园不仅是现实存在的文化景观，更是文学作品、绘画艺术以及建筑艺术等各种文化形态的巅峰集合。河南商业文化中也不乏庄园文化，其中以巩义的康百万和商水县叶氏庄园为代表。

巩义康百万庄园 位于河南省巩义市（原巩县）康店镇，始建于明末清初。康氏家族前后十二代人在这个庄园生活，跨越了明、清和民国三个时期，共计400 余年，庄园也从最初的山腰建至山顶。是一处典型的十七到十八世纪华北黄土高原封建堡垒式建筑的代表。康百万庄园又名河洛康家，是全国三大庄园（康百万庄园、刘文彩庄园、牟二黑庄园）之一。与山西晋中乔家大院、河南安阳马氏庄园并称“中原三大官宅”，被誉为豫商精神家园、中原古建典范。

商水叶家大院是我国目前保存得最为完整，建筑规模最大的清代民间庄园之一。其位于因三国大将邓艾屯兵而得名的古镇邓城，距商水县城和周口市区均 16 公里。依靠水运而发家成为当地巨富的叶氏，从清康熙年间始，历时半个多世纪，完成了占地 20 000 平方米，以三个大院为主的宏伟的叶氏庄园建筑群，是我国典型的硬山式四合院组群建筑。其建筑选材精良，做工精细，飞檐斗拱，珍兽镇脊，砖木雕刻，堪称一绝，是中原腹地清代民居建筑装饰艺术宝库中的珍品。建筑整体气势恢宏，布局严谨合理，各院因功用而设计，高低有别，形成跌宕起伏，错落有致，实有“五步一楼，十步一阁”之感，但又不失其统一的建筑风格。

（三）以山陕会馆为代表的商业会馆文化

“会馆”之名始见于明代，又称“同乡会”，是旧社会都市中同乡或同业的民间性团体。这种会馆，是与商品经济的发展同步的，因此，称之为商业会馆。河南商业会馆，是指在河南从事经营活动的商人或主要是外籍商人集资建造的会馆。明清时期不少活跃在河南的山西、陕西等富商为扩大经营，保护自身利益，由同乡会筹资修建经商聚会场所，在乾隆、嘉庆年间达到鼎盛。山西商人于明清时期在外建造的会馆，当以河南省境内最多。据近年来统计，单河南省内的山西会馆就多达 73 所，有 4 所会馆已被列为国家文物保护单位。河南现存的会馆有社旗山陕会馆、开封山陕会馆、洛阳山陕会馆、淅川山陕会馆等。有些会馆如洛阳山陕会馆后来逐渐成为“叙乡谊、通商情、敬关爷”的社交性公共场合。会馆多为庭院式建筑，主体建筑有琉璃照壁、戏楼、牌楼、大殿等部分，砖、石、木雕艺术奇绝，是河南省明清时期建筑艺术代表作。

（四）以朱仙镇、赊店镇为代表的古商埠重镇文化

河南位居天下“九州”之中，交通便利，历史上也不乏商埠重镇，如开封朱仙镇、南阳赊店镇等。朱仙镇曾经是赫赫有名的中国四大商埠重镇之首，文化名镇翘楚。朱仙镇相传为战国朱亥故里，朱亥居仙人庄，故名朱仙镇。唐宋以来，朱仙镇一直是水陆交通要道和商埠之地，明朝时是开封唯一的水陆转运码头，朱仙镇因此而迅速繁荣，明末清初是朱仙镇最繁盛的时期。

南阳赊店古镇位于河南省社旗县县城所在地，是明清时期著名的商业重

镇。因西汉末年刘秀在此举义兵赊旗而得名。古镇凭借其地处中原腹地、坐扼南北通衢的水陆交通优势，承东启西，四通八达，在古代茶叶贸易中占据枢纽地位，成为可与丝绸之路相媲美的万里茶道的中转站和九省商品集散中心，曾吸引多省商贾在此投资经商。现保存有完整的明清时代的城墙、码头、街道、店铺、民居，国内罕见。镇内的72条街道，36条胡同，布局对称，基本保持了原始商业店铺的风貌，生动展现了明清商埠文化的特质，是国内现存最为完整的商业古镇原型之一，享有“天下店，数赊店”的美誉。

四、得天独厚的经商环境

中原地区之所以产生了诸多商圣，是与中原良好的商业环境密不可分的。河南地处中部，在几千年来的社会发展过程中，可以说基本上一直是社会政治、经济、文化的重要中心，古老的华夏文明就是在世界灿烂悠久的文明历史进程中也占有着举足轻重的地位，同样也孕育了具有中华特色的古商业文明。在整个华夏大部分区域还处于蛮荒期时，中原地区就已经存在了较高水平的农耕文化，并且还逐步形成了若干个较为发达的商业大都会，洛阳、开封、安阳、商丘、郑州都是著名的千年古都。夏代先后在夏邑（今商丘）、偃师二里头（今洛阳）、阳城（今郑州）等附近建都。商代在亳（今商丘）建都，后来迁到“殷”（今安阳），自夏而金的4000年间，有10多个朝代，200多位帝王建都或迁都于河南，长达3200余年。每当中国内乱时期，群雄“逐鹿中原”，河南是必争之地。

据古老的中国文献《尚书》记载，在传说中的神农时期，中国大地上就已经存在定期的商品交换了。到了整个原始社会末期，生产力得到了进一步提高，表现在人类的生活中就是，商业得到了更大的发展，商业逐渐从农业、手工业中分离出来。随着商业的逐步发展，作为商业的活动主体——商人队伍开始不断得到扩充。

公元前770年起到公元前386年，由于出现了铁器和牛耕，生产力得到了很大发展，人们逐渐开始在自给自足的基础上，剩余产品开始不断增多，还出现了专门的生产日常所用的基本物品的地方，商品的交换速度开始增快，频率越来越高。在当时的环境下产生了许多有名的商人，如春秋时期楚国的范蠡、卫国的子贡、郑国的弦高、战国时期秦国的吕不韦等。

公元前221年到公元220年，整个国家处于第一个大一统时期，在这样的稳定的社会环境下，河南利用自身的道路四通八达的实际情况，积极发展商业，经过几代中原商人的努力，终于将当时的洛阳城建设成全国有名的大都市。史书记载，当时的洛阳城中居住的都是那些腰缠万贯的大商人，可想而知当时洛阳有多么的奢华。

公元265年到公元581年，由于经过广大劳动人民和商人的不断建设，洛阳成为当时全国最大的商业大都市。在洛阳市内，中外商人云集与此发展商业，城内还建有大量的具有外域风情的建筑物。可以看出无论从当时的建筑来看，还是从当时洛阳城内的人口数量，洛阳都可以看作是当时的国际大都市。无数的商人将商品运于此，又将洛阳的商品运向各个地区。这样使得整个洛阳的经济影响力不断扩大，带动了周边地区的繁荣发展。

公元581年到公元904年，这个时期是中国历史上国力最为雄厚的时期，出现了“贞观之治”“开元盛世”，经济高度繁荣富强。隋朝时期，凿通了以洛阳为中心，联通北京和杭州的京杭大运河，促进了南北地区的商业快速发展，同时将洛阳的影响力逐渐深入到祖国的北方和南方。在隋朝，洛阳成了全国政治与文化中心，河南得到迅速发展的机会。在整个隋唐时期，中原地区拥有巨资的商人无数，豫商在这个时期力量开始不断壮大。

宋元时期，我国又迎来一次大一统时期。这个时期也是历史上商品经济又一繁荣时期。当时国内城市经济已经比隋唐时期更为发达，城市中的坊、市开始随着商业的发展，逐步走向分离和瓦解。政府放宽商业活动的空间和时间限制，商业形式开始多样化，除较为常见的商店和摊贩外，还出现了不定期的庙会。元朝时蒙古族统治整个华夏大地，在统治策略上仍沿袭前朝，鼓励发展商业，并为商业发展提供了很多便利条件。由于政府的行政作用和鼓励措施，全国上下经商的人数不断上涨，经商的这种风气也开始在宫廷中蔓延，当时有很多官僚在闲暇时间也会到集市上进行交换自己的物品。

明清时期，由于生产力的发展，我国封建社会逐步达到其发展的顶峰时期。这个时期最为明显的是商帮的出现，它的出现说明了封建时期的商人及商品已经发展到了它的顶峰时期，其影响范围不仅仅是在当时的全国，还影响到了以后我国的商业的发展。具体来看，在14世纪到17世纪，河南地区的商帮开始逐渐从无到有，呈现出快速发展的态势。在17世纪，整个河南地区出现了一大批具有影响力的商帮，如怀帮。这个时期，整个河南商帮中康百万是最具有影响力的人物，纵观康氏家族的兴盛发展，也会从中发现整个河南商帮的发展变化历程。在封建时期，豫商通常不是就经商而经商，他们往往将自己经商之道和仁义道德很好地融合在一起，形成具有豫商特色的经商之道。

五、结语

从以上对河南商业历史文化资源的梳理可以看出，河南省商业文化资源丰富，种类齐全，级别较高，深入挖掘和传承深厚的中原商业文化资源，成为新豫商参与市场竞争的强有力的精神支柱和不竭的动力源泉。在当前的市场经济大潮中，弘扬中原优秀的商业文化有一定的现实意义。首先，弘扬商业文化有利于现代商业的发展。中国古代虽然以农为本，以商为末，实行“重农抑商”，但是中原地区长期是都城所在地和全国的商业中心，商业仍很兴盛繁荣，封建国家也曾经制定了一些“通商惠工”的政策和法规。这些可以为当前商业的发展提供有益的历史借鉴。其次，古代中原地区涌现了许多商业活动家和商业理论家，他们的实践活动，提出的商业理论和经商理念，都是宝贵的精神财富。对这些思想理论进行深入发掘，可以启迪当今商家的智慧，提高商家的素质，促进商业的发展。最后，中原商业文化中包含的商人爱国、惠民、公平、诚信等优秀品质，不仅是传统思想文化中的精华，也是今天应该大力提倡的精神。它不仅有利于克服商业经营中存在的唯利是图、假冒伪劣等不良现象，也是提高国民素质、构建和谐社会的需要。让豫商文化得到传承，不仅需要挖掘传统的商业文化资源，更要总结当代的豫商精神。新一代豫商在改革开放和社会主义市场经济中不断成长，在各自的事业中取得了骄人的成绩，已经成为实现中原崛起的一支重要力量。同时，当代豫商给人们留下了敢于吃苦、勤于实践、勇于创新、善于创造的良好印象。他们身上所体现出的创业精神和商业智慧，集中反映了与时俱进的河南精神，展示了河南人的良好形象。

第二节 商业文化的传承与发展

自南宋以来，中国的经济中心南移，政治中心则转移到北京。在历次战乱中，河南都是主战场，且灾害不断，所有的这一切导致了豫商的衰落，尽管有怀庆府药材商帮和巩义康百万家族的短暂辉煌。与明清时期崛起的徽商和晋商相比，豫商黯然失色。豫商衰落的根源不在于自身，而在于不利的客观环境。在衰落的背后，历史上形成的豫商精神不时闪现，它在坚持，在苦苦寻找破茧而出的良机。历史的车轮驶入20世纪80年代，此时的中国开始改革开放，这为豫商精神提供了传承的气候和土壤。一大批河南人传承豫商精神，走南闯北，展示了新豫商的形象。目前，新豫商已经渐成气候，在省内外的影响力越来越大。

一、豫商精神的传承

（一）国家情怀

隋唐和北宋时期，中国结束了自汉末以来长达几百年的混乱割据，重新实现了大一统。这一时期，社会稳定，为中国商业的发展提供了强有力的保障。大量水利工程的兴建保证了农业生产的命脉，生产技术的进步提高了农产品及手工业品的产量。京杭大运河的修建沟通了南北水运，为南北方的商业来往提供了水上大动脉。遍布全国的驿站旅馆不但为商人提供了温馨的港湾，而且还是商业向偏远地区发展的触角。统一的货币制度为商品交流提供了更加便捷的平台。中国的城乡经济呈现出欣欣向荣的气象。城市中出现了夜市及最早的银行、柜坊，农村出现了定期举行的草市。同时，中国的商业跨出国门向国外发展，中国商人的足迹遍及当时世界上的主要国家。大量外国商人到中国贸易，与中国互通有无，进一步促进了中国商业的发展及中外经济交流。真可谓：天下熙熙，皆为利来；天下攘攘，皆为利往。这一时期，作为中国政治、经济、文化中心的河南，其农业和手工业也取得了长足进步，业已形成的豫商精神得到了进一步发展。“为国出力”是豫商精神的要素之一，这条要素改变了政府对商人的偏见。唐太宗就曾经昭告天下要给予对国家有贡献的商人奖励。唐太宗的行为在一定程度上改变了社会对于经商的成见，提高了商人的社会地位，鼓励更多的人从事商业。农业生产本身比较辛苦，再加上这一时期农产品商品化程度较高，利润丰厚，很多百姓纷纷弃农经商，投身商海，这就进一步扩大了豫商队伍。

（二）诚信经营

豫商精神中的诚信经营精神在这一时期得以发扬光大。有个姓孙的豫商在开封经营酒店，依靠诚信打开了市场，吸引了众多回头客，因此受到了皇帝的嘉奖。一家樊姓茶楼的老板因拾金不昧而名扬天下。福建李氏在该茶楼饮茶，把贵重物品遗忘于此。几年后，李氏又到开封，碰巧又在该茶楼喝茶。在与友人的闲聊中，李氏说起了当年之事，茶楼老板听到之后，就细问了李氏丢失物品的特征，李氏一一作答。答对之后，茶楼老板就归还了李氏所遗忘的物品。茶楼老板的行为使得李氏惊叹不已，当即拿出酬金，却被老板拒绝了。老板说经商当以诚信为本。彼时的众多文献记载了豫商的诚信。《东京梦华录》曾记载一事："正店酒户，见脚店三两次打酒，便敢借与三五百两银器。以至贫下人家就店呼酒，亦用银器供送。有连夜饮者，次日取之。诸妓馆只就店呼酒而已，亦复如是，其阔略大量，天下无之也。"

（三）灵敏的商业嗅觉

有些豫商因为能够预测市场行情，及时把握供求关系而发财致富，周景就是这类豫商的代表。汴河疏通后，周景预料到汴河将成为商业流通的黄金水道，而在汴河周围尚没有一间仓库。周景抓住商机，在汴河边兴建了一个大型的客栈——十三间楼。十三间楼既提供食宿，又提供存放货物之处，且卫生安全。十三间楼很快引起了在汴河上来往的商人的注意，他们纷纷把货物存放在这里，不时在这里食宿。周景靠十三间楼迅速成为一代富商。

南方的金橘清香味美，豫商不辞劳苦，千里迢迢将其运到开封。橘生南方，作为北方人的开封人此前并没有吃过金橘。因而，起初金橘在开封没有打开市场。但是豫商并不失望气馁，他们知道以金橘的质量，一旦宣传开来，金橘必然会畅销。豫商通过关系将金橘进献给宋仁宗的宠妃张贵妃，张贵妃在食用了金橘后赞不绝口。这样，金橘依靠豫商的智慧得以进军开封、河南以至北方。市场打开之后，如何保证金橘的供应则成为摆在豫商面前的一道难题。豫商经过多次摸索，找到了长久储存金橘的方法。欧阳修的《归田录》留下了这样的记载："其欲久留，则于绿豆中藏之，可经时不变，云：'橘性熟，而喜性凉，故能久也。'"

河南是京杭大运河的中心，京杭大运河把河南与中国其他地方有机地联系起来。南来北往的货物大都是先运到河南储存起来，然后再通过运河转运到其他地方。大运河的繁忙造就了更多的豫商。有些豫商与官府合作，用官船运送货物。单干的豫商则成立自己的船队，主营茶叶、丝绸、瓷器、漆器及南北方的特产。由于水路畅通，货物吞吐量大，很多豫商的船队都是满载而归。当时政府对于盐业不征税，一些精明的豫商从中嗅到了商机，他们投身盐业运输，在繁忙的大运河上找到了一条致富之路。可以说，当时京杭大运河中的主力军就是豫商。豫商带动了河南经济的发展，促进了中国南北的经济交流。特别是在灾荒的年份，豫商把富裕之地的粮食运到受灾之地，一方面赈济了灾民，另一方面，也赚取了合理利润，推动了商业的繁荣。《新唐书》对此有记载："河南通商之后，淮南诸郡，米价渐起。"

（四）开放的商业思维

开封和洛阳是当时河南乃至全国著名的两大商业都会，在国际上的知名度也很高。开封当时有150万人口，居世界第一，达官贵人如云。这些人生活奢侈，消费量巨大，在一定程度上促进了开封商业的繁荣。开封的商业突破了过去市坊分离的格局，打破了经营时间和地点的限制，通宵营业，街上随处可见店铺。大大小小的豫商抓住时机，在开封进行商战。豫商为开封的繁荣和发展贡献了力量，在开封的大街小巷、桥津渡口到处可以看到豫商的身影。张择端的《清明上河图》反映了开封的繁华，而图中的诸多人物无疑是豫商。开封经济的发达吸引了众多外商，一些犹太人也前往开封做生意，他们带来的物品主要是西洋布。西洋布，就是棉布，中国人到14世纪才会种棉，因此"西洋布"便是一种稀有的物品。这些经商的犹太人在开封定居下来，一直延续到现在。目前，对于开封犹太人的研究已经成为国际显学。这不能不说是河南商业史上的一段佳话。

洛阳在城市布局中突破传统的桎梏，专门建立了商业区。洛阳市有三大商业区：南市、北市、西市，它们的规模很大，客商云集。南市方圆6里地，紧邻着通济渠，渠上百舸争流，来往的商船络绎不绝。进入南市的大门有12

个，南市之繁华由此可见一斑。在三市内，店铺密集，人流如织，各种货物应有尽有。商业的繁华使得营业面积显得紧张，一些聪明的豫商就在店外摆摊经营。在这一时期，豫商的权利观念日益提高，他们意识到，要保护自己的切身利益，必须成立自己的组织。于是，各种行会纷纷成立，如米行、药行、香行、谷行、丝绸行、瓷器行、铁器行等。

一些豫商顺应经济形势的发展，迎合百姓的消费需求，开设了酒肆、旅店、小吃店等，这些都是过去所没有的新现象。洛阳在豫商的推动下日益繁华，很多外商也经常到洛阳做生意，洛阳遂成为著名的国际贸易城市。随着外商的到来，基督教也传入中国，这是基督教第一次入华。基督教徒在经商的同时也宣扬基督教义。洛阳凭借商业繁华引进了基督教，这在中外文化交流史和豫商史上是个奇迹。

洛阳对外贸易的商品主要是丝绸、瓷器和唐三彩。在当时的中国，丝织品的主要生产地不在南方，而在河南。河南的丝织品不但质量上乘，而且种类和样式繁多。河南丝织品的集散地以洛阳为中心。来自欧洲、亚洲、非洲的商人在洛阳大量收购丝织品，而一些豫商则不失时机地把丝织品运往国外谋利。这些豫商外销丝织品的地区主要是西域及其以西的国家，所以我们通常所说的“丝绸之路”也包括洛阳这条路线。从这个意义上说，洛阳是丝绸之路的东方起点。

二、豫商文化的和谐特性

豫商文化以恪守信用、诚信为本、以义取财、乐群贵和等理念为核心。豫商非常重视“己欲立而立人，己欲达而达人”的经商原则，讲究互利原则，兼顾各方面的利益，注重商业生态，强调合作与竞争、自强与自律的和谐统一。豫商文化的和谐特性，主要表现在和合性、包容性和缘约性等方面。

豫商文化的和合性集中体现在对传统文化的继承和对新的商业伦理的创新上。那么，何谓“和合”？著名哲学家张岱年认为：“‘和合’一词起源很早。用两个字表示，称为‘和合’；用一个字表示，则称为‘和’。……许多不同的事物之间保持一定的平衡，谓之和，‘和’可以说是多样性的统一。‘和实生物’，‘和’是新事物生成的规律。”“合有符合、结合之义。古代所谓合一，与现代语言中所谓统一可以说是同义语。合一并不否认区别，合一是指对立的双方彼此又有密切相连、不可分离的关系。”豫商在长期的发展过程中把儒家伦理道德中的“诚、信、义、恕、让”等融会贯通到商业经营当中，倡导“恪守信用、诚信为本、利以义制、以义取财、乐群贵和、推己及人”的商业伦理，体现出豫商“在商不唯商，求利不唯利”的商业品格。和合思想是豫商文化的基本特点，和合性是豫商文化最基本的人文特性。

战国时期声名显赫的商人白圭的经营理念生动地展示了豫商文化的和合性。白圭是河南洛阳人，他把政治智慧融入他的商业经营之中。他这样评价自己的商业行为：“吾治生产，犹伊尹、吕尚之谋，孙武用兵，商鞅行法是也”。他把经商看成是一种人生哲学，认为经商者不仅要有良好的文化素质，还要具备“仁”“勇”“智”“强”的能力素质。他经商主张顺势而为，提倡“人弃我取，人取我予”的经营哲学。白圭的经营哲学体现了“和实万物，同则不聚”的哲学意蕴，即同一是不能使事物持续不断永远存在的，只有把许多不同的东西结合在一起使它们达到平衡，才能保持事物的丰盛与可持续发展，体现了“和生、和处、和立、和达”的商业理念。正是这种超常的商业理念让白圭在商业上大获成功。司马迁对白圭的经商智慧非常钦佩，在《史记·货殖列传》中把白圭奉为“天下治生祖”。

长期积累沉淀而成的这种和合精神让豫商文化在传承的进程中不断融入创新的精神，推动了豫商的制度创新，也彰显出豫商文化的通融原则、进取精神和创新精神。“海纳百川，有容乃大；和谐中庸，包容多样”，构成了豫商文化的重要特征。豫商文化的包容性集中体现在豫商隐忍自谦的处世态度上。豫商深谙商业经营中“人和”的重要性，因此他们非常注重人与人、人与社会甚至人与自然之间的和谐关系。这种隐忍自谦的生活态度在“康百万”的故事中得到了生动的体现。今天或许有人会问：康百万是谁？其实，“康百万”不是具体指某一个人，而是明清以来对以康应魁为代表的整个康氏家族的统称。康百万家族，以财取天下之抱负，利逐四海之气概，创业于明代，渐兴于清初，乾隆时进入全盛，咸丰以后逐渐没落，民国中期走向衰败。其上自六世祖康绍敬，下至十八世康庭兰，跨明、清、民国三个历史时期，富裕了十二代四百多年，富甲豫、鲁、陕三省，船行洛、黄、运、沂、泾、渭六河，良田有两千顷，财富无以计数。“头枕泾阳、西安，脚踏临沂、济南；马跑千里不吃别家草，人行千里尽是康家田”生动地描述了其财富之多。康百万家族为了体现其身份，建造了庞大的地主庄园。全庄园由 19 部分组成，占地 240 余亩，庄重气派、华丽典雅，是一座集“古、大、雅、美”于一体的恢宏建筑群，被称为 17、18 世纪华北黄土高原封建堡垒建筑的代表作。如今，虽已历经数百年的风雨沧桑，但拂去历史烟尘，透过时空隧道，我们不难发现其飞檐翘壁、青瓦高墙中蕴涵着的文化信息，彰显了一段血脉相连的商业传承和一个区域文化的精髓。最能体现康家精神内核的是其“留余”思想。“留有余，不尽之巧以还造化；留有余，不尽之禄以还朝廷；留有余，不尽之财以还百姓；留有余，不尽之福以还子孙。”“临事让人一步，自有余地；临财放宽一分，自有余味。”这种典型的中国式思维方式，源于“器满则盈、物极必反”的先秦乃至更早的训诫。“留余”表现出的不仅是一种生活方式，更是对生命、对自然和对未来的一种敬畏。正是这种中庸退让的生活态度才使得其家族能够传承 12 代而不衰。“留余”思想要求不可穷尽一切利益归己所有，要实现一定程度的利益让渡，保证与他人、与社会、与自然关系的和谐，相伴相生，正当谋利，谋正当利，适可而止。

正是这种包容心、忍让心和感恩心，实现了其长达四百年的持续发展。“留余”是豫商商业智慧和文化底蕴的结合，正是这种结合，豫商才得以成为豫商。在社会竞争激烈尤其是商业竞争残酷的今天，“留余”显得更具启发意义。缘约性是豫商文化和谐特性的一个重要体现。以血缘、地缘、亲缘、业缘为基础，以商会和行业协会为载体的抱团合作精神是豫商文化和谐性的重要体现。作为豫商重要组成部分的怀帮商人出色地践行了豫商文化的缘约性特色。怀帮商人大约出现在清代，当时的怀庆府主要包括河内、济源、温县、沁阳、原武等，即现在的焦作、济源、原阳等地，以这些地区的商人为中心建立起来的商业团体被称为怀帮。明清时期，由于盛产山药、地黄、菊花、牛膝四种药材的八个县皆归怀庆府管辖，因此这四种药材被统称为“四大怀药”。早在东周时期，怀药即被视为药材珍品；唐、宋、元、明、清各朝代，怀药都被列为贡品。为了防止行业中出现垄断投机、哄抬价格、以次充好的现象，明清时期怀庆府的药材商人成立了行业联盟——怀帮。凡加入怀帮的商人，无论商号大小，都须遵守怀帮规章。针对怀药贸易昌盛带来的行栈租费高、花费大等问题，怀帮商人集资建设了怀庆会馆，有了会馆，怀帮商人做起生意来更加方便和安全。货物到了销售地点，由当地的怀庆会馆负责接收管理，货物质量好坏由会馆评估，不会导致贬价出售。怀庆商人的足迹踏遍了祖国的大江南北，他们在商业活动中倡导相互弥补、相互配合、共生共赢，有效地错开了业态分布，避免了恶性竞争，保障了商业运营的可持续发展。岁月流逝，沧海桑田，怀帮商人虽已远去，但其团结合作的精神却流传下来，成为今天建构新豫商文化的文化源头之一。

三、豫商传统对新豫商的影响

改革开放以来，河南经济社会发展迅速，近年来，党中央又提出中部地区崛起战略，对于新豫商的成长提供了有利的外部环境。然而，在现代商场上，商人与商人之间角逐的不仅是经济实力，更是整个商业文化。因此，早期豫商形成的传统对新豫商的作用便凸显了出来。

（一）社会责任感

早期豫商对政治的高度智慧发展到现代，则更多地体现为社会责任感。企业的社会责任感要求企业必须超越把利润作为唯一目标的传统理念，强调在生产过程中对人的价值的关注，强调对消费者、对环境、对社会的贡献。新豫商把企业利益与强烈的社会责任感有机结合在一起。也许不是最大最强的企业，他们也许不一定有很高的业绩和利润，但他们的社会责任感打动了很多人。

（二）合作共赢的精神

传统的儒家精神发展到今天，更加提倡互利共赢。郑州国贸中心商业地产的招商运营是公认的难题。后来在成功招商之后，业界评价说，新田置业在这个项目上的成功主要得益于田太广在商业运筹上使用的两个措施。其一是开发商自己持有80%以上的商业物业，给投资者和经营者都吃下了一粒定心丸；其二是开发商和入驻商家联手成立商业联盟，双方共生共赢、相互弥补、相互配合，有效错开了业态分布，避免恶性竞争，保障了后期商业运营的成功。郑州国贸中心的成功招商具体的体现了新豫商合作共赢的精神。

四、豫商的发展

（一）豫商现状

在河南本土，以三全集团的陈泽民、思念集团的李伟、方欣米业的夏富恩、白象食品的姚中良、双汇集团的万隆、“好想你”枣业的石聚彬、长通物流的夏青田、宇通集团的汤玉祥、新飞集团的刘双银、天冠集团的张晓阳、许继集团的王纪年为代表的豫商，打造了一批在全国乃至世界上都叫得响的知名企业。这些企业传承源远流长的豫商精神，与时俱进，不但推动了河南经济的发展，而且还为“人口大省”河南提供了诸多就业岗位。

在广东，豫商创办的企业有9200多家，经营范围包括房地产、物流、电子、食品、药材、餐饮业、洗浴业、家具等多个领域。广东的豫商大都白手起家，他们从底层干起，积累了生产经验与原始资金，传承豫商精神，一跃成为老板。广州恒大集团董事长许家印、中山同益饰品有限公司总经理孙长江以诚信立足，广东振威国际展览公司董事长张学山、健康元药业集团董事长朱保国以善于捕捉商机发家，珠海三合汽车维修公司董事长李庆军、广宁八一生态农场场长贾东亮靠勤奋刻苦终成大业。

在江苏，依据企业发展的脉络，豫商可分为四种：第一种是白手起家的豫商，这些豫商大都出身草根阶层，依靠自己的勤劳踏实一步步走到今天；第二种是从部队转业的河南人直接投身商海创办企业；第三种是一些受过高等教育的河南人辞去公职从事商业；第四种是总部在河南本土，分公司在江苏的豫商。南京伟豪家具有限公司董事长王宪朋、南京卓宁工贸有限公司总经理卓俊、南京龙升私人健康会所董事长刘现伟、南京兆加亿地毯公司总经理赵丙华都是江苏豫商的杰出代表。

在山西，有10多万豫商，其中身价过亿的有50多人。山西是资源大省，来山西创业的河南人秉承豫商精神，在晋商的地盘上闯出了自己的天地。山西的建筑业基本被豫商垄断，豫商是山西市政工程、路桥建设的领头羊。山西的豫商很抱团，经常联合争取开发项目，很好地演绎了豫商精神。华嘉盛集团董事长彭家华、华通路桥集团董事长王国瑞、山西宏宇物资贸易有限公司董事长刘红星、林州第二建筑工程有限公司董事长郭跃立、山西鼎盛房地产有限公司董事长万福生、山西诚泰建筑公司总经理李建明是山西豫商中的佼佼者。

在陕西，大大小小的豫商有100万人，仅西安一地资产超过2000万的豫商就有200人。陕西的河南人很多，大部分是在灾荒的年月逃难过去的。可以说，陕西是河南人的第二故乡。在陕西省会西安的大街小巷，随处可以看到豫商的身影。在西安的大明宫建材市场、康复路零售商品集散地、贝斯特物流园区、朱宏路机电市场等著名的商业中心，豫商经营的品牌俯仰皆是。陕西的豫商靠着实干和苦干赢得了客户和更多人的信任，在他们身上显示出了难能可贵的优秀企业家精神。西安方瑞物业管理有限公司董事长轩洪亮、陕西金鹰玻璃有限公司总经理王廷发是陕西豫商的领头羊。

豫商不但在国内东南西北四处征战，而且还把触角伸到国外。出国经商的河南人有45万，分布于全球60多个国家，如美国、加拿大、澳大利亚、伊朗、印度尼西亚、新加坡、泰国、英国、法国、意大利、德国、马来西亚等都是豫商的主要集中地。在这些国家，豫商先后成立了河南商会。在国外的豫商，注重整体形象，通过他们，一批河南品牌得以扬名国外。

新一代豫商秉承豫商精神，对河南社会经济的发展做出了重要贡献。豫商为河南转移了大批农村剩余劳动力，把新技术引进到河南，促进了河南高新技术产业的发展。豫商通过自身的力量，在一定程度上推动了河南城市化、工业化的进程。豫商把外省的新观念介绍到河南，带动了河南人思想的解放、观念的更新，有利于河南的改革开放。

（二）当代豫商代表

1. 陈义初：首届豫商大会执行主席

籍贯：浙江宁波。

职务：河南省政协副主席。

推动力评语：

作为一个非河南籍的政府官员，两年来，从理论到实践，他一直在为新豫商的崛起而奔走。从“发展河南人经济”到“豫商是中原崛起的重要力量”，再到调研各地河南企业家，协助各地建立商会，带队参加中国十大商帮峰会，联系举办豫商大会……陈义初的激情，加速了豫商崛起的进程。

简历：在“新豫商”成长的过程中，陈义初功不可没。

自2004年，陈义初带团开始在全国各地考察豫商的发展情况，充分认识到豫商的发展成为当地经济发展的重要力量。2004年7月17日，上海河南商会成为第一个组织企业的豫商组织，此后短短的时间内，有10多个地区纷纷组建商会。在商会的组建过程中，陈义初给予了很多有力的支持和引导，起到了重要的促进作用。

2005年5月，在“中原崛起与企业家责任高峰论坛”上，陈义初首次提出了“河南人经济”这一命题。在2006年1月举行的新年经济论坛上，陈义初再次强调了“河南人经济”的言论。同时，在新年经济论坛上，决定于2006年8月28日召开首届豫商大会，为了筹备大会，作为大会的执行主席，陈义初在各方面作了积极努力。

2. 韩宏伟：国内第一位河南商会会长

籍贯：河南商丘。

职务：上海市河南商会会长、上海福特投资管理公司总经理。

推动力评语：

2004年7月，上海市河南商会成立。作为国内第一个河南商会的会长，韩宏伟在商会建设道路上的探索给其他豫商商会建设提供了宝贵经验，而80万在上海的河南人，从此有了商会这个家。

简历：

2004年7月，上海市河南商会成立，韩宏伟由此成为国内第一个河南商会的会长。这是豫商发展史上一个里程碑。在此之前，河南省外出务工人口达1000多万，自主创业、个体经营者不占少数，单在上海务工、创业的河南人就有80万之多，注册的企业有6000多家，可是却从来没有自己的商会。在浙江、温州、台州等地都纷纷在各地成立商会，以求形成合力之际，河南商会成立的意义非同一般。

在中国的十大商帮中，豫商被认为还没有形成一种明显的文化特征和商道精神，他们认为河南企业家喜欢单打独斗，比较散，不抱团。而商会的成立，正是豫商以整体形象呈现给外界的表现。

3. 崔俊超：大豫商网执行总裁

籍贯：河南濮阳。

职务：大豫商网执行总裁、郑漂论坛联合创始人、河南省豫商经济文化交流协会外联主任、河南省龙乡商会理事长、河南省新媒体发展促进会秘书长。

推动力评语：

2012 年 12 月 1 日，崔俊超推出大豫商网。大豫商网是河南省第一家重点为强盛中原商业而服务的新媒体网站，归属河南省发展和改革委员会主管，河南省豫商经济文化交流协会主办，是专注中原经济发展的网络媒体。在聚合全省商业新闻资源的基础上，在河南省豫商经济文化交流协会、新豫商发展论坛、河南省龙乡商会、名家汇高端企业家俱乐部、群象岛、豫企伍佰会、豫企联盟、河南省微电影协会、河南省网媒联盟、新媒体联盟、中国记者俱乐部、中国电影电视家协会、中国高校传媒联盟、腾讯微博同城、河南省网络营销协会、河南网盟、河南省鹤壁商会、河南省房地产业商会等河南商协会同仁的大力支持下，2012 年 12 月在中原网媒界异军突起，为争做中原商业资讯在河南互联网上的唯一出口而奋斗不息！

简历：

崔俊超，青年作家，文化产业新生代践行者，创业家。1989 年 2 月 12 日出生于河南省濮阳市范县，现居郑州，从事文化产业，曾创办河南省新媒体发展促进会、中国电影电视家协会、大豫商网、郑漂论坛、中原文化产业评论微信圈、大豫私董会。主要涉及 TMT、全媒体、策划、活动、旅游、平台、实业等。现任大豫商网执行总裁，郑漂论坛首席执行官，河南省新媒体发展促进会秘书长，河南省豫商经济文化交流协会外联主任，河南省龙乡商会理事长等职务。

大豫商网自 2012 年 12 月创办以来，得到了政府相关部门和各界媒体同仁的大力支持和关心，现已不断争做在本省商业资讯方面最大、最权威的商业新闻门户网站，成为河南商业对外宣传的新阵地、新窗口。大豫商网始终牢牢把握河南省经济发展动向，以强盛中原商业为己任，全力宣传“兴盛商业，强大河南”。据统计，大豫商网于创立之初每天向河南发布商业新闻 50 余条，日页面点击量超过 1 万次。大豫商网发布新闻可以达到百度搜索引擎秒收效果，大量新闻开始被诸多媒体网站转载。许多在省外学习的领导干部、企业家和身在异乡的河南人每天通过该网了解河南，不少豫籍友人也经常浏览大豫商网网页，其总访问量及媒体影响力已逐渐居河南省商业新闻网站前列，在河南拥有较高知名度。

4. 胡葆森：新豫商代言人

籍贯：河南濮阳。

职务：建业住宅集团（中国）董事长。

推动力评语：

胡葆森，不仅是一个地产商，更多的时候，他在代言河南商人的公众形象，厚重、坚忍，在外界对河南妖魔化的时候，外界形容河南企业家为“农民企业家”时，胡葆森以自己的所作所为给了他们最有力的回击。在公开场合下，胡葆森还邀请经济学家举行民营企业家系列论坛，他说要带动一部分人先富起来，先富帮后富，最终实现豫商的崛起。

简历：

在《福布斯中国富豪榜》上，他已连续数年名列其中；在胡润的中国富豪榜上，他是河南首富；与万科董事长王石、顺驰董事长冯仑一起成立中城联盟，并成为第三届轮值主席，在中国房地产界，有“南有王石，北有冯仑，中有胡葆森”的说法。在河南企业界，胡葆森也许不是最有钱的，但绝对是最有名的。他的“厚重、大气”带着中原文化典型的特征，却又在生意上充满睿智，在生活上爱好广泛，多姿多彩。他以其厚重、儒雅、谦和又不失睿智的形象所凝聚的个人魅力，毋庸置疑地成为豫商的代言人。他处处以自己的行动来树立豫商的形象，还不遗余力地利用自己的影响力推动河南企业家整体形象的提升。

（三）豫商协会

各省商会	各市、州商会
北京河南商会	合肥河南商会
广东河南商会	鄂尔多斯河南商会
广东河南商会粤东分会	新疆若羌县河南商会
重庆河南商会	深圳河南商会
上海河南商会	常德市河南商会

续表

各省商会	各市、州商会
山东河南商会	杭州河南商会
河北省河南商会	大连河南商会
海南河南商会	南京豫商商会
陕西河南商会	无锡河南商会
山西河南商会	烟台河南商会
四川省河南商会	绍兴河南商会
湖北河南商会	徐州市豫商商会
新疆河南商会	潍坊市河南商会
浙江河南商会	新疆阿克苏河南商会
江西河南商会	伊犁州河南商会
广西河南商会	鞍山市河南商会
青海河南商会	河北白沟河南商会
内蒙古河南商会	温州市河南商会
贵州省河南商会	苏州市河南商会
甘肃省河南商会	通化河南商会
安徽省河南商会	荆州市河南商会
云南河南商会	长治河南商会
吉林省河南商会	常德市河南商会
宁夏河南商会	延边河南商会
澳大利亚河南商会	常熟河南商会
美国北加州河南商会同乡会	喀什河南商会
新西兰河南省同乡会	襄樊市河南商会
阿联酋河南商会会长	连云港河南商会
我是河南人文化促进会	榆林市河南商会

五、结语

新豫商的崛起必须注重培养自身的文化精神，而这就需要大力弘扬古豫商传统的优秀文化遗产，除了文中提到的宽宏的政治视野和深厚的儒家文化底蕴，还有坦然从商、正当从商、吃苦耐劳、自强不息等优良传统。另一方面，我们也看到了新豫商在继承、发扬豫商传统的同时，又结合时代特点，创造出了属于新豫商的精神和文化。

晋商的衰落，余秋雨认为是晋商没有引起社会知识阶层的重视，找不到自己的精神家园。因此，新豫商的崛起，必须重视自身文化的构建，必须继承和发扬优秀的豫商传统。

第三节　豫商发展新趋势

一、新时期豫商历史文化的价值

（一）打造文化品牌

豫商历史文化的价值在于推动河南文化产业的发展。豫商历史文化的价值不但在于文化的传承，更在于文化的发展和升级，豫商历史文化的意义不仅是表面上的传统文化符号，而应该将其转化为产业资源，形成一种品牌文化，在新时期赋予新的价值体现，而不应该当作一种所谓的“保护动物”附以标签化。豫商历史文化的现实意义在于其价值的优化，从而服务于河南经济的发展，为中原经济区的建设提供助推力。

（二）重塑河南形象

豫商历史文化的价值在于搭建平台共谋发展。豫商历史文化是河南商业文化形成的象征，现如今，豫商历史文化的价值不仅仅是中原商业文明的代表符号，在新时期，它的价值得以延续和升级。河南商会的成立，是豫商历史文化的升华和对新时期中原商业文明更好的诠释。从河南“十一五”到“十二五”规划期间，河南省人民政府利用豫商搭建平台，以商会为媒介，宣传河南。近年来，在豫商牵线搭桥下，通过召开各种形式的洽谈会，如：拜祖大典、恳亲大会、中博会等，使河南成功地引进了近千家大型企业来豫投资，为河南软实力的提升提供了保障，也是这两年河南经济飞速发展的主要因素之一。

（三）继承和发扬豫商历史文化

豫商历史文化作为商业文明的一部分，是中原商业文明开启的象征。它不仅代表着商业文化的文明状态，也是中原传统文化的一部分，和晋商等其他形式一样，属于中国商业文化的符号，是我们宝贵的商业文化遗产，也是我们更好地了解和研究古代不同区域的经济状态的一手资料，从而为我国现代经济发展规律提供依据和参考。那么我们不但应加以保护和继承，更应该让其价值得到升华，让传统资源转化为一种正能量，既能更好地提升文化产业的发展又能带动产业链的发展，从而为现代社会所服务，为中原经济区的建设而服务。

（四）豫商历史文化的价值在于优化产业资源，促进共同发展

提起“少林文化”，河南人无不为其自豪，作为河南形象宣传的一张文化名片，少林文化是我国世界文化遗产之一，它不仅是作为传统文化的载体，更是由文化到产业的升级。据不完全统计，仅少林文化相关的旅游产业，就为河南经济带来可观的数据，还不包括其它的消费文化品牌的相关附带品，带动的第三产业的发展。少林文化价值的成功挖掘以及升级，证明了传统文化的价值，更说明了，它不仅是一种传统文化符号标签保护起来，更是在不同时期得到升华，让其价值随着不同时代的发展得到最大化发挥。那么同样作为中原传统商业文明的一部分——豫商历史文化，我们也应该优化其资源，让其在现代经济社会中转化为产业资源得以升级，挖掘其最大价值，使其更好地服务于河南经济，为中原经济区的建设发挥作用。

二、挖掘豫商文化资源，繁荣商业文化

繁荣商业文化是现代市场经济发展的主要内容，也是建设中国特色社会主义文化强国的重要组成部分。随着我国经济文化一体化进程的加快，以知识密集型和技术密集型为主要特征的商业文化产业开发已成为国民经济的支柱产业，并在实现经济增长方式转变、促进产业结构升级、保护和传承文化

资源、提升地方文化品位等方面发挥着举足轻重的作用。中原传统文化底蕴深厚、博大精深，豫商文化是中原文化资源中的一颗璀璨明珠。对豫商文化资源进行价值性挖掘，通过产业化途径将其发扬光大，不仅可以为河南省经济社会发展带来较大的经济效益，而且能够发挥豫商文化的凝聚力和感染力，产生很好的社会效益。

豫商文化资源的产业化开发，必须结合河南本地的文化禀赋和地域特点，充分利用豫商文化资源的本土优势，同时要挖掘豫商文化中的普世价值，使豫商文化不仅为本土人民所接受，而且能够受到全国和全世界的欢迎，实现本土化与国际化的有机结合。在信息化和数字化的今天，豫商文化资源的产业化必须寻求适合互联网时代产业开发的新模式，建立完善的机制体制，从而为豫商文化资源开发提供保障。

（一）立体型规划

应继续推行文化体制改革。现有的文化管理体制是制约豫商文化产业发展的制度因素，应进一步转变政府职能，理清文化产业与文化事业的关系，充分发挥市场在资源配置中的主导作用，激发市场活力。政府主要通过三种方式干预文化市场：即制定法律、进行管制、津贴补助。首先，应加强组织保障。近年来河南省从省到县（市）都成立了文化工作领导办公室，这对于实现文化产业发展的统一领导，克服多头管理具有重要意义，要充分发挥其在豫商文化产业发展中的领导作用。其次，应建立完善的文化产业投融资体系，吸纳更多的社会资本进入到文化产业领域。文化企业存在无形资产评估困难、投资风险大等特点，使得传统的信贷模式不太利于文化企业的发展。为此，需要加强文化与金融的融合，成立文化投资银行及文化投资基金，还可以借鉴现在比较流行的众筹模式，利用互联网来解决资金困难的问题。最后，应重视文化产业人才的培养，要充分利用河南省的高校资源，培养文化产业经营和管理人才，发挥高校在文化产业发展中的智库作用，利用优惠政策吸引国内外优秀文化产业人才到河南工作。同时，要注意对民间艺术人才和现有文化产业从业人员的培训，提升其文化品质和管理技能，培养和造就一支富有创意精神、适应当代文化市场需求的高素质复合型人才队伍。这已成为文化市场创新体系建设的关键所在。

在完善制度的基础上，应加强豫商文化资源产业开发的顶层设计。要对豫商文化资源及发展格局进行整体规划，理清发展思路，明确豫商文化资源开发的重点。河南商业文化资源在地域上分布较广、资源零散，因此在开发中要有整体意识。在豫商文化产业布局上，要构建郑州、开封、洛阳、商丘、焦作等不同版块，每一个版块的商业文化资源禀赋不同，各具特色，因此在发展文化产业时侧重点要有所不同，避免同质化、重复建设。同时，要打破地区、行业和部门的限制，整合各类优势豫商文化资源，在现有资源优势基础上，形成特色豫商文化集群，如开封旅游产业集群、禹州钧瓷文化产业集群、镇平玉雕产业集群等，促进豫商文化产业的集群化、规模化发展。还可以将豫商文化资源的发展与国内经济带建设相联系，利用河南便利的地理位置和交通条件，发挥豫商在丝绸之路文化产业带、京杭大运河产业带建设中的作用，促进豫商文化大发展。如在旅游上，可以将康百万庄园与山西乔家大院、山东牟二黑庄园、安阳马氏庄园合作开发旅游线路，体验庄园文化。

（二）产业链升级

产业链经营在文化产业商业经营模式中居于核心地位。产业链升级和全产业链的建设是文化产业发展的必经阶段。目前，在河南省商业文化产业中，传统产业比较多，新兴产业比较少，初级文化产品占据主要市场，以粗放型经营为主，无论在产品形态还是经营模式上都处于文化产业价值链的低端。

要促进豫商文化产业链的升级，需要从两方面着手：一方面，加快文化与创意、科技相融合的步伐，提升产品的文化附加值和科技含量。豫商文化资源的开发不能过度依赖旅游景点门票收入，而是需要扩展思路，将传统文化资源与现代科技手段相结合。如前段时间故宫博物院开发的创意产品，利用科技和创意，使传统文化资源重新焕发光彩，创造了良好的经济和社会效益。豫商中将传统钧瓷工艺与首饰相结合研发的钧瓷首饰也在市场上受到了人们的一致欢迎，是可供借鉴的成功案例。另一方面，应注重产业链的拉伸，打造豫商文化发展的全产业链。产业链分垂直型和水平型两种，将两者结合到一块打造立体式综合产业链就被称为全产业链。豫商文化资源全产业链的打造，从垂直层面来说，需要在产业链上游加强与电信、互联网等产业的融合，为豫商文化产业发展提供更好的平台，在产业链下游增强与娱乐业、旅游业、相关制造业的融合，为文化产品提供更多元化的销售渠道。从水平层面来说，需要加强豫商文化企业与消费品市场、金融市场、资本市场、人力资源市场、产权市场的联系，打造一体化的文化市场。如对豫商名人文化资源的开发，就应当打破传统的旅游景点开发模式，通过文化名人主题公园、实景演出、文化节庆活动、影视剧制作、文化创意产品开发、娱乐参与体验等方式打造全产业链，用更人性化的方式将传统文化资源盘活。

（三）多元素融合

在现代社会，随着技术进步和管制的放松，产业之间的边界越来越模糊，不同的产业不断进行融合，传统产业的形式在发生改变，新兴产业不断出现，这样的经济发展趋势是豫商文化资源产业化的大背景。豫商文化资源的产业化开发，需要跳出豫商甚至文化产业本身，从更宏大的背景中去把握豫商文化的未来发展趋势。也就是说，豫商文化产业的发展，要与相关产业和支持性产业相结合，豫商文化产业的前向关联产业是指使用豫商文化产品作为生产要素的产业，包括文化产品制造业和旅游业，后向关联产业是指为豫商文化产业提供生产要素的产业，包括教育产业、建筑业和房地产业等。豫商文化的发展与相关产业联系密切，需要促进其协同发展。

以怀庆商帮为例，怀商在明清时期是中国十大商帮之一，有着丰富的文化资源。促进怀商文化资源产业化，可以从三方面着手：一是与旅游业相融合，发展文化旅游，开发旅游商品，创造满足游客需求的娱乐休闲设施和购物环境，注重开发体验和参与式的旅游项目。二是与科技相融合，提升文化产品的科技含量，如怀药，可以通过历史故事、绿色环保的健康意识进行宣传，通过高端技术新产品的开发，提升怀药的文化价值和科技含量。三是与影视传媒相融合，提升国内外知名度。

（四）文化的辐射性

借助有实力的文化企业或企业集团，促进豫商文化辐射作用的发挥。因此，需要打造一批优秀的、专业的豫商文化企业，积极推进文化企业的跨地区、跨界兼并重组，实现文化企业规模化、集约化经营。同时，发展特色豫商文化产业集群，扩大豫商的知名度和在全国的影响力。

三、弘扬豫商文化与和谐社会之构建

和谐是中华民族几千年来不懈追求的理想境界。和谐思想的形成、发展经历了漫长的过程。早在3000多年前，中国的甲骨文和金文中就有了“和”字。《国语·郑语》中郑桓公与太史史伯谈论“兴衰之故”时，首次提出了“和”的概念；史伯还论述了“和同之辨”：“夫和实生物，同则不继。以他平他谓之和，故能丰长而物贵之。若以同裨同，尽乃弃矣。”其后，孔子提出了“君子和而不同，小人同而不和”，有若提出了“礼之用，和为贵”，孟子提出了“天时不如地利，地利不如人和”，子思提出了“中庸”和“致中和”等。豫商文化是一种以中华民族优秀传统文化为根基、以地域文化为养料的商业文化，它吸收了中国传统文化中的精华并融汇豫商的思想理论、价值观念、行为规范、工作方法及独有的气质和风度而形成的一种文化形态。豫商文化的产生源于“和”的思想，在发展形成过程中发扬光大了中国传统文化的“和谐”精神，因此从一定意义上说豫商文化本身就是和谐的代名词。豫商文化在处理人与人、人与社会、人与自然以及人与自身关系方面有其独有的方式方法，在营造和谐环境、促进社会和谐方面发挥了重要作用。在人与人的关系上，豫商文化倡导和为贵、和气生财等，当代豫商深深懂得和谐的劳动关系是一种合作共赢的关系，所以很多当代豫商不仅从物质利益上保障职工利益，而且把儒学中的“家文化”引进到现代企业管理当中，形成以人为本的企业文化。在人与社会的关系上，豫商重利尚义、厚德崇商，豫商懂得以诚信立世的道理，讲求以“商道”谋求利润。另外，豫商以自强不息的人生态度和吃苦耐劳的精神来创业，靠着“不等、不靠、不要”的拼劲和韧劲，一大批新豫商已脱颖而出，并创造了许多意想不到的成就，如在农副产品深加工领域，豫商的产品已经占领行业市场的40%之多。豫商也是推动社会建设与发展的积极践行者。当代豫商中的许多领军人物把中原崛起和构建和谐社会作为他们事业追求的重要目标。培育、发展和弘扬新豫商文化是一项庞杂的工程，加大对古豫商精神的挖掘是一项十分重要的工作。

今天，我们处于一个“基本上，商业就是我们的文化”的时代，《财富》杂志的创始人亨利·鲁斯在1929年的一次公开演讲中说，“它就是我们时代的核心与特征，它控制我们的生活，艺术家、牧师、哲学家、医生都必须依赖它生存”。豫商文化既具有深厚的传统文化内涵，又带有中原地区的地域特色和时代气息。在这个充满商机的全新的时代，需要我们大力弘扬优秀传统商业文化精神，创造出属于新时代的商业精神和文化。和谐凝聚力量，和谐成就伟业。豫商文化是一种富有特色的以和谐为思想内核的价值追求，是倡导和谐理念、展现和谐精神的商业文化。取豫商文化之精华并去其糟粕，对于新豫商的崛起、现代商业文化改革与创新及和谐社会的建构必将起到积极的推动作用。

四、结语

豫商文化资源丰富多彩、底蕴深厚，通过文化博览会、经贸洽谈，人才交流等新式，加强与海内外的交流，使豫商文化走出国门，走向世界，成为弘扬中华民族传统文化的重要支脉。

第九章

杏林济世：中医文化之根

统筹：田学杰
撰写：田学杰

中医是当今世界上唯一和西医并列的伟大医学体系。中医针灸已列入人类非物质文化遗产代表作名录，《黄帝内经》和《本草纲目》列入了世界记忆名录。截至2011年，中医药已传播到160多个国家和地区，我国已与世界上近半数的国家和地区建立了中医药或传统医药政府间交流合作机制。前几年，中药疗法治愈了在英国发病率较高的湿疹，震动了英国和欧洲医学界。如今英国已经取消开设中医诊所的限制，还成立了专门考核和登记注册中医药人员的部门。据不完全统计，在国际医药市场上，天然药物市场年销售额约为250亿美元，其中中药药材销售额在160亿美元左右。世界卫生组织统计，目前全世界约有40亿人用中草药治病，预测今后5～10年，全球中药销售额将高达2000～3000亿美元。

河南作为中华传统文化的重要发祥地，也是中医药学的重要发祥地，是中华医药文化的根基和主体。历史资料说明，中医药文化起源于河南，中医药巨著诞生于河南，中医药科学发达于河南，道地药材盛产于河南。

第一节　重要中医药经典诞生于河南

目前学术界将《黄帝内经》《难经》《伤寒杂病论》《神农本草经》看作

是代表中医科学发展成就的四大经典。而这四部经典中，有三部诞生于河南。

一、《黄帝内经》

（一）概述

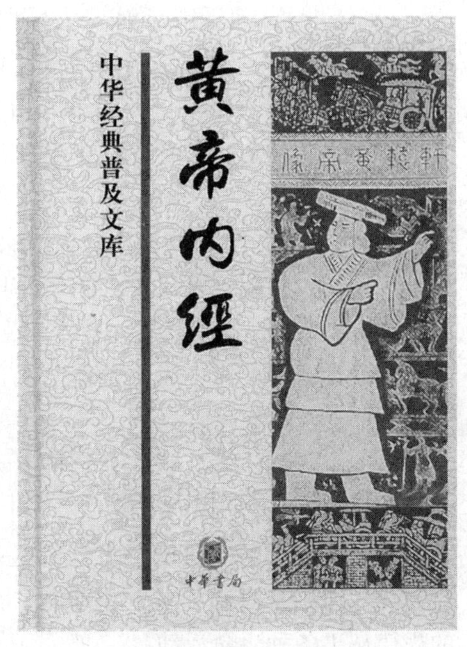

《黄帝内经》是中国现存最早的中医理论经典著作，成书时间在春秋战国时期至公元前 26 年。全书共 18 卷，162 篇，由《素问》与《灵枢》（各 9 卷）组成。《黄帝内经》不仅被中国传统医学界奉为圭臬，而且具有强大的国际影响。目前，《黄帝内经》被翻译为几十种文字，流传于世界几十个国家和地区，其学术的运用和研究相当广泛，是世界医学发展史上的奇迹。

（二）《黄帝内经》的学术思想

《黄帝内经》接受了中国古代唯物的气一元论的哲学思想，认为宇宙万物皆是由其原初物质“气”形成的，人是整个物质世界的一部分，“人与天地相参”“与日月相应”，人的一切正常的生理活动和病理变化与整个自然界息息相关。

1. “气”是宇宙万物的本原

老子认为构成世界的原初物质是形而上者的“道”。宋钘、尹文则将这种原初物质称之为“气”。《黄帝内经》受这些学说的影响，也认为“气”是宇宙万物的本原。宇宙形成之先是太虚，太虚之中充满着本元之气，由于气的运动，才有了阴阳寒暑和世上万物。阴阳五行的运动，总统着大地的运动变化和万物的发生与发展。

2. 人与自然的关系

《黄帝内经》认为自然界的运动变化无时无刻不对人体发生影响。“人以天地之气生，四时之法成”，“夫四时阴阳者，万物之根本也”。人必须要依赖天地阴阳二气的运动和滋养才能生存，“天食人以五气，地食人以五味”。人体的内环境必须与自然界这个外环境相协调、相一致。

3. 人是阴阳对立的统一体

《黄帝内经》把阴阳看成是人生之本。“生之本，本于阴阳。”具有生命力的父母之精相媾，也就是阴阳二气相媾，形成了生命体，阴阳二气存在于其中，互为存在的条件，相互联系，相互滋生，相互转化，又相互斗争。“阴者，藏精而起亟也，阳者，卫外而为固也。”这句话精辟地解释了人体阴阳的对立统一关系。

《黄帝内经》把人体看成是各个层次的阴阳对立统一体。“夫言人之阴阳，则外为阳，内为阴；言人身之阴阳，则背为阳，腹为阴；言人身之脏腑中阴阳，则脏者为阴，腑者为阳……”《黄帝内经》还把每一脏、每一腑再分出阴阳，从而使每一层次，无论整体与局部、组织结构与生理功能都形成阴阳的对立统一。

4. 人体是肝、心、脾、肺、肾五大系统的协调统一体

《黄帝内经》所说的五脏，实际上是指以肝、心、脾、肺、肾为核心的五大系统。这五大系统通过经络气血联系在一起，构成一个统一体，按五行生克制化规律相互协调、滋生和抑制，在相对稳态的情况下，各系统按其固有的规律从事各种生命活动。

5.《黄帝内经》的生命观

《黄帝内经》认为生命现象来源于生命体自身的矛盾运动，阴阳二气是万物的胎始。“阴阳者，万物之能（读如‘胎’）始也。”阴阳二气是永恒运动的，其基本方式就是升降出入。“出入废，则神机化灭；升降息，则气立孤危。故非出入，则无以生长壮老已；非升降则无以生长化收藏。是以生降出入，无器不有。”把精看成是构成生命体的基本物质，是生命的原动力。“生之来谓之精，两精相搏谓之神”。《灵枢·经脉》描绘了胚胎生命的发展过程：“人始生，先成精，精成而脑髓生。骨为干，脉为营，筋为刚，肉为墙，皮肤坚而毛发长”。

6.《黄帝内经》的形神统一观

《黄帝内经》认为精神统一于形体，精神是由形体产生出来的生命运动。

视、听、嗅、味等感觉是由于气、血、津液注于各孔窍而产生的生理功能，“其精阳气上走于目而为睛（视），其别气走于耳而为听，其宗气上出于鼻而为臭，其浊气出于胃走唇舌而为味”。

对于高级神经中枢支配的思维活动，《灵枢·本神》说：“故生之来谓之精，两精相搏谓之神，随神往来者谓之魂，并精出入者谓之魄。所以任物者谓之心，心之所忆谓之意，意之所存谓之志，因志而存变谓之思，因思而远慕谓之虑，因虑而处物谓之智。”

形神必须统一、必须相得。“神气舍心，魂魄毕具，乃成为人。”如果形神不统一、不相得，人就得死。“形弊血尽……神不使也。”“人身与志不相有，曰死。”

（三）《黄帝内经》的理论体系

《黄帝内经》的理论体系包括脏象（含经络）、病机、诊法和治则四大学说。

1. 脏象学说

脏象学说是研究人体脏腑组织和经络系统的生理功能、相互之间的联系以及在外的表象乃至与外环境的联系等等之学说。

脏象学说主要包括脏腑、经络和精气神三部分。脏腑又由五脏、六腑和奇恒之腑组成。五脏，即肝、心、脾、肺、肾。六腑，即胆、胃、大肠、小肠、膀胱和三焦。奇恒之腑也属于腑，但又异于常，系指脑、髓、骨、脉、胆和女子胞。胆是大腑之一，又属于奇恒之腑。脏腑虽因形态功能的不同而有所分，但它们之间不是孤立的，而是相互合作、相互为用。“心之合脉也，其荣色也，其主肾也；肺之合皮也，其荣毛也，其主心也；肝之合筋也，其荣爪也，其主肺也；脾之合肉也，其荣唇也，其主肝也；肾之合骨也，其荣发也，其主脾也。”

经络系统可以分为经脉、络脉和腧穴三部分。十二经脉首尾相联如环无端，经气流行其中周而复始。经脉之间相交通联络的称络脉。其小者为孙络不计其数，其大者有十五，称十五络脉。腧穴为经气游行出入之所，有如运输，是以名之。《黄帝内经》说腧穴有365穴。

精气神为人身三宝。精，包括精、血、津、液；气，指宗气、荣气、卫气；神，指神、魂、魄、意、志。“人之血气精神者，所以奉身而周于性命者也。”气为精之御，精为神之宅，神为精气之用。

2. 病机学说

研究疾病发生、发展、转归及变化等等之内在机理的学说称为病机学说。《黄帝内经》所说“审察病机，无失气宜”“谨守病机，各司其属”皆为病机学说的重要内容。

（1）病因：引起人发病的原因很多，《黄帝内经》将其归纳为二类：“夫邪之生也，或生于阴，或生于阳。其生于阳者，得之风雨寒暑；其生于阴者，得之饮食居处，阴阳喜怒”。风雨寒暑实为“六淫”的概括，阴阳喜怒乃“七情”的概括，饮食居处即“饮食劳倦”，这是后世三因说之滥觞。

（2）发病：正邪双方力量的对比，决定着疾病的发生与发展。“正气存内，邪不可干”“精神内守，病安从来”“邪之所凑，其气必虚”等，都论证了这一点。

（3）病变：《黄帝内经》概括病变是多方面的，有从阴阳来概括的，有用表里中外归纳的，有用寒热归纳的，有从虚实而论者。

3. 诊法学说

望、闻、问、切四诊源于《黄帝内经》，如《素问·阴阳应象大论》说：“善诊者，察色按脉，先别阴阳，审清浊，而知部分；视喘息，听音声，而知所苦；观权衡规矩，而知病所主；按尺寸，观浮沉滑涩，而知病所生。以治无过，以诊则不失矣。”又如《灵枢·邪气脏腑病形》说：“见其色，知其病，命曰明；按其脉，知其病，命曰神；问其病，知其处，命曰工。”

4. 治则学说

研究治疗法则的学说称治则学说。《黄帝内经》的治疗法则有：

（1）防微杜渐：包括未病先防和已病防变。

（2）因时、因地、因人制宜。因时制宜者，如“司气以热，用热无犯；司气以寒，用寒无犯；司气以凉，用凉无犯；司气以温，用温无犯”。这是告诫医者用药勿犯四时寒热温凉之气。因地制宜者，如“至高之地，冬气常在；至下之地，春气常在”，东南西北中“一病而治各不同”，在治疗时不可一概而论，必须加以区别。因人制宜者，如“能（读如‘耐’）毒者，以厚药；不胜毒者，以薄药。”“适贫富贵贱之居，坐之厚薄，形之寒温，不适饮食之宜，不别人之勇怯，不知比类，足以自乱，不足以自明，此治之三失也。”

（3）标本先后：即因病之主次而先后施治。“夫标本之道，要而博，小而大，可以言一而知百病之害。言标与本，易而勿损，察本与标，气可令调。”

（4）治病求本：“治病必求于本。”这是《黄帝内经》治则中最根本的一条。

（5）因势利导：在治病求本的基础上巧妙地加以权变，如“因其轻而扬之，因其重而减之，因其衰而彰之”等。

（6）协调阴阳：此为治疗之大法，故“谨察阴阳所在而调之，以平为期”，“阳病治阴，阴病治阳”。

（7）正治反治：正治亦称逆治，是与病情相逆的直折的治疗方法。比如“热者寒之，寒者热之，虚者补之，实者泻之”之类；反治也称从治，如“寒因寒用，热因热用，通因通用，塞因塞用”之类。

（8）适事为度：无论扶正还是祛邪都应适度，对于虚实兼杂之症，尤当审慎。切记“无盛盛，无虚虚”，即使用补，也不能过。

（9）病为本，工为标：病是客观存在的，是本；医生认识治疗疾病，是标。医生必须以病人为根据，才能标本相得，治愈疾病。

（10）辨证施治：《黄帝内经》虽未提出“辨证施治”一词，却有辨证施治之实。上述几点均含此意，而书中已有脏腑辨证、经络辨证、八纲辨证、六经辨证的内涵。

（11）制方遣药：《黄帝内经》虽载方药无多，但其方药之理已具。如“辛甘发散为阳，酸苦涌泄为阴，咸味涌泄为阴，淡味渗泄为阳。六者或收或散，或缓或急，或燥或润，或软或坚，以所利而行之，调其气，使其平也”。又有“主病之谓君，佐君之谓臣，应臣之谓使”，“君一臣二，制之小也；君一臣三佐五，制之中也；君一臣三佐九，制之大也”等。

（12）针刺灸焫：《黄帝内经》言经络、腧穴、针刺、灸焫者甚多，单就补泻手法则有呼吸补泻、方员补泻、深浅补泻、徐疾补泻和轻重补泻等，这些手法一直被后世沿用。

（四）《黄帝内经》的现代魅力

1. “天人合一”的医学模式

所谓医学模式，是指人们认识和处理健康与疾病的基本观点和方法。《黄帝内经》确立了“天人合一”的医学模式，认为人是自然界的产物，人的生命现象是自然现象的一部分，人与自然是一个不可分割的整体，它们遵循着同一自然规律。于是，《黄帝内经》要求每一个医生应该“上知天文，下知地理，中知人事”。《黄帝内经》“天人合一”的医学模式与近年来医学界提出的“社会－心理－生物医学模式”的基本观点是相通的。这表现在两者都不把“人”作为一个超然独立的实体，而是看作自然社会环境中的一员。因此，认识健康与疾病，不仅着眼于个体，更着眼于人与自然社会环境的相互联系。其次，两者都注意到精神心理因素在个体健康与疾病中所起的作用，强调社会心理因素的重要性，这就使得人们对于健康和疾病的认识及处理不至于陷入单纯生物因素的死胡同。这对于推动中医学术发展和提高诊治疾病、预防疾病的效果，具有深远的指导意义。

2.《黄帝内经》是现代养生保健和治病的宝典

《黄帝内经》把养生放在首要位置，强调防重于治。以“渴而穿井，斗而铸锥”为比喻，说明“病已成而后药之”，“不亦晚乎”的道理，突出“不治已病治未病”的预防思想。现在全世界都在兴起养生热，《黄帝内经》为现代养生提供了有效的方法和启迪。

3.《黄帝内经》治法的广泛性和多样性引起中外学者的重视

《黄帝内经》记载了多种病证，尤其对热病、疟疾、咳嗽、风病、痹病、痿病、厥病等病证的病因病机、临床表现和治疗方法作了专题讨论。在治疗方面，提出了因人、因时、因地制宜及因势利导、治病求本、同病异治、异病同治、标本缓急、补虚泻实、寒热温清、预防与早治等原则。在治法方面，除了针灸和药治外，还广及精神疗法、按摩、导引、药熨、渍浴、术数等方法，其中有些疗法，如针灸、按摩、导引、精神疗法、饮食疗法等，引起了国外学者的重视和学习运用。

4. 以《黄帝内经》为发端的经络学说和针灸疗法在世界上得到广泛认可

中医走向世界是以针灸为先导的。《黄帝内经》对经络现象的研究吸引着越来越多的国内外学者，他们运用多种现代科学研究方法，初步证实了经络现象的客观存在。对于经络实质的探究成为近年来学术界研究的热点。针灸疗法除用于处理常见病外，还可用于治疗肿瘤、不孕症、减肥、戒毒、艾滋病及针刺麻醉等。

5. 多学科研究医学的典范

《黄帝内经》的内容远不止涉及医学一门学科，它还广泛吸收了中国古代对天文学、历法学、气象学、生物学、地理学、心理学以及哲学等多学科的研究成果，为我们展示了多学科研究医学的典范。例如，《黄帝内经》记录了春秋战国时代气象学成就，“五日谓之候，三候谓之气，六气谓之时，四时谓之岁”。对四时、八节、二十四节气气象变化与人体健康和疾病的关系有了比较深刻的认识，创立了古代医疗气象学——运气学说。

《素问·异法方宜论》中叙述了东、南、西、北中五方地域的地理环境、气候变化、当时的民风习俗、饮食习惯、体质特点、多发疾病及治疗特点，这是医学地理学的雏形。

《黄帝内经》十分重视心理活动与健康、疾病之间的关系，从心理活动产生的生理基础，到情志过用导致疾病的发生以及运用心理疗法防治疾病，均有较为详细的阐述，奠定了具有中医特色的医学心理学。

《黄帝内经》还较为丰富的记述了生物钟思想，认识到人体脏腑、经络气血的变化存在着昼夜节律、潮汐节律、周月节律、周年节律，顺应这些节律的变化有利于维护健康，否则容易导致疾病，等等。

《黄帝内经》这种多学科综合研究的形式，正是产生新学说、新理论的重要途径，也是学术发展的重要规律，这也是《黄帝内经》至今仍有强大生命力的根本原因。

二、《神农本草经》

（一）概述

《神农本草经》又名《神农本草》，简称《本草经》或《本经》，是中国现存最早的药学专著。全书分为序例（或称“序录”）一卷，正文三卷。“序例”是关于药物学的总论，论述了上、中、下品分类，药物的君臣佐使，以及七情合和、性味产地、真伪鉴别、各种剂型、临床用药宜忌、用药剂量、服

药时间、诸药制使等。正文部分收载药物 365 种，分上、中、下三品，其中植物药材 252 种，动物药 67 种，矿物药 46 种，涉及病证约 170 多种。其成书年代约在战国至秦汉时期，原书早佚，历代有多种传本和注本，现存最早的辑本为明卢复辑《神农本经》（公元 1616 年）。

（二）《神农本草经》的学术贡献

1.《神农本草经》开创了药物分类之先河

《神农本草经》将传载的 365 味药物按其功用分为上、中、下三品，将《素问·至真要大论》中提出的药物三品分类理论付诸实践。其分类依据主要是根据药物的性能特点和不同的应用目的："上（品）药一百二十种为君，主养命以应天，无毒，多服、久服不伤人。欲轻身益气，不老延年者，本上经"；"中（品）药一百二十种为臣，主养性以应人，有毒、无毒，斟酌其宜。欲遏病补虚羸者，本中经"；"下（品）药一百二十五种为佐使，主治病以应地，多毒，不可久服，欲除寒热邪气，破积聚愈疾者，本下经"。简言之，一是三类药物在当时组方中担当着不同角色，或为君，或为臣，或为佐使。二是根据药物"主养命""主养性""主治病"之不同应用目的分类。三是依据不同类别药物的毒性大小有无进行分类。四是根据药物的功用进行分类，凡有"轻身益气，不老延年"功用者，归之于上品；凡有"遇病补虚羸"功效者，归于中品；凡有"除寒热邪气，破积聚愈病"作用者，归于下品。可见，其分类依据明晰，对后世药物分类研究有重要启迪作用。

2.《神农本草经》首先记载了药物疗效与其产地、采集时间和加工方法

中药的产地、采收、贮存，尤其是炮制加工是否适宜，是影响药材质量的重要因素。

其一，中药产地。《神农本草经》中首次记载了药物生长环境，也就是说，首次告诫人们药物的功用与其生长环境有关，如大黄生河西，甘遂出中山，藜芦生太山，乌头生朗陵，款冬生山谷，柳华生川泽等。后世将某地区生长的药材质量最优者称之为"道地药材"，将能产生优质药材的地区作为

“药出道地”。实践证明，中药的质量与产地的关系十分密切。其二，中药采集。“阴干暴干，采造时月，生熟土地所出，真伪陈新，显各有法”。这是《神农本草经·序录》通过药物应时采集实例践行了《素问·至真大论》中“司岁备物”的理念。在众多的中药种类中，植物药所占比例最高，生长发育不同阶段中的植物药，其药用价值有很大差异。其三，中药炮制。炮制是药物在使用前进行必要的加工处理，包括各种剂型。《神农本草经》所说的“阴干暴（注：暴，通‘曝’，日晒）干”以及“宜丸者，宜散者，宜水煮者，宜酒渍者，宜膏煎者”，皆含炮制。

3.《神农本草经》规定了药物的剂型

《神农本草经》全面总结了古代药物剂型工艺以及对哪些药宜用哪些剂型的研究经验，如消石“炼之如膏”，茺蔚子“可作浴汤”（外用洗剂），葡萄“可作酒”，白芷“可作面脂”，牛角、（牛）“胆可丸药”，猬皮“酒煮杀之”，当归治“金创煮饮之”，蛇蜕“火熬之良”，贝子“烧用之良”等，既讲了药物炮制加工方法，也说明了不同药物在具体应用时要适宜于不同的剂型，才能有效地发挥其治疗效果。

4.《神农本草经》对药物治病取效进行了客观评价

《神农本草经》认为凡“欲治病，先察其源，先候病机，五脏未虚，六府未竭，血脉未乱，精神未散，服药必治。若病已成，可得半愈。病势已过，命将难全”。此处首先告诫人们有病必须早治，其次强调了疾病的痊愈与否，不能完全依赖药物，还要考虑机体在药物干预下驱邪愈病的内在能力。

5.《神农本草经》强调辨证施药

《神农本草经》提出“疗寒以热药，疗热以寒药，饮食不消，以吐下药，鬼疰蛊毒以毒药，痈肿疮疡以疮药，风湿以风湿药，各随其所宜”。书中根据内科疾病、妇科疾病、外科疾病、五官科疾病、皮肤病等不同病种而施以不同药物予以治疗，这些内容都体现了重视辨证施治的用药思想。

6.《神农本草经》重视服药时间与疗效的关系

“病在胸膈以上者，先食后服药；病在腹以下者，先服药而后食；病在四肢血脉者，宜空腹而在旦；病在骨髓者，宜饱满而在夜。”这说明《神农本草经》在认真总结前人用药经验的基础上，已经认识到服药时间与药物疗效之间的密切关系。

7.《神农本草经》践行了“药有阴阳”的理论

《内经》是“药有阴阳”理论的创立者，《神农本草经》对“药有阴阳”理论作了进一步阐释。所谓“药有阴阳”的含义甚广。若仅从植物药与矿物药分阴阳，矿物药质地沉重而主降，属性为阴，植物药质地轻清而属阳。若就植物药而言，凡药用其花、其叶、其枝者属阳，若用其根、其干者多为阴。如若对药物深层的内涵分阴阳，则“阳为气，阴为味……阴味出下窍，阳气出上窍。味厚者为阴，薄为阴之阳。气厚者为阳，薄为阳之阴。味厚则泄，薄则通。气薄则发泄，厚则发热”。

8.《神农本草经》“药有酸、咸、甘、苦、辛五味”的意义

《神农本草经》所谓“药有酸、咸、甘、苦、辛五味”，其本义是指人们可以品尝到的药物真实滋味。药物真实滋味不止五种，由于受事物五行属性归类理论的影响，于是自古至今，将药物之滋味统统纳之于五味之中，并将涩味附之于酸，淡味附之于甘，以合药物五味的五行属性归类。

9.《神农本草经》认为药物有寒、热、温、凉“四气”

四气，即四性，是药物或食物的寒、热、温、凉四种性质，与人们味觉可感知的五味对言，四气属阳，五味属阴，此即“阳为气，阴为味”之意。而事物之阴阳属性是可分的，“阳中有阴，阴中有阳”，故属阳的药物寒、热、温、凉之性还可再分阴阳。温性、热性为阳，凉性、寒性属阴。热甚于温，寒甚于凉，其中只是程度的差异。就温、热而言，常又有微温、温、热、大热的不同量级；寒、凉又有凉、微寒、寒、大寒的不同量级，如果在性质上没有寒、热、温、凉明显的性质差异，于是就用“平”标定其性质。

10.《神农本草经》认为药“有毒无毒，斟酌其宜”

临证用药时，务必要先知道哪些药物有毒，哪些药物无毒。有毒之药，其毒性之大小及程度如何等，然后根据临证实际情况，斟酌用药。

11.《神农本草经》关于君臣佐使的组方原则

“药有君臣佐使，以相宣摄合和者，宜用一君二臣五佐，又可一君三臣九佐使也。”就是说任何一个方剂的组成，均须按一定的规程组合，而非诸药的杂乱拼凑。其中有主药、辅药和起协调、引导作用的佐使药。虽然这里所提的药物组成比例不免有机械之嫌，但作为总的组方原则却一直影响着后世医家的组方用药。

12.《神农本草经》认为药有“七情和合”

“七情和合”是指药物配伍中的特殊关系。药“有单行者，有相须者，有相使者，有相畏者，有相恶者，有相反者，有相杀者。凡此七情，合和视之”。这就是药物配伍理论中“七情和合”的源头。

三、关于《神农本草经》的传说和传承

中国历史上有“神农尝百草……一日而遇七十毒”的传说，反映了古代劳动人民在与自然和疾病作斗争的过程中发现药物、积累经验的艰苦过程。

早在夏商周时期（约公元前22世纪末～前256年），中国就已出现药酒及汤液。西周（约公元前11世纪～前771年）的《诗经》是中国现存文献中最早记载有药物的书籍。

在河南安阳发现的3000多年前的殷商甲骨文中，已经有关于医疗卫生以及十多种疾病的记载。周代已经使用望、闻、问、切等诊病方法和药物、针灸、手术等治疗方法。

秦汉时期，形成了《黄帝内经》这一系统的中医理论性经典著作。张仲景所著的《伤寒杂病论》，专门论述了多种杂病的辨证诊断、治疗原则，为后世的临床医学奠定了发展的基础。汉代外科学已具有较高水平。据《三国志》记载，名医华佗已开始使用全身麻醉剂“麻沸散”进行各种外科手术。《神农本草经》正是在这一时期由众多医学家搜集、总结先秦以来丰富的药学资料而成书的。它的问世，标志着中药学的初步确立。

从魏晋南北朝（公元220～589年）到隋唐五代（公元581～960年），脉诊技术取得了突出的成就。晋代名医王叔和所著的《脉经》归纳了24种脉象。这一时期，医学各科的专科化已趋成熟。针灸专著有《针灸甲乙经》；《抱朴子》和《肘后方》是炼丹的代表著作；制药方面有《雷公炮炙论》；外科有《刘涓子鬼遗方》；《诸病源候论》是病因专著，《颅囟经》是儿科专著；眼科专著有《银海精微》。《新修本草》是世界上第一部药典。另外，唐代还有孙思邈的《千金要方》和王焘的《外台秘要》等大型方书。

唐代（公元618～907年）经济繁荣，促进了中药学的发展。唐政府率先完成了世界第一部药典性本草——《唐本草》的编修工作。全书载药850种，还增加了药物图谱，进一步完善了中药学的规模格局。

宋代（公元960～1279年），王惟一著有《铜人腧穴针灸图经》，设计制造等身大针灸铜人两具，教学生实习操作。

明代（公元1368～1644年），医药学家李时珍历时27年，完成了中药学巨著《本草纲目》，全书载药1892种，成为中国本草史上最伟大的集成之作。

四、《伤寒杂病论》

（一）概述

《伤寒杂病论》是东汉末年著名医学家张仲景，于公元200年～公元210年左右写在竹简上的中医巨著。公元219年，在张仲景去世后，经过连年战争，《伤寒杂病论》的许多书简都散落佚失或残缺不全了。到西晋时，王叔和在偶然的机会中见到了这本书的断简残章，其利用时任太医令的身份，全力搜集《伤寒杂病论》的各种抄本，最终找全了关于伤寒的部分，并加以整理，命名为《伤寒论》。《伤寒论》22篇，总计5万余字，记述397条治法，载方113首，但书中只有伤寒部分的内容，没有找到杂病的那一部分。直到张仲景去世800年后的宋代，一个名叫王洙的翰林学士在翰林院的书库里发现了一本“蠹简”——被虫蛀了的竹简，书名《金匮玉函要略方论》。这本书一部分内容与《伤寒论》相似，另一部分是论述杂病的。后来，名医林亿、孙奇等人奉朝廷之命校订《伤寒论》时，将之与《金匮玉函要略方论》对照，知其为仲景所著，乃更名为《金匮要略》刊行于世。《金匮要略》共计25篇，载方262首。至此，张仲景的《伤寒杂病论》由一部著作变成了《伤寒论》和《金匮要略》两本书。这两本书共载药方269个（不含重复的药方），使用药物214味，基本概括了临床各科的常用方剂。

“伤寒”的含义在古代有广义和狭义的区别，广义“伤寒”是一切外感病的总称，风、寒、暑、湿、燥、火等一切外来邪气所导致的、以发热为主要特征的症候在古代都叫作“伤寒”。狭义的伤寒是人体感受风寒邪气。西医所说的“伤寒”是专指伤寒杆菌和副伤寒杆菌引起的一种传染病，它和中医所说的有广义含义和狭义含义的“伤寒”含义是不一样的。

《伤寒杂病论》的“杂病”是除了外感病之外的其他的一切疾病。“论”的体裁是一种综述。简言之，《伤寒杂病论》是收集了众多医家探讨治疗外感病和治疗杂病经验的一个集合。

（二）《伤寒杂病论》的学术贡献

《伤寒杂病论》成书以后，对后世医学之发展影响极大。其所确立的辨证论治原则和收录的著名方剂，被历代医家奉为圭臬。其学术成就及影响可大略归结如下：

1.《伤寒杂病论》创立了六经辨证论治体系

《伤寒杂病论》最卓越的贡献在于创立了六经辨证论治体系。仲景全面分析了外感热病的发生发展过程，综合病邪性质、正气强弱、脏腑经络、阴阳气血、宿疾兼夹等多种因素，将外感热病发展过程中各个阶段所呈现的各种综合症状概括为六个基本类型，即太阳病、少阳病、阳明病、太阴病、少阴病、厥阴病，并以此作为辨证论治的纲领。任何一个类型都不是一种独立的疾病，而是外感热病在整个发展过程中或病程的某个阶段所呈现的综合症状。六经病证彼此之间有机联系，并能相互传变。其三阳三阴分证，客观反映了外感热病由表入里、由浅入深、由轻到重、由实转虚的发展变化规律，具有极高的临床实用价值。其系统的辨证论治思想不仅对外感热病的诊治具有指导意义，而且被广泛适用于中医临证各科。

2.《伤寒杂病论》提出了八纲辨证的具体原则

八纲（即阴、阳、表、里、寒、热、虚、实）源于《黄帝内经》。《黄帝内经》提出了寒热、虚实的概念。张仲景在《伤寒杂病论》中虽然未明确提及“八法”二字，但是他用阴阳、表里、寒热、虚实概括并区分病证，指出了八纲辨证论治的具体原则。后世明代王执中、清代程钟龄等提出“治病八字”，进一步阐发了八纲的涵义。近代《医学摘粹》（1897 年）提出“八纲”一词。

3.《伤寒杂病论》奠定了脏腑辨证的基础

脏腑经络是人体不可分割的有机整体，在疾病的发展过程中，各经病变常会累及所系之脏腑，而出现脏腑的病症。正是《伤寒杂病论》中丰富的脏腑病证辨治内容，为后世脏腑辨证理论体系的最终形成奠定了良好的基础。

4.《伤寒杂病论》奠定了温病学基础

《伤寒杂病论》对后世温病学的形成发展有着直接启迪和影响。其一，提出了温病病因有新感和伏气之分，为后世温病的“新感”和“伏气”学说奠定了基础。其二，《伤寒杂病论》最早提出温病症状和忌用辛温法治疗，为后世温病学首用辛凉、忌用温热的治疗方法提供了根本性启示。其三，伤寒六经辨证为温病的卫气营血、三焦辨证论治奠定了基础。其四，《伤寒杂病论》中白虎汤、承气汤、麻杏石甘汤、黄连阿胶汤、竹叶石膏汤、三黄泻心汤等方，是治疗温病的重要方剂。

5.《伤寒杂病论》在药剂技术上有重要贡献

《伤寒杂病论》的中药剂型有汤剂、丸剂、散剂、含剂、灌肠剂、肛门栓剂、鼻剂、滴耳剂、阴道坐药等。直到今天，许多药剂技术还是根据《伤寒论》和《金匮要略》的基本内容。因此，后世医家把《伤寒杂病论》誉为“众方之祖”。

6.《伤寒杂病论》对时间医学做出了重要贡献

时间医学是近代发展起来的一个医学分支，它包括时间生理学、时间病理学、时间诊断学、时间药理学和时间治疗学。《伤寒杂病论》中有关时间医学的内容涉及发病、诊断、治疗、预后、调养等多个方面，体现最为具体的是六经病欲解时和其他病症的愈期推断，如疟疾往来寒热，当15日愈，设不差，当月尽解；黄疸病当以18日为期，治之10日以上差，反剧为难治。另外，对于人体的生理节律、发病的时间特性、辨证的季节影响、治疗的时间法度都有比较详细的论述。

（三）张仲景学说研究发展动向

自20世纪50年代起，我国中医事业迅速发展，张仲景学说研究进入鼎盛繁荣时期。各地中医医院、中医院校相继成立，《伤寒论》成为中医师和中医院校的基础课和必修科目。对《伤寒论》的文献学、版本学、校勘学、训诂学、辞书学等研究取得了突破性进展。对《伤寒杂病论》的理论研究，包括六经辨证理论、诊断治疗理论、药法方剂理论等，不仅应用中国古代哲学思想理论，而且应用现代多学科理论或学说来阐明仲景学说的科学性、先进性；与现代科技紧密结合的伤寒学科科学实验基础研究，特别是对“证”本质的研究、药理的研究、脉象的研究取得可喜成果；开展仲景经方的临床研究，充实、扩大、提高了经方治疗学应用范围，并逐步取得项目突破和科研成果；成立了“全国仲景学说专业委员会”和各种“仲景学说研究会”，多次召开国际性、全国性、地方性以及各学术团体的“张仲景学说研讨会”，促进了仲景学说研究水平的提高，造就了大批“伤寒学”学者，仲景学说在当代中医学的发展中的影响日渐深远。

第二节　河南中医大师荟萃

作为中医药的主要诞生地，中原大地历代名医人才荟萃，灿若繁星。据不完全统计，春秋战国至明末，史传中有籍可考的全国5000多位名医中，河南就有912人，占18.2%。东汉时期南阳人张仲景，开辨证论治之先河，被后世尊为“医圣”。南齐时河南阳翟（今禹州）人褚澄，进一步阐述了中医基础理论。隋唐之际，河南籍的医家甑权（扶沟人）、孟诜（汝州人）、崔知悌（鄢陵人）、张文仲（洛阳人），在国内享有盛誉。宋金元时期的张从正是金元四大家之一，为中医“攻下派”的代表；元代大医学家河南许昌人滑寿在经络理论研究上成就卓著，对后世针灸学的发展产生了巨大的影响；明清时期，固始人吴其浚编著了我国第一部大型植物志《植物名实图考》；孟津的平乐郭氏正骨以其独特的理论和治疗技术，丰富了中医药文化宝库。此外，还有大批长期在中原地区从事中医药活动的大家，如战国时期的神医扁鹊，三国时期外科鼻祖华佗，南北朝时期的针灸家皇甫谧，唐代著名医药学家、药王孙思邈等，都曾在河南行医采药，著书立说。

一、伏羲制九针

伏羲作为中华民族历代尊崇的人文始祖，他不仅创立八卦，教民渔猎，而且创制了“九针”，被称为“针灸鼻祖”。当时的九针主要用砭石磨制而成，九针主要指：镵（音“蝉”）针；圆针；鍉（音“低”）针；锋针；铍（音“披”）针；圆利针；毫针；长针；大针。传说伏羲用九针为百姓针灸治病，根据病情不同，发病程度不一，分别采用不同的针具为百姓治疗，均“不药而愈”。伏羲还用九针为自己针灸治疗，从而避免了疾病的侵扰，留下了活到196岁寿终正寝的传世佳话。

针灸器具从早期的砭石到金属针、电针，最后发展到今天的九灵针多功能数码治疗仪，使针灸治疗在我国的中医学领域取得了质的突破。今天的九灵针除了传统的针灸穴位疗法以外，还结合了“捶打、推拿、按摩、火罐、刮痧、药物离子导入以及疾病检测”八大功效于一体。同时，由于高科技研发手段，实现了“磁、针、罐”三大功效叠加使用的神奇功能。第一次在国内把九针的原始针灸手段应用到现代高科技仪器当中，实现了“内病外治”的历史性突破，在治疗颈椎病、风湿病、关节炎、失眠、前列腺炎、中风后遗症、偏瘫等神经系统疾病及疼痛系统疾病取得了显著的疗效，临床治愈率高达96%以上。

后人为纪念伏羲对中医针灸学及社会发展作出的伟大贡献，在宛丘（现在的河南省淮阳县城）建陵寝以祭之，曰太昊陵，现为国家文物保护单位，朱镕基在此题词“羲皇故都”。

二、黄帝作内经

黄帝是生活于公元前 2717 年 ~ 公元前 2599 年的古华夏部落联盟首领，被后人尊崇为“五帝之首”。黄帝不仅以统一华夏部落的伟绩载入史册，而且与岐伯等讨论病理，创作了不朽的中医经典《黄帝内经》。《帝王世纪》说：“黄帝使岐伯尝味草木，典医疗疾，今经方、本草之书咸出焉。”《通鉴外记》说：黄帝“上穷下际，察五色，立五运，洞性命，纪阴阳，咨于岐伯而作《内经》”。后世以“岐黄”代称《内经》，以“岐黄之术”“岐黄之道”指中医学术或医术，以“岐黄家”指中医生、中医学家。

《黄帝内经》分《灵枢》《素问》两部分，起源于轩辕黄帝，后又经医家、医学理论家联合增补发展创作，一般认为集结成书于春秋战国时期。在以黄帝、岐伯、雷公对话、问答的形式阐述病机病理的同时，主张不治已病治未病，同时主张养生、摄生、益寿、延年，是中国传统医学四大经典著作之一（四大经典著作为《黄帝内经》《难经》《伤寒杂病论》《神农本草经》），是我国医学宝库中现存成书最早的一部医学典籍，是研究人的生理学、病理学、诊断学、治疗原则和药物学的医学巨著。其在理论上建立了中医学上的“阴阳五行学说”“脉象学说”“藏象学说”等。

三、神农尝百草

炎帝神农氏，是华夏太古三皇之一，传说中的农业和医药的发明者，他尝遍百草，教人医疗，被世人尊称为“药王”，更被医馆、药行视为守护神。《淮南子》说：“神农氏尝百草之滋味，一日而遇七十毒。”这个故事在中国历史上流传了数千年，至今不衰。

上古时候，五谷和杂草长在一起，药物和百花开在一起，哪些粮食可以吃，哪些草药可以治病，谁也分不清。黎民百姓靠打猎过日子，天上的飞禽越打越少，地下的走兽越打越稀，人们经常饿肚子，谁要是生了病、受了伤，由于无医无药，境况就更惨了。百姓的这些疾苦，神农氏瞧在眼里，疼在心头。怎样给百姓充饥？怎样为百姓治病？神农氏经过苦思冥想，终于想出了一个办法。

他带着一批臣民，从家乡历山出发，向西北大山走去。他们走哇，走哇，整整走了七七四十九天，来到一座大山跟前，山上长满奇花异草。但是这座山高耸入云，四面是悬崖峭壁，徒手根本上不去。神农氏就组织臣民们砍木杆，割藤条，靠着山崖搭架子，一共搭了360层，才搭到山顶。后来这座山被后人叫作“神农架”。神农带着臣民攀登木架，爬上了山顶。山上长满了红绿白黄各色各样的花草，神农喜欢极了，亲自采摘花草放到嘴里尝，并详细记下哪些草是苦的，哪些草是甜的，哪些草是热性，哪些草是凉性，哪些能充饥，哪些能医病，都记得清清楚楚。有一次，他把一棵草放到嘴里后，霎时感到天旋地转，一头栽倒。臣民们慌忙扶他坐起，他明白自己中了毒，可是已经说不出话了，只好用最后一点力气，指着面前一棵红亮亮的灵芝草，又指指自己的嘴巴。臣民们慌忙把那红灵芝放到嘴里嚼嚼，喂到他嘴里。神农吃了灵芝草，毒气解了，头不昏了，会说话了。从此，人们都说灵芝草能起死回生。他尝完一山花草，又到另一山去尝，踏遍了这里的山山岭岭，一直尝了七七四十九天，尝出了麦、稻、谷子、高粱能充饥，就叫臣民把种子带回去，让黎民百姓种植，这就是后来的五谷；尝出了能治病的草药，叫臣民带回去，为天下百姓治病。

经过长期尝百草，炎帝神农悟出了草木苦的凉，辣的热，甜的补，酸的能开胃。他教臣民食用不同的草药治不同的病，先民因病死亡的比以前少多了。为了“宣药疗疾”，神农“味尝草木作方书”，这是中医药的重要起源。这一过程经历了漫长的历史时期和千万次的反复实践，积累下来许多药物知识，被篆刻记载下来。随着岁月的推移，积累的药物知识越来越丰富，并不断得到后人的验证，逐步以书籍的形式固定下来，这就是《神农本草经》。

《神农本草经》阐述了药物的三品分类及其性能意义、药物的君臣佐使及在方剂配伍中的地位和作用、药物的阴阳配合、七情合和、四气（寒热温凉）五味（辛甘酸苦咸）、有毒无毒、药物的采造、药物的煎煮法、药物与病证的关系等等，至今仍是临床用药的法规准则。它所记载的365味中药，每味都按药名、异名、性味、主治病证、生长环境等分别阐述，大多数为临床常用药物，朴实有验，至今仍在习用。《神农本草经》成为中国最早的中草药学的经典之作，后世本草著作莫不以此为宗，对中医药的发展一直产生着积极的影响，并逐步发展丰富，形成了如今世界闻名的中医药宝库。因而，神农被认为是中药学的始祖。

四、伊尹制《汤液经》

伊尹(公元前1649年～公元前1549年)，名挚，生于伊洛流域古有莘国的空桑涧（今洛阳市嵩县莘乐沟），其母亲为侁（音shēn）人，在伊水住居，因而以伊为氏。伊尹为中国商朝初年著名丞相（尹是右相之意）。公元前1600年，他辅助商汤灭夏朝，建立了商朝。他任丞相期间，整顿吏治，洞察民情，使商朝初年经济比较繁荣，政治较为清明。据说伊尹活了一百多岁，死后葬在西亳，今偃师县西有伊尹墓。

伊尹不仅是政治家和中华厨祖，而且精通医术，甚明本草药性。《说文》释“尹”作“治也”。古文字学家康殷指出：尹，“象手执针之状，示以针刺疗人疾病”；官名尹“同样是医疗治调之意的引申转化”。所以“伊尹”名字中的两个字同时具有来自伊水的医和相的意思。《汉书·艺文志》记载伊尹作《汤液经法》三十二卷，《玉函山房辑佚书》有《伊尹书》一卷，马王堆汉墓出土的帛书也有伊尹篇。晋代皇甫谧认为：“伊尹以亚圣之才，撰用《神农本草》以为汤液。……仲景论广伊尹汤液为数十卷，用之多验。”明李梴说：“伊尹殷时圣人。制《汤液本草》，后世多祖其法。”元代王好古撰有《汤液本草》一书，他坚信汤液就是伊尹所创立的：“神农尝百草，立九候，以正阴阳之变化，以救性命之昏札，以为万世法，既简且要。殷之伊尹宗之，倍于神农，得立法之要，则不害为汤液。”汤液的发明提高了医药的疗效，成为中医药学最主要的特色之一。

有人将黄帝、神农和伊尹并称为“三圣人”：“隐医医之为道，由来尚矣。原百病之起愈，本乎黄帝；辨百药之味性，本乎神农；汤液则本乎伊尹。此三圣人者，拯黎元之疾苦，赞天地之生育，其有功于万世大矣。”

伊尹的《汤液经》在宋代时民间还有残存，如《普济本事方》在大柴胡汤方的最后一味药大黄后即以小字说明：“伊尹《汤液论》大柴胡同姜枣共八味，今监本无，脱之也。”再如朱肱《类证活人书》在桂枝加葛根汤方后注中说明：“伊尹《汤液论》桂枝汤中加葛根，今监本用麻黄误矣。”

1948 年，杨绍伊先生以王叔和《脉经》和孙思邈《千金翼方》为本，校勘考订重建出《汤液经》一书。

五、张仲景世称“医圣”

张仲景（出生时间公元 150 ~ 154 年，去世时间约公元 215 ~219 年），名机，字仲景，东汉南阳郡涅阳县（今河南南阳市）人，东汉末年著名医学家，被后人尊称为医圣。张仲景广泛收集医方，写出了传世巨著《伤寒杂病论》，确立了辨证论治原则。在方剂学方面，《伤寒杂病论》创造了很多剂型，记载了大量有效的方剂。《伤寒杂病论》是中医史上第一部理、法、方、药皆备的经典，喻嘉言称此书：“为众方之宗、群方之祖”。元明以后张仲景被奉为“医圣”，与华佗、董奉并称“建安三医”。

《汉书艺文志》中，将汉之前的医学典籍总结为重视经络针灸的医经派，与重视本草汤液的经方派二者；这两大传统的发展，形成了汉之前的中医体系。《黄帝内经》和伊尹的《汤液经》是伤寒论成书的主要依据。因此，张仲景可说是两汉医经、经方二派的集大成者，他使用的方剂很多是来自经方派；而六经辨证的手法，则是来自《黄帝内经》；此外，更加上他个人的心得与经验，将伤寒与杂病共论，汤液与针灸并用，打破了《素问热论》中六经只辨伤寒的局限性。因此，无论伤寒、杂病，或是它们互相夹杂的复杂问题，都能用六经辨证方法概括而无遗。称仲景为医中之圣，《伤寒论》为中医之魂，实不为过。

张仲景的著作在中医领域内影响深远，远自晋朝王叔和，唐朝孙思邈，下至金元四大家，清朝叶天士、吴鞠通，无不是由钻研仲景学之后才卓然成家。历代注解伤寒论者，不下数十家，各有见解，这也推动了中医思想的不断进步。至明清时，伤寒论中的方剂，被尊为“经方”，影响远至朝鲜、日本。

六、孙思邈著《千金方》

孙思邈，唐京兆华原（今陕西省铜川市耀州区）人，公元581年出生于一个贫穷的农民家庭，幼博学，通百家说，善言老庄，世称圣童。及长居太白山，隋文帝以国子博士召，不仕。唐高宗复召，拜谏议大夫，孙又不受，称疾还山。后游太行，隐居河南省鹤壁市太行山麓的五岩山，潜心研究医学，著《千金要方》《千金翼方》，为中华医药之典，对世界各国有重大影响，被尊为药王。

孙思邈医德高尚，他认为医生须以解除病人痛苦为唯一职责，对病人一视同仁“皆如至尊”“华夷愚智，普同一等”，是我国医德思想的创始人，被西方称为“医学论之父”，是与希波克拉底齐名的世界三大医德名人之一。

孙思邈擅长阴阳，妙解数术。他汲取《黄帝内经》关于脏腑的学说，在《千金要方》中第一次完整地提出了以脏腑寒热虚实为中心的杂病分类辨治法；在整理和研究张仲景《伤寒论》后，将伤寒归为12论，提出伤寒禁忌15条，颇为后世伤寒学家所重视。孙思邈的《千金要方》三十卷，分232门，已接近现代临床医学的分类方法。全书合方、论5300首，集方广泛，内容丰富，是我国唐代医学发展中具有代表性的巨著，后人称《千金方》为方书之祖。《千金翼方》三十卷，系对《千金要方》的全面补充。全书分189门，载方近3000首，记载药物800多种，尤以治疗伤寒、中风、杂病和疮痈最见疗效。

孙思邈对我国医药学贡献有“24 个第一”：

(1) 医学巨著《千金方》是中国历史上第一部临床医学百科全书，被国外学者推崇为“人类之至宝”。

(2) 第一个完整论述医德的人。

(3) 第一个倡导建立妇科、儿科的人。

(4) 中西医结合工作第一人。

(5) 第一个麻风病专家。

(6) 第一个发明手指比量取穴法。

(7) 第一个创绘彩色《明堂三人图》。

(8) 第一个将美容药推向民间。

(9) 第一个创立“阿是穴”。

(10) 第一个扩大奇穴，选编针灸验方。

(11) 第一个提出复方治病。

(12) 第一个提出多样化用药外治牙病。

(13) 第一个提出用草药喂牛，而使用其牛奶治病的人。

(14) 第一个提出“针灸会用，针药兼用”和预防“保健灸法”。

(15) 系统、全面、具体论述药物种植、采集、收藏的第一人。

(16) 第一个提出并试验成功野生药物变家种。

(17) 首创地黄炮制和巴豆去毒炮制方法。

(18) 首用胎盘粉治病。

(19) 最早使用动物肝治眼病，现代证明其富含维生素。

(20) 第一个治疗脚气病，并最早用谷树皮煎汤煮粥食用预防脚气病和脚气病的复发，比欧洲人早一千年，现代证明其富含维生素乙。

(21) 首创以坤剂（雄黄等）治疗疟疾病，比英国人用砒霜制成的孚勒氏早一千年。

(22) 第一个提出“防重于治”的医疗思想。

(23) 首用羊靥（羊甲状腺）治疗甲状腺肿。

(24) 是中国历史上第一位深入民间，向群众和同行虚心学习、收集校验秘方的医生。

七、王惟一铸针灸铜人

王惟一，或名惟德，北宋医家，约生活于公元987～1067年间，籍贯不详。王惟一历任宋仁宗、宋英宗两朝医官，精于针灸。天圣四年（公元1026年），宋政府再次征集、校订医书，王惟一奉皇帝命令，纂集旧闻，订正廖误，考订针灸著作，按人形绘制人体正面、侧面图，标明腧穴的精确位置，并搜采古今临床经验，汇集诸家针灸理论，著成医书3卷。医书共载腧穴657个，采用按经络和部位相结合的腧穴排列方法，既使人了解经络系统，又便于临证取穴需要。天圣五年（公元1027年），王惟一奉仁宗御旨铸造针灸铜人两座，均仿成年男子身体而制，躯壳由前后两件构成，内置脏腑，外刻腧穴，各穴均与体内相通，外涂黄蜡，内灌水或水银，刺中穴位，则液体溢出，稍差则针不能入，因而可使医生按此试针，以供教学和考试之用。王氏前所撰针灸著作也名为《铜人腧穴针灸图经》。该书由政府颁行全国，与针灸铜人相辅行世。

在宋代，我国的印刷术已经有了很大进步，《图经》完稿后即以付梓。但王惟一恐怕《图经》不易保存，日久湮没或传之出现讹谬之处，创造性地将《图经》刻于石上，昭示大众，便于学者观摩。并于天圣八年（公元1030年），以该书石刻为壁，在大相国寺内建成“针灸石壁堂”（公元1042年改称“仁济殿”）。

王惟一对针灸医学的贡献有三，一是考定《明堂针灸图》与撰写《新铸铜人腧穴针灸图经》，二为铸造针灸铜人模型，三为刻《图经》于石。

从《图经》、石碑、铜人的编绘制作可以看出，使经穴理论规范化，是王惟一主要学术思想之一。王惟一在撰写《新铸铜人腧穴针灸图经》时，“纂集旧闻，订正讹廖”，做了不少校勘考证工作，对后世学习《内经》原文起了加深理解的作用，并进一步完善了经穴理论。

《图经》、石碑、铜人三者虽然形式各不相同，但内容一致，石碑起到了保存《图经》内容的作用。铜人对经穴教学的形象化与直观化，做出了不可磨灭的贡献，开创了针灸学的腧穴考试要进行实际操作的先河。

八、张从正《儒门事亲》

张从正（公元1156～1228年），字子和，号戴人，睢州考城（今民权县王庄寨乡吴屯村）人，金代著名医家，兴定年间（公元1217～1222年）曾被召为太医，是“金元四大家”之一的“攻下派”创始人。

在学术上，张从正精于《内经》《难经》《伤寒》，同时也提出了“古方不能尽愈今病”的著名论点。张从正对疾病的认识很有独到见解，他认为治病应着重祛邪，祛邪就是补正，不能因害怕使用攻下的药而一味用补，因而创立了独特的“汗、吐、下”攻下法，并能运用自如，治好病人无数。所谓的“汗、吐、下”三法，并非单纯的发汗、呕吐、泄下三种具体治法，而是分别代表着三类驱邪外出的途径。汗法，是指用药发汗，以及用针灸、洗熏、熨络、推拿、体操、气功等方法达到祛除表邪目的的方法；吐法，不单是指催吐，凡豁痰、引涎、催泪、喷嚏等上行的治疗方法都属此类；下法，不单指泄下，其他像行气、通经、消积、利水等能够驱除里邪的方法亦尽属此类。因此，张从正归纳的“汗、吐、下”祛邪法，实际上是中医理论中“扶正祛邪”法中以祛邪为主的这部分内容。他认为先“祛邪”，才能扶正，邪去则正自安，对于实证阳证，这种方法非常奏效。

张从正主张治疗以食补为主，反对乱用温热药物峻补的方法。人体诸邪皆易化火，一味地温通峻补只能使人体的痰热实邪壅滞，引发更多的疾病。这种论点，实际上是针对当时社会上的不良医学风气而言的。张从正本人十分重视辨证论治，并非见病即攻，在治疗过程中也一定要视病人的具体情况选择适当的治疗方法。尤其是年岁较高的老人，身体羸弱的儿童，都是他强调不可乱攻的对象。

张从正一生著述颇多，最著名的就是《儒门事亲》一书，书中记述了他的主要学术观点。

九、滑寿重兴针灸

滑寿（公元1368～1398年），元代医学家，字伯仁，晚号樱宁生。祖籍襄城（今属河南）。初习儒，工诗文。京口名医王居中客居仪真时，滑寿师从之习医，精读《素问》《难经》等古医书，深有领会，然亦发现《素问》多错简，因按脏腑、经络、脉候、病能、摄生、论治、色脉、针刺、阴阳、标本、运气、汇萃十二项，类聚经文，集为《读素问钞》三卷。又撰《难经本义》二卷，订误、疏义。后又学针法于东平高洞阳，尽得其术。曾采《素问》《灵枢》之经穴专论，将督、任二经与十二经并论，著成《十四经发挥》三卷，释名训义。其内科诊治则多仿李东垣。精于诊而审于方，治愈沉疴痼疾甚从。尝谓“医莫先于脉”，撰《诊家枢要》一卷，类列29脉，颇有发挥。其治疗验案数十则，收入朱右《樱宁生传》。另有《伤寒例钞》（一作《伤寒论钞》）三卷、《本草发挥》一卷、《脉诀》一卷、《医韵》《痔瘘篇》等，均佚。后世有《明堂图》四幅，题为滑寿撰。

在滑寿生活的时代，经络之学被世人所忽视，针灸之道湮而不彰。滑寿力挽狂澜，使针灸又得盛于元代，并为后世针灸医家所规范。后来，《十四经发挥》流传到了日本，日本的针灸医学也开始盛兴起来。自元代至现今，《十四经发挥》一直传诵不绝。

传说滑寿当年行医南下，见一棺柩抬过，有鲜血滴落，就上前称棺内之人还活着，要求为之救治。开棺是对逝者的大不敬，但死者家属见滑寿言辞恳切，故开棺一试。果然，经滑寿一番救治，棺内人果然起死回生。那一家人感激涕零，路人称他为神医。

十、吴其浚编著植物志

吴其浚（公元1789～1847年），河南省固始县城关镇人，字瀹斋，号吉兰，别号雩娄农，清朝植物学家，嘉庆进士，1817年官授翰林院修撰，历任兵部左侍郎，户部右侍郎，湖广、云贵总督，湖南、浙江、云南、福建、山西巡抚。

他首先编著的是《植物名实图考长编》，全书22卷，约89万字，著录植物838种。分谷类、蔬类、山草、石革、湿草、蔓草、水草、毒草、呆类、木类等十余类，每类植物中又分许多种，其数量超过历代任何一种本草和植物学著作，是研究植物学、生药学的重要文献。吴其浚利用去各地巡视的机会，广泛采集植物标本，绘制成图，并结合历代的有关文献进行研究，写出了著名的《植物名实图考》（公元1848年）。本书在他死后第二年由山西巡抚陆应谷校刊。全书38卷，记载植物1714种，是一部专门记载植物，又集中反映其生物学特性的植物学专著，为吴其浚在植物学方面的重要研究成果。《植物名实图考》所附的1800多幅图，比历代本草著作中的图都要精确。明代李时珍的《本草纲目》也附图有1110多幅，但李时珍足迹所至，仅有北京、湖南、江西、江苏、安徽等地，与吴其浚足履大江南北十余省的情况是无法相比的。《植物名实图考》中大部分图都是根据植物新鲜状态时绘制的，很多都能反映该植物的特征。如二十四卷毒草类，天南星、魔芋、由跋、半夏都是天南星科植物，外形十分相似，很易混淆。吴其浚不仅用文字阐明彼此之间的差异，同时用了7幅插图，绘出各种植物的根、茎、叶、花、果实的异同。这些图把天南星科的特征，即肉穗花序外围以佛焰苞绘得十分逼真，人们很易识别。

植物学的发展可以划分为若干阶段，第一阶段即实用阶段，其历史较长，可以说从上古直到明清之际都属于这一阶段。植物学知识主要见于历代本草学著作、农学、园艺等著作中。随着人们对各种植物的认识愈来愈深刻，明清时期已开始向第二阶段即科学研究的方向发展。吴其浚《植物名实图考》的出现，正标志着这一重要阶段的开始，即从本草学的附庸，逐步走向独立的阶段，因而它在中国植物学史上占有重要地位。

十一、郭春园弘扬正骨法

郭春园（1923～2005年），男，1923年1月5日，郭春园出生在河南洛阳白马寺北边平乐村，生前系深圳平乐骨伤科医院名誉院长，我国传统正骨四大流派之一，“平乐郭氏正骨”的第五代传人，人事部、卫生部、国家中医药管理局认定的全国500名著名老中医之一，获卫生部颁发的“发扬祖国医学遗产”银质奖章。

他从医60余载，参与创建了3座医院，写出了2本专著，带出了197名高徒，在古稀之年又无偿献出13个祖传秘方。他集祖传秘方、正骨医术和60多年骨科经验于一身，被国内同行专家赞誉为“中华骨魂”，并且撰写出版了我国第一部骨科专著《平乐郭氏正骨法》及展示郭氏医术的《世医正骨从新》。

十二、中国首届国医大师——李振华

李振华，男，1924年11月生，河南洛宁县人。毕业于河南济汴中学，出身中医世家。原河南中医学院院长，现中医教授、主任医师。曾兼中国中医药学会常务理事、终身理事、中国中医理论整理研究委员会副主任、河南省中医药分会副会长、名誉会长、卫生部高等医药院校教材编审委员会委员、河南省中医药高级职称评委会副主任、1990年国家人事部、卫生部、中医药管理局评为全国首批500名名老中医、第七届全国人大代表。中医学术精湛，60年来一直从事中医医疗、教学、科研工作。研究生、学生桃李满天下。负责研究的“流行性乙型脑炎临床治疗研究”“肿瘤耳部信息早期诊断”

“脾胃气虚本质的研究”分别获河南省重大科技成果奖和科技进步三等奖。负责“七五”国家重点科技攻关项目“慢性萎缩性胃炎脾虚证的临床及实验研究”，获河南省教委及河南省一、二等科技成果进步奖。现承担着“十五”国家科技攻关项目“名老中医学术思想、临证经验总结和传承方法研究”。专著有《中医对流行性脑脊髓膜炎的治疗》《常见病辨证治疗》，主编有《中国传统脾胃病学》、合编有《中医内科学》《中医证候鉴别诊断学》全国高等中医药院校统用第五版教材《中医内科学》等八部。在省级以上刊物发表学术论文 50 余篇。1957 年卫生部评为“西医学习中医甲等模范教师”，1989 年和 1991 年分别被评为“河南省优秀科技工作者”和“中医优秀科技工作者”，1987 年、1997 年分别被收入英国剑桥大学国际传记中心出版的《世界科技名人录》和《河南科技名人录》，1992 年享受国家特殊津贴，1995 年被国家科委录入中国科技名人。业余爱好书法，被收入（20 世纪中国著名书画家）。2009 年河南中医学院原院长、河南省著名老中医李振华教授被人力资源和社会保障部、卫生部、国家中医药管理局共同授予中国首届国医大师称号。这是新中国成立以来我国政府第一次在全国范围内评选国家级中医大师。

第三节　道地药材盛产于中原

河南，地处中原，是中华民族传统文化的发祥地，同时也是中医药学的重要发祥地。中医药就是伴随着华夏文明的进步与发展，源源不断地汲取营养而形成的独特的医药体系，是中华传统文化的精华与国粹。

在历史上，河南中医药对中华民族的繁衍生息和繁荣昌盛做出了卓越贡献，对整个人类健康和世界文明产生了积极的影响。新中国成立后，经过 60 多年的继承和发展，特别是近年来的大胆改革、创新，河南中医药事业开拓进取步伐坚实，不断取得辉煌成就，河南也正在由中医大省逐步向中医药强省迈进。

河南中医药，有独特的人文思想和中原文化特征，是中华医药文化的根基和主体。

一、河南道地药材资源的种类和区域分布

河南省位于中国中东部，黄河中下游，地势西高东低，北、西、南三面有太行山、伏牛山、桐柏山、大别山四大山脉环绕，东部是广阔的黄淮海冲积平原，大部分地处暖温带，南部跨亚热带，属北亚热带向暖温带过渡的大陆性季风气候。河南地理环境优越，气候多样，为众多药材生长提供了适宜的地理生态环境。据统计，河南省共有中药资源 2302 种，其中，药用植物 1963 种，药用动物 270 种，药用矿物 44 种，其他种类 25 种。一直以来，作为"南药北移"和"北药南栽"的过渡性区域，河南道地药材资源和种植面积都处于全国前列，是全国中药材主要产区之一。在 1995 年出版的《中国中药区划》中，河南省隶属于 2 个全国 1 级中药区内，其中河南的中部和北部隶属于华北暖温带家生、野生中药区，河南南部隶属于华东北亚热带、中亚热带家生、野生中药区。

（一）河南道地药材资源的种类

自古以来，河南中药资源丰富，种植历史悠久，具有很多著名的道地药材。通过对全国 160 种道地药材产地归类分析，河南省所产道地药材种数居全国第 2 位，有道地药材 37 种，占统计总数的 23%。河南分布的道地药材种类，植物类的药材有"四大怀药"（怀地黄、怀牛膝、怀山药、怀菊花）、山楂、白附子（禹白附）、茜草、千金子、红花、金银花、射干、旋覆花、卫矛（鬼箭羽）、酸枣仁、漏芦（禹州漏芦）、连翘、夏枯草、栀子、黄芩、白花蛇舌草、商陆、蒺藜、冬凌草、山茱萸、辛夷、丹参、白芷（禹白芷）、禹南星、柴胡、半夏、栝楼（天花粉）、桔梗、杜仲、银杏、天麻、商茯苓、猫爪草共 37 种，动物类药材有土鳖虫、斑蝥、全蝎 3 种。目前获得原产地标记认定的中药材有焦作的"四大怀药"（怀地黄、怀牛膝、怀山药、怀菊花）、方城裕丹参、西峡山茱萸、封丘金银花、唐河的唐半夏、栀子、息县息半夏、南召辛夷、禹州禹白附、白芷、桐柏的桐桔梗、卢氏的连翘等。特别是"四大怀药"、金银花、山茱萸、辛夷丹参、白芷、猫爪草等中药材，种植面积和产量在全国占有重要地位。

（二）河南省道地药材的区域分布

豫北太行山区、豫东北黄河平原。位于河南北部，黄河北岸，包括焦作、

济源、新乡、鹤壁、安阳等地区。主要分布的植物类道地药材种类有山楂、酸枣仁、“四大怀药”（怀地黄、怀牛膝、怀山药、怀菊花）、卫矛（鬼箭羽）、柴胡、金银花、丹参、黄芩、冬凌草、红花、栝楼（天花粉）等，动物类药材主要有土鳖虫，斑蝥，全蝎等。

豫西南伏牛山区、南阳盆地。位于河南西南部，包括三门峡、灵宝、洛阳、平顶山及南阳地区。该区森林覆盖率高，野生药材资源丰富，种类和蕴藏量居全省首位，有天然药库之称。主要分布的道地药材种类有山茱萸、辛夷、杜仲、连翘、旋覆花、黄芩、千金子、天麻、半夏、栀子、射干、丹参、柴胡、桔梗等。

豫中东部黄淮平原。位于河南中东部，包括郑州市、禹州市、许昌市、漯河、开封、商丘、周口、驻马店等地区。海拔在200m以下，地势平坦，土层深厚，雨量充沛，气候温和，灌溉方便，主要分布的道地药材种类有金银花、禹白芷、禹南星、漏芦（禹州漏芦）、千金子、商陆、蒺藜、夏枯草、白附子（禹白附）、白花蛇舌草、茜草、射干、桔梗等。

豫南大别山、桐柏山区。位于河南的南部，包括信阳全部、南阳东南部地区。气候湿润，雨量充沛，土壤深厚肥沃，主要分布的道地药材种类有茯苓、猫爪草、银杏、桔梗、半夏、卫矛（鬼箭羽）、栀子、天麻等。

（三）河南中药材种植基地

1. 焦作四大怀药（怀山药、地黄、菊花、牛膝）种植基地

产于焦作（古代为怀庆府辖区）的“四大怀药”距今已有3000多年的栽培历史，自周代开始，历朝都将“四大怀药”列为皇封贡品。明清以后，怀药贸易日趋兴盛，在全国各地开辟药庄，建立商号，举办怀药大会，“怀庆会馆”遍布多个省区。在怀药的栽培、炮制、经营和贸易活动中逐渐产生、发展成怀药文化、怀商文化。据相关历史记载，大约在公元前734年，卫桓公曾经以怀山药作为贡品进献周王室。至清朝末年，四大怀药（焦作怀山药、地黄、菊花、牛膝）一直作为贡品进献历代皇帝。四大怀药以其独特的药效和滋补作用蜚声海内外，历代中药典籍都给予了高度评价。其中《图经本草》记载：“牛膝生河内山谷……今江淮、闽粤、关中亦有之，然不及怀（怀牛膝）州者真（指焦作一带的焦作怀牛膝）。”《本草纲目》记载：“今人唯以怀庆地黄为上（怀地黄）”《神农本草经》也载有：“怀山药以河南怀庆者良

(焦作怀山药)”宋代医学家苏颂曰：“菊花处处有之，以覃地（怀庆府怀菊花）为佳。”在《伤寒论》、《金匮要略》的方剂中，怀地黄一药共见14处。值得一提的是中国食品烹饪协会主办的2006北京奥运推荐食谱菜品展上，焦作的四大怀药入选2008奥运会食谱。2008年国家主席胡锦涛视察焦作怀山药基地，对焦作怀山药予以充分肯定。近年来，四大怀药作为国药展出在万国商品博览会上备受各国医药学家的赞誉和称道。1962年，国家从《本草纲目》中记载的1892种中药材中优选出44种作为“国宝之药”，四大怀药（怀山药、地黄、菊花、牛膝）具列其中。在国家公布的道地药材名录中，四大怀药名列河南道地药材之首，是获得原产地标记认定的中药材。

2. 西峡山茱萸种植基地

山茱萸为西峡县道地药材，种植历史上百年，早在宋代就有“茂林修行地，桐漆茱萸乡”的美誉。近年来，山茱萸基地得到持续健康发展，目前全县山茱萸总面积达22万亩，挂果13万亩，年产量1800吨，占全国山茱萸年总产量的1/2，河南山茱萸年总产量的2/3，山茱萸规模、产量、产值均居全国第一。西峡山茱萸药材生产基地是全省最早唯一获得GAP认证和无公害基地认证的药材基地。1999年、2001年西峡产山茱萸被评为世博会优质产品，西峡县被国家林业局定为“名优特经济林——山茱萸之乡”，西峡山茱萸被国家质检总局批准为“国家地理标志产品”。2003年，西峡22万亩山茱萸药材基地通过GAP认证，既是全国第一个山茱萸GAP基地，也是全国首批、河南首家GAP中药材基地。

3. 济源市冬凌草种植基地

冬凌草“绒面四棱，开粉紫花”，因“每至霜降，叶茎上挂满薄如蝉翼的冰凌，遇阳光不化，遭风沙不落”而得名。冬凌草主要生长在河南济源太行山、王屋山海拔200米~1000米的壤土或沙壤土中。研究证明，济源冬凌草种群独特，品质地道，其甲素含量比其他地方同类产品高50%。2001年以来，济源市政府、济世药业和河南中医学院联合开展了“十五”国家重点科研计划：冬凌草规范化种植课题研究，制定了“冬凌草生产标准操作规程(SOP)”，并且在2004年通过了科技部组织的验收。2004年，济源市“冬凌草有机栽培标准化及其加工技术研究”被列入河南省重大科技攻关项目，这些措施对进一步提高济源冬凌草的产量和质量、规范冬凌草的生产加工及销售、促进济源冬凌草种植规范化与药材交易以及中成药生产等方面具有的特殊优势都起到了积极的作用。

4. 方城县裕丹参种植基地

方城原称裕州，所产丹参以其特有的品质和疗效久负盛名，金、元时代医药界就称方城丹参为“裕丹参”，至明清时期名誉鼎盛。在民间流传着“丹参王，裕州长，品质好，疗效良；上海、武汉药庄藏；走水路，去留洋”的歌谣佳誉，裕丹参在历史上声名远播。经现代医学检测，裕丹参的丹参酮ⅡA含量高达0.68%，是药典规定0.2%的3倍多。因此，裕丹参1991年获仲景杯国际博览会银质奖，2001年在国际农业博览会上裕丹参被确定为“中国名牌产品”，2003年获国家原产地域保护产品认证。现在丹参种植面积已达5万亩，封山育参20万亩，建立模范化种植示范基地3000亩，示范带动药农规范化生产。

5. 禹州禹南星、禹白芷、禹白附生产基地

禹州中药资源丰富，道地药材种类多，农民有中药材种植、加工的传统，中药产业的发展具有得天独厚的优势。2005年禹州道地药材禹白芷、禹白附、禹南星、豫西丹参、漏芦（禹州漏芦）被国家批准为原产地地域保护品种。禹州市委、市政府确立了中药材生产主导产业的地位，明确了建设30万亩中药材标准化种植基地的目标任务，目前已经建成标准化种植基地25个。基地建设带动了加工制药企业的发展和中药材专业市场的繁荣，全市加工制药企业星罗棋布，产值达2亿多元；经营商户500多家，年成交额10亿元以上。

6. 封丘县金银花种植基地

封丘县栽培金银花已有1500多年的历史，封丘古属魏地，西晋《博物志》有“魏地人家场圃所种，藤生，凌冬不凋”之说。明代李时珍《本草纲目》中也有“忍冬在处有之，封丘较佳”的字句。早在20世纪70年代，中国医药公司确定封丘为全国金银花生产基地；20世纪90年代，封丘成为金陵药业、哈药二厂等国内知名大型制药企业的药源基地；2003年3月，封丘金银花荣获国家质检总局颁发的原产地标记注册证，从此使封丘金银花在世贸组织成员国内受到知识产权级的保护；2006年封丘金银花被批准为河南省金银花生产基地。目前封丘金银花除销往国内主要中药材市场和制药企业以外，还销售到东南亚地区，是全国唯一的金银花出口产品。到目前为止，封丘金

银花种植面积已经达到30万亩，年产干花1000多万公斤，占全国总产量的70%以上；封丘金银花种植基地通过无公害农产品基地认定，产品也通过了无公害农产品认证。

7. 卢氏连翘种植基地

卢氏连翘多年来一直作为道地药材为医宗、药家所钟爱。卢氏连翘与其他地区品种相比较，连翘苷含量高，且富含维生素P。在连翘苷含量和醇浸出物含量上，卢氏连翘均优于其他产地的连翘。连翘为卢氏县中药材名产，为道地大宗药材，国内行销20多个省市和港、澳特区，外贸出口到日本、马来西亚、新加坡、泰国等。卢氏连翘每年产量占全国连翘总产量的1/4。为统一规范卢氏连翘的生产技术，该县全面推广标准化、规范化的中药材人工种植，并建立了国家标准化委员会卢氏连翘农业标准化示范区，按标准化要求进行卢氏连翘的可控生产。同时，该县加大政府资金投入，每年投入50万元，作为卢氏连翘示范基地建设和野生连翘清坡的专项资金。国家质量监督检验检疫总局于2004年批准对"卢氏连翘"实施原产地域保护。

8. 南召辛夷种植基地

南召是辛夷的原生地，全国辛夷的主产区，县内中低山区均有分布。根据史料记载，南召县元末明初就产辛夷1万余公斤，至今仍保留500年以上的辛夷天然植物群落。1995版《国家药典》把南召辛夷列为正品，河南省生物科学研究所《河南辛夷资源开发利用研究》一书把南召的小店、云阳、皇后的辛夷定为佳品。目前全县种植面积10万亩310万株，其中处于盛果期的3万亩100万株，年产干药2000吨，并以每年20%的速度递增，占全省产量的80%，全国产量的40%，种植规模和产量均居全国首位。现在，南召辛夷种植基本实现了布局区域化、种植规模化、管理规范化、质量标准化格局。由于辛夷种植面积大、产量高、质量好，2000年3月，南召县被国家林业局首批命名为"中国名特优经济林辛夷之乡"。同年10月，又被国家科技部和河南省政府确定为"绿色道地中药材种植辛夷基地县"。

9. 汝阳杜仲种植基地

杜仲，别名思仙、思仲、丝棉皮，属杜仲科落叶乔木，是我国特有树种之一，具有补肝肾、强筋骨、安胎、降压等作用，其药用价值之高，用途之广被誉为"植物黄金"。汝阳县委、县政府根据汝阳县人多、耕地少，山区面积大的突出特点，把发展以杜仲为主的经济林作为振兴汝阳经济的突破口，按照“规模发展，集约经营，整体效益，长久优势”的发展思路，大搞以杜仲为主的经济林建设。杜仲生产得到了原国家林业部和省林业厅的一致好评，林业部杜仲“一优双高”示范基地项目在汝阳县实施后，1996 年被确定为国家级杜仲基地县。截至目前，全县杜仲面积已达到 17.8 万亩，总产量达到 3404 万吨，总产值达到 4727.8 万元，使杜仲种植真正成为一项富县、富民的支柱产业。

10. 嵩县柴胡种植基地

嵩县地处亚热带和温带交界处，山高林密、气候温和、光照充足、雨量充沛，适合柴胡生长。近年来，全县柴胡种植面积达 3 万余亩，年产量 15 万公斤，因该县柴胡产量高、质量好、疗效佳、销路广，被人们誉为“中国柴胡之王”。

随着柴胡及其制剂在临床上的广泛应用，野生资源已不能满足需求，嵩县率先在全国开展柴胡野生变家种试验，从 1980 年开始，经过 3 年的试种和种植繁育，于 1983 年试验成功，申请注册了“小嵩洲”商标，该科研项目获洛阳市科技成果一等奖，1987 年获国家医药管理局科技进步三等奖。

11. 唐河栀子种植基地

汉刘项《名医别录》曰：“卮生南阳川谷。九月采实，暴干。”明李时珍《本草纲目》载：“卮，酒器也。卮子象之，故名。俗做栀。”司马迁《史记?货殖传》记载：“栀，茜千石，与千户侯等。言获利博也。”可见，栀子自古都与中华民族文化息息相通，与儒释道传统文化一脉相承，是佛家和君子崇拜的偶像和纯洁、高尚的化身。栀子为茜草科常绿灌木，其干燥成熟果实为常用中药材之一，具有清肝利胆、泻火除烦、清热利尿、凉血解毒之功效。唐河县地处南阳盆地与桐柏山余脉交接地带，气候温和，适宜栀子生长。人工栽培栀子古已有之，久盛不衰。栀子药材质量道地，药效上佳，被历代医家冠以“唐栀子”之美誉。

截至目前，唐河县共建造栀子林 10 万亩，平均亩产达到 300 公斤，产品销往全国各大药材市场和东南亚国家，备受青睐。2005 年获得国家质检总局地理标志产品保护认证，成为道地药材原产地。唐河县还有半夏、桔梗种植基地。

河南还有辉县市山楂、柴胡种植基地，卫辉市红花种植基地，栾川县连翘种植基地，林州市黄芩、丹参种植基地，息县半夏种植基地，新密市金银花种植基地，鲁山县银杏种植基地，开封市甘草种植基地，桐柏县艾叶种植基地，镇平县杜仲种植基地，灵宝市杜仲、板蓝根种植基地，渑池县板蓝根、桔梗种植基地，新安县金银花种植基地，内乡县山茱萸、辛夷种植基地，确山县白花蛇草、半枝莲种植基地，新县银杏种植基地，邓州市桔梗、冬麦、元胡种植基地，郸城县桔梗、白术、薄荷种植基地，淅川县酸枣、当归、花椒种植基地，商城县桔梗、天麻、茯苓种植基地，淇县冬凌草种植基地，漯河市黄芪、白术种植基地，商丘市板蓝根、防风、白芍种植基地等共计38个中药材种植基地。

二、河南著名的中药材重要集散地

河南又是中药材重要集散地之一。历史上有禹州、百泉两大全国性中药材交易会。

禹州市位于河南省中部，背扼伏牛山系，俯瞰豫东平原，淮河的最大支流——颍河自西向东贯穿全境。全市总面积1461平方公里，总人口120万。禹州是中华民族的重要发祥地之一，史称夏邑、阳翟、钧州。悠久的历史地位和优越的地理环境，孕育了璀璨的历史文化，因第一个奴隶制王朝——夏朝在这里诞生，享有“华夏第一都”之誉，并以黄帝文化、大禹文化、中医药文化、钧瓷文化和画圣文化而闻名遐迩、驰名中外。古往今来，历代先贤圣医在此行医采药，取得了中医药理论的伟大成就，名商大贾在此坐堂开庄，汇集天下药材，故得“天下药都”之称。在历史的长河中，由于演绎着中华民族辉煌的文明史和中医药文化发展史，使禹州与中医药有着割舍不断的渊源，自古就有“医到禹州方为妙，药到禹州倍生香”的神奇传说。神奇的传说，圣医的遗迹，绝妙的禹药，以及独特的炮制技艺，赋予了禹州医药之源的特质、医药之魂的风采，充分诠释了中医中药密不可分和根植民间、普济百姓的中医药理论，造就了禹州磐石般的中医药文化，为禹州药市的兴起和繁荣奠定了坚实的基础。

禹州药市始于唐宋，盛于明清，禹州人为纪念唐代药王孙思邈云集祠庙，隆重祭奠，由供奉活动逐而形成药材交易市场。明洪武元年（公元1368年）朱元璋曾诏令药商汇集禹州，正式成为官办药市，是当时全国四大药都之一

（禹州、亳州、安国、樟树）。至清乾隆年间，药市达到鼎盛时期，形成了春、秋、冬三季定期药材交易会，“内而二十二省，外越西洋、南洋，东极高丽，北际库伦，皆舟车节转而至”，时禹州有大小药商2000余家，药行、药棚林立，药庄、药铺环伺，出现了“无街不药行，处处闻药香”的繁荣景象，每日车水马龙、熙熙攘攘，大为壮观。长期的药材交易逐渐产生了以经营特点划分的经营门类（细分市场），形成了药棚帮、丸散帮、甘草帮、怀药帮、祁州帮、亳州帮等18个帮会组织，并且捐建庙堂，联盟结社。现存于禹州西北隅的“山西会馆”“十三帮会馆”“江西会馆”“怀帮会馆”以其宏伟的建筑艺术及行帮组织的经营盛况，成为禹州作为天下药都的重要标志。由于中国第一部中药炮制专著《雷公炮制论》源于雷公和雷公封地禹州方山，经过世代传承，形成了禹州独特的中药炮制理论和加工技艺，以“遵古炮制、加工精良”著称于世，在“浸、煅、煨、炒、灸、蒸煮”等方面都有独到之处，并成为禹州药商必不可少的技艺和“前店后作”的传统经营特点。

百泉药会起源于隋大业四年（公元608年），药会的鼎盛时期，会期长达一月有余，每日上会者多达上万人。素有“春暖花开到百泉，不到百泉药不全”之美誉。

三、河南著名的中药厂

（一）河南省宛西制药股份有限公司（简称宛西制药）

宛西制药是一家地处医圣故里的大型现代化中药制药企业，宛西制药将“炮制虽繁必不敢省人力，品味虽贵必不敢减物力”的传统美德与先进的工艺技术、规范的质量管理手段相结合，将“质量第一”的意识根植于每位员工心中，创造出系列中药精品。主导产品太圣牌浓缩六味地黄丸、月月舒牌痛经宝颗粒、镇心痛口服液为中国中药名牌产品、国家中药保护品种、河南省高新技术产品，深受广大消费者信赖。并拥有浓缩六八味系列、金芪降糖颗粒、脑血康口服液、脑力宝丸、银杏叶片、愈风宁心片、清热解毒口服液系列等品质优良产品。宛西制药是全国最大的浓缩丸生产基地，多年名列中国中药企业50强。

（二）河南羚锐制药股份有限公司

河南羚锐制药股份有限公司是一家以药品生产经营为主业的国家火炬计

划重点高新技术企业，全国橡胶膏剂药业中首家上市公司。目前，公司在北京、上海、武汉、郑州、信阳等地控股、参股十余家企业，拥有多个科研、生产基地。公司资产总额达10亿元，年创利税逾亿元，已成为当地经济发展的支柱企业。

公司拥有橡胶膏剂、片剂、胶囊剂、颗粒剂、酊剂等十大剂型百余种产品，其中包括通络祛痛膏（骨质增生一贴灵）、培元通脑胶囊、丹鹿通督片、胃疼宁片、参芪降糖胶囊等独家拥有知识产权的产品及国家中药保护品种和国家医保药品。公司的所有产品剂型及其生产车间均通过国家GMP认证，质量标准实现了与国际接轨。2002年“羚锐”商标被国家工商行政管理总局认定为“中国驰名商标”，成为国内橡胶膏剂药业中首件驰名商标。借此，羚锐制药被业界誉为“中国橡胶膏剂药业第一品牌”。

（三）河南太龙药业股份有限公司（简称太龙药业）

太龙药业位于郑州高新技术产业开发区，是集生产、经营、科研于一体，以中西药产品为主，生产口服液、片剂、胶囊、输液、原料药等多种剂型共100多种产品的现代化制药企业。公司注册资本4.9亿元，现有职工1200多人，年销售收入10亿元人民币，主要经济指标在河南省医药行业中名列前茅。公司的主要产品有双金连合剂、双黄连系列产品、清热解毒口服液、哈伯因片、竹林胺片、甲磺酸帕珠沙星氯化钠注射液以及各种基础输液等中西药品100多个，双黄连合剂等主要产品均收录在《国家基本药物目录》之内。双黄连系列产品是公司主导产品，该产品具有独特的抗菌、抗病毒疗效，其中双黄连合剂、双黄连胶囊为国家基本药物，医保甲类产品。公司在双黄连口服液的基础上，成功开发了具有20年自主知识产权的独家专利产品、国家中药六类新药——双金连合剂，该产品被国家四部委联合评定为“国家重点新产品”。双金连合剂治疗重症感冒具有退热快、症状消除快等优势，该产品正在成为公司新的支柱产品。哈伯因片是公司另一主要产品，该产品原料是采自海拔1300米高山的野生天然药材，运用先进高科技提取其单一有效成分，其治疗中老年记忆障碍和痴呆安全有效，已被国际上所公认，并广泛应用于临床。

（四）佐今明药业集团

佐今明药业集团是集科研、制药、商业、投资为一体的现代化药业集团公司，核心成员包括佐今明制药股份有限公司、佐今明医药有限责任公司、佐今明大药房连锁有限责任公司、佐今明中药材科技发展有限责任公司、佐今明生态农业发展有限公司等。总资产2.8亿元人民币，净资产1.2亿元人民币。佐今明药业集团已全面通过GMP、GSP认证，拥有新乡开发区、原阳开发区两个GMP生产基地，年生产能力5.5亿元。拥有近百家连锁药店，为新乡市规模最大的零售连锁企业。集团公司是豫北唯一一家集中药材种植、医药生产、商业批发、零售连锁为一体的医药企业集团。目前集团公司共有员工1000多人，其中专业技术人员278人，大中专以上员工达到90%以上。集团公司坚持以“提升全民健康，建设幸福乐园”为宗旨，秉承“诚爱、责任、挑战、奉献”的企业精神，以“重视人，重视民生，重视革新”为经营方针。

（五）河南龙都药业有限公司

河南龙都药业有限公司位于历史名城淮阳。淮阳古称陈州，物华天宝，人杰地灵，“三皇”之首太昊伏羲氏在此建都立业，创造了灿烂的华夏远古文明；炎帝神农氏也曾建都于此，尝百草而兴药，开创了中医药学之先河。公司拥有片剂、胶囊剂、丸剂和颗粒剂等40多个品种，其中国家中药保护品种3个，拳头产品晕痛定胶囊（片剂）、鼻炎灵片、康博音黄杨宁片、天静牌天麻蜜环菌片、香砂养胃丸等，深得社会各界的广泛认同与好评。龙都牌晕痛定为河南的国内著名品牌。

第四节　河南著名的中医院

一、河南中医学院第一附属医院

河南中医学院第一附属医院是河南省规模最大、建院最早的一所集医疗、教学、科研、预防、保健、康复为一体的省级综合性中医医院，是全国三级甲等中医院、国家中医临床研究基地、国家中医药国际合作交流基地，设有博士后科研工作站。

医院始建于1953年，前身为河南省人民政府军政机关中医诊所；后与开封市第一中西联合医院合并成立河南省中医院；1956年随河南省政府机关迁入郑州市现院址；1959 年归属河南中医学院，更名为河南中医学院附属医院，设置病床 200 张，临床各科初具规模；1988 年起正式启用“河南中医学院第一附属医院”院名。

医院占地 4.46 万平方米，总建筑面积 13.94 万平方米。开设临床科室 41 个、病区 44 个、医技科室 12 个；开放诊室 119 个，日门、急诊量 6000 余人次；开放床位 1700 张，年收治住院病人 4.56 万人次；设有河南省中医内科会诊中心和河南省中西医结合儿科会诊中心等。拥有卫生部国家临床重点专科（中医）7 个，国家中医药管理局重点学科 9 个、重点专科 14 个；河南省一级重点学科 4 个，河南省二级重点学科 7 个，河南省中医管理局重点专科 12 个。医院作为国家中医药管理局第一批“治未病”预防保健服务试点单位，建立了全方位的中医体质辨识、健康管理服务体系，开展有穴位贴敷、针灸、推拿等中医传统疗法。医院目前拥有 3.0T 核磁共振成像系统、双源螺旋 CT 等先进的医疗设备，总值近 2 亿元。

成立伊始医院就拥有一批国内著名的中医药学专家，如李雅言、郑颉云、翟景南，中医内科专家刘彦同、吕承全、袁子震，中医外科专家徐世林、司万清，中药专家张永瑞等，为中医药学术传承打下了坚实的基础。目前拥有专业技术人员 1900 余人，其中“国医大师”1 人，国家级有突出贡献专家 7 人，全国名老中医 20 人，河南省优秀专家 11 人。形成了一支老中青结合、结构合理的高素质、临床研究型、创新型中医药人才队伍。

2003 年以来，河南中医学院第一附属医院、第一临床医学院与护理学院实行教学、医疗相结合的院系合一、三位一体的管理模式。设有中西医临床医学、中西医临床医学专业中医五官方向、康复治疗学等六个专业方向；设有中医内科学、中医儿科学、中医外科学等 13 个学科；拥有中医内科、中医外科等 10 个硕士授权点。承担专科、本科、研究生等不同层次、不同专业的教学任务，是河南中医学院的重要教学基地。

医院以构建临床研究型医院为目标，先后成为全国中药制剂与剂型改革基地、国家药物临床研究机构和博士后科研工作站。目前拥有国家中医药管理局三级科研实验室 4 个，二级实验室 2 个；河南省重点实验室 1 个；科研设备总值超过 4000 万元；近五年来，共承担国家级课题 45 项，省部级科研课题 83 项，地厅级课题 157 项；在国内期刊上发表论文 2975 篇，其中核心期刊约

884篇，SCI收录34篇，出版专著193部。

医院于2008年12月被国家中医药管理局确定为国家中医临床研究基地建设单位，艾滋病、慢性阻塞性肺疾病为基地重点研究病种。按照规划必将使医院在创新特色鲜明的中医诊疗模式、解决重大疑难疾病、提升现代诊疗设备水平等临床服务能力方面，在临床科研设计、实施与评价、中医经验继承创新、传统中药的研究与开发等科研方面，以及在中医药临床、科研、教学、管理的数字化、信息化、现代化建设等方面迈入全国先进行列。

二、河南中医学院第二附属医院（河南省中医院）

河南中医学院第二附属医院（河南省中医院）是一所集医疗、教学、科研、预防、保健为一体的现代化综合性三级甲等中医院，始建于1985年，现有职工1600余人，享受国务院特殊津贴的专家3人，全国名老中医4人，河南省首届名中医4人，硕士研究生导师67人，正副主任医师210余人。医院诊疗设备精良，拥有1.5T核磁共振、螺旋CT、大型C臂、DR、四维彩超等高、精、尖诊疗设备，能满足现代检查治疗的需要。

临床医技科室设置齐全，布局合理。设有急诊、ICU、内、外、妇、儿、骨伤、五官、针灸科、推拿科、皮肤科、传统医学诊疗中心、腔镜中心等40余个临床医技科室，开放床位1400张。心病科为国家局重点学科、重点研究室；心病科、骨伤科、中医外科为卫生部国家临床重点专科建设单位（中医专业）；肿瘤科、脑病科、心病科、骨伤科、急诊科为国家中医药管理局重点专科；肝胆脾胃病科、中医妇科、中医外科、预防保健科、中医护理学为国家中医药管理局“十二五”重点专科建设单位；心病科、肝胆脾胃病科、骨伤科为河南省中医名科。中医内科、骨伤、妇科和五官学科为省级重点学科。

心病科为卫生部国家临床重点专科、国家中医药管理局重点专科、重点学科、重点研究室建设单位。在病毒性心肌炎、心力衰竭、心律失常方向，临床及科研处于国内先进水平；在冠心病治疗上采用西医介入疗法和中医中药相互结合，优势互补，特色突出，并承担国家973项目、“十一五”科技支撑计划项目和省市重大科研项目及人才培育计划。脑病科是卫生部全国颅内血肿微创技术协作医院单位，河南省中医脑血管病协作组组长单位。该科在治疗神经科常见病、多发病、疑难病方面，采取中西医结合、急救康复一体、针灸药物并用疗法，效果显著；并可开展颅内微创手术、脑血管内支架植入术等。肿瘤科遵循个体化治疗原则，撷取现代中医药、分子靶向、化疗、立体定向等治疗手段，重视心理调护，衷中参西，多种方法并用，提高患者生活质量，延长生存期，并突出中医简便廉验的优势。骨伤病诊疗中心突出中医辨证优势，综合运用富有特色的院内制剂、整脊手法、针灸、小针刀、四维牵引、超导等治疗手段；在脊柱及脊柱相关疾病、骨关节疾病、风湿类疾病、股骨头坏死等疾病的非手术治疗方面在国内居于领先水平。在髋膝部人工关节置换、中西医结合治疗股骨头坏死等方面取得了可喜的成绩，在国内较早地开展了双髋、双膝、髋膝关节同时人工关节置换等高难度手术。塑性弹力夹板治疗桡骨远端骨折等是国家中医药管理局重点推广的100项非药物疗法特色项目。

医院坚持“建设特色鲜明、人民满意的现代化中医院”的发展战略，注重学科建设及科技兴院。“十一五”期间，医院获各级科研成果奖65项，发表学术论文1500余篇，承担各类科研立项170余项，其中，承担“十一五”国家科技支撑计划2项，国家自然基金项目2项。每年承担近3000名本科生、研究生的临床教学任务，设置中医学、中医骨伤方向、中医专升本3个专业，10个学科。中医内科学科、中医骨伤学科为河南省重点学科，中医专业为河南省高校名牌专业，拥有6个硕士学位授予点。

三、河南中医学院第三附属医院

河南中医学院第三附属医院是一所集医疗、教学、科研于一体的综合性中医医院。2009年被列入全省首批三级中医医院规划设置单位。2014年8月通过国家中医药管理局验收，正式成为三级甲等医院。

编制床位1000张，目前实际开放床位687张，开设一级临床科室20个（急诊科、内科、针灸科、推拿科、疼痛科、康复科、骨伤科、外科、眼科、耳鼻喉科、肛肠科、妇科、儿科、口腔科、皮肤科、感染性疾病科、重症医学科、麻醉科、不孕与遗传诊疗中心、治未病科）；二级内科临床科室7个（肝胆脾胃病科、心血管科、肿瘤科、肺病科、脑病科、肾病科、内分泌科），外科临床科室2个（普外科、泌尿外科）；医技科室8个（药学部、医学检验科、医学影像科、手术室、病理科、输血科、食疗营养科、功能检查科），开设病区 19 个 。

目前，医院现有职工 956 人。其中国医大师 1 人，河南中医事业终身成就奖获得者 7 人，河南省名中医 7 人，国家级重点学科/专科学术带头人 6 人，全国名老中医药专家、博士生导师、国务院政府特殊津贴专家 19 人，全国优秀中医临床人才研修项目培养对象 3 人，河南省教育厅学术技术带头人 4 人。

该院拥有国家首批“河南邵氏针灸流派传承工作室” 1 个，“人类非物质文化遗产中医针灸针刺手法传承工作室” 1 个，国家中医药管理局基层常见病、多发病中医药适宜技术推广省级基地 1 个，全国名老中医药专家传承工作室 7 个，国家中医药管理局重点学科 2 个（针灸学科、推拿学科）、重点专科 1 个、重点专科建设项目 3 个（肝病科、肿瘤科、心血管科）以及“河南中医学院针灸研究所”“河南中医学院推拿研究所”“河南中医学院气功研究室”等 14 个研究所（室）。近年来，医院共承担各类科研课题 35 项。两年来，在国家级、省级各类学术刊物上发表独著、第一作者论文 170 余篇，出版著作 34 部，并承担了多部全国规划和协编教材的编写工作。科研的优势体现了医教结合的成果，促进了医疗教学的发展。

四、河南洛阳正骨医院

河南洛阳正骨医院是 1956 年在具有 200 余年历史的平乐郭氏正骨基础上建立医院，1959 年建立正骨研究所，是全国中医骨伤专科医疗中心，全国重点中医专科（专病）建设单位，全国骨伤科医师培训基地，国家博士后科研工作站，国家临床药品研究基地，三级甲等中医骨伤科医院，河南省创伤骨科急救中心，河南省脊柱外科研究治疗中心，河南省骨伤康复治疗中心，河南省中医骨伤工程技术研究中心，河南省手外显微外科研究治疗中心，河南省骨病研究治疗中心，河南省颈腰痛研究治疗中心。

河南省洛阳正骨医院是在具有 219 年历史的平乐郭氏正骨基础上发展起来的一所集医疗、教学、科研、生产于一体的三级甲等省级中医医疗机构。1956 年建院，1959 年建立洛阳正骨研究所（2006 年更名为河南省正骨研究院）。现在是全国中医骨伤专科医疗中心、全国重点中医专科（专病）建设单位、国家重点学科（中医骨伤科学）建设单位、全国骨伤科医师培训基地、国家博士后科研工作站、国家临床药品研究基地、国家组织工程中心河南分中心、湖南中医药大学洛阳正骨学院。“平乐郭氏正骨法”于2008年入选中国非物质文化遗产保护名录，与龙门石窟、洛阳牡丹、洛阳水席并称为“洛阳四绝”。2010年，医院通过JCI标准认证、ISO15189国际实验室标准认证，并入选第二批“中华老字号”保护名录。演绎洛阳正骨传奇历史的电视剧《大国医》2009年5月在CCTV－8播出。

第十章

流光溢彩：瓷器文化之根

统筹：王双华
撰写：王双华

第一节　中原瓷器源远流长

3500年前的原始青瓷，宋代五大名窑之三的钧瓷、汝瓷、官瓷，还有柴瓷等，无不诉说着中原瓷器的渊源。焦作当阳峪的绞胎瓷、巩义唐青花，还有安阳窑、郑州窑、登封窑等，流派众多，产区遍布，源远流长。

四五十亿年前，宇宙中突然光芒四射，剧烈的爆炸犹如盘古劈开了混沌，使得一些星球四分五裂，又经过无数个岁月，慢慢形成了一个蓝色的星球，那就是我们的地球。地球在地理意义上被纵向和横向划分了很多线，即我们经常说的经纬度。在北纬30°~40°之间，有一块漂亮的大陆，就是中国。中国的中间位置，有一条“几”字形的大河，就是我们的母亲河——黄河。黄河从巴颜喀拉山北麓的卡日曲河谷和雅拉达泽山下的约古宗列盆地，分南北二源流出。经过九曲十八弯，在拐过最大一个弯后，逐渐放慢了脚步，在即将进入大海之前，形成了一个广袤的平原，这就是我们的中原大地。这片黄土构成的大地，孕育了我们伟大的华夏民族，也开创了人类文明的先河，为后人留下了灿烂夺目的陶瓷文化。

在中国这块辽阔的国土上，陶瓷的烧制几乎遍及每个角落，从东北到海南，从山东到新疆，就是西藏高原也很早就用牛粪草炭烧制陶器。根据考古发掘，中原陶瓷是最集中、最早地发展起来，并影响到了周围各大陶瓷产区。

由于各地域之间在交通上的阻隔，造成了早期文化交流的天然障碍，因此各地域都可能在相对独立的环境中发展，形成了独具特点的文化，这也在实际上更加阻碍了文化之间的交流和沟通。但纵观所有这些区域的陶瓷发展，都或多或少地源自或学习于中原陶瓷，特别是五代以来，陶瓷的发展史几乎涵盖了整个中国的历史，所以有专家说，一部陶瓷史就是一部中国的历史。根据发掘材料，距今八千多年前，我们的祖先在中原大地一个叫裴李岗的地方开始筑窑烧制陶器，由此拉开了人类有窑烧制陶瓷的序幕。于是，裴李岗文化成了研究人类制陶历史的标志性一站。

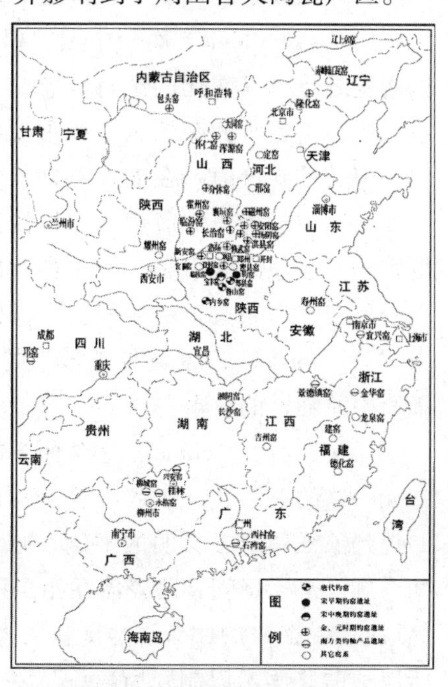

我国古代主要陶瓷产区分布图

作为人类文明史上的标志性成就，陶瓷进入日常生活是非常重要的一个环节。陶瓷的发明，意味着人类制造工具的能力达到了一个新的高度，是人对自身摆脱束缚、达到对自身命运把握的一种能力证明。在旧石器时代，人们必须依靠自然之物，依势就形进行一些简单的加工。除了工具的制作水平低下之外，工具运用于生活实践所产生的效率也同等低下，人们不得不通过不断迁移的方式解决生活问题。陶瓷作为一种更为完善的生产生活工具，它的先进性体现在人们可以根据不同需要，将工具或者生活用具设计成不同样式，从而逐渐将个人意志从蒙昧状态中清晰地呈现出来。

陶瓷是中国文化中非常重要的组成部分。人们对过去陶瓷文化的认识，就是通过存留至今的陶瓷器物来寻找线索的。陶瓷器的质地、材料、造型、纹饰、工艺等方面的特点，都是不同时代技术水平相支撑的结果，通过对这些方面的研究，可以断定陶瓷器所在的时代，并且可以由此推断是否有文物价值。一件穿越千百年时空的陶瓷器，它经历的日常琐事和世事沧桑，甚至还有刀光剑影的洗礼，其中所装载的丰富信息，确实能给人们留下无穷的想象空间。

在外国人眼中，瓷器是神秘的，中国是神秘的，而瓷器就代表中国。英文中由瓷器“china”而到中国“China”，正是从一个语言学的角度证明了中国陶瓷之于世界文化的独特性意义，它足以说明西方建立起来的东方想象体系之中，陶瓷所拥有那么一种重要的识别身份，这种想象，无形中造就了中国陶瓷的重要价值。在老外看来，中国瓷器与中国齐名，而中原的陶瓷也曾一度引领中国陶瓷的辉煌。如果说陶器满足了中国原始人类的生活需要，彩陶则丰富了他们的审美，类玉类冰的原始青瓷、单纯浑厚的色釉瓷、类银类雪的邢窑，巧如范金的耀州窑，滋润质薄的定窑，黑白鲜明的磁州窑，雨过天“青”的汝窑，斑斓多“彩”的钧窑，汴京自制的官窑……无不书写着一篇篇中原陶瓷的故事。

回头来看，“china”这个西方的命名，赋予了“中国”和“瓷器”一种二元一体的关系。一提起美轮美奂的陶瓷器，就会想到物华天宝的中国；而一提到象征着东方文明的中国，则也无法忘却那些泥土与火焰交合而成的人间奇迹。毫无疑问，陶瓷器在相当程度上代表了中国的工艺技术文明的巅峰。《饮流斋说瓷》的作者许之衡就认为制瓷融合了“天时”“地利”和“人巧”，所以“吾华美术以制瓷为第一”。中国文人是一个对这些伟大而深奥的思想各有秉承，各自形成了不同的社会理想和审美取向的群体，但无论他们的政治抱负和文墨风格如何迥异，在他们的案头几侧都摆放着形态各异的陶瓷器皿作为清供之物。从这个角度来看，“陶瓷”又不仅仅是工艺文明的显现，内在更蕴涵了知识分子的意志品格和美学理想，它们在携带着历史基因的同时，还传递着人文的温度。

作为一个特定的历史文化载体，陶瓷的光滑表面其实还蕴藏着很多凹凸不平的历史细节。作为时间的见证者，陶瓷已经从历史语境中出走，成为一个无声的历史浮标，此种意义，尤其与宫廷相联系时才显得格外引人注目。最突出的例子如宋代钧窑花盆的烧制，传说由于当时的皇上做梦梦到一对色彩绮丽、变化万千的花盆，惊为天物，醒来就下令均州的官员上贡，接到旨意的当地官员，只好勒令窑户限期制作，做不出来就要杀头的，由于当时钧瓷的烧制真正的处在十窑九不成的阶段，要烧出皇上要的花盆，难度不是一般的大，就这样好几个窑户都被砍了头，轮到有一位童姓的窑户，一直烧制不成，被逼无奈之下，窑户的女儿跳窑献身，烈焰升腾中，一对绝世的花盆竟然破窑而出。这样类似的传说故事，在大江南北都有流传，陶瓷器的使用者们绝对想不到如此华美绚丽的背后居然融入了另外一个人的生命。如今，集结在绝世之作的瓷器身上的那些复杂劳动，只有在重返历史、寻根问祖的努力中才可以稍微感受。

以河南为中心的中原地区是中华民族的摇篮、中华文明的重要发祥地、中国姓氏的主要发源地以及客家人的祖根地，也是现有文献记载以及考古发掘所展现的我国陶瓷的发源地之一。在新郑裴李岗出土的距今 8000 年前的红陶制品、郑州铭功路出土的原始青瓷、巩县（今巩义市，下同）窑出土的唐青花、洛阳唐三彩、宋代五大名窑之三的“钧、汝、官”窑等，这些在中国陶瓷史上占据着重要地位的窑口都在河南境内。充分利用我省乃至中原地区的根文化资源，传承弘扬中原文化，展示具有中原风貌、中国特色、时代特征和国际影响力的传统陶瓷文化品牌，借此向海内外社会各界人士介绍和普及博大精深的中原瓷器文化，充分展示中原瓷器文化的无穷魅力，体现现代文化与传统文化的一脉相承，是我辈所应尽的义务和责任。

裴李岗红陶图

郑州铭功路出土的原始青瓷

巩县唐青花

洛阳唐三彩

《路史》记载："燧人氏范金合土为釜"，《周书》："神农作瓦器"。《物原》："神农作瓮。"从上述这些古籍中可以看出，早在史前时代，先人中的贤者就开始制作和使用陶器，不过燧人氏合土为釜，神农作瓮，多为改善当时的民生，这也是当时生产力所决定的。后来数千年的陶瓷烧制就基本脱离了仅仅为生活所做的范畴，开始集中反映了人类改造自然、为我所用的智慧和能力。

《史记》上说："黄帝命宁封为陶正。"《吕氏春秋》说："黄帝有陶正昆吾作陶。"《说文》："昆吾作陶。"在当时的社会，已经使用国家力量来经营陶器，由此可见陶器发展的程度和对当时民生的重要性。《史记》还说："舜陶河滨，器皆不苦窳，作什器于寿丘。"《考工记》说："有虞氏上陶。"《韩非子》上记载："尧舜饭，土琉啜，土形。"可见，在尧舜时期，垂拱而治，天下太平，因此陶器的发展比前人大为进步。这些也经过了考古发掘的证实，在距今 6000 ~ 7000 年的仰韶文化半坡期，制陶手工业已经达到了较高的水平，器物的种类急剧增加。造型更具美观、实用，特别是彩陶，造型匀称，线条流畅，花纹图案丰富多彩，艺术效果很好。在距今 4000 ~ 4500 年的龙山文化时期，由于快轮技术的普遍应用，陶器的造型规整，胎体厚薄均匀，质量进一步提高，产量也大幅度增长，尤其是黑陶，漆黑光净，有一些胎壁则薄如蛋壳，别具一格，反映了当时高超的制陶水平。商周秦汉时期，尽管有原始瓷器、青铜器、漆器等材质的器物，但陶器仍然是人们特别是一般民众的主要生活用器，在汉代还出现并流行了一种彩绘陶器，并出现了带釉（铅釉）的陶器，这些都是陶瓷历史上的重要创造。汉代以后，随着技术的提高，虽然人们的生活用器逐渐使用了瓷器，但瓷器并没有完全取代陶器，特别是随葬用的各种人物俑、动物模型和模制器物等，主要还是陶制的。实际上，陶器的发展一直都没有停滞，并且还在发展进程中有所创新，如在唐代创烧了绚丽的三彩陶器、在宋元时代创烧了紫砂器、明代创烧了珐华器等，这些都以其独特的艺术风格赢得了世人的喜爱。陶器始终同人类的生活和生产息息相关。它在改善人们物质生活条件、提高人们精神生活水平等方面起到了积极、重要的作用。

到了公元 3500 年前的商代中叶，中原大地上兴起了一个繁华的城市，这就是位于黄河流域中下游的商王朝的都城，今天的中国中原商都——郑州。现代考古发掘的大量资料证明，郑州这个商都早于安阳的殷墟，也有人说这是商朝的傲都。20 世纪 50 年代，考古工作者对这个古都遗址进行了发掘，出土了涂有青色釉的瓷器和瓷片，这些都是比陶器更精美结实的器物。而且它们完全具备了一般瓷器的基本元素：其一，它是由瓷土做成烧制的；其二，它的烧成温度已经远远高于陶器的烧制温度；其三，它的胎质基本不吸水，已经瓷化；其四，它的表面涂了一层青绿色的釉。但其烧成温度还达不到现在的瓷器水平，并且发掘资料证实当时的制瓷手工业尚处于初级阶段，故被考古界称之为“原始瓷器”，由于产生于商代遗址，也被业内人士叫作“青商瓷”或者“商青瓷”的。原始瓷器的出现是人类古代文明进步的象征，也是中国劳动人民的伟大发明。

1965 年在郑州铭功路出土的 3500 年前的商代原始青瓷完全具备原始青瓷的特征。胎质颜色呈灰白色，内外均施一层玻璃质薄釉，测试结果表明釉中氧化钙含量高达 11% ~18% 以上，被称为石灰釉，因釉内含三氧化二铁，所以釉色呈黄褐色或青绿色。其造型方法是采用拉坯成器，线割器底。这类器物已具备瓷器的特征，也是迄今为止，已发掘出的所有古瓷器中距今时间最长的，这也可以说明现在的郑州就是瓷器的发源地，中华民族 3500 年的瓷器历史可以从这里算起。由于它胎骨坚硬，细腻致密，器表施釉，具有光泽，火候较高，叩之有声，发音清脆，并具有不吸水性，总体比陶器具有更大的优越性，因此，原始瓷器一经出现，就为当时的奴隶主等统治阶层所珍视。在商、周墓葬中出土的瓷器往往与当时的青铜器成组共存，而且基本上都在墓主人身份相对比较高阶的墓葬中出土，说明原始瓷器在当时仍只限于少数奴隶主阶层所享用。

商代的原始青瓷（左：上海博物馆藏，右：郑州市博物馆藏）

我国著名陶瓷史学家赵青云先生在《河南陶瓷史》中说："郑州商代原始瓷器的出现，不仅为我国瓷器发展史谱写了光辉的篇章，而且证明我国是世界上最早发明瓷器的国家。[1]"这时期的原始瓷器往往与印纹硬陶同窑合烧，制瓷还没有成为一个独立的手工业部门。春秋战国之际，不但是中国历史上的转折时期，陶瓷业也有了更大的发展与提高。经历西周、春秋、战国、秦、西汉多个时代缓慢、长时间的发展，到东汉晚期制瓷工艺技术有了显著提高，使原始瓷器摆脱了原始状态，烧造出了质量较高的瓷器，即通常所说的"成熟瓷器"，也就是后世所称的瓷器，并出现了专门烧造瓷器的窑，结束了陶、瓷同窑合烧的状况，制瓷手工业成为一个独立的手工业部门，从此中国的制瓷手工业进入了新纪元。

瓷器美观、实用，不但造价低于铜器、漆器，更低于金器、银器，而且相对更加易于塑造各种造型，再加上烧制原料蕴藏丰富、易开采等优势，制瓷手工业发展较快。到三国两晋南北朝时，随着文化的交融和整合，瓷器的生产逐渐进入了普及和快速发展时期，产品质量进一步提高，产量增加，在人们日常生活用器中逐渐占据了主导地位。随后的隋唐五代时期，逐渐进入了全面发展时期。其在瓷器品种、形式乃至工艺技术等方面有了许多发展和创新，并逐渐形成了南方地区以烧造青瓷、北方地区以烧造白瓷为主的所谓"南青北白"的制瓷手工业的生产格局。在此基础上，宋元时期进入了整个陶瓷器的繁荣、兴旺时期，在全国逐渐形成了以耀州窑、定窑、钧窑、汝窑、景德镇窑、龙泉窑、建窑为主体的七大窑（瓷）系。这时期新品种、新工艺辈出，无论是在制瓷工艺水平上，还是在瓷器的艺术效果上，都达到了前所未有的高度，特别是中原瓷器在宋代跨入了鼎盛时期。为了满足宫廷的需要，在河南设置了御窑，其中钧窑、汝窑、官窑表现最为突出。御窑的产品制作工艺精细，精益求精，工匠们为追求效果不惜花费大量的人力物力和财力，有时是以生命为代价的。

在诸类陶瓷中，有一些罕为人知的独特瓷种，其品位超群，堪为诸瓷之首，例如始于我国唐代的、将仿犀皮漆器工艺特点运用到瓷器制作中而形成的一个独特瓷种——绞胎瓷。绞胎是唐代陶瓷业中的一个新工艺，唐代以前

---

〔1〕 赵青云：《河南陶瓷史》，紫禁城出版社 1993 年版。

尚未出现。所谓绞胎瓷亦称“绞泥”“搅胎瓷”，是将两种或两种以上不同颜色的瓷土糅和在一起，然后相绞拉坯，制作成形，形成了不同色彩的纹饰图案，浇一层透明釉，烧制而成。由于泥坯绞揉方式不同，纹理变化亦无穷。其色彩纹理虽经人工，但观感自然天成，有木纹、鸟羽纹、云纹、流水纹，有的还如老树缠绕盘根错节，有的如层山叠嶂起伏不定，构思奇巧，变化万千，北方民间亦称之为“透花瓷”。这种本质内外变化如一的特殊制瓷工艺发展到宋代时已达到相当高的水平。

宋代绞胎瓷

北宋时，绞胎瓷在焦作当阳峪实现了大规模生产，其他地方也少量生产这种瓷器。焦作，因“焦家作坊”而得名，与陶瓷业的关系甚为密切，是中华民族文明的重要发祥地之一。而修武又是黄帝所封陶正（主管制陶之官职）宁封子的诞生地，是我国陶瓷文化根源所在。怀川大地，古属“三河”地区之“河内”，“九州”中央之“冀州”，太行山南之“山阳”，是黄帝统一中原、百族交汇融合、孕育中华文明的摇篮。《中国工艺美术大辞典》记载：“当阳峪窑，宋代北方民间瓷窑。窑址在河南修武当阳峪，故名。”绞胎瓷釉色光润莹亮，装饰技法有刻花、半画半刻、填彩、三彩式绞胎等，其中以绞胎技法最具有当阳峪窑的独特风格。

焦作当阳峪所保存的大宋崇宁四年（公元 1105 年）《德应侯百灵翁之庙记碑》，是我国目前现存三大窑神碑之一，记载了当年当阳峪窑业之繁荣。碑文记述立庙之因：“……遂益蜀日发徒，远迈耀地，观其位貌，绘其神仪，而立庙像于兹焉。”“世利兹器，埏埴者百余家，资养者万余口……”由此可见当时当阳峪窑场繁盛之状况。

江南提举程筠为百灵庙作歌序，全诗 34 句（七言）。程筠是北宋景德镇管理烧瓷的地方官员，对当阳峪瓷器倍加赞赏：“当阳铜药真奇器，巧匠陶钧尤精致。三日不余方可热，开时光彩真奇异。铜色如朱白如玉。”由此可知当年当阳峪瓷技艺之精美。

20 世纪 40 年代，日本考古学家小山富士夫在一篇考察焦作当阳峪窑的学术报告中指出："在焦作古窑址里首先映入眼帘的是俗称为绞胎瓷的美丽瓷片，它是用白色的瓷土和红色的瓷土搅和在一起做成的。这种瓷器可能是一个特别有名的陶工的作品。绞胎瓷不管是在部落里还是在古窑址都能发现……在修武窑既烧制唐代风格低温色釉的绞胎瓷，也烧制白色有点暗带点灰色的东西，一直被称为唐代绞胎瓷，其实感觉像北宋时期的瓷器。总之，修武窑烧了相当长时间的绞胎瓷。"他当时把修武当阳峪窑命名为"修武窑"。著名陶瓷考古学家冯先铭先生和叶喆民先生在调查当阳峪窑时，把绞胎瓷工艺提高到一个新的高度："宋代绞胎装饰瓷器除当阳峪外，河南宝丰、新安及山东淄博也有发现，但都不如当阳峪的精致……"著名考古学家陈万里先生考察当阳峪窑时提出："总之，当阳峪窑的作品，向来是不为人们所重视的，如此一个重要窑场，竟被忽略了。我以为，黄河以北的宋瓷，除了曲阳之定、临汝之汝以外，没有一处可与当阳峪相媲美。磁州的冶子窑以及安阳的观台窑（在漳河两岸）终逊当阳峪一筹。"可见，当阳峪绞胎瓷在历史上具有重要的地位和珍贵价值。史学专家对于当阳峪窑和绞胎瓷工艺失传之因说法不一，但有一点可以肯定，至宋"靖康之变"后，随着北宋战乱、金兵入侵，当阳峪窑火衰退，至元时绝迹，绞胎瓷工艺由此失传。

1981 年，北京故宫博物院珍藏的两件当阳峪宋代绞胎瓷，引起中央工艺美院梅健鹰教授的极大兴趣，他亲临实地考证、试制，对失传的绞胎瓷工艺中几种不同的绞胎纹理进行开发，使其得以复苏。2001 年，河南省科技部门对焦作当阳峪失传的绞胎瓷工艺重新认定并高度重视，将其列为省、市科研攻关项目，对当阳峪绞胎瓷工艺进行全面开发。焦作市金谷轩文化艺术传播有限责任公司承担了这一重要科研课题，通过科研攻关和反复试制，成功地烧制出当代优质的绞胎艺术瓷。

巩县窑位于河南省巩县，分布在小黄冶村、大黄冶村、白河村、铁匠炉村一带，窑场坐落在黄冶河、白冶河岸畔，也是非常重要的窑口。巩县窑约创建于隋代或稍早，兴盛于唐代中期，大约停烧于唐末。隋代是巩县窑的创建和初步发展时期。烧造瓷器品种以青瓷为主，另有少量的白瓷、黄瓷，皆为日常生活用器，常见的器型有四系罐、钵、碗、高足盘、杯等。釉面光泽尚好。青瓷釉色青灰泛白，常见流釉现象，一般无花纹装饰。装烧方法为明火裸烧。叠置者，器物之间以三叉形间隔具间隔。

唐代早期巩县窑进入了较快的发展时期。烧造的瓷器品种以白釉瓷器为主，黑釉瓷器次之，黄釉瓷器较少，三彩陶器在这时期的后期出现并逐步成熟。瓷器的种类皆为日常生活用器，器型增多，计有罐、瓶、盆、钵、碗、杯、盏、盂、碟等。胎体较隋代略薄轻，质地细密。白瓷的胎一般呈灰白色，往往施有化妆土，釉层均匀，釉面莹润，釉色泛灰，白度不高。这时期，器物一般没有花纹装饰。碗、钵等器物一般内外侧均施半釉，叠烧时往往不用间隔具。

唐代中期是巩县窑的鼎盛时期。烧造的器物品种有白釉、黑釉瓷器和黄釉瓷器等，三彩陶器的生产进入兴盛阶段。瓷器的种类仍是日常生活用器，器型有罐、盘口瓶、瓶、壶、执壶、钵、碗、杯、三足炉等。胎体较薄轻，质地比较细密，多呈灰白色，白釉一般施有白色化妆土。釉层均匀，釉面莹润，白瓷釉色泛灰，黑瓷色调漆黑，黄釉色调多呈深黄色。仍少见花纹装饰。三彩陶器的种类较多，计有器皿、俑、动物模型、模型器等，器型相当丰富。胎质比较细腻，呈白、白泛灰或灰白色。彩釉艳丽，釉面晶莹光亮。三彩器往往还以传统的刻花、印花、贴花等技法在坯体表面做出宝相花、团花、花卉、人物、动物型等花纹，然后再在花纹上涂上或填上相应的彩釉，可谓名副其实的“锦上添花”。考古发掘资料表明，三彩陶器是使用馒头形窑烧造的，均为明火裸烧，叠置的器物之间以三叉形间隔具间隔，同时还较多地采用在窑柱上棚架垫板分层设置器物的装烧方法。

唐代晚期巩县窑的生产发生了较大的变化。烧造的器物品种有白釉、绞胎、青花瓷器和黄釉器等。胎质比较细密，呈白或灰白色。釉层均匀，釉面有较好的光泽。白釉瓷器往往施绿彩作为装饰。绞胎瓷器约出现于唐代早中期，这时期发现的数量较多，枕上的纹样效果较好，有菱形图案、木理纹、五瓣团花纹等。青花瓷器是这时期创烧的新品种，20 世纪 70 年代中期在江苏扬州唐城遗址中出土了 1 件唐代青花瓷枕残片，研究者们认为是巩县窑烧造的，后来又在该城之中采集了一些唐代青花瓷碗的残片。1998 年在印度尼西亚勿里洞岛海域发现的被命名为“黑石号”沉船中有 3 件唐代青花瓷盘，是巩县窑的产品。近年又在巩县窑窑址中出土了不少白釉撒点蓝彩并有的组成简单图案的器物和几件青花瓷器，进一步证明巩县窑是唐代青花瓷器的产地。

这时期三彩陶器的产量大大减少，器物的种类以小型器皿和玩具为主，制作不甚讲究，质量大不如唐代中期。

巩县窑是隋唐时代北方地区的著名窑场，它以烧造精美的白瓷和绚丽的三彩陶器闻名于世。其三彩陶器在已发现的烧制唐三彩器窑中是最好的，代表了唐三彩器的最高水平。

汝窑是我国宋代汝、官、哥、钧、定五大名窑之一，因地处汝州而得名，在中国陶瓷史上有“汝窑为魁”之美誉。北宋后期，汝窑被皇室垄断，专为宫廷烧造瓷器，即“汝官瓷”，简称“汝瓷”。宋徽宗继位后废汝用钧，大观元年，宋徽宗又废钧用汝，但已达不到文庙时期的水平。南宋时已“近尤难得”。传世汝官瓷全世界仅存不到百件，分别珍藏于北京故宫博物院、台北故宫博物院、上海博物馆、英国达维特基金会等几大博物馆，成为举世公认的稀世珍宝。经过20世纪50年代以来的考古调查和发掘，确定了其窑址位于河南省宝丰县大营镇清凉寺村村内。

汝窑出现在越窑衰败之后，产品主要供宫中御用，汝窑瓷器均为青釉瓷器，有日常生活用器、文房用具和供器等，器类有尊、瓶、盆、碗、盘、洗、盏托、炉等，造型端庄大方。这批瓷器质量很高，南宋周辉《清波杂志》卷五：“又汝窑宫中禁烧，内有玛瑙末为油（釉），唯贡御拣退，方许出卖，近尤难得。”汝窑瓷器胎质细腻致密，多数像点燃过的香灰色。釉层浑厚、均匀，以名贵玛瑙为釉，色泽独特，有“玛瑙为釉古相传”的赞誉。随光变幻，观其釉色，犹如“雨过天晴云破处”之美妙，温润古朴。器表像蝉翼纹一样细小开片，有“梨皮蟹爪芝麻花”之称，透过釉底处微微带些粉色，其釉色不同于同时期的其他青釉，具有独特的风格，基本色调为淡淡的天青色，有的稍深，有的稍淡，但离不开天青这个基本色调，观其釉面，呈蝉翼纹般细小开片，釉下有稀疏气泡，在光照下时隐时现，如辰星闪烁。釉面柔润，平滑细腻，如同美玉，在胎和釉结合处，迎光观察，微现红晕，给人以赏心悦目的美感。汝窑瓷器主要追求釉色美，一般没有很多装饰，有的带有自然地开片。器物多通体施釉，裹足支烧，烧成后仅在外底部留下很小的细似芝麻的支钉支烧的痕迹。形成“青如天，面如玉；蝉翼纹，辰星稀；芝麻支钉釉满足”的典型特色。北宋时汝官窑器表常刻“奉华”二字，京畿大臣蔡京曾刻姓氏“蔡字”以作荣记。汝窑瓷器制作工艺精湛，是当时青釉瓷器的代表。

自宋、元、明、清以来，宫廷汝瓷用器，内库所藏，视若珍宝。现存故宫博物院的“汝窑弦纹尊、洗”，是古陶瓷中罕见的珍品。

荷花碗

钧瓷是我国优秀的传统瓷种，钧窑是北方地区宋元时期烧造瓷器的窑场之一，其遗址分布在河南禹州城西南、正西、西北和北部的山区，坐落于颍河、颍河支流和肖河岸畔。其创烧并兴盛于北宋，可以上溯至唐代的花釉瓷器，金代、元代进入又一轮的兴盛时期，元以后仍有烧造。钧窑在北方地区影响较大，从金代开始，一些瓷窑便相继仿烧钧釉瓷器，如河南的郏县窑、鲁山段店窑、汝州严河店窑、新安窑等，主要由钧窑向豫西区域扩展。到了元代，钧釉瓷器的生产区域继续扩大，形成了一个以钧窑为主体的庞大的窑系，向北可到黄河以北的广大地区，有河南北部的鹤壁集窑、淇县窑、安阳窑，甚至河北磁州窑、定窑、隆化窑、山西浑源窑、长治窑、介休窑、内蒙古清水河窑等；其风格向南还影响到浙江金华铁店窑、宜兴窑以及广州窑。

钧窑在北宋晚期，以青釉瓷器居多，工艺水平较高，且与汝窑的天晴釉瓷器中心烧造区、河北定窑涧磁村区域、耀州窑的某些产品的造型十分相似。还有少量的黑釉、白釉瓷器，并出现了钧釉瓷器。产品一般为日常生活用器和陈设用器，器类比较丰富，有碗、盘、洗、注壶、盆、罐、钵、炉、枕等，造型端庄稳重。器物胎色较浅淡，呈白褐色、灰白色或灰褐色，胎质细腻坚致。装烧方法基本采用匣钵单烧法，多用漏斗形匣钵。

钧窑最具特色、影响深远的钧瓷器，它突破了青釉的传统色调，烧出天蓝色釉，并以高温铜红釉作为装饰，使得天蓝色釉与铜红釉错综掩映，深受人们喜爱。钧釉属于青釉系统，它是一种乳浊釉，底端多有积釉现象，基本色调是各种深浅不一的蓝色，较深的为天蓝色，较浅淡的为天青色，更浅淡的为月白色，釉面中往往呈现出幽雅的蓝色光泽。有的则在釉料中加入一定量的铜，烧成后有的呈玫瑰紫色，有的则像蓝天中的晚霞。还有的在蓝釉上点涂铜红釉，烧成后蓝色的右面上边呈现出紫红色或紫色斑块或斑点。也就形成了文献中记载的“红若胭脂、青若葱翠、紫若墨黑”，达到了很好的色彩装饰效果。此外，钧釉在烧成过程中，在釉层中常常形成一条条类蚯蚓的曲线，状如蚯蚓走泥，别有情趣。由于钧釉强调、追求釉色美，器物上未有传统的装饰花纹。钧窑烧造的瓷器品种多样，其产品不仅广泛见于北方地区，还销往南方和边疆地区。

宋代钧窑瓷器（现藏故宫博物院）

宋代五大名窑之一的北宋官窑，是为宋代著名瓷窑。创建于我国北宋宣和年间，乃宋徽宗因不满于当时现有贡御瓷器的瑕疵，引入汝瓷制作技术，在东京汴梁，即今河南开封，按照自己的设计、亲自指挥烧制和创制的巅峰之瓷，其不仅是我国陶瓷史上唯一一个将窑址建在宫廷烧制的瓷器，也是第一个被皇帝个人垄断的瓷器种类。

宋顾文荐《负暄杂录》关于“宣政间，京师自置窑烧造，名曰官窑”的记载，所记述的就是这一光灿史册的陶瓷事件。从这一意义上而论，创建于帝王之手的北宋官瓷，在我国琳琅满目的瓷器世界中，可谓独具禀赋，充盈着皇室贵族非凡的艺术神韵和光彩。其稀有的作品，绝对称得上大师巨匠精湛技艺和徽宗杰出的艺术才华双剑合璧的典范。后世赞叹北宋官瓷乃王者之瓷，国之神器，自是在情理之中。

北宋官瓷的问世，一方面是前所未有的瓷业盛事，为中国官府（国有）手工业开创了一个陶瓷官窑制度，成为后世陶瓷官窑制度的典范和滥觞，有着划时代的重大意义；另一方面，徽宗举国家之力，荟萃大批瓷艺大师，并匠心独运，躬亲在总结和完善汝窑等名窑制瓷技法之上，纯粹以达到烧制精美陶瓷艺术品为根本目的的艺术实践和追求，实将我国青瓷制作艺术推向了一个令人望尘莫及的巅峰。而在这样皇权国力无上优越的条件和创作环境的担保下，大师巨匠云集的北宋官瓷窑口，也自是有着惊世的作为，其制作之精美，品质之优异，作品所洋溢的雍容华贵的皇家气韵，无与伦比，堪为天下之冠。否则，在极具艺术品位的宣政风流的合唱中，北宋官窑若没有高亢的音色，烧制不出高于民窑的作品，那就不叫北宋官瓷了。再者，因北宋官瓷创制和生产的时间极为短暂，不过十余年间，用料异常考究，制作又异常精细，故而产量极少，作品寡鲜，在当时即为瓷器中百求而不可得的艺术神品，民间更难得一见。

加之徽宗帝在金兵破城之际，为不使自己的艺术心血和创作成果落入金人的强盗之手，本可以逃之夭夭的徽宗帝，竟以自己帝王的命运和生命为代价，亲自留下来捣毁窑炉，毁坏神器，颇具玉石俱焚的气魄。仅此一点就可见徽宗对北宋官瓷珍视的程度了，若非心爱之极，何以会有如此作为？当然，经此浩劫，能传之后世的北宋官瓷作品可以说几乎屈指可数，目前也基本收藏在北京故宫博物院和台北故宫博物院，海外虽有几家著名的博物馆零星收藏几件，也尽是八国联军的强盗行为所致。在这种令人扼腕长叹的历史情形下，硕果仅存的北宋官瓷，其艺术价值和收藏价值的罕贵程度，当可想而知。

官窑瓷器

此外，还有柴窑、郑州窑、登封窑等，流派众多，产区遍布，源远流长。

第二节　中原瓷器根深叶茂

中原瓷器，各门各派，技艺发展之路。从原材料、成型、装饰、烧成等工艺技术方面和艺术欣赏角度介绍中原瓷器的发展。包括各主要窑口从开始产瓷到如今的发展过程，有的延续几千年仍在生产，有的已经销声匿迹，有的浴火重生……

陶瓷是中华文化的结晶和象征，中国陶瓷以其独特的魅力远播海内外，成为世界文化艺术宝库中一颗璀璨的明珠。中国是世界上最早发明瓷器的国家，自商代原始瓷器出现以来，至今已有三千多年的历史。在这漫长的岁月中，历代制瓷工匠凭借着他们的聪明才智创作了许多精美瓷器。其中无论是闻名于世的宋代汝、官、哥、定、钧五大名窑的制品，还是元、明、清景德镇窑精美绝伦的青花、彩绘、单色釉瓷器，都被人们珍同拱璧而保留至今。作为中华民族文化之一的陶瓷文化，在民族母体中孕育、成长与发展，它活生生的凝聚着创作者情感、带着泥土的芬芳、留存着创作者心手相应的意气的艺术形象，表现着民族文化，叙述着一个个动听的故事，展现着广阔的社会生活画卷，记录着芸芸众生的悲欢离合，描述着民族的心理、精神和性格的发展与变化，伴随着民族的喜与悲而前行。

陶瓷文化的特殊之处，不仅在于它反映广泛的社会生活、大自然、文化、习俗、哲学、观念，而且在于它所反映的方式。它是一种立体的民族文化载体，或者说是一种静止的民族文化舞蹈。这是由陶瓷的特性决定的。一件件作品，无论题材如何，风格如何，都像一个个音符，在跳动着、弹奏着，合成陶瓷文化的旋律。这些旋律，有的激越，有的深沉，有的热情，有的理智，有的色彩缤纷，有的本色自然，构成一部无与伦比的、摄人心魄的中国陶瓷文化大型交响乐曲！

通常，瓷技术的进步必然带动瓷艺术的繁荣，而艺术的进一步发展为技术提供了进步的动力，两者相辅相成，互相促进，有时甚至可以在一件器物上有机结合，完美体现出技术与艺术的相得益彰。制作陶瓷的原料，有黏土、瓷石、瓷土……看似简单，却记录着中华民族几千年的工艺美术史。烧制陶瓷的窑，有圆形的馒头窑，长条形的龙窑，葫芦形、鸭蛋形的窑……形状大同小异，却蕴涵着中华民族世代相传的勤劳和智慧。历朝历代的无数陶瓷工匠们不断推陈出新，完善着中国传统的烧窑和制瓷工艺，从原料的采集、洗练、沉淀，到拉坯、成形、干燥、修坯、绘制、上釉、烧成、冷却、包装、运输……每一步都千锤百炼。最后，它才会盈盈地摆在你的面前，细数着它的前世今生，虽是经过这样的一番惊心动魄、烈焰煎熬，却没有丝毫烟火的躁动。当打开窑门再见到时，已经无需言说，陶瓷的魅力兴许就在这里吧。

我国是世界公认的陶瓷之国。瓷器是我国的伟大发明，在英文单词中瓷器和中国是一个同音同意的词，可见中国瓷器艺术在世界艺术之林中所占的重要位置。从大量考古发掘的资料和史料来看，我国也是最早制造和使用陶器的不多的国家之一。陶的发明，是人类社会发展史上划时代的标志，这是人类最早通过化学变化将一种物质改变成另一种物质的创造性活动。而瓷器的产生，则更是我国劳动人民的一项伟大发明。从对人类的贡献上来说，瓷器的发明不亚于指南针、火药、造纸及活字印刷的发明。根据目前已发掘的材料获知，在据今3500年前的商代中期，我国就已经创造出了原始的瓷器。

在原始青瓷的基础上，经过商周的发展，到了汉代，原始瓷的成型方法已多采用底、身分离制，然后黏结成型的方法，这种成型方法使汉代的原始瓷器的造型更加丰富。从现在掌握的资料看，汉初原始造型有瓿、鼎、壶、敦、盆罐等，形制多仿制青铜礼器，端庄大方、制作精细。到西汉中期，敦已完全被盆所取代，而鼎腹也变深，足也变矮，有的足已缩到鼎底贴地，变成鼎盆不分，从造型上更适合瓷器的烧制。西汉晚期，原始瓷中鼎类制品终归消失，而壶、瓿、罐、钫、奁、盆、洗、勺等日常生活用品增多，生产注重实用。到了东汉以后，原始瓷的品种和纹饰都有了大的变化，主要品种有盘口壶、罐、盘、碗、盆、熏壶等纯实用器。东汉末期，瓷器在原始瓷的基础上，胎和釉都有了很大提高，釉层厚而均匀，胎釉结合紧密，釉色已经纯正，无论弱还原焰烧成的青中带黄釉色，或者是强还原焰烧成的深青色，还有火焰控制得当烧成的纯正的淡青色瓷器都已出现，这说明我国东汉时期已经成功烧制出了成熟的青瓷器。这个时期是我国陶瓷史上的一个重要里程碑，它给以后三国两晋南北朝瓷器的发展奠定了坚实的基础。

三国魏晋南北朝时期，青瓷釉色已十分美丽，胎质紧密，釉层匀净，造型也非常精美，在河南新乡市曾发现一件亭阙人物瓷罐，造型奇特，制作工整，雕塑复杂，人物富于表情，形象生动逼真，具有较高的工艺水平。罐为敛口，平底，上有亭阙式顶盖与子口吻合，器高为46.6厘米，造型雄浑，实为这一时期的代表作品。在豫北濮阳的北齐武平七年（公元576年）李云墓中出土的青瓷六系罐，绿彩米黄釉四系罐，胎质坚细，里面施釉，外壁挂半釉、釉层较厚，玻化程度较强，烧成温度较高，叩之声音清越。器表富于装饰、造型浑厚饱满、质朴庄重、实用性强、独具一格，应为北朝时期的精品。

亭阙人物瓷罐

李云墓中出土的青瓷六系罐

（现均藏河南省博物院）

中国的瓷器，大概可分两大系：青瓷系和白瓷系。其中青瓷的发现时间最早，远在商周时代就有初期的瓷器出现。至晋朝（公元265～419年）瓷器已相当精美。青瓷可以说是中国瓷的鼻祖。什么是青瓷呢？前面已经讲过，那是由于色釉里面含有一定的氧化铁，经过高温烧成呈现青色或黄色（视烧成时火焰的性质而定）的瓷器。古人用“雨过天青云破处，者般颜色作将来”形容这种釉色的美丽非凡，著名的“柴窑”瓷器除了美丽的色釉以外，还有它特殊的地方，这就是古文中所载的“青如天，明如镜，薄如纸，声如磬”。“青如天”是说胎骨薄的程度；“声如磬”是说胎骨坚实细密叩之能声音悦耳。如果真能具备这些特点，该是一种很理想的瓷器了，可是至今没有发现它的实物。考古挖掘的古陶瓷实物证明，我国元代以前的瓷器，大多数都是青色或近似青色。青色来源于青釉，所以称为“青釉器”。青釉器中胎质比较致密而符合“瓷”的标准的就叫作“青瓷”。我国古代瓷器的品种很多，但最先发明的是青瓷。

那么，为什么中国瓷器先出现青瓷而不是白瓷呢？这主要是古代的制瓷原料选择及工艺所决定的。因为要烧制外观洁白的白瓷首先要有合适的瓷土，特别是含铁量比较低的瓷土。古代由于地理上的限制及科学技术落后等原因，只能就地取材，利用当地含铁量较高的原料来制造瓷器，经过我们祖先长期的实践，他们发现，利用这种含铁量较高的瓷土也能烧制十分美观的瓷器。其中烧成是关键，在氧化焰中烧成时完全成炒米黄，而在还原焰中烧成时，随着还原性增强而釉色加深。由于一氧化碳是一种还原性气体，它能把釉料中的大部分氧化铁还原成氧化亚铁，从而使釉呈现美丽的青色，唐代诗人陆龟蒙曾用“九秋风露越窑开，夺得千峰翠色来”的诗句来赞美青瓷。

从商周时代直到清初为止，全国有许多烧造青瓷的窑场，在南方有浙江的越窑、瓯窑、龙泉窑等；北方则有河南临汝的汝窑，开封的北宋官窑，陕西铜川市的耀州窑等，而钧窑则是在青瓷中异军突起，形成了庞大的钧窑系。

迄今为止，发现最早的白瓷是河南安阳范粹墓出土的北齐时的白瓷。白瓷在中国出现较晚。所以应该是先有青瓷，后有白瓷。白瓷出现较晚的原因，一般认为烧制白瓷的原料不如青瓷易得，同时烧造工艺也较青瓷复杂困难。烧造青瓷的胎釉原料中的含铁量要比烧造白瓷的原料含铁量高，因而经高温还原焰烧成时呈青色，而古代陶工对于原料的除铁工艺不易掌握，所以要烧造含铁量低的白瓷就更加困难了。

白瓷出现虽然比青瓷晚，但自北朝晚期出现后，历隋至唐发展成熟。河北邢窑成为风靡一时“天下无贵贱通用之”的名瓷。目前已发现的今河北省临城邢窑、曲阳窑，河南省境内的巩县窑、鹤壁窑、密县窑、登封窑、郏县窑、荥阳窑、安阳窑，山西省境内的浑源窑、平定窑，陕西省境内的耀州窑，安徽的萧窑等都烧白瓷，形成了唐窑“南青北白”的局面。

唐代越窑青瓷

（现藏故宫博物院）

范粹墓出土的北齐白瓷

（现藏河南省博物院）

从钧瓷胎釉所用原料和工艺方法来看，钧瓷属于青瓷体系，它所独创的铜红釉烧制方法和一系列工艺的创新被陶瓷界称为“钧瓷在青瓷中异军突起”。我国陶瓷历史上自唐代形成“南青北白”的局面，即青瓷集中分布在我国南方，而白瓷则分布于我国北方诸省，而钧窑则位于中原，南边紧邻被誉为青瓷之魁的汝官窑和鲁山花瓷的产地，北边则紧靠白瓷窑区扒村窑址，从地理位置上有利于钧窑吸收诸多窑场的优秀技术和艺术风格，这也是钧窑属青瓷体系但完全形成自己独特风格的一个原因。

钧窑瓷器独特之处在于它是一种乳光釉，釉内含有少量的铜，不同于耀州窑，也不同于汝窑，烧出的釉色青中带红，有如蓝天中的晚霞。青色也不同于一般的青瓷，虽然色泽深浅不一，但多近于蓝色，是一种蓝色乳光釉。是青瓷工艺的一个创新和突破。

五代十国是一个短促的时代，但陶瓷制作工艺仍有所发展，尤其在青釉瓷器的烧制工艺方面取得了很高的成就。后周显德皇帝世宗柴荣曾在郑州附近设立御窑烧制宫廷用瓷，世人称之为“柴窑”。后人对柴窑的产品赞誉为“雨过天晴器”，其特点是“青如天、明如镜、薄如纸、声如磬”，釉层滋润细腻有细纹，技艺精绝，为诸窑之冠，因此世有“片柴值千金”之说。荆子久在《钧窑考证》中对柴窑曾有比较详尽的记载：“柴窑之起源，由于五代之末，周世宗柴荣之御窑。柴荣为五代之令主，文事武功，概有可观……军政余暇，兼好制作器物，至于设窑烧瓷，尤为其精神之所专注，特设专宫以理御窑事物，使其完善之筹备。训工选料，经过多时，已达于任何造色瓷品无所不能的地步。”“迨赵宋灭周，柴窑工匠无所归，遂群趋钧州而经营钧窑”。可惜的是，由于记载不详，至今也未曾找到柴窑窑址，也未曾见到过传世实物，这样就很难了解柴窑产品的真实面目。但是可以想见，柴窑精良的瓷艺加之战乱后窑工大量涌入禹州，以及唐代禹州神垕也曾烧制花釉瓷器的历史，都为宋代钧窑瓷器所取得的非凡成就奠定了坚实的物质、技术基础。

北宋钧官窑时期是钧瓷的黄金时代，这个时期的钧窑瓷器以釉具五色、光彩夺目、窑变美妙、色彩缤纷的艺术魅力而独树一帜，尤其是在铜红釉的应用烧制上，更是取得了令世人瞩目的成就，并对后世许多著名窑场的瓷器烧制，产生了极为深远的影响。钧窑瓷器所展现出的这种匠心独具、与众不同的装饰效果使之在中国古代陶瓷美术发展史上大放异彩，具有举足轻重的地位。

北宋初年，随着分裂割据局面的结束和国家的统一，社会相对稳定，各种生产活动也相继得到了恢复和发展，农业技术不断改进，促进了手工业的进步，陶瓷制作工艺技术得到了飞跃发展，成为中国陶瓷手工业最为繁荣昌盛的历史时期，官窑林立，民窑四起，百花齐放，竞相争艳，这是钧窑技术完善的社会条件。

从自然环境和陶瓷原料看，禹州市境内烧制瓷器的自然资源十分丰富，从市西南到西北部的山岗地区，都蕴藏着丰富的瓷土。《禹县志》中记载："州西南六十里，乱山之中有镇曰：'神垕'有土焉可陶为瓷。"市境北部亦有瓷土，《禹县志》卷三《三志》记载："岜村（今扒村，在禹州北部）亦曰：'八里村'产陶土及煤、铁。宋、金东张镇旧瓷场也……"在神垕素有"南山煤，西山釉，北山瓷土处处有"的谚语流传。古代禹州市山区森林茂密，煤的储藏也很丰富，市境内又有颍河、涌泉河、兰河等16条较大河流，遍布全市。烧造瓷器所必需的瓷土、釉药、燃料和水源全都具备，是禹州市在唐宋时期制瓷业兴旺发达的不可缺少的自然因素。据考古调查表明，这个地区的古窑址星罗棋布，在这1490平方公里的土地上，曾有150余处窑场，这些窑场大部分密集在西部山区，分别建在蓝河、涌泉河、么河、潘家河、肖河两岸。据有关资料表明，东从顺店党砦，西到鸠山官寺，南从神垕白峪，北到白沙桃园，在500平方公里的丛山峡谷中，就集中有100多处窑场在进行生产。

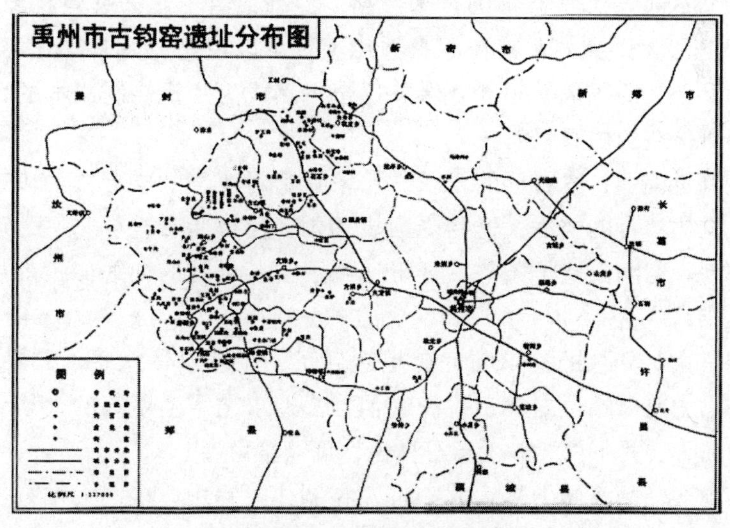

禹州市古钧窑遗址分布图

在当地至今还流传有："进入西南山，烟火遮住天，客商天下走，日进斗金钱"的歌谣，足见当时钧瓷生产的繁荣景象。禹州丰富的自然资源是钧瓷技术完善的物质基础。从技术上，青釉瓷器的全面完善，还原火的成功使用，唐花瓷风格的影响，柴窑工匠大量涌入禹州经营钧窑，为钧窑技术的全面完善提供了优越的条件。由于具备了这些有利条件，又经过钧窑匠人的努力实践，钧瓷技术在禹州迅速发展并完善起来，形成了自己独特的艺术风格。

到了北宋中期，这种新颖、独特的装饰技法被越来越多的民间窑场所喜好和采用，并生产出大宗生活日用品，如碗、盘、瓶、炉等，产品的质量已相当精良。民窑的繁荣昌盛在很大程度上推动了钧瓷装饰艺术的进一步发展，制瓷技术的精益求精，烧造工艺的更加完善，使得钧瓷产品倍受人们的珍视，精品绝品往往被宫廷收藏。到了北宋晚期，钧民窑中的精品已不能满足宫廷的需要，朝廷在禹州城北门里钧台附近建立官窑，派官督烧造，集中天下能工巧匠，专为宫廷烧制御用品。钧官窑所烧钧瓷禁止在民间流传。由于官窑匠巧工能，占有优质原料，分工细密，烧造时不计工本，只求产品精绝，所以其品质超卓，将钧窑制瓷技艺推到了顶峰。

北宋官瓷的造型通常以仿青铜器为主，主要有瓶、尊、鼎、炉、觚、盘等。因其源于皇室，风格多追求宫廷的华贵和大气，故作品古朴庄重、雍容典雅，完全不同于民窑器物的艺术风格。此外，由于北宋官瓷在原料选用、色调调配上甚为讲究，尤其在原料选用上，可以说是穷其奢华，不惜代价，添加有品质上乘的玛瑙等玉粉入釉，这也自然成为注重烧制成本的民间和其它窑口不可仿造的主要原因。

在烧制过程中，按器形的要求，北宋官窑对汝窑的支烧法加以改进，增添了垫、支垫结合的烧法，器物受力更均匀，使得胎骨也更坚挺，从而为釉质更趋淳厚、匀润创造了条件，真正达到了肥若堆脂的如缎似玉的质感，器形也随之丰富。

北宋官瓷对釉色的追求与完善也达到了一个很高的水平，其釉质肥厚，瓷无修饰，主要以釉色之美、纹裂之俏，去追求艺术上至高的大境界。常见有天青、粉青、月下白、炒米黄等釉色，且以粉青为上。

与其他陶瓷品不同的是，北宋官瓷在制作过程中，多次上釉，工艺极为复杂，故而北宋官瓷釉面的开片，得益于其独到的工艺，所开片纹极富节奏感，如水波粼粼，晶灵体透，开片不仅流畅，且小器大片，纹如鳝血，产生出令人惊叹的纹裂美。开片本是由于坯釉结合不好而导致釉面开裂的弊病。但北宋官窑瓷却慧眼识珠，利用这一陶瓷缺陷开创了著名的纹片釉，同时利用其独特的坯釉配方，施釉方法和烧成技术，创造出金丝铁线、紫口铁足这些不是装饰的装饰。严格地说，这些人们不能完全控制和设计的效果不能称作装饰手法，它是一种材质之美，是一种本质的美。也有学者认为北宋官瓷的鳝血纹为上品，如高濂在其《燕闲清赏笺》中就说“（官瓷）纹取冰裂、鳝血为上，墨纹次之，细碎纹，纹之下也”。

在火候的控制和驾驭上，北宋官瓷也有其不传之秘，使用多次轻重不一的还原烧制方法，以及向以“神火”著称的“瞬间氧化气氛”烧法为辅佐，使得用火恰到好处。在这种复杂的驭火工艺烧制下，作品器物口所施之釉微有下垂，内胎微露，产生了另一美感的“紫口”，而底部由于釉分子的气氛还原，而成为黑红色，是为“铁足”。此独负神采的“紫口铁足”，清籁幽韵，趣致拔俗，令人赏心悦目，构成了北宋官瓷的独特风韵，绝响天下。当然，也正是基于其烧制工艺复杂和对完美艺术的追求，北宋官瓷向有十窑九不成之说。一件体态粉青、开片明晰、片如龟背、纹如鳝血、紫口铁足的官瓷作品的烧成，绝对难得之极，实乃是皇家不惜人力、不惜财力、不惜工时所求的结果。

犹值称道的是，北宋官瓷是历史上唯一没在市场上流通的瓷器，其出身皇家，宫廷独有，也只专供皇家御用。朝中的重臣、宰相等文武官员纵然权重一时，富甲一方，但若想享有一件，也非赖皇帝赏赐不可，更遑论一般士族富豪了，不粘一点商品气味的北宋官瓷，更是他们不敢想象的难求之物。或许也正是因为高贵、难得，也便成为人们对北宋官瓷的第一印象；另一方面，北宋官瓷艺术上尽善尽美的追求，也创造了一代美学，其在釉色平淡含蓄，温润素雅之中表现着内心的意蕴。其既无精美的雕饰以哗众，又无艳美的涂绘以媚人，唯以简单洗练的造型之美，以及釉色纹片开裂之俏所幻放出迷人的艺术魅力，来追求其至高的艺术境界。

从美学角度言，北宋官瓷的艺术格调绝对是高雅、平淡、悠远而又高贵的，特别适合文人与士大夫的审美情趣，这当然也是中国传统文化在北宋登峰造极发展的结果。完全可以想见，那细密的冰片，隐约间闪烁着钻石的光芒，仿佛是宋代艺人无意间用冰镐震开的冰花，穿过悠悠时空来到了我们面前，美妙、温润而细腻。这种清水出芙蓉、天然去雕饰的自然美，使得北宋官瓷艺术上的审美观与北宋文人机智静穆的神往终于不谋而合，且照亮了我们亲近传统文化中的艺术之心。正是在这种美学思考的担保下，北宋官瓷舍弃了一切雕饰色彩，全靠瓷器本身素雅、含蓄的独特造型，以及釉质、釉色和奇妙的纹片美感让人折服。说实在的，釉质如冰似玉、琥珀盈盈，油润闪现的北宋官瓷，与其它瓷器实有着根本的区别，其凝聚在瓷器作品上的文化艺术，更是空前绝后和辉煌的，令人为之倾倒。

酥油光，是北宋官窑有别于其他瓷器的一大特点。顾名思义，酥油光，是一种半透明的温润细腻的如绸缎般的光泽。过去，有资料把酥油光的效果，说成了是经过了特殊的打磨处理，这种说法是完全错误的。通过下边的图，我们就可以很清晰的欣赏到北宋官窑瓷器的酥油光。从现有资料中我们可以看到，首先官瓷采用了宝石（应该是玛瑙）做釉料，玛瑙具有半透明的属性且因硬度高，又对光线有较强的反射性；其次使用了夹生烧的烧成方法。夹生烧是形成酥油光的关键。窑炉温度，要控制在玛瑙微融上。玛瑙微融，产生一层玻化包浆，但又没有较大的改变玛瑙晶体的多面体形态。这些多面体的玛瑙粉末形成了一层颗粒性的堆集，在强光的照射下，这些玛瑙粉末颗粒既自身吸收光线，同时又互相反射，最终形成光线在釉层中间蕴含的衍射和对釉外散射。所以，北宋官窑的光泽，是蕴含在釉层中间的、柔和的、细媚的酥油光。这就是北宋官窑的魅力所在。

官瓷的酥油光

绞胎是指将两种以上不同颜色的瓷土通过各种复杂工艺在瓷胎里直接做出纹饰的瓷器表现手法。传统的绞胎工艺因为不成熟，在烧制过程中容易开裂，因此工匠们不会采用高温烧制绞胎瓷，历史上流传下来的绞胎作品多为陶器，而且因为当时高温颜料技术的落后，烧制过程中颜色容易挥发，所以烧制的作品颜色较为暗淡。当代经过艺术家们的大胆尝试与研究，在焦作当阳峪已经可以做出玉质感很强的绞胎瓷器作品。

此外，绞胎陶瓷每一件产品都有其不同的纹理特色，其纹理结构只有相似，没有相同，它以独特的纹理结构和色彩变化在陶瓷产品中独树一帜，成为诸瓷之中的佼佼者，堪称制瓷精品。绞胎陶瓷制作技术是当阳峪独特的工艺技术之一，绞胎是陶瓷技术与艺术的完美结合。它将形式美在瓷胎装饰方面推向极致，它利用陶瓷颜料的色彩，通过了作者的精心构思，进行糅合、排列和白泥或其它色泥，继成的纹理或图案，亦真亦幻，具有很强的艺术感染力，令人赏心悦目。

当阳峪的绞胎瓷，最早出现在唐代，那时的绞胎技术尚不成熟，多数绞胎的纹理则以乱纹、回纹为主，在瓷或陶的表面进行绞胎。所施的釉色多以低温黄釉、绿釉为多见，瓷胎白度较差。到了北宋时期，当阳峪的绞胎技术已十分成熟了，绞胎技术有了快速发展，工艺更趋成熟，瓷胎的白度有了很大提高，纹路技术也更加完美，而且表里如一。有席编纹、麦穗纹、羽毛纹、回转纹、木旋纹、流沙纹等十多种纹理的变化。

当代绞胎瓷的工艺更加精湛，纹饰更加多样，根据中国当代唯一的绞胎瓷工艺美术大师杨峡的著作，我们可以知道绞胎瓷的纹饰可以分成 16 种基本纹饰。绞胎瓷的理论研究和工艺探索，河南焦作当阳峪也走在了最前沿。

当代绞胎瓷工艺突破了前人所面临的束缚，在表现形式上更加丰富，并且吸收了很多种其他艺术形式，使其面貌一新。由于高温颜料技术的进步，现在即使在高温下也能够烧制出颜色鲜艳的瓷器作品，更符合当代年轻人的审美，因此也就能够更好地被年轻人接受，更好地被年轻人传承。

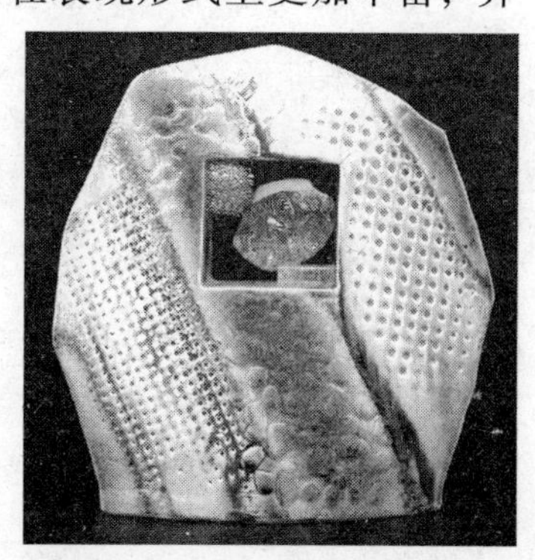
现代绞胎瓷作品（柴战柱）

绞胎瓷通过与雕刻艺术结合更能表现其材质美，通过与美术瓷结合可以做出更有收藏价值的艺术作品。设计上还可以借鉴青铜器、玻璃及玉器等，更丰富了绞胎瓷文化内涵。

第三节　中原瓷器任重道远

经过历史的洗礼，中原瓷器在发展路上任重道远。从历史上有名的产瓷区到一度杳无音讯，就如凤凰涅槃一般，在各级领导的关怀和帮助下，如今已经走上快速发展的阳光大道。然而，当今世界变化多端，中原瓷器只有再接再厉，才能更好地服务中原经济区的发展。

清末民初，河南各地虽兴建一些新式瓷厂，但到了20世纪上半叶，由于屡遭自然灾害，特别遭到日寇蹂躏，许多窑场都关闭停烧了，有的工匠回到了农村种田，有的沿街乞讨，有的流离失所，人亡艺绝，全省的瓷业都衰退了。所剩少数厂家，也只能维持最低生产。在国民党统治时期，瓷业非但不能发展，而且日益萧条甚至倒闭了。帝国主义者加紧对中国的入侵，又勾结国内反动势力，攫取了中国的经济命脉，给中国民族工业以致命的打击。洋货的倾销，也给中国陶瓷带来了深重的灾难。特别是战争的蔓延、交通断绝、销路呆滞、物价高涨、成本激增，致使民族陶瓷手工业处于绝望境地。在当时各地流传着这样的民谣："窑上青草密如麻，泥灰堆上长棉花，瓜藤缠满窑头树，荆棘从中啼乌鸦。"又如"坐正月，闲二月，不慌不忙过三月，四五六月无人问，七死八活九还魂，十月头里忙一忙，十一十二冷清清。"其凄凉之状，可以想见！

在灾难深重的旧中国，民族工业受到了严重的摧残，具有悠久历史的河南陶瓷工业在"水、旱、蝗、汤"的影响下，已经奄奄一息，濒临破产。清末民国初年新兴起的几家瓷厂，以及到新中国成立前夕仅有的禹县神垕镇、焦作、新安、临汝、渑池、博爱等几家手工作坊，由于社会的原因，都处于艰难的境地。特别是抗日战争结束以后，国内战争又烽烟四起，使这些本就奄奄一息的民族工业更陷于绝境深渊。

帝国主义的侵略，国内反动统治的压榨，再加上各种苛捐杂税，物价飞涨，负担过重，致使陶瓷生产者陷于倾家荡产，生活在失业、饥饿、疾病的水深火热之中。整个陶瓷手工业萎靡不振，窑户们面临着悲惨的命运，窑场冷落，生产处于停工或半停工状态。几千年来我国劳动人民创造的绚丽多彩的名窑，在半殖民地半封建社会的旧中国竟到了残破不堪的境地。即使新兴的瓷厂，同样逃脱不了破产的厄运。尽管中国民族手工业遭受到帝国主义的侵略和国内反动统治者的严重摧残，但是中国劳动人民凭借着他们的聪明智慧和创造才能，突破重重困难艰险，仍保持了中国瓷业的光荣传统，使中国瓷器在国际市场上保持了一定地位。这是民族工业可贵的本能，也是伟大中华民族的自豪和骄傲。

新中国成立后，陶瓷的发展和振兴经历多个阶段。以钧瓷为例，一般可以分为：20 世纪 50 年代的钧瓷传统技术恢复期；20 世纪 60 年代的钧瓷传统技术提高完善时期；20 世纪 70 年代传统钧瓷艺术改革发展时期；20 世纪 80 年代的现代文化艺术思想对钧瓷艺术影响时期；20 世纪 90 年代钧瓷烧造技术和现代钧瓷艺术的发展时期。

20 世纪 50 年代初期，古陶瓷研究著名人士陈万里，千里迢迢来禹州考查钧窑。1955 年，轻工业部在北京召开了第一次陶瓷会议，决定恢复传统工艺瓷生产。1957 年陶瓷专家沈明阳等率领工程技术人员到禹州神垕帮助试烧“炉钧”获得成功。以后，陶瓷专家李家治、刘凯民等一行先后来神垕考察，对钧窑釉进行全面系统的研究，为钧瓷的恢复和发展提供了大量的科学数据。

经过几年的调查研究和小型试制，钧瓷发展的条件基本成熟。1957 年秋，经轻工业部批准，投资 6 万元，由地方国营豫兴瓷厂抽出专人筹建钧瓷试验厂。1958 年 4 月，公私合营豫西瓷厂与地方国营豫兴瓷厂合并，定名地方国营禹县神垕瓷厂。同月地方国营禹县钧瓷厂建立，主要钧瓷艺人卢广东、卢广文、郗杰、杨书信、王喜娃、卢正兴等都被聘入厂内，又从各厂选调 20 余名技艺较高的技工，群英荟萃，研制钧瓷。

钧瓷厂在河南省轻工业厅李志伊等工程技术人员指导下，艺人和工程技术人员相结合，边试验、边研究、边试烧、边总结。经过多次的试验，初步找到了窑变成色的门路，攻破了“十窑九不成”的难关，并运用倒焰窑以还原焰烧成五光十色的窑变钧瓷。当时品种有坛子瓶、双耳花瓶、将军盔、鱼捕尊、双耳八钉瓶、浮雕大盘等。釉色红若胭脂，紫若玫瑰，虽不及宋代钧瓷色质玉润，但却打开了钧瓷窑变技术的大门。

20 世纪 60 年代开始，贯彻上级“调整、巩固、充实、提高”的方针，河南省成立了恢复古陶瓷委员会，省工矿研究所的化验设备调拨给地方国营禹县神垕瓷厂，对钧瓷进行化学分析。并派出人员外出走访专家，学习技术。抽调专业技术人员，设置试验机构，有领导、有计划，扎扎实实地进行钧瓷试验和小批量生产。为了调动老艺人积极性，在生活上对他们施行“特需”照顾，安排子女进厂随父学艺，继承父辈传统技术。在老艺人和技术人员积极努力下，钧瓷研制工作取得了新的进展。对月白、钧红、钧花、天青等名贵釉色的研制有新的突破——利用贫铜矿配制钧釉试烧成功。釉色别致，接近宋代上乘钧红釉风格。通过调试和改变烧成条件，找到了烧天蓝釉的工艺方法，其产品古朴柔润，酷似古钧。同时在胎骨、烧成方面都取得了新的成就。这个时期的产品很受中外陶瓷界的青睐。正当钧瓷生产稳步发展之时，“文化大革命”开始了，钧瓷生产遭到了严重的冲击，在“破四旧”的口号下，仿古的钧瓷造型被毁掉，一味追求具有一定政治色彩的“满窑红”。钧瓷艺术的发展受到影响。但在这个时期传统钧瓷技术得到了进一步的完善和提高，同时也培养出了一批钧瓷生产技术扎实的艺人和钧瓷技术人员。

进入20世纪70年代后，特别是七十年代后期钧瓷艺术得到迅速发展。为发展钧瓷生产，国家向禹县第一陶瓷厂投资10万元，建立钧瓷车间。1977年轻工部又投资禹县钧美二厂10万元，更新设备，发展钧瓷生产。这个时期不少专家艺术家到禹州帮助发展钧瓷，例如河南省一轻厅工程师杨文宪在禹县地方国营瓷厂同工人一起进行多次试验，使钧瓷烧成时间从40个小时左右缩短到22个小时左右。在创作内容上虽然还有“文革”的遗痕，但毕竟为古老传统的钧瓷艺术吹进了现代艺术创作的气息。这个时期，无论从技术上还是从艺术上都有大的发展。

到了20世纪80年代，实行改革开放政策，大力发展经济，个体钧瓷厂家在这个时期唱了主角。我国对外贸易的增加，钧瓷的国际市场日益扩大；随着人民物质文化生活的改善与提高和旅游业的开展，国内对钧瓷的需要量也显著增加，因而大大促进了钧瓷生产的发展。原有厂家生产规模不断扩大，新的厂家不断增加，出现了全民（企业）、集体（企业）、和个体专业户大上钧瓷的新局面。由于经济利益的驱动，钧瓷艺人和钧瓷技术人员自然进行了流动和重组。钧瓷艺人的流动和重组，在钧瓷艺术多样化及钧瓷艺人个人风格形成方面都有积极的作用。不少艺术院校的师生到瓷区来进行艺术实践，对传统钧瓷艺术的发展起到了重要作用。

九十年代是传统钧瓷艺术的改革发展时期。随着经济体制的改革和经济发展的需要，传统钧瓷艺术受到高度重视，在钧瓷的发源地禹州建立钧瓷研究所，以官方行为集结钧瓷艺术家和科技人才，对钧瓷艺术进行研究和创作。在第一副所长阎夫立的主持下，在市委市政府的大力支持下，在传统钧瓷艺术的发掘、整理、继承和发展方面确实取得了一些成绩，例如：对钧瓷烧成工艺的改造；挖掘、整理、开发钧瓷造型1500多种，畅销品种1200余种。其中，特大钧瓷花瓶被外交部、外交学院收藏，特大钧瓷梅瓶被中央电视台收藏，冰裂纹特大钧瓷花瓶被广州珍品馆收藏，还有一批钧瓷珍品绝品被故宫博物院、人民大会堂、钓鱼台国宾馆、中国文物交流中心、文化部、国家文物局等部门收藏。同时还给国家领导人以及省政府、市政府的领导创作礼品和纪念品，钧瓷真正成了友好的使者，漂洋过海，为联谊五湖四海做出了贡献。特别是在 1997 年初，以钧瓷研究所第一副所长阎夫立为首的团队为河南省人民政府设计制作的特大钧瓷花瓶“豫象送宝”，作为庆香港特别行政区政府成立的贺礼，被送往香港，受到了各界人士的好评，使钧瓷艺术发展到了一个新的阶段。

阎夫立教授亲自设计制作的迎香港回归贺礼“豫象送宝”花瓶被香港政府永久收藏

阎夫立先生与豫象送宝

绞胎艺术瓷是我国艺术陶瓷的一朵奇葩，是艺术陶瓷的一块瑰宝。绞胎瓷历史悠久，从唐代起开始烧制，宋代达到高峰，特别是焦作当阳峪窑系生产的绞胎瓷产品，以剔花著称，绞胎取胜，风格独特，它胎中带有花纹，釉色透明，花色斑驳，自然天成。有“表里如一”的美誉，北宋时期就有达到：白如雪、红如朱、绿如翠、薄如纸、明如镜、声如罄、花似锦、凝如脂、润如玉、精美绝伦的陶瓷艺术品。这就是中国历史名瓷——当阳峪绞胎瓷的综合评价。

绞胎艺术瓷是利用胎内的纹饰变化来装饰瓷器的艺术陶瓷种类，在陶瓷装饰中独树一帜。历史上，绞胎瓷也称为透花瓷，其各种纹饰由胎而生，内外相通，一胎一面，不可复制。

绞胎瓷是唐宋经济文化发展和当时中华民族观念、民族心理、文化现象的反映。绞胎瓷的兴起、发展、昌盛和没落也正是焦作这片古老的土地上那段历史的真实写照和记载。但宋“靖康之变”后烧制中断，绞胎瓷技艺失传。

古之山阳城，因“焦家的陶瓷作坊”而得名焦作，焦作有千年的陶瓷历史文化，是唐宋时期的瓷都之一，也是我国最早工业文明的地方，以当阳峪窑系为特征的南太行陶瓷产区久负盛名。当阳峪宋代瓷窑遗址现存有宋崇宁四年（公元1105年）《德应侯百灵翁之庙记碑》，记载了当年当阳峪窑业繁荣的盛况。目前，国内外博物馆中绞胎瓷器存世量仅60余件，焦作当阳峪宋代古窑址被河南省人民政府列为首批省级文物保护单位，“当阳峪古瓷窑遗址”被确定为国家级文物保护单位。

当阳峪地处豫北太行山的南麓，瓷土资源丰富，位于修武县西村乡，是北宋著名民窑的中心。由于窑址在焦作市修武县境内，故又称作修武窑。据考证，此窑当创烧于唐五代，宋金是其鼎盛期。在豫西北太行山南麓700多公里浅山区的沟壑中，有一个庞大的古陶瓷窑群，当阳峪窑是整个窑群的中心。当时沿太行山，以当阳峪为中心向东、西、南三个方向250余平方公里有大小窑场千余座，生产着不同种类、形式各异的陶瓷产品，形成了北宋时期规模最大的陶瓷生产区，其陶瓷制作工艺达到了极高的水平。

新中国成立后，老一辈古陶瓷专家陈万里、叶喆民先生曾考察过当阳峪瓷窑，认为当阳峪古陶瓷品种多，特别是绞胎瓷艺术价值高，在宋代陶瓷发展中地位十分重要，与五大名窑相比毫不逊色，这是一个值得深入研究和大力宣传的古瓷窑，应加大研究，把当阳峪古陶瓷——绞胎瓷推向全国，推向世界。

中华当阳峪古陶瓷研究会研究员李庆洲认为，当阳峪古陶瓷烧制时间长、规模大、精品多，许多专家把当阳峪古陶瓷当作定窑出的陶瓷，奉为古陶瓷难得的上品。当阳峪窑系是既烧民间用品也烧宫廷用瓷的重要窑系。

从20世纪50年代起，国内外专家对绞胎瓷进行研究和开发，但进展缓慢，并且均以仿古研究为主。由于绞胎艺术瓷生产工艺复杂，技术难度高，关键技术难以掌握，不能进行规模化生产。近年来，焦作市金谷轩绞胎瓷有限公司投入了大量的科技力量和资金，在绞胎瓷生产技术上取得较大突破，研制和开发出绞胎艺术瓷系列产品。全国人大原副委员长，中国工艺美术协会名誉理事长李铁映同志在北戴河听取了绞胎瓷创作方面的工作汇报，指出“绞胎艺术瓷是传统的文化、新兴的产业，要扩大规模”。首席中国工艺美术大师王锡良先生对此给予高度评价，并欣然题词：“中国绞胎艺术瓷”。中国古陶瓷协会会长、上海博物馆副馆长汪庆正先生考察焦作当阳峪绞胎艺术瓷博物馆时题词：“汲古创新”，也给予了绞胎瓷器的创新以极高的评价。

总之，我国陶瓷历史悠久，是世界公认的陶瓷之国。瓷器是我国的伟大发明，中国瓷器艺术在世界艺术之林中占有重要的位置。根据我国目前已发掘的材料获知，现在世界上发现最早的瓷器就是1965年在郑州市二七区铭功路出土的3500年前的商代原始青瓷尊。不夸张地说，河南人发明了瓷器，创造了点土成金的神话。但是这一概念却是在近几十年，随着考古研究的深入，才被多数人所接受。

据统计，福建省德化，2013年实现陶瓷业产值150.1亿元，潮州陶瓷企业达12 000多家，外销订货70亿，陶瓷产值超过人民币400亿，创亿元的个体户已很普遍。佛山更是根据以往的资料发出了2015年争取1000亿产值的史上最强音。瓷都景德镇2012年的陶瓷产值就超过200亿，由此带来的旅游及其他配套消费多不胜数。而我省有名的陶瓷产区，禹州2013年的陶瓷产值在80亿左右，其他产区甚至都无数（据）可查。由此，可以看出，曾经辉煌的河南陶瓷，现在已经远远落后于其他陶瓷发达地区，这里面虽然有诸多方面的因素，但现实情况确实如此，我辈河南陶瓷人，真的是任重而道远。

第四节　中原瓷器声名远扬

中原瓷器（主要包括其瓷器特点、制作工艺、代表作品及其艺术价值等）不断改革创新、与时俱进，更好地服务中原经济区的发展，在外事接待、代言中原、做城市名片等方面硕果累累、声名远扬。

河南是古瓷的发源地。钧瓷、汝瓷、官瓷、纹胎瓷是古代传承下来的宝贵瓷种。钧瓷以它釉色独特的魅力得到了迅猛发展。20世纪80年代达到了高峰，器物的品质也达到了历史最高水平，在生产规模和宣传造势上，在全国也是数一数二。进入 21 世纪后，现代钧瓷向两个目标回归：一是回仿七八十年代国窑时期的釉色和技法；二是高仿唐钧黑釉、宋钧的铜红釉、元钧的天青红斑。收藏家和钧瓷爱好者统称“传统工艺钧瓷”。有些生产厂家与公司，也有采用煤窑烧制传统钧瓷的，开始煤和气的两条腿走路，以满足不同层次人群的需要。这是无可非议的，也是一种可喜的现象。

而钧瓷采用汽窑进行烧制就不能不提 20 世纪 90 年代的禹州市钧瓷研究所。那是在 1993 年，阎夫立担任钧瓷研究所第一副所长（当时的所长由禹州市副市长兼任）之后，为了解决当时研究所资金的拮据，主导并实验成功了采用液化气作燃料烧成钧瓷，一石激起千重浪，却引发了钧瓷史上的一场革命。霎时，神垕乃至禹州市内大大小小的烧瓷厂家改成了气窑，都在享受着阎夫立团队改革成果的甘甜。从此，商品钧瓷，传统工艺钧瓷，艺术钧瓷并行不悖，各自开辟着自己的路径，开辟着自己的市场。

近十几年来，随着艺术品市场的不断变化，钧瓷界也出现各种求新求变的追求。曾任禹州市钧瓷研究所副所长的阎夫立先生，是钧瓷创新领域的代表。由于其在钧瓷研究和创作领域的卓越成就，2002 年调任郑州大学陶瓷文化研究中心主任，此后，开始了他在郑州研究钧瓷和创作作品的新征程。经过十多年的发展，现在的郑州大学陶瓷文化研究中心，已经从根本上解决了陶瓷原材料、天然气烧成等关键问题：所有原材料均从郑州本地选取，采用常压天然气烧成，也烧出了钧瓷，这与当初的钧瓷以所在地“钧台”命名已经有所差别，于是在时任郑州市委书记的支持下起名为“郑商瓷”，寓意为继承距今有 3500 年历史的郑州商代青瓷因子，吸收中国“五大”名瓷精华，创新发明融环保、科技、文化、艺术于一体的中国当代文化复兴的新瓷种，取“郑州·国之中”“商都·鼎盛文化”“瓷器·国粹”首字命名的郑商瓷。

由此，在中原大地出现了阎夫立现象，这种现象魔法似的激起了震天撼地的社会呼喊声，这种声音有赞扬的高音，也有叫骂的强音。汇成了一曲对阎夫立陶瓷革命的交响乐。这说明阎夫立在传统钧瓷基础上的改革得到了有识之士的肯定，也遭到了一定的争议。十几年间，“液化气窑烧的就不能算钧瓷”“阎夫立做的瓷不能叫钧瓷”的指责声不时传来。我们不要去回应那些慢慢低调或变调的指责，随着时间的推进，事实上所造成的社会影响和国内外陶瓷界的认可已作了明确的回答。这就是阎夫立瓷的被肯定，国内外业界和高层人群认为它是在传统陶瓷基础上派生出来的新瓷，它以东方人文精神的美学观和对人性的理解与对大自然的关切创作出的独具个性的艺术品，它开启了一个新瓷种时代的大门，开辟了新瓷诞生的广阔天地。郑商瓷作为对钧瓷的继承和创新已经被世人所接受。

原材料的选择是决定一件陶瓷作品的关键。阎夫立在材料的选择上打破了原来的地域性，在全省甚至全国范围内挑选适合自己作品的原料。原料成分的多元组合和新元素的使用是他在陶瓷材料上的一次大胆尝试，结果，他成功了，所以才创作出了多样性的作品。在尊重传统的基础上，他使用先进科学技术和测试手段，使特殊和专项作品的创作达到了得心应手。从选料到成型再到烧成的全部过程及一些细节都有他亲自操持，这在当前陶艺界可谓是凤毛麟角，所以，每件作品都融入了他的激情和生命律动的信息。

阎夫立亲自动手改进和创造了工具和窑炉并研制出窑炉高温内衬材料，投入创作时才能达到“物我混一，主客相沫”的精神状态。烧窑时，他才能听懂岩石与火的语言，才能用自己的心与火之交流。这才使他出炉的每件作品都具有生命与活力。他指出“窑变”是一种技术，人人都可学习掌握。而“变”是一种艺术，不但是钧瓷，而且是所有瓷的灵魂，只有用心去感悟。

阎夫立把玻璃釉、结晶釉、乳浊釉、乳光釉、裂纹釉、花釉等科学地综合施用。用自己的加减公式去调剂坯、釉中的化学成分和配比，才出现了釉面的百余种纹路，凸凹不平、粗细交错的立体纹线和妙造自然物象的画面，这是他创造的陶瓷艺术语言，也是阎夫立作品的主要特点。

阎夫立的作品不论大与小都能给人以震撼，其巨作《五百罗汉》被业界称为陶瓷史上的奇迹。这个作品是作者在受到沉重打击时，经过痛苦、抱怨、彷徨以后，在忘我、无我的状态下创作的，表达了他人到中年时对苦短人生的认识和体会。他自己说：“那时只能是‘开悟’，到了郑州大学以后就是‘顿悟’了。”真的，到郑州大学后他的作品又上了一个台阶。作品的内容更为丰富，主题更为鲜明。《达摩渡海》借一苇渡江的故事来表述他命运转折的写实；《鱼无舌》是“平时最爱鱼无舌，游遍江湖无是非”的情怀；《心可对天》是他对邪恶忌妒心的鞭笞与控诉，也是他自己这些年来行事坦荡与无私的表露；《洪福齐天》是善恶有报的昭示，表达了对人们福与天齐的美好期待；《纳福系列》是推崇传统孝道、“百善孝为先”的歌颂；《慎言系列》是借用豆豆要求自己大肚能容天下难容之事而谨言慎行的为人处世法则，同时也是对祸从口出的警示等。

阎夫立与五百罗汉

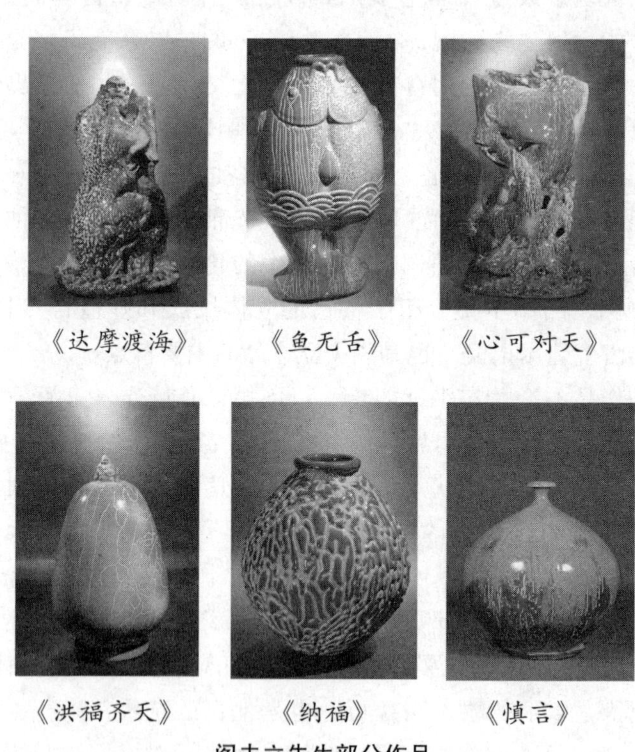

《达摩渡海》　《鱼无舌》　《心可对天》

《洪福齐天》　《纳福》　《慎言》

阎夫立先生部分作品

阎夫立作品的造型设计和雕塑创意所运用的手法和形式是多种多样的。从作品的直观效果可看出作者娴熟的手法和扎实的基本功。他的神奇创造性再次证明了艺术的无限可能性，也吸引了无数社会各界名流的争相收藏。代表我国陶瓷界参加了多届世博会，受到了参观者的热烈追捧。

他现在位于郑州大学校园内的工作室，同时也是郑州大学陶瓷文化研究中心兼郑州市郑商瓷工程技术研究中心，接待了国内外无数的参观访问学者，在郑州市乃至河南省的外事接待等方面作为城市名片起到了文化交流的重要的作用。同时，不忘师道，他将自己多年来研究成果：如陶瓷材料学、陶瓷热工学、陶瓷美学、陶瓷显微学、陶瓷形态生长学等，与孩子们一起著成60多万字的巨著《中国钧瓷》，还有和孩子、学生一起编著的《中国民间陶瓷技法》《钧瓷的传说》《阎夫立钧瓷十八讲》等书公布于社会，或言传身教于几所大学的学生，甘做后来人的成功基石。在他们夫妻的培养下，孩子们也从事了陶瓷事业，使得厚重的河南陶瓷在这一重要分支上后继有人，作品也体现了粗犷的情感色彩。

阎飞、王双华作品

在钧窑原产地禹州，星航钧窑的作品独树一帜。柴烧效果模仿宋代钧窑，取得了很大的成就。其董事长任星航先生，是国家级非物质文化遗产代表性传承人，恢复了宋代柴烧钧瓷窑炉及柴烧工艺，被誉为“复原柴烧工艺第一人”；参与主持设计建造了液化气烧钧瓷窑炉，这是钧瓷烧造史上的一项重大革命；恢复了各个历史时期产生过重大影响的钧瓷窑炉，如：唐代麻斗窑柴烧“唐钧”窑炉、宋代双火膛柴烧钧瓷窑炉、清代炭烧钧瓷窑炉、近代倒焰窑钧瓷窑炉和直焰窑钧瓷窑炉，并恢复其烧成工艺，填补了钧瓷传承史上“钧瓷工艺技术断代”的空白。他的作品多用柴烧技艺，这是钧瓷传统烧制技艺中的重要一种。柴烧钧瓷的窑变，由于木柴燃烧火焰长，火苗柔和，温差小，烧成速度缓慢，常呈现出温润如玉和色彩斑斓的意境，其艺术效果远胜煤或炭烧制的钧瓷。这也是古代非常重要的烧制钧瓷的燃料，后因北宋灭亡，宋室南迁，柴烧钧瓷的制作工艺逐渐失传。任星航历时数年，恢复了柴烧工艺。其柴烧钧瓷作品，玉润典雅、开片精巧别致，窑变景观神奇绝妙，呈现出宋钧的艺术特色。传统钧瓷仿古器型，非手拉坯不能得其神韵。而手拉坯成形要求手工技术水平高，劳动强度也较大，而任星航的作品，大多采用手拉坯制作，造型规整方正，端庄大气。釉料的配制是各个窑口的秘中之秘，也是最能影响钧瓷效果的因素之一。任星航先生继承了其父亲任坚先生在釉料配制方面的经验，潜心于釉料的配制。任星航作品所施釉水，釉色莹润，清丽淡雅，达到了“雨过天晴云破处，夕阳紫翠忽成岚”的艺术效果。

任星航先生钧瓷作品

汝官瓷技术失传800年来，海内外陶瓷艺人为使天青釉再现于世，仿烧不断，但终因不得其秘诀而未能成功。因而世人有“造天青釉难，难于上青天”的说法，更使汝官瓷蒙上了神秘的色彩。

汝瓷传承人、高级工程师朱文立先生经过二十余年的不懈努力和上千次的试验，终于使一代瑰宝汝官瓷天青釉再现于世，并于1988年通过了轻工部和河南省科委的鉴定，填补了中国陶瓷史上“汝窑”这项空白。朱文立先生研制成功汝官瓷和北宋官瓷，寻找到真正汝官窑窑址、北宋官窑窑址等业绩，被载入了日本国家编纂的大型史册《中华五千年》及《陶说》、英国人撰写的

《宋代瓷器》、中国文联编著的《中国民间文化杰出传承人》等多国史册。断代 800 年，今始有传人。人民日报以“醒来的汝瓷”为题向国内外进行报道，中央电视台先后拍摄、播出了“汝瓷的传人”“瓷中魁——汝瓷”“千年寻找”“瓷痴——朱文立”等八部专题，新华社、中央人民广播电台及国外媒体都做了报道。朱文立多次应邀参加国际及全国古陶瓷科学技术讨论会，在国内外发表有影响的汝瓷论文 30 余篇，被日本专家誉为“青瓷第一人”，其作品被时任日本首相小渊惠三、时任以色列总统魏茨曼、时任韩国总统金泳三等多国元首收藏，时任韩国总统金泳三为朱文立先生题写了“中华神瓷”。

朱文立先生作品

汝州孟玉松多年来一直致力于传统汝瓷的研究。汝州生产仿古汝瓷的有十几家，孟玉松是其中的佼佼者。

北宋以来，虽历代王朝对北宋官瓷均有仿烧，但基本未闻有罕见的杰作。值得庆幸的是，改革开放后，出于对我国优秀传统文化的挖掘和继承，开封北宋官瓷研究从 1980 年起，在北宋官瓷之乡——古城开封重然炉火。现历经 20 多年来探索和研究，从配方到烧制，在研究者长期不懈的努力工作下，已取得了甚高的成就，所研烧的作品，也得到了专家们的普遍认可，并开始悄然走入收藏家手中。所憾的是，由于种种原因，北宋官瓷的大量制作还存在很多障碍，无法广泛的惠益天下。不过尽管如此，在目前我国文化开放政策的关怀下，从无到有的这支以张同山、陈连义等人为主的北宋官瓷研究队伍，毕竟对北宋官瓷的传承和发展带来了希望和保证，他们的作品见下图。

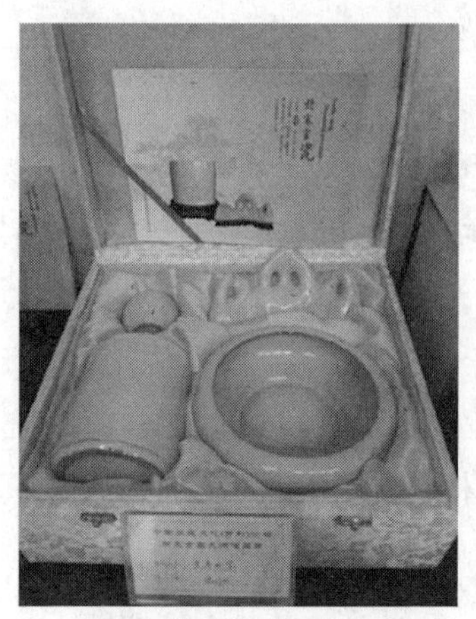

张同山先生作品图

陈连义先生作品

人们常说的唐代陶瓷装饰三大突破：绞胎、唐三彩和湖南长沙窑的釉下彩绘。试想用几种不同颜色的瓷土，既要掌握好干湿度，又要掌握好热膨胀系数，烧成这种深入到胎骨的“釉下彩绘”，它的工艺要求和技术水平远远超过同时代长沙窑的釉下彩绘。因此可以说在当时来讲，绞胎陶瓷是技盖群芳的高技术产品。新中国成立后，国家曾多次组织人员进行研究仿制，至少到20世纪70年代前，尚未获得很大成就。绞胎陶瓷的烧制成功，是人们冲脱了隋、唐以前单调青白两色瓷的束缚，是深入到胎骨的“釉下彩绘”，是人们对美好事物的一种追求。

历史上的绞胎瓷也是因其工艺上的高难度而成为王公贵族们的专用奢侈品。高温下，不同颜色的泥土收缩率不同，其制成的胎就会容易开裂，因此成品率很低，这也是绞胎瓷只有在经济繁荣的时候才会有所发展的原因。近年来，焦作的柴战柱先生，拥有国家发明专利14项，被授予河南省工艺美术大师、河南省杰出陶瓷艺术家等荣誉称号。其作品入选全国九年义务教育教科书《美术》教材，享受国务院特殊津贴……是河南省省级非物质文化遗产项目（当阳峪绞胎瓷制作技艺）代表性传承人。其创办的焦作市金谷轩绞胎瓷有限公司对绞胎瓷工艺进行深入研究，研制和开发出绞胎艺术瓷系列产品共有七大类，品种已达一百余种，不仅丰富我省文化艺术品市场，为收藏爱好者和消费者提供更大的选择空间，同时为我国传统陶瓷工艺的继承和发展做出了巨大贡献。

绞胎艺术瓷的纹饰与装饰技法多样性是创作的基本功，是提升绞胎艺术瓷艺术价值的技巧和主要表现形式，更是绞胎瓷独特艺术语言的表达形式。近年来，柴战柱先生研究和创新出绞胎瓷的16种基本纹饰和绞胎瓷的纹饰多样性的研究成果，运用到绞胎艺术瓷的创作中，开发出了七大类150多种产品。

绞胎、绞釉、剔花装饰技法有千年的历史，而绞胎技法是整个系列技艺中最具特色和工艺难度的，曾经失传数百年，因此继承传统技艺、汲古创新是发展绞胎瓷艺术的主要方向。另外，绞胎纹饰的多样性研究成果将极大地丰富和开拓绞胎瓷的创作空间，将为世人留下宝贵的文化遗产和不朽的传世作品。

焦作市金谷轩绞胎瓷艺术有限公司创作的绞胎艺术瓷作品受到国内外专家学者和社会各界人士的高度赞扬与青睐，被日本、韩国、东南亚、美国、法国、波兰等国家及国内馆藏机构收藏，其生产的茶具见下图。

绞胎瓷茶具（柴战柱）

“现在绞胎瓷产业还处于起步阶段，没有形成规模产业。我们希望把绞胎瓷打造成世界一流品牌，使之成为焦作、河南乃至中国的一张新名片。”柴战柱说：我深信神秘窑火走过千年的绞胎瓷一定会有辉煌的明天，焦作金谷轩窑这一陶艺家群体将用自己的智慧向世人奉献出不朽的传世佳作，它们的艺术价值、经济价值、收藏价值风光无限。

另外，在李景洲先生带领下蓬勃发展的登封窑，其个人获得了省级非物质文化遗产传承人的称号，取得了很大的进步，其作品见下图。

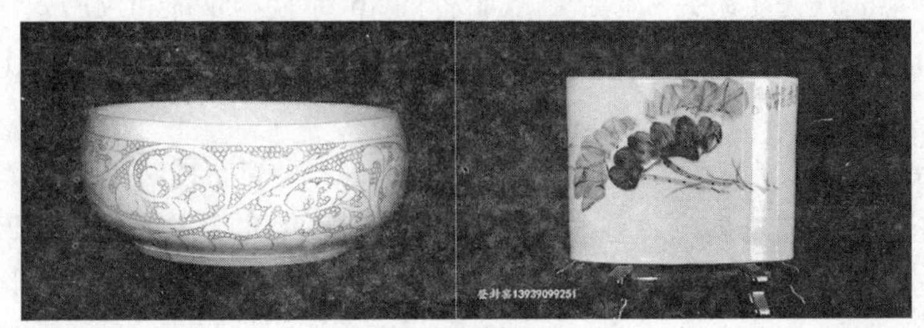

李景洲先生作品

他从事嵩山古陶瓷研究工作 20 余年，对历史名窑“登封窑”进行了研究、保护、传承、恢复和开发，使失传达千年之久的登封窑历史名瓷白釉珍珠地划花得以恢复，填补了郑州及河南的一项陶瓷文化空白。他在传统“白地黑花”瓷的基础上，把传统水墨画的技法移植到陶瓷装饰上，创新出了登封窑新品种——登封窑“水墨瓷”。在陶瓷制作和装饰工艺上，有着较深的积累，对“登封窑”的复兴奠定了基础。

此外，省内各陶瓷窑口与其代表人物，在不断改革创新、与时俱进，更好地服务中原经济区的发展，在外事接待、代言中原、做城市名片等方面硕果累累、声名远扬。

英国教皇罗万·威廉姆斯收藏作品《静瓶》

意大利爱乐乐团到访并举办“国瓷之夜”音乐会

著名指挥家喜获郑商瓷作品韩国世博会国礼郑商瓷——双鱼尊

2012 年韩国丽水世博会中国馆中展出的郑商瓷作品

陶瓷在社会文化交流中的重要作用

第十一章

少林太极：中华武术之根

统筹：赵季增
撰写：赵季增

第一节　中华武术的起源和发展

一、武术的起源

“武术”是中华传统文化的重要组成部分，作为“国粹”之一，不仅在国内深入人心，而且得到了世界范围广泛的认可。“武术”以它独特的角度诠释中华文化的博大精深，是每一个想了解中国历史、了解中华文化精髓的探寻者不可忽略的重要篇章。

中华武术源远流长，最早出现要上溯原始社会，在猿人完成了向智能人类的进化后，伴随着人类文明之光的显现，中华武术也开始萌芽。恩格斯在1876年撰写的《劳动在从猿到人转变过程中的作用》一文中指出，人类从动物状态中脱离出来的根本原因是劳动，人和动物的本质区别也是劳动。这种劳动的过程极大地提高了人类智慧。在“物竞天择，适者生存”的原始社会，由于生产力低下，原始人群的生活环境多受自然因素的制约，那时困扰人类生存的主要因素多为自然灾害与猛兽袭击。人类在与野兽搏斗的过程中，自然产生了拳打脚踢、指抓掌击、跳跃翻滚一类的行为，并模仿野兽的动作，通过这些本能的搏斗技能和对动物的模仿，结合人类的自身特点逐渐摸索出了一些行之有效的攻防手段，并通过人类智慧把这种本能性的攻防技能加以提炼，反复研习，并代代相传使之成为一种系统的谋生手段，这就是“拳术”的产生基础。同时人类在与自然环境抗争的过程中，学会了运用工具、提高生产力，从考古中我们发现，在石器时代出现了石斧、石刀、骨矛、骨箭等等生产工具，使用劳动工具是人类特有的智慧，这些生产工具最初的产生目的是便于劳作，并强化了人类自我保护的能力，最终发展成了格斗武器，融入武术表现方式中，成为“剑术”“刀书”“棍术”等的雏形。

随着人类社会的发展，在求食图存、繁衍生息的过程中，人与人之间、部落之间经常发生冲突和战争，使用武力成为一种最主要的掠夺财富的手段。正是人与人搏杀格斗，才使得大量磨制锋利的生产工具逐渐演变为互相残杀的武器，使用兵器的技艺及战争所需的搏斗技术逐渐从生产劳动中分离出来，为武术的产生创造了必要条件。在我国新疆、宁夏、内蒙古、甘肃发现的岩画上画着许多手执棍器、弓箭的人物格斗形象，经考证属于旧石器时代晚期，距今有一万多年历史。古书《山海经》里有一幅战神刑天图，该图中战神刑天右手持大斧，左手拿盾牌，这是我国古书里最早出现的执兵器作格斗的神话人物形象。传说炎黄时代，东方有个以野牛为族徽的蚩尤部落，崇尚武技，勇猛善斗，特别擅于徒搏角抵（摔跌）。他们头戴牛角或剑戟样式的装束，当与人交斗时，除用拳打、脚踢外，最善抓扭对方，用头顶触对方，使之不敢接近，后人称其为“蚩尤戏”。蚩尤的角抵是一种徒手搏斗，包含踢、打、摔、抵、拿等多种方法，既可用于战场，又可用于平时演练，对后世对抗性项目的发展有一定影响。

二、中原武术的发展历程

武术作为一种文化形态，必然带有强烈的地域文化烙印。中国武术的所有流派，都是以地域文化为底蕴，从地域文化中孕育出来的，中原武术也是如此。中原地区历来是兵家必争之地，自古便盛行尚武之风。生活在中原地域的人们，由于受到历史、地理、环境、政治、经济和战争等因素的影响，自古就形成尚勇好武的社会风俗，这种风俗延续不衰，促进了中原武术的形成与发展。中原武术的发展按社会制度分为几个大的历史时期：

（一）起源

从远古的部族时期到第一个奴隶制国家夏的建立，是中原武术的起源阶段。其中有文字记载的有禹征三苗、启征有扈氏，大战于甘；《史记·夏本纪》云："将战，作《甘誓》，乃召六卿申之。启曰：'嗟！六事之人，予誓告汝：有扈氏威侮五行，怠弃三政，天用剿绝其命。今予维恭行天之罚。左不攻于左，汝不恭命。右不攻于右，汝不恭命。御非其马之政，汝不恭命。用命赏于祖；不用命戮于社，予则孥戮汝。"这是有文字记载以来的第一篇战前动员令，由国王启在战争开始之前，召集臣属，声讨有扈氏的罪行，并告诫将士，要忠于职守。立功者赏，违命者严惩不贷。从这段文字可以看出，在公元前21世纪的夏王朝，中原武术在战争中的发展已经比较完善了，有车兵、弓弩的出现，而车兵和弓弩兵的在战争中配合使用必须在平时有系统严格的武术训练作为基础。这些也是武术起源于军事战争的有力注释。

（二）形成

从夏商到春秋战国时期，是中原武术、武术理论的构建形成阶段，并且从单纯的技击格斗、军事训练向武术文化发展的形成时期。这个时期是奴隶制向封建制转变的大动荡、大变革时期，各国之间战争频繁，诸侯霸主此起彼伏。中原作为兵家必争之地，首当其冲。春秋战国500多年的连绵战乱，中州大地"出门无所见，白骨蔽平原"。兵祸之下中原民众不得已习武图存，磨炼出了尚武强悍之风。位于社会要冲的士阶层自然也不例外，士阶层处于不断的分化和组合的过程中。文士兴起，文武分途，而士阶层中未分化出去的一批武士，仍保留着尚武的传统和强悍的民族特质，并不断汲取民间社会的文化营养向前发展，这便是萌芽状态的"侠士"。侠士的出现促成了春秋斗剑之风的兴起，每当春秋两季，各地的武士经过长期的刻苦练功后，常常云集在一起进行竞技活动，切磋武艺。《庄子·说剑》中有"夫为剑者，示之以虚，开之以利，后之以发，先之以至"之记述；《管子·七法》记述了当时比武的盛况："春秋角试，以练精锐为右。收天下之豪杰，有天下之骏雄。故举之如飞鸟，动之如雷电，发之如风雨。莫当其前，莫害其后，独出独入，莫敢禁锢。"这种竞技盛况已有点后世打擂比武的意味了。中原地区为当时经济、文化的中心，首先引领了这种风气的形成和发展。各国的国王都很重视习武备战。魏惠王以武卒奋，招有拳术基础而且身体健壮的人从军人伍。并且凭借其著名的“魏武卒”作为征伐的资本。魏国的大公子信陵君，培养门客上千，其中就有许多凭借武艺勇力效忠的侠士。侠士们只有在技艺上猛下功夫，才可能在斗剑和比武的情况下，不被刺伤或杀死。随着社会的发展与变革，士阶层的政治地位、社会地位获得巨大的提高。而随着社会地位的提高，士阶层对自身的人格也有了比较清醒的认识和追求，他们有自己的行为规范、准则。侠士之所以为世人所接受和尊重除了他们具有的武艺超群之因外，更重要的是他们对伦理价值观和道德准则的承诺。时至今日，守信重诺仍然是武德的重要内容之一。中原地区又是古代行气术的重要发源地。行气，又称导引，今通称气功。道家气功是我国各种气功中影响最大的一支，盖源于老聃和庄周，而这两位先哲都是中原人。行气理论与阴阳五行学说相结合，其后成为中国武术内功训练的基本理论。中原地区作为文化上的先导者也引领了武术文化的发展。

（三）发展

两汉时期到南北朝是中原武术，以及武术流派的形成发展时期，武术与文化的结合也有了更紧密的联系。在南阳市区出土的汉代画像石墓中，武术画像一般大都刻绘在墓的门楣石上，以傩舞的形式出现。从南阳汉代武术画像的内容分析，套路运动有拳术、刀、枪、剑、棍等单人套路和两人以上的对打套路练习。对抗运动有散手、推手、长兵、短兵等项。这些画像石多角度、全方位地反映了汉代以及汉以前中原武术的历史面目和仪容风姿。汉代的角抵戏，因为主要是用角力相抵触而得名，这种游戏在中原地区颇为流传，阵容庞大，内容丰富，形式多样，变幻莫测，说明角抵戏有“技击”的精华成分在里面。汉代武术呈现出了一定的体育特征。河南南阳出土的“空手夺枪”等都突出表现了武术的娱乐性。西汉初年，中原地区又先后出现过几位名垂青史的大侠，像洛阳的剧孟、陈地的周庸、梁地的韩无辟、阳翟的薛史、颍川的韩孺、轵地的郭解等等，虽屡遭官府杀戮，而游侠之风不止。东汉末期的中原人华佗，不仅是著名的医学家，更是在继承前人的理论和成果，根据人的生理特点和某些医学原理，形成了他自己的导引养生理论：“人体欲得劳动，但不当使极耳。动摇则谷气得销，血脉流通，病不得生，譬犹户枢，终不朽也。是以古之仙者为导引之事，熊经鸱顾，引挽腰体，动诸关节，以求难老。”他编创的五禽戏不仅推动了导引术的发展，还为后世中原地区象形拳的编创提供了范例。两汉时期的中原地区导引术的发展已相当成熟，不仅有了成套的动作，还有导引专著问世。

魏晋南北朝时期是一个大分裂时期，中原传统武术在这一时期开始逐渐基本成型。由于魏晋南北朝时期我国宗教迅速发展，在这一时期佛教、道教都取得了巨大的发展。南北朝时期，佛教兴盛，尤其是邺下（今河南安阳一带），更是寺院林立。邺下寺院是我国历史上有文献可考的最早有习武活动的寺庙。北魏孝文帝太和十九年（公元 495 年），诏命在嵩山为印度高僧跋陀建少林寺，跋陀是佛学高僧，不是武术高僧。少林寺建寺后第一个武僧是稠禅师，但他少年习武并非在少林寺，稠禅师到少林寺前已是一个“佛门”著名武僧了。北魏宣武帝延昌二年（公元 513 年），稠禅师于 33 岁时首次到了少林寺，稠禅师到少林寺时禅武之功已有很高境界，跋陀评价他“自葱岭以东，禅学之最，汝其人矣”。稠禅师是享有“拳捷骁武”盛誉的华夏第一武僧，又深为当时人们崇敬，是地位极高的“国师大德”。由于稠禅师禅学武功名扬众僧之中，他主持少林寺有十余年之久，对少林武术流派的开创与形成产生了深远的历史影响。

魏晋南北朝战乱频繁，民族迁徙杂居，不断地发生移民运动，汉族移民倾向于从中原奔向中原周围的其他地区，原周边居住的少数民族则大量涌进中原，民族融合促进了各种武术的相互交流和吸收，对中原武术的发展也起到了积极的推动作用。骑兵大规模进入中原。形成了以骑兵为主的步骑联合的新型作战的形式，要求士兵能更熟练地运用长矛、槊、刀盾等长短兵器，步射与骑射受到了空前的重视。民间的习武除了与军事技术和实用攻防紧密联系外，套路技术也随着攻防技术的发展而有所充实，民间的拳师将格斗技术的精华编成连续的格斗动作，就形成套路的雏形。

（四）鼎盛

隋唐到清末民国时期是中原武术的大发展时期，各种拳种、器械、功法以至于流派逐渐出现并发展起来。隋末唐初，大洪拳就发源于中原重镇曹州，以后逐渐发展成了中原具有代表性的拳种。少林武术也在唐朝得到了长足的发展，唐太宗大力兴佛，使得当时少林寺的田园庙宇数目增多，农家子弟进寺参禅人数增多，少林和尚练兵习武成蔚然风气，促进了少林功夫以及佛教的发展，为以后少林武术流派的创立打下了坚固的基础。唐代实行武举制约七八十年，为统治阶级选拔了不少武术人才，也推动了中原武术的普及和提高。

北宋年间，河南人岳飞创立岳家枪拳，史书早有关于岳家拳的记载：岳家拳、岳氏连拳、岳家教、黄梅岳家拳、岳门拳、硬门拳、少林岳记门、岳王拳、范氏岳家拳等。至清末后期，岳家拳已经具有“源流有序、拳理明晰、风格独特、自成体系”的特点，使其继2007年少林拳、太极拳、苌家拳被列为河南“非物质文化遗产”后，能成为下一个“申遗”对象。

月山八极拳的发源地是博爱县的月山寺。月山寺开山祖师是空相和尚，但创立八极拳的是二世祖苍公。北宋末，崇苍不满异族的残酷统治，带着恢复中原的思想来到月山寺，削发出家为僧。他一边学习佛法，一边向空相禅师学习少林武术，并开始在此基础上创造新的套路。他继承“禅武合一”的少林精神，把练武和修行有机地统一起来。苍公积极在月山寺组织博爱许良、上庄民众抗金。通过和义军中多家武术门派的交往、切磋，揣摩四十余年，终于在金大定二十五年（南宋孝宗淳熙十二年，公元1185年）创立了搏拳，即八极拳。明永乐年间传入民间，清末民初由河南怀庆、山东庆云、河北沧县传至北京、天津一带。从八极拳祖师崇苍（苍公）始，八极拳历代掌门人全为月山寺僧。到民国二十六年（公元1937年）共历二十四代。民国二十七年，月山寺毁于战火，八极拳由俗家弟子马连升传承，至今亦已三代。月山八极拳僧俗相传经历了二十七代共800余年的传承发展历史。博爱县当地政府成立了月山八极拳研究会，对八极拳文化进行普查、搜集、整理、研究，将普查资料和研究成果编辑成书，并建立了八极拳文武学校。

宋代武术的发展不是孤立的，作为一种文化现象，它和整个文化艺术的发展是紧密相连的。《武经总要》与《武经七书》是宋代两本主要的武术理论著作。宋金时期，是少林拳“禅、武、医”内容体系相互融合、互为补充的重要时期，为少林寺的历史走向及少林拳体系的发展方向奠定了基础。始于唐代的武举制，到了宋代又有了更新的发展。中原河南作为宋王朝的政治、经济、文化中心，在这方面起到了引领作用。

到明清期间，源于隋唐的洪拳经李洪的后裔李先明多年潜心研究，博采众家所长之后，融会贯通，自成一家。从拳术动作、理论、内容，还是练功方法、拳术套路等方面都加以创新，创造出一种别具一格的新的武术运动形式，为了纪念其先祖“李洪”，将其正式命名为大洪拳，即现在广泛流传的中原曹州（菏泽）大洪拳的原初形态。

明朝中原人氏姬际可在少林寺十年，参照当时盛行于少林寺的龙、虎、豹、蛇、鹤五拳创立了新的拳种，前后各六势，概括为：鸡腿、鹰捉、龙身、熊膀、虎抱头、雷声，取名心意六合拳。

苌家拳发源于清朝乾隆时期的汜水县，荥阳人苌乃周（公元1724～1783年）所创。苌家拳又称“苌门拳”，流行于荥阳、巩义、新密、开封、洛阳等地。苌乃周思想颇为开明，他一反历来武林中视武为私秘及门户之见的传统，合少林、太极、峨眉诸家之长，取其精华，创编新拳，而且一一著书立说，广传弟子。苌乃周撰有《养炼全书》，含《二十四字拳谱》《中气论》《龙虎斗》《吕仙剑谱》四种；另撰有《青龙出海谱》（附《猿猴棒》）《三十六枪谱》《猴势谱》等。苌乃周所著各书每个动作均绘图说明，并附有歌诀短文，详析其动作转折及用法，可以照式练习。2008 年第十届亚洲艺术节期间，荥阳苌家拳受邀在艺术节主题公园活动主场地之一的郑州市人民公园进行展演活动，近 50 名苌家拳传人参加了展示；2008 年 11 月 20 日，62 岁的苌家拳第八代传人在郑州开馆授拳；在苌家拳传人的辛勤努力和当地政府的支持下，苌家拳逐渐揭开了神秘面纱，走入社会。

中原地区除少林武术以外，另一个极富影响力的武术就是当今风靡全世界的太极拳。据近年发现的康熙五十五年（公元 1716 年）所修之河内唐村（今属博爱）《李氏家谱》，可以初步断定太极拳源于河内唐村的千载寺，为唐村李氏与温县陈家沟陈氏所共创。经明末清初的战乱变故，太极拳被迫衍化为两支，即唐村李氏与陈家沟陈氏，目前在国际上，中原地区的陈家太极拳影响广泛。陈王廷（公元 1600～1680 年）为陈家沟陈氏第九代，他潜心研究道家典籍《黄庭经》，“闲来时造拳，忙来时耕田。趁余闲，教下些弟子儿孙，成龙成虎任方便。”在千载寺太极拳的基础上，陈王廷又创编新拳，后世称之为陈氏太极拳。自陈王廷之后，陈氏族人中历代高手辈出。经三百余年研练浸润，陈氏太极拳日臻成熟完美，形成了独立而完善的拳理拳法体系，自成一格，名扬天下，为太极拳的发展与传播做出了不可磨灭的贡献。自明初以来，唐村李氏与陈家沟陈氏一直是耕读传家，保持着文武兼修的优良传统，不仅历代均有技击高手，而且也出现了杰出的技击理论家。这一传统也影响到其他杨、武、孙、吴等分支太极拳。到了清末民初，大名鼎鼎的太极拳系才算真正形成。它是中国诸大拳系中形成最晚的一个，但恐怕也正因为如此，它又成为中国诸大拳系中最富于活力的一支。所以，直到目前为止，在中国的诸大拳系中，太极拳始终居有文化层次上的明显优势。研究太极拳的著作，不仅数量最多，而且有理论深度，这也正是太极拳文化优势所在。

新中国成立后，中原武术进入了大发展、大繁荣时期，呈现出百花齐放、百家争鸣的局面。目前流传较为完整具有体系的既有拳种又有器械的主要有40多种，其中，代表性的是少林拳术、陈氏太极拳术、苌家拳、岳家拳、月山八极拳、心意六合拳、洪拳等等。

民间喜爱，政府重视，改革开放以来，中原以少林、太极为主要舞台，积极打造武术产业文化，有影响力的是：郑州国际少林武术节、中原武术庙会、风中少林、禅宗少林音乐大典、中国焦作太极拳交流大赛以及河南电视台著名的大型武术栏目《武林风》。著名的武术教育学校有登封塔沟武术学校等。

中原武术源远流长、博大精深。伴随着历史的脚步，古老的传统武术也在这里生根发芽、世代流传。不仅有重要的历史文献价值，而且成为当今人们健身防身与修身养性的手段。中原武术为中华民族的生存与健康发展，建立了不可磨灭的功勋。

三、中原武术与中国文化

人类文化的产生和发展本身就是特定的具体实践活动的产物。纵观历史长河，几千年来，各种不同性质、不同层次的文化灿若群星，但随着人类文明的发展，曾经在世界文化体系中产生重要影响的尼罗河和两河流域文化，以及爱琴海和恒河流域文化都已经陨落，而中国文化却依然绵绵不绝地流传，焕发着勃勃的生机。中国文化的生生不息有着支撑它自我生长、更新，哪怕历经曲折磨难，而依然能够浴火重生的内在力量。

中国文化蕴含着深刻的哲学思维，儒、道、佛是中国文化最重要的代表思想，它们的思想渊源各有不同，但均把心灵、社会和宇宙作为一个系统的整体来加以思考和理解，“人法地，地法天，天法道，道法自然”。中华文化认为宇宙是一个整体，人体也是一个整体，强调“天人合一”，即自然界和人是处在整体和谐的动态过程之中的对立统一，这也是中华文化的精髓所在。

中原地区由于其得天独厚的地理位置，长期为全国的政治、经济中心，各种文化、思想在这里交汇融合，形成了璀璨的中原文化。在历朝历代都得到大力的培植，成了中国文化的源头，更因为贴近中华文化最核心的思想内涵与价值观而传承久远。

中原文化重视人与自然的和谐共存。自先秦以来，道法自然、天人合一一直是起于中原的各种思想流派共尊的思想，同时崇尚着“天行健，君子以自强不息”的精神。这种奋发有为，积极进取的人生态度，是中华民族长期形成的自强不息精神的写照。自古以来中原地区作为中华民族生活繁衍的核心区域，其开放性和包容性，决定了中原文化具有丰富多元、和谐包容的特性。中原文化所有的这些特质都与中华文化一脉相承。

中原地区四通八达，物产丰富，人口密集，历来是兵家必争之地，因此自古便盛行尚武之风。安阳殷都被称为中华第一都，具有深厚的文化积淀，从殷墟甲骨文“戈”演化出来我国古汉语文字“国”，就是以古兵器“戈”守卫在四周城墙内的表意字，突出体现了中国古都的习武记录和当时的军事堡垒作用。此外，殷墟出土的兵器还有刀、钺、斧、戚、簇、弓形器等，使我们能更清晰地了解早期的武术文化形态和尚武精神。在殷墟卜辞中有“新射”“痒射三百”和“登射三百”等记录，“新射”就是对未经训练的“新手”教授射艺，“痒”就是习射的学校。有“九朝古都”之称的洛阳，更是自东周开始，武士教育和武术活动便在民间十分活跃，而《汉书·武帝纪》中描述的汉武帝于元封“三年春，作角抵戏，三百里内皆观”，则形象记录了武术运动的高潮。至今人们将唐代裴旻剑舞、李白诗歌、张旭草书被誉为“唐代三绝”，可见武术活动在盛唐文化中也有着重要的地位。在宋人张择端的传世名画《清明上河图》中描绘了“七朝古都”开封的繁华盛况，同时在画面中也展示了北宋时期人们习武活动的场面。孟元老的一部《东京梦华录》为我们揭示了北宋古都盛行的习武之风和精妙的武术技艺。北宋东京士族子弟，好胜争强，常在一起切磋武技，薛惟吉“少有勇力，形质魁岸，与京师少年追逐，角抵蹴鞠，纵酒不谨”（《宋史·薛居正传》）。司马光《论上元令妇女相扑状》记载到：“圣驾御宣德门，召诸色艺人，令各进技艺，赐与银绢，内有妇人相扑。”这种妇女参加的相扑活动在注重礼教的中国封建社会出现更是反映了当时人们推崇武术的风气。到明代之后少林武术、太极武术的突出发展为中原武术文化的完善书写了浓重的一笔。而中原武术作为中华民族智慧的结晶，作为中原文化的重要载体，蕴含了特有的哲学价值和文化意识，也体现了中华民族的生命力和创造力。中原武术的形成与发展与中国历史的进程血脉相连，融合了社会需求、宗教意识和哲学思想，作为一种独具特色的“武文化”闪耀着人类文明的光辉，成为中国文化体系的重要组成部分。

中原武术最具影响力的代表是太极武术与少林武术。太极武术的理论核心依托于中国古代的阴阳学说，以古太极图所含哲理为基本拳理，顺应阴阳变化规律，其所树立的文化主体是从拳术表现出矛盾的对立统一。在表现形式上以从柔、从慢、从静、从虚为出发点，与刚、快、动、实为对立面，并克敌制胜，全面反映了中国哲学中最具经典的阴阳两仪说的互变规律，“一阴一阳之谓道”，“刚柔相推而生变化”。太极武术强调呼吸吐纳，以意导气，动中有静，一招一式中蕴含无穷变化，静则行云流水、挥洒写意，动则一触即发、无坚不摧。太极拳对武德的要求源于《老子》，它要求的各项武德规范，遵循事物客观规律，讲求“宁静致远”“和谐统一”。养“德”是指培养人体内部和谐统一的过程，而太极拳推手又要求协同合作，遵循“守仁”“守和”“守节”“守弱”等传统思想，通过身心合一的运动调整自我状态，其武学理念融合了中国传统的伦理观、道德观、审美观，与中华文化返璞归真、顺应自然、天人合一的精髓一脉相承。

中原武术另一个重要的流派就是少林武术。建于北魏孝文帝时期的“少林寺”，以悠久的历史、精湛的武技，以及独特的少林精神享誉天下，故有“天下功夫出少林”的美誉。自佛教传入中国后与中国传统文化之间相互渗透、相互融合，最终形成了不同于世界上任何宗派的、典型的中国式佛教——禅宗。禅宗起源于少林寺，因而少林寺被尊为“禅宗祖庭”。禅宗的特点是“不立文字，教外别传，直指人心，见性成佛”，主张通过不假言物虚象的“明心见性”来实现超越。少林武术的核心精神即是“禅”，“武”是通往禅境的通路，少林武术的特点就是禅武合一，“修禅先修心”。少林武术文化不仅禅武结合，而且晓通医理，形成独特的少林“禅武医”文化。这也是推动少林武术发展的内在动力，强调按照拳理的要求进行严格训练，并在训练与实战中通过个人的感悟达到提高技能，并达到“拳无拳，意无意，无意之中，是真意”的武学境界。《少林内功一指禅》总结练习内功的心法为“练功中间不想体内，忘记自我，把意念排除在外，使内气自然地升降出入，与天地之气，自然之气相接，顺其自然，不知不觉地达到练功者向往的美好景象、理想的功夫、健康的体魄”。这种心法是禅文化在武术中的运用，与中国文化关注自我超越，与以心灵的自觉来提高精神境界、实现人的存在意义和价值的“天人合一”理念不谋而合。

无论是以《易经》阴阳互生为核心的太极拳，还是以禅文化为内涵的少林武术，又或是以五行变化为理论基础的形意拳等，无不体现贯彻着“道法自然”“天人合一”的中华哲学思想。孟子认为：“万物皆备于我，反身而诚，乐莫大焉。”意思是说，人可以通过努力而达到自我超越的境界，从而做到天人合一，超越自我。

文化孕育着精神，而精神又推动和塑造了文化。中原武术的作用不仅仅是强身健体、搏击自卫，历经数千年的发展积淀，中原武术逐步形成的一整套完善的思维方式、价值观和道德准则，上升为精神层面的哲学法则，并潜移默化地影响着社会风气、人们的意识行为。世人推崇武术，不仅是接受了武术对于肢体的锻炼，更是因为认同武术对文化思想的弘扬。武德贯穿于武术文化发展各个历史过程，起到教化民众的作用。以少林武术为例，门派条约有“十禁”和“十戒”“十不传”。十禁：一禁叛师，二禁异思，三禁妄言，四禁浮艺，五禁盗劫，六禁狂斗，七禁违戒，八禁抗昭，九禁欺弱，十禁酒淫。十戒：戒随意做辍，二戒好勇斗狠，三戒违抗傲慢，四戒恃强凌弱，五戒轻显技术，六戒逞愤相较，七戒饮酒食肉，八戒女色男风，九戒轻易相授，十戒贪得自夸。十不传：人品不端者不传；不忠不孝者不传；人无恒心者不传；文武不就者不传；借此求财者不传；俗气入骨者不传；市井刁滑者不传；骨柔质钝者不传；拳脚把势花架者不传；不知珍重者不传。由此可见，武术的道德规范与民族优秀文化传统中的仁、义、礼、勇、侠、忠等密切相关，养“德”不仅是指培养人体内部和谐统一的过程，也是培养浩然正气的过程，武术精神也强化了中华文化勇敢抗争、团结奋进的力量。

中原武术之所以能够代代相传，以其独特的角度为中华文化代言，这种强大生命力的来源在于中原武术扎根于中华文化，并不断从中吸取养分。“天行健，君子以自强不息”是中华民族数千年来虽历经风雨，仍百折不挠、顽强奋斗精神的概括，中原武术从产生到发展的历程正是体现了中华文化刚毅坚卓、追求进步与自我突破的品格。“地势坤，君子以厚德载物”，中原武术的丰富与多元化同样体现了中华文化海纳百川、包容万物的胸怀。全国 129 个武术拳种中，仅在河南地区流行的就有 40 余种。这些不同的武术流派相互影响，相互借鉴，丰富着中原武术的结构与内涵，使中原武术文化呈现出多元化的特点，体现了中国文化开放兼容，“贵和不贵同”的相容之道。

第二节　天下功夫出少林

少林武术，也称少林功夫，因发源于嵩山少林寺而得名。它是在吸取中华传统武术精华的基础上而诞生的，历史悠久、源远流长。自古以来，素有“天下功夫出少林”之说。数不清的传说，道不尽的奥秘，说不完的神奇，每年吸引着上百万游客来到武术圣地——少林寺，他们带着对少林功夫的好奇心而来，品尝了少林真功表演这道旅游大餐以后，又带着对少林功夫的敬佩之情而去。

一、少林武术的起源及发展

少林武术，是我国著名的武术流派之一，在中国武术发展史上具有重要的历史地位，在国际上也有一定影响。中国武术古已有之，是中国劳动人民创造并发展起来的，少林武功亦是如此。同时，少林武术产生和发展的过程也是佛教与中国传统文化相互融合的一个漫长的过程。

少林寺初建于北魏太和十九年（公元 495 年），位于河南省登封市的嵩山西麓，是孝文帝为印度僧人跋陀（又称佛陀）传教而修建的寺院，因为寺院建于少室山丛林之中，遂命名为少林寺。

跋陀博通经法，长驻少林寺，翻译佛经，四方闻讯而来者，数以百计，听其讲经说法。随之，很多民间习武之人也相继来到寺中当了杂役，一些会武术或其他技能的贫困少年子弟被剃度为少林寺小和尚。例如惠光和尚，12 岁在洛阳城天街的井栏上踢毽子，一口气能连续反踢 500 次，跋陀看后，感到很惊奇，就把他剃度，收为弟子，帮自己译经。再如跋陀的弟子僧稠的年龄小，体质弱，常受一些会武术的小和尚戏弄，后来发奋练武，寒暑不辍，最终功成名就，体健身灵，成为著名武师。事实可以说明，当时少林寺不但是佛教圣地，而且是武术喜欢者荟萃之所，人们在少林寺研练武功，奠定了少林武术起源的根基。

继跋陀之后，北魏孝明帝孝昌三年（公元527年），印度高僧达摩"一苇渡江"，来到嵩山少林寺，传授禅法。据载，达摩在少林寺后面五乳峰上的天然石洞里面面壁9年，静坐修心，被尊为中国佛教禅宗的初祖。达摩禅的特点在于壁观，即以清白无杂的心念去观佛理。终日静坐，不免筋骨疲倦。达摩发现许多弟子坐禅久了，便昏昏欲睡，精神萎靡不振，再者想到少林寺在深山中，严寒酷暑，豺狼野兽不断侵袭，达摩便和喜爱武功的弟子们仿效我国古代劳动人民锻炼身体的各种动作，终成一套活动筋骨、锻炼身体的"活身法"体操，及时传授僧人。这种体操共有18个动作，称为"罗汉十八手"，用以驱倦、防兽、健身和护寺，"少林罗汉十八手"即为少林武术的雏形。

达摩面壁，久住嵩山丛林，他窥察山林中鸟兽之间的争斗，习仿虎跃虎攀、猫穿狗闪、鸡立兔滚、虫爬蛇缠和鸟飞鱼翔之姿，逐渐演成一套心意拳的简单套路动作。后来，他又遍求中国之武技，获得东汉末年华佗的《五禽戏》并加以演变，和僧徒们不断综合、充实、提高，逐渐形成一套变化莫测的拳术，有百余种，总称少林拳。可以说，少林拳法是少林僧众在不断的摸索实践中发展和完善的。

到了隋末唐初，少林寺为保护寺庙的安全，从寺僧中选出身强力壮、勇敢灵巧或善于拳击械斗者，组织起一支专门的护寺队伍。唐武德年间，因寺僧帮助唐王李世民平服叛贼有功，而受到唐王朝的表彰，并允许少林寺设置僧兵，从此少林寺名声一时大震，僧徒多达两千余人。僧人习武形成规模，每日清晨，众僧同起，冬练三九、夏练三伏，刻苦学艺。现在少林寺白衣殿内的"少林拳谱"壁画，可见当年和尚习武时拳打脚踢、攻防搏斗、棍挥棒舞的情景。

古代到少林寺出家为僧者，有为苦难所迫者，有不满封建制度和看破红尘者，亦有不少精通武术之人，为了提高技艺而来。少林寺时常成为武艺切磋之所。北宋代初年，少林寺福居和尚曾经邀请各地武林高手十八家到少林寺内献艺，演练了整整3年，各路好手都在这里将自己的看家本事亮了出来，相互切磋，取长补短。福居和尚扬各家之长，最后汇编成了《少林拳谱》。据《少林拳谱手抄本》记载："宋代方丈大和尚福居，德高望重，佛武医文皆通，名扬天涯海角，为增众僧武功，邀请十八家高手汇集少室，一则授艺于僧，一则各演其技，择优互学，取长补短。"传说宋代的开国皇帝赵匡胤得过少林真传，精通三十六路长拳、留步猴拳，并作下著述，传下太祖长拳藏于少林寺。民族英雄岳飞的神勇力法，也得到少林寺高僧指点。

时至金、元时期，山西太原的白玉峰剃度进入少林寺，融合旧的少林功法，把达摩的罗汉十八手发展为七十二手，并根据华佗的"五禽戏"日加演练，用气于身，用气于拳，综合为"龙、虎、豹、蛇、鹤"五拳，把少林武功推向新的高峰。

明代，少林寺成为群英会武场所，武术之风，骤然兴起，至于极盛。拳谱称"少林面积五顷四，外分四院都练拳"。明天启五年（公元1625年），河南巡抚程绍来少林寺检阅完僧兵，诗兴大发，遂作《少林观武》诗："刚强胜有降魔力，习惯轻携搏虎能"，对僧兵大加赞赏。由此可见，这个时期，少林搏击技术已达到了高超的境地。

清廷为巩固政权，曾多次降旨禁止民间练习拳棍，违者查办，从此寺僧和民间武士都不敢公开习武，只有在夜间偷练武功，现在留迹在寺内千佛殿地砖上的48个脚凹，就是众僧演练千斤脚的足迹和见证。清代以后，少林武术曾一度被禁，但并未停止，不少爱国志士积极学习少林功夫，以少林功夫为武器，同反动统治阶级进行斗争。

新中国成立后，特别是改革开放后的30多年，党和政府十分重视少林武术的发展。少林武术风靡全国，成为广大民众喜爱的体育活动。按照国家有关规定，建立少林武术专业馆校，演练少林武术，大大提高了授技质量，海内外学员众多。中国郑州国际少林武术节的举办，把少林武术推向世界，在少林"擂台"等各项竞赛中，出现了众多的英雄豪杰，创造出新的辉煌。

综上所述，少林武术始于北魏，源出嵩山少林寺，扬名于唐，少林武术是少林寺众僧在自己创编的健身套路基础上，广泛吸引全国各武术门派之精华，经过长期艰苦磨炼，反复推敲，不断改进，逐渐发展起来的。至今，已有一千五百多年历史，兴旺于唐、宋、金、元，极盛于明，衰落于清，20世纪80年代再度兴盛。

二、少林武术的基本体系

少林武术的出现，正是伴随着我国佛教禅宗的兴起而产生的，成为佛教禅宗文化的重要组成部分。与禅宗“不立文字”的直觉体验、明心见性有着相同之处。少林武术千百年来不断丰富和发展，经过千锤百炼，最终形成自己的独特风格。

（一）少林武术的特点：

1. “拳打一条线”

出招进退拳打一条线，是少林武术的首要特点，也是少林武术与其它门派的分水岭。其意是每个动作从起势到尾，始终都保持在一条线上运动。其实战功能有二，一是运动形态，二是出击方向为直线出击。运动形态的功能，主要是培养运动员与人交手时抢时间。俗话说“先下手为强”，近距离击打对方，首要是有先发制人的意识。

2. “非曲非直滚出滚入”

这是少林拳的手法特点。在出拳或出掌袭击对方时，要求手臂直而不直，曲而不曲，因为出手之臂若是直了，手臂部位的脉、管、筋、络都很紧张，暴露较多，不仅易遭袭击，再者失利时影响收臂。反之，手臂过于曲了，没有力量，又失去了击对方要害的部位之距。所以先师们在长期艰苦的磨炼中，创出了非曲非直的击手经验，既利于进攻，又利于防守，须长者伸长，须短者伸短，灵活运用，易攻易防，交手无不胜。“滚出滚入”是指出拳或出掌时，手臂就像螺旋一样去袭击对方。其特点是借手臂滚动之机，调丹田之精气，上输全手臂，贯拳拳之力，迸发了九牛二虎之劲，重击对方要害部位。正如少林拳谱所称：“曲而不曲，直而不直。短则伸长，长者则曲。”“快了还嫌慢，力求疾中疾。出拳如螺旋，阴阳玄妙理。”

3. “拳打卧牛之地”

其意思是说：练少林拳不受场地大小的限制，只要有卧下一条牛的地方，就可以演练。地方再小，也可以发挥自己的威力。虽然在客观上受到场地小的限制，不宜演练，但若能练个八九成，一旦再到宽敞的场地去练，就能显出十二分的效果来。总之，在卧牛之地上练功，不仅可以增加习技的机会，而且还可以陶冶性情，磨炼意志，培养突围能力，对付在重围之中的四方来敌。

简而言之，少林武术的主要特点是：重在实战，朴实无花架，内容丰富，出招进退一条线，非曲非直，滚出滚入，卧牛之地练拳脚，内外兼修，独树一帜。

（二）少林武术的丰富内容

少林武术经过千百年逐步完善和发展，成为今天拳械套路多、内容复杂的武术体系。据不完全统计，少林寺内流传下来的和重新收集整理的少林武术套路拳术550多套，另加七十二艺擒拿、格斗、卸骨、软硬气功等演练的各种功夫套路150多种，总计700多套（种），可谓内容丰富，套路繁多。按性质可分为内功、外功、硬功、轻功和气功等，按技击又可分为护身术、搏击术和擒拿术等。少林武术不是一人创造，而是由我国千千万万武林英豪在漫长的岁月中发展流传所成，是中华民族智慧的结晶。少林武术是中华武术最早的武术流派之一，其历史悠久、内容丰富、套路繁多。按性质大致可分为内功、外功、硬功、轻功、气功等。

内功以练精气为主；外功、硬功多指锻炼身体某一局部的猛力；轻功专练纵跳和超距；气功包括练气和养气。按技法又分拳术、棍术、枪术、刀术、剑术、技击散打、器械和器械对练等共一百多种。这些套路和软硬功夫，由于年代久远，散失很多。少林武术流传的主要有以下套路：

1. 拳术

少林派拳术刚健有力、刚中有柔、朴实无华、利于实战，招招势势，非打即防，没有花架子。其风格主要体现一个“硬”字，攻防兼备，以攻击为主。拳势不强调外形的美观，只求技击的实用。步法进退灵活，敏捷，有冲拳一条线之说。在身段与出拳上，要求手法曲而不曲，直而不直，进退出入，一切自如。步法要求稳固而灵活，眼法讲究以目视目，运气要气沉丹田。其动作迅如闪电，站如钉立。少林拳还分南北两派，南派重拳，北派重腿，每派又分许多小派。拳术套路有：小洪拳、大洪拳（三节）、朝阳拳（四节）、观潮拳（一节）、炮拳（三节）、通臂拳（三节）、梅花拳、长锤拳、太祖长拳、黑虎拳、大通臂、心意拳（三节）、罗汉拳（五十四节）、心意把（十二种变化、十二大势）源为武艺之源。少林派拳术有罗汉拳、小洪拳、大洪拳、老洪拳、少林五拳、五战拳、昭阳拳、连环拳、功力拳、潭腿、柔拳、六合拳、内功拳、太祖长拳、炮拳、地躺拳、少林拳、梅花拳、通背拳、观潮拳、金刚拳、七星拳、练步拳、醉八仙、猴拳、心意拳、长锤拳、五虎拳、伏虎拳、黑虎拳、大通臂、长关东拳、青龙出海拳、翻子拳、鹰爪拳等。对练拳术有：三合拳、咬手六合拳、开手六合拳、踢打六合拳、走马六合拳、十五合里外横炮、二十四炮、少林对拳、一百零八对拳等。

2. 棍术

少林棍术节奏生动，棍法密集，快速勇猛，呼呼生风，棍打一大片，一扫一劈全身着力。它既能强身健体，又能克敌制胜，在历代抗敌御侮中，少林棍术发挥过重要作用。少林派棍术有猿猴棍、风火棍、齐眉棍、大杆子、旗门棍、小夜叉棍、大夜叉棍、少林棍、小梅花棍、云阳棍、劈山棍、阴手棍、阳手棍、少林竞赛棍等。对练棍术有排棍、穿梭棍、六合杆、破棍十二路等。

3. 枪术

枪为古代兵器之王。少林枪术有一条歌诀是："身法秀如猫、扎枪如斗虎，枪扎一条线，枪出如射箭，收枪如捺虎、跳步如登山，压枪如按虎、挑枪如挑龙，两眼要高看、身法要自然，拦、拿、亢、点、崩、挑、拨，各种用法奥妙全。"少林枪术有少林枪、五虎枪、夜战枪、提炉枪、拦门枪、金花双舌枪、十三枪、十八名枪、二十一名枪、二十四名枪、二十七名枪、三十一名暴花枪、三十六枪、四十八名枪、八十四枪、六门枪势、十枪架、六路花枪、秘授枪谱三十六点、豹花枪等。对练枪术有枪对枪、对手枪、战枪、双刀对枪、六合枪、三十六枪破法对练、二十一名枪对刺等。

4. 刀术

《少林武僧志》中有"声威如霹雷，劈势如崩山""攻如秋风扫落叶，守如罗汉坐泰山"的描述，可见少林刀书的主要特点是有威武凛冽、迅疾稳固。少林刀术有春秋大刀、梅花刀、少林单刀、少林双刀、奋勇刀、雪片刀、提炉大刀、抱月刀、劈山刀、少林一路大刀、二路大刀、六合单刀、座山刀、六路双刀、八路双刀、太祖卧龙刀、马门单刀、燕尾单刀、地堂双刀、单刀长行刀、五虎少林追风刀等。对练刀术有刀对刀、二合双刀、对劈单刀、对劈大刀、单刀进双刀等。

5. 剑术

少林歌诀中说："少林剑法别有奇，刺劈一线始终一""八合为一宗归心，阴阳常转技兼智”，其剑术的主要特点是：上下合一，内外合一，心意合一，劲气合一，阴阳合一。大开大合，快速刚猛，招法凌厉，刚中寓柔。主要套路有：二堂剑、五堂剑、龙形剑、飞龙剑、白猿剑、刘玄德双剑、达摩剑等。对练剑术有二堂剑对刺、五堂剑对刺、少林剑对刺少林竞赛剑。

6. 其他兵器类

少林武术器械有长的、短的、硬的、软的、带尖、带刺、带钩、带刃的，多种多样，古有十八般兵器之说，在近现代更不易胜数。除上述刀、枪、剑、棍以外，还有三股叉、方便铲、套三环、峨嵋刺、月牙铲、秀圈、方天画戟、双锤、大斧、双斧、三节棍、梢子棍、七节鞭、九节鞭、双鞭、刀里加鞭、绳标、虎头双钩、草镰、“五合草镰、六合战链”、梅花单拐、六合双拐、马牙刺、乌龟圈、双锏、日月狼牙乾坤圈、禅杖、风魔杖以及盾牌、弩等。器械和器械对练及器械拳术对练套路有：空手夺刀、空手夺枪、空手夺匕首、草镰合枪、梢子棍合枪、刀对枪、双刀进枪、单拐进枪、双拐进枪、拐子合齐眉棍、虎头钩进枪、马牙刺合枪、套三环合枪、方便铲合枪、月牙铲破双枪、节鞭对棍、钢鞭对节鞭、月牙合枪、月牙合锏、三节棍进枪、方天画戟进枪、空手夺刀枪、和戟链进枪、三股叉进枪、大刀封枪、峨眉刺进枪等。

7. 其他功法

气功是少林功夫的一大类，少林寺流传的气功有“易筋经”“小武功”“站桩功”“益寿阴阳法”“混元一气功”等。少林软硬功夫有：卸骨法、擒拿法、点穴秘法、短打手法、弹弓谱、易筋经义、各种用药法、救治法等等。少林技击散打有：闪战移身把、心意把、虎扑把、游龙飞步、丹凤朝阳、十字乱把、老君抱葫芦、仙人摘茄、叶底偷桃、脑后砍瓜、黑虎偷心、老猴搬枝、金丝缠法、应门铁扇子、拨步炮、少鬼擈枪等。

三、历史典故与武术名师

（一）历史典故

1. 一苇渡江

菩提达摩祖师是天竺国佛教禅宗第 27 代祖师般若多罗的嫡传弟子，不远万里，来到中土传教。相传在公元 1500 多年之前，达摩觐见梁武帝，一番对话，梁武帝开始不以为然，等到恍然醒悟之时，达摩已经离去北行，梁武帝立刻命人追赶。达摩走到长江南岸，江边有位老婆婆在收捆芦苇，看到后面有人追来，随即向婆婆讨了一根芦苇投入江中，达摩站在芦苇上飘然过江。至此，人们把山北麓达摩休息过的山洞称为达摩洞。达摩“一苇渡江”，才在嵩山少林寺面壁9年，创宗立派，成为一代禅宗祖师。

2. 达摩面壁

达摩来到少林寺后，就在五乳峰中峰上离峰顶不远的一个天然石洞中修性坐禅。相传达摩在这个石洞里，整日面对石壁，盘膝静坐。不说法，不持律，默然终日面朝壁，双眼闭目，五心朝天，在“明心见性”上下功夫。洞内静若无人，万籁俱寂，入定后，连飞鸟都不知道这里有人，竟在达摩的肩膀上筑起了巢穴。从公元527年到536年，整整面壁了9年。当达摩离开石洞的时候，他坐禅面对的那块石头上，竟留下了一个达摩面壁姿态的形象，衣裳褶纹，隐约可见，宛如一幅淡色的水墨书像。人们把这块石头称为“达摩面壁影石”。把这个天然石洞，称之为“达摩面壁洞”。直至今日，遗址犹存。

3. 立雪断臂

传说达摩渡江到少林寺以后，追随而来的神光也到了少林寺，一心一意拜达摩为师，向达摩求教。达摩在南京雨花台和神光会见时，神光傲气十足，极不谦虚。现在达摩不知他有无诚心，便婉言拒绝。神光并不灰心丧气，仍步步紧跟达摩。达摩在洞里面面壁坐禅，神光合十，侍立其后，精心照料，形影不离。神光跟随达摩九年之久，对禅师的一举一动，真是心悦诚服。达摩离开面壁洞，走下五乳峰，回到少林寺，料理日常的佛事活动，神光也跟随师父从山洞回到寺院。时值严冬，达摩在后院亭中坐禅，神光依旧立在亭外，合十以待。夜间天降大雪，积雪逾尺。神光双膝没雪，浑身披雪，但是仍然双手合十，兀立不动，站了一夜。早上，达摩见神光还在雪地里站着，便问道：“你站在这里干什么?”神光答道：“向佛祖求法。”达摩沉思片刻说：“要我给你传法，除非天降红雪。”神光解意，毫不犹豫地抽出随身携带的戒刀，砍去左臂，鲜血飞溅，染红了地下的积雪和神光的衣衫。霎时，红光笼罩整个少林。神光放下手里的戒刀，弯腰拿起鲜血淋漓的左臂，围绕达摩亭转了一圈，仍待立于红雪之中，亭周围的积雪也被染成红的。达摩见神光立雪断臂，信仰虔诚。遂传衣钵法器予神光，并取法名“慧可”，成为少林寺禅宗的“二祖”。以后少林僧人用右手单臂代行合十礼，即从此而来。为了纪念二祖立雪断臂，寺僧们将“达摩亭”改为“立雪亭”。清乾隆皇帝瞻游中岳时，对“立雪断臂”的故事颇有感触，遂挥毫撰写“雪印心珠”匾一块，悬挂于立雪亭佛龛上方。

4. 十三棍僧救唐王

隋朝末年，天下大乱，诸侯各霸一方，战乱连年不休。王世充霸占洛阳后，自立皇位，定国号为“郑”，封其侄儿王仁则为领兵大元帅。这叔侄二人终日东杀西战，民不聊生。而唐王李渊、李世民父子办事顺天理和人情，关内五谷丰登，军队秋毫无犯。洛阳城郊十五里的柏谷庄，有少林寺千亩田地，住着十三个有武艺的和尚，专管种田护园。一日，听说李世民被王仁则所擒。昙宗等十三武僧为了抑恶扬善，前往洛阳设法搭救李世民。十三人扮成挑柴汉子，混在人群里。他们凭借机智和高超的武功棍法，不仅救出了李世民，还生擒了王仁则，得胜后回庄。唐王李世民当了大唐皇帝之后，便封昙宗为大将军，其他十二个和尚因不愿做官，各自云游四方去了。

5. 只履西归

达摩是北魏时期影响最大的禅师之一。达摩圆寂，世人震惊，对僧徒们为他顶礼祭拜，皇帝群僚为之合十赞叹。然而东魏使臣宋云因事出使西域，许久未归，对达摩圆寂的事一无所知。达摩圆寂后 2 年，宋云从西域返回洛京。在途经葱岭的时候，看见达摩一手拄着锡杖，一手掂着一只鞋子，身穿僧衣，赤着双脚，由东往西而来。二人相遇后，宋云急忙停步问道：“大师，你往哪里去?”达摩回答说：“我往西天去。”接着又说：“你回京以后，不要说见到了我，否则将有灾祸。”二人道罢，各奔东西。宋云以为达摩给他说的是戏言，丝毫没有介意。回到京城以后，向皇帝复命交旨时，顺便提到了他途经葱岭遇见达摩老祖回西天的事情。谁知话音未落，东魏孝静帝怒斥宋云，称达摩大师死于禹门，葬于熊耳山，造塔定林寺，指责宋云欺君，投入南监。事隔数日，孝静帝坐朝审理“宋云欺君一案”。传宋云重提此事，宋云先叩头，后说话：“皇上容禀：葱岭见达摩，祖师光着脚，一手拄锡杖，仍如实奏陈。”孝静帝听了以后，半信半疑，无所适从。群臣们也是议论纷纷，有的建议开棺验证。孝静帝遂命人开棺视之，棺中空空，只剩下一只鞋子。宋云蒙受的不白之冤遂平反昭雪。

（二）少林武术名师

少林武术不仅闻名天下，而且造就了一大批武术名家，这些武术名家对少林武术的发展做出了重要贡献。正如近代少林寺永祥和尚（已圆寂）诗云："少室千年古，英杰代代出。以武勇扬名，武僧集成录。"历史上北魏初创时期的拳法奠基人惠光、僧稠，北宋初年整理少林拳法的福居，明代棍术大师洪转、拳法大师玄机，清代内功大师湛漠、海发、寂勤，民国时技击大师恒林、妙兴等名家都在少林武术史上留下了辉煌的一页。现在少林武坛上的名家更是不胜枚举，他们辛勤的耕耘造就了大批少林武术人才，形成了群星璀璨的局面。释德根、释素喜、释素云、释永信、释永绪、释德扬、释德建等乃武僧名家；梁以荃、王朝凡、杨聚财、刘宝山、张广俊、崔西歧、付子乾、赵永江、陈五经、陈成文、王长青、毛永汉、刘振海、梁宝贵、陈发荣、行性等乃著名老拳师；郑光荣、焦红波、梁松华、王松卫、陈同山、郑中孝、刘海钦、刘海科、耿合营、冯根怀、王占祥、王宗仁、吴德海等乃少林武术之新秀。

第三节 陈式太极拳

一、太极拳的起源及发展

太极拳，是东方体育文化的一块瑰宝，也是中华武苑中的一枝奇葩。历经数百年传承，代有名家，特别是陈、杨、吴、武、孙、和等诸多太极拳流派的形成，更使得这枝奇葩异彩纷呈，绚丽多姿，硕果累累。然追根溯源，各派均源自于陈氏太极拳，而陈氏太极拳则源于河南省焦作市温县赵堡镇之陈家沟。

温县地处豫北平原，南邻黄河，北倚太行。夏时即已立国，商为祖乙之都，周为苏封之地。因境内有温泉，夏时称之温国。几千年来，尽管朝代更迭，区划多变，但县名依旧，县份长存。陈家沟位于温县城东5公里的青风岭上，因村中原有一座常阳古寺，因而古名常阳村。陈氏始祖陈卜，原籍山西泽州郡东土河村（今晋城），后由泽州搬居山西洪洞县。明洪武七年（1374

年）迁居河南温县，所居地方起名陈卜庄（现仍有此村）。后因陈卜庄地势低洼，常受涝灾，又迁居青风岭上常阳村。因村中有一条南北走向的深沟，后来随着陈氏人丁繁衍，常阳村易名陈家沟（亦唤作陈沟）。

陈卜自定居陈家沟后，为保卫桑梓，忙时勤于耕作，闲时精心习武，并设武学社，教授子孙。到九世陈王廷，陈氏拳术已在河南、山东一带很有声望。陈王廷根据祖传拳术，博采众家精华，结合太极阴阳之理，参考中医经络学说，创立了一套具有阴阳性质、刚柔相济的太极拳，拳术风格特点前所未有，成为独特之秘。该拳种把武术和“导引”“吐纳”相结合，其螺旋式的缠绕运动，动作呈弧形，连贯而圆活，符合经络学说的原则，同时，还创造了双人推手的竞技运动和粘随不脱、蓄发相变的刺枪术基本练法，发展了以太极含义为依据的拳法理论，这些都成为举世瞩目的独创性成就。由于陈氏太极拳的独特和声望，从陈氏十四代陈长兴、陈有本之后，外地武术爱好者登门拜师学艺络绎不绝，久而久之，陈氏太极拳如藤蔓得雨，向四面八方延伸开来，且派中衍派，流中分流，一脉相承，在国内渐衍定型为当今的陈式、杨式（杨露禅）、武式（武禹襄）、吴式（吴鉴泉）、孙式（孙禄堂）、和式（和兆元）等六大流派。

关于太极拳起源，中国现代武术理论家陈泮岭（1891～1967 年）、中国武术史学家唐豪（1897～1959 年）、中国武术研究院研究员康戈武等专家学者都曾做过大量考证，一致认定太极拳出自陈家，创始人为陈王廷。《中国大百科全书·体育卷》《中国武术史》也均有相应论述。1992 年，温县被国家体委首批命名为“全国武术之乡”。1993 年“全国首届武术之乡武术比赛”在温县举行。2005 年 8 月 24 日，中国武术协会授予焦作“太极圣地”称号。2006 年，陈式太极拳被列为第一批国家级非物质文化遗产。2007 年，中国民间文艺家协会命名温县为“中国太极拳发源地”，并在温县建立“中国太极拳文化研究基地”；同年 7 月，中国武术协会命名温县为“中国武术太极拳发源地”，并在陈家沟举行了隆重的授牌仪式；同年 11 月，河南省民间文艺家协会将陈式太极拳列为河南民俗经典项目。

陈家世代沿袭尚武之风，自陈王廷创太极拳后更盛，温县一带流传的“喝喝陈沟水，便会翘翘腿”“会不会，金刚大捣碓”的民谚，在一定程度上反映了当时的情景。但作为陈氏独得之秘的太极拳，受门规戒律所限，在陈姓族人中传播，且只传男不传女。一直传到第六代后，才第一次进入了大普及、大发展时期，使陈氏太极拳，走出了陈家沟，并且衍变出诸多流派。其里程碑式的人物，当数陈长兴、陈有本及其徒陈清平。

陈长兴（1771～1853 年），字云亭，陈氏十四世，太极拳第六代传人。他在祖传基础上，结合实践大胆创新，将陈王廷五路太极拳由博归约，精炼归纳，创造性地形成完整套路，即今太极拳大架一、二路。陈长兴一生著述甚多，其流传下来的著作进一步丰富了太极拳理论，将太极拳从实践到理论推向了一个新的高度。

陈有本（1780～1858 年），字道生，陈氏十四世，太极拳第六代传人。他在太极拳原有套路基础上，逐渐舍弃了某些高难度动作和发劲动作，创编出一套风格迥异的太极拳套路——陈式太极拳新架（原名新架，后陈发科创新架后，为区别之，改称小架）。架式与陈长兴所创老架（如上原因，后称大架）太极拳一样宽大、舒展，但变大圈为小圈，变发劲为蓄而后发。此架由于理法精深，体系完整和演练方法严格有序，被称为“文房架”“功夫架”。

陈清平（1795～1868 年），陈家沟陈氏十五世，太极拳第七代传人。他根据自己练拳实践和心得，在师传套路基础上，再行改进，逐渐形成了与师传不同的太极拳小架。后人为区别之，称师传小架为“略”，称其小架为“圈”。陈清平不分姓氏广收门徒，在他的精心教导下，所授弟子多有所成就。他们在陈氏小架太极拳的基础上，吸收其他武术精华，逐渐衍变出几种太极拳流派和不同套路，流传于世。

杨式太极拳。杨露禅（名福魁，字露禅），清嘉庆四年（1799 年）河北永年县人，杨氏太极拳创始人。他从小家贫，酷爱武术，始学洪拳。后在陈家沟十六世陈德瑚家做工时，适逢陈长兴借陈德瑚家空院收徒授艺。杨露禅对太极拳的仰慕已久，但又深知陈家拳不传外姓的门规，于是便在陈长兴教拳时留心观看，然后到无人处偷偷练习。久而久之，竟也学了个八九不离十。几年后的一天夜晚，他练拳时被陈长兴发现。陈从他的步法身形得知其已入门。按当时武林规矩，偷学别人武功是犯忌的，轻则废去武功，重则性命难保。但陈长兴为人豁达，摒弃了这种狭隘之见，问清原委后，见杨是可造之才，遂正式收杨露禅为徒。杨拜师后，寒暑不辍，朝夕苦练，前后历经十八载，始得技艺精湛，拳路娴熟。回到故里后，便在陈德瑚家的“太和堂”药店设立拳场，以授拳为业，一时“从者甚众”。后因帮瑞王夺回了失去的镖银，被瑞王聘为王府拳师。一些王公贵族闻其名，纷纷递贴要求学艺。在教拳过程中，他考虑到王公贵族们的身体素质和保健需要，便大胆在师传基础上，重新编排拳路，削减高难度招式，减小动作幅度，久之形成了别具风格的“杨式太极拳”。此拳甫一问世，便在京津一带影响很大，习练者越来越多。而此时，陈氏太极拳仍在陈姓内部传习，外人很难睹其风采，所以，当时武术诗人杨季子有诗云：“谁料豫北陈家拳，却赖冀南杨家传。”随着杨式太极拳的推广普及，杨露禅去陈家沟学拳的故事也越传越奇。后世前来陈家沟参观朝拜的海内外太极拳爱好者，看了“杨露禅学拳处”，无不为杨刻苦学习的精神所感动，并且深深铭记陈长兴勇于打破门规戒律、无私传拳外姓之功。

吴式太极拳。河北大兴满族人全佑，先跟杨露禅学习太极拳，后又从杨之次子杨班侯学习杨式太极拳，全佑之子鉴泉自幼喜爱武功，善于骑射，从父习太极拳后刻苦磨砺，造诣日深。在其父严格教导和练拳实践中，把自己所学习的太极拳进一步加以充实、修改、再创，使拳路更加柔和、规矩、轻灵贯中，并从1916年后逐渐在北京、上海等地广泛传播。后因鉴泉从汉姓吴，人们便把他创的这套轻松自如、连绵不断、松静自然的拳架称为“吴式太极拳”。

武式太极拳。武式的创始人武河清（1812～1880年），字禹襄，号廉泉，清代直隶广平府（今河北省永年县）人。武虽出身望族，但却淡泊名利，读书不仕，以授徒自遣。武禹襄与杨露禅既是同代人，又有亲戚关系，二人均爱武术，曾同习洪拳。杨露禅三下陈家沟学太极拳归来后，在“太和堂”设场授徒，武见之很感兴趣，始学太极，得其大概，意犹未尽。后在陈长兴推荐下，拜陈清平为师，习练陈氏小架（杨露禅所教为陈氏大架）。虽是重新学习，因有所习大架太极拳作基础，学习进展十分迅速。仅用一个月时间，已将陈清平所教小架烂熟于心，并且通其理法。武禹襄回到广平后，仍以授徒自遣。闲暇时分，便潜心研究太极拳理。时日一久，他将家传武学、杨露禅和陈清平所教太极拳大、小架融合，自成一家（后被人称为武式太极拳）。然因他生性淡泊，不喜炫耀，更无须以教武谋生，所以其拳式虽创却鲜为人知。

一直到再传弟子郝为真（名和，永年人）因家贫以教拳为生，人们才知“武式太极拳”，因此“武式”亦称“郝式”。

孙式太极拳。形意、八卦名家孙禄堂（1860～1933年），久欲学太极拳而不得。民国初年，恰逢郝为真在京访友不遇，潦倒街头，孙禄堂慷慨解囊相助，并请医煎药，朝夕周到照顾。郝病愈后，得知孙想学太极拳，便将武式太极拳传于孙禄堂。后孙禄堂熔太极、八卦、形意精华于一炉，推陈出新自创了孙式太极拳，因其移步轻灵，进退相随，舒展圆和，敏捷多变，在诸多太极拳流派中别具一格，深受人们喜爱。孙在创拳习武之余，著书立说，以遗后世。其主要著作有《形意拳学》《八卦掌学》《太极拳学》《八卦剑学》《拳击述真》等。

和式太极拳。和式太极拳创始人和兆元（1810～1890年），温县赵堡镇人，自幼赋性聪慧，酷爱武术。后随移居赵堡的陈清平学习太极拳，经数载悉心苦练，尽悟太极拳真谛。清朝末年，因护卫礼部尚书、军机大臣李棠阶有功，备受清帝赏识，钦封“武信郎”。在京居住期间，他广交各路武林高手，博采诸家之长，用以丰富自己。又孜孜不倦学习《易经》《中庸》和理学著作，进一步充实拳艺理论，被其师陈清平夸为“闻一知十，拳艺独得骊珠之妙。”1865年，和兆元回归故里后，闭门谢客，潜心研究拳术，著书立说，编出了一套新的太极拳套路，经推广后，人们称之为“和式太极拳”（亦称赵堡太极拳）。

太极忽雷架。创始人李景炎（1825～1898年），幼名李盾，温县陈新庄人。受村中练拳习武之风影响，常和村里年龄相仿的同伴，跟在大人后边比划拳式。陈有本见其生得聪明可爱，便让一族弟收其为徒。李练拳用心，日有所进。继而又拜陈清平为师。他白天在师父开的粮行中干活，夜里刻苦练拳。数年，尽得陈清平真传。李景炎后以保镖为业，因其武艺高强，江湖上有“铁胳膊李盾”的美称。晚年精研拳法，总结毕生积累的技击精髓，博采诸家之长，又参照清版《灵台仪象志》等书，取其之理为拳理所用，对师传拳术从动作、身法、步法、练习方法及推手技巧诸方面进行创新发展，创立了一套新的太极拳套路。这套新的套路在发劲阶段，身手忽起忽落，忽柔忽刚，如闪电，似迅雷，动作刚劲精巧，周身抖擞如颤抖，两脚挫碾震促，嚓嚓有声。因温县俗称天上响雷叫打忽雷，所以人们便称李景炎创编的这一新太极拳套为“太极忽雷架”。

20世纪四五十年代，陈氏十七世陈发科（1887～1957年）又创新架太极拳。至此，太极拳可谓插柳成荫，枝蔓丛生，门墙桃李，遍于海内。但追其源，则其源一；研其理，其理亦一，这是毋庸置疑的。

二、陈氏太极拳的主要特点

太极拳，不但具有深刻的中华传统文化内涵，而且招式也集诸多武术之长，内容丰富，功能多样，便于普及。与其他武术相比，太极拳有其独有的特征：

第一，文化的多元性。太极拳所包含的传统文化是多元的，可以说，佛、道、儒、医、哲、美无所不包。它以“中庸”为体，以“无用”为用，集佛家的“慈悲为念”、道家的“道法自然”和儒家的“仁义为本”诸多理念为一体，融入了中华传统哲学、美学、医学的精髓，海纳百川，兼容并蓄，是中国几千年灿烂文化在武术上的集中体现。

第二，攻防的独特性。攻击，是武术的灵魂，太极拳也不例外。一般武术是把攻防分开来讲，攻则踢、打、摔、拿，防则格挡、躲闪等；太极拳则不然，它往往把攻与防、化与打、引与进包含在一个螺旋式的动作之中，从而化打结合、化中有打、打中有化、攻中有防、防中有攻，攻防对立统一，阴阳相济，以弱胜强。特别是技法中的顺势借力、从反面入手、劲走三节、顺逆缠丝、螺旋进击、松活弹抖等都是其独具特色的技击方法。

第三，功能的多样性。修养身心、陶冶情操的功能：太极拳注重“天人合一”“形神合一”“舍己从人”，讲究“彼不动己不动”“随屈就伸”，将待人接物以善为本的行为准则，有机融汇到具体技法当中，即使在激烈的搏斗中，也处处讲究与人为善的太极宗旨。通过加强练拳者的武德、美德教育，达到修养身心、陶冶情操的目的。还可以通过后天练拳过程中，潜移默化，使其不断完善、深化和提高，达到美与善的高度统一，外在与内涵的高度统一，这正是我国古典文化的“中和之美”“温柔敦厚”之美。太极拳在这一方面有其独到的教化功能，也是人们称赞太极拳为“道德拳”的主要原因。防身御侮的功能：练习太极拳技击，掌握搏斗防身技巧，不但能从中体会到攻防过程的文化内涵，培养坚强、勇敢、果断、机智等优良品质，而且可以防身御侮，加强社会治安，维护社会和谐，于国于民大有裨益。强身健体、益寿延年的功能：太极拳是一种重要的健身与预防疾病的运动，被誉为世界第一健康品牌。练太极拳，可以调节神经系统、心脏血管系统、呼吸系统、消化系统的功能和协调能力，发挥各系统的积极性，加速体内物质新陈代谢，具有防病祛病、延年益寿作用。习练的便利性。太极拳所以能在全球广泛传播，被誉为“天下第一拳”，除了它是一种集技击、强体、医身、益智和修性为一体的独特运动方式外，还有一个重要原因，便是它利于普及。习练太极拳不受性别、年龄限制，老少咸宜；不受时间限制，早中晚皆可；不受场地限制，民间有“拳打卧牛之地”之说；也不受气候影响等，凡此种种，太极拳均有别于其他武术。

陈氏太极拳经其传人创新发展，不但形成了诸多流派，本身也以沾绵拳、化拳在太极拳界独树一帜。目前陈式太极拳在拳术套路上，分大架一路（75势）、二路（43势）；小架一路（72势）、二路（42势）；新架一路（87势）、二路（78势）；太极忽雷架（78势）等。在器械上，分太极单刀（22势）、单剑（46势）、双刀（29势）、双剑（38势）、梨花枪夹白猿棍（74势）、春秋大刀以及三杆、八杆、十三杆等。推手共有五种方法，即推手挽花、定步推手、活步推手、大捋、花脚步等。从特征上看，陈式太极拳主要呈现出以下特点：

1. 刚柔相济

中华武术，门派繁多，仅拳术就有几百种。各门派都有其独到之处，归纳起来，不外乎是内外两家。外家拳多以拳打脚踢为主，蹿蹦跳跃，腾挪闪战，攻防含义较为明显、让人一看便知是武术。而陈氏太极拳则别具特色：以意导气，以气运身；内气不动，外形寂然不动，内气一动，外形随气而动；以内气催动外形，上下相随，连绵不断，以腰为轴，节节贯串，不丢不顶，圆转自如，轻轻运转，默默停止。其功防含意大都隐于内而不显于外，往往使人误认为此拳像摸鱼一样，不是武术。特别是老架一路，以柔为主，要求周身放松，不用僵力，主要是锻炼下盘功夫，使足下生根，转髋灵活，疏通气血，练就充足的内气，意到气到，气到劲到，立身中正，八面支撑使身体内外各部建起巩固的防线，形成一身备五弓的蓄发之势，这样，不遇敌则已，若遇劲敌，则内劲猝发，如迅雷烈风，故外似处女，内似金刚。

刚和柔，两者是相互对立的。陈氏太极拳则把刚劲与柔劲糅合在整个套路中，一招一式，刚中寓柔，柔中寓刚，达到刚柔相济。《拳谱》规定："运动之功夫，先化劲为柔，然后练柔成刚，及其至也，亦柔亦刚。刚柔得中，方见阴阳。故此拳不可以刚名，亦不可以柔名，直以太极之无名名之。"有刚而无柔，其劲缺乏韧性，易折易损，没有技击格斗的实用价值；有柔而无刚，其劲则因失去爆发力也无济实用。故《拳论》指出："然刚柔既分，而发用有别，四肢发劲，气形诸外，而内持静重，刚势也；气屯于内而外现轻和，柔势也。用刚不可无柔，无柔则环绕不速；用柔不可无刚，无刚则催迫不捷。刚柔相济，则粘、游、连、随、腾、闪、折、空、挪、捋、挤、捺无不得其自然矣。刚柔不可偏用，用武岂可忽耶!"

刚和柔的变换，从神与气上来讲，是通过隐与显表现出来的，隐则为柔，显则为刚。从姿势上来讲，是通过开与合表现出来的，合则为柔，开则为刚(即蓄则为柔，发则为刚)。在运劲过程中表现为柔，在运动到落点时表现为刚。因有神气的隐显与姿势的开合，刚柔就能够充分地表现出来。落点是运动到达尽头之点，是神显与气聚之处，所以表现为刚，除此之外，运气转换过程则宜用柔法。陈氏太极拳的每个动作都是有开有合，每个开合动作都有运劲、有落点，落点要用刚劲，其它都用柔劲，以做到刚柔相济。这是做到刚柔相济必须掌握的原则，也是练习避实击虚，蓄而后发，引进落空，松活弹抖的基础。

2. 螺旋缠绕

头顶碎砖、脖缠钢筋等，一般是硬气功的运气方法。内气运到头顶上，头能将砖碰碎；运到脖颈上，能将钢筋缠绕起来。陈式太极拳结合力学和经络学的理论，采用螺旋缠绕的运气方法，以小力胜大力，以弱力胜强力。好像用一个小小的千斤顶，就能将载重几吨货物的汽车顶起来一样。所谓太极拳蓄发相变、引劲落空 、借力打人、以四两拨千斤，皆是螺旋劲所起的作用。故《拳论》讲："虚笼诈诱，只为一转"。从经络学上来讲，经络是指布满人体的气血通路，源于脏腑，流于肢体，脏腑经络气血失和，则神机反常而生疾病，和则气血流畅而强身延年。太极拳结合经络学说，以拳术与导引吐纳为表里，拳势动作采用螺旋缠丝式的伸缩旋转，要求"以意导气、以气运身""气宜鼓荡、气遍身躯"；内气发源于丹田，以腰为轴，节节贯串，微微旋转使腰隙（两肾）左右抽换，通过旋腰转脊，缠绕运动，布于全身；通任、督两脉，上行为旋腕转膀，下行为旋踝转膝，达于四梢，复归丹田，动作呈弧形，圆活连贯，一招一式，承上启下，一气呵成，导致气血循环，此为运劲（即运气），它区别于用劲。这种系统的运气方法是符合经络学说的道理，也是其它拳法和体育运动所少有的。

3. 导引吐纳

导引和吐纳是我国源远流长的养身术，早在公元前几百年的《老子》《孟子》等著作中已有记载。汉初淮南子刘安就编成《六禽戏》，汉末著名医学家华佗又改为《五禽戏》，他模仿禽兽的动、摇、屈伸、仰俯、顾盼、跳跃等动作，并结合呼吸运动，用于治病保健锻炼，是后来气功和内行功的先导，也是道家养生学的基础。陈氏太极拳把导引、吐纳术和手、眼、身法、步法的协调动作有机地结合起来，成为内外兼修的内功拳运动，这不仅对强身健体能起到良好的作用，而且对提高拳术的搏击技巧也是一个创造性的发展。

陈氏太极拳是内外兼修的内家拳术，内家拳的动作都是在意识的引导下进行的。意即心意、意识。陈鑫《拳论》说："打拳心为主""妙机本是从心发""运用在心，此是真诀""以心为主，而五官百骸无不听命""即运行之主宰在于心，心欲左右更迭运行，则左右手足即更迭运行；心欲用缠丝劲顺转圈，则左右手即用缠丝劲顺转圈；心欲沉肘压肩，肘即沉、肩即压；心欲胸腹前合，腰劲塌下，裆口开圆，而胸向前合，腰劲刹下，裆口开圆，无不如意；心欲屈两膝，两膝即屈，右足随右手运行，左足随左手运行，两膝与左右足皆随之，不然多生疵累，此官骸不得不从乎心也。所以说，心为一身运行之主宰。《拳论》又云："打拳以调养气血，呼吸顺其自然……调息绵绵，操固内守，注意玄关……轻轻运行，默默停止，唯以意思运行。"由此可知，意识、呼吸和动作三者的密切关系。在走架子时，一举一动都是在意的指挥下，将手、眼、身法、步法的协调动作和呼吸有机地结合起来，开呼蓄吸，顺其自然，心意不可使气，轻轻运转，成为内外统一的内功拳运动。

4. 实战竞技

武术自古以来就有踢、打、摔、拿、跌五种分部练习法，而摔法只讲摔，不讲打，几千年来就一直独立发展，其他四种虽也综合锻炼，但仍各具特色。

古代有“南拳北腿”“长拳短打”之称，也就说明这种分歧。与戚继光同时代的名手，如山东的“李半天”之腿，“鹰爪王”之拿，“千跌张”之跌，“张伯敬”之打等，也都各具一技之长。同时，由于踢、打、拿、跌四法在实践中有较大的伤害性，因此，历来大都只作假想性或象征性的练习，这就为花假手法开了方便之门。而前人所苦心积累的点滴经验，也因实践不足，很难提高技击水平。这就是我国古代一些著名拳种在教传之后“失其真意”或竟技无一人传习的原因之一。

陈王庭以沾、粘、连、随、掤、捋、挤、按为中心内容，在螺旋缠绕的基础上，创造了陈氏太极拳双人推手法，练习大脑反应和皮肤触觉的灵敏性，综合了踢、打、摔、拿、跌等竞技技巧，并且还有所发展。譬如拿法，它不限于拿人的关节，而是着重拿人的劲路，这就高于一般拿法的技巧。陈氏太极拳这种推手方法，技击性较强，因此对发展体力、耐力、速度、灵敏和技巧都是行之有效的。这种推手方法代替了假想性和象征性的花假手法，解决了实习时的场地、护具和特制服装等问题，成为随时随地两人可以搭手练习的竞技运动。双人粘枪法也同于此。

三、名家轶事

（一）陈王廷

陈王廷（1600～1680年），自幼演武习文，文武兼优，明末为武庠生，曾保镖走山东扫荡群匪，身经百战。崇祯年间，被擢用任温县乡兵守备。后又应试考武举，其武艺精湛，箭法超群，应射时，张弓满月，一马三箭，三马九箭，射了个“凤夺巢”（即第二箭射中第一箭，挤出第一箭，第三箭又挤出第二箭），赢得满场喝彩。擂鼓报靶的鼓吏因受人贿赂，九箭皆中只擂了三通鼓。主考官以中三箭论之，陈王廷勃然大怒。遂驰马掣剑劈死了鼓吏，逃出了校场。明末政治昏暗，官逼民反，王廷好友李际遇结寨举义于登封嵩山御砦。陈王廷逃出校场后，便投奔李际遇。路上，遇见李际遇部将蒋发，蒋疑陈为明朝官吏，与陈王廷在山路上打了起来。几个回合，蒋败走，健步如飞，陈王廷放马追赶不上，为之惊叹。后来陈王廷在御砦居住期间，反同蒋成为好友。再后李际遇事败遇害，蒋发隐姓埋名，追随陈王廷归隐陈家沟。为掩人耳目，陈与蒋名为主仆，实为挚友。陈家上下皆唤蒋发为蒋把式（温县一带旧称长、短工为把式）。顺治间，陈曾入乡学为文庠生，鉴于时处乱世，惆怅悲戚，遂绝仕途之念，匿伏故里，励志发奋造拳传世。

陈王廷所编拳套路有太极拳一至五路、炮捶一路、108势太极长拳一路、双人推手和太极刀、枪、剑、棍、锏、鞭、扑镰、双人粘枪等器械武功，尤以双人推手和双人粘枪为前人练武方法所未有。

（二）陈恂如、陈申如

陈恂如、陈申如（陈氏第十一世），清康熙、乾隆年间人，为孪生弟兄，其父陈所乐为陈王廷第一个徒弟。恂如、申如年及十五六岁，已拳艺冠群，有“大天神”“二天神”美称。时有一伙强盗至北平皋村抢掠，恂如、申如闻之，与舅父各掂一腊木杆潜夜同往，见强盗正在一老者王遴家酗酒，遂让其舅把守门口，而后飞身入室，使动腊木杆，直刺横扫，左崩右披，先打灭灯光，后飞身潜入静处。众强盗措手不及，门口又冲不出去，只好慌忙应战。黑暗中分不清敌我，持刀乱砍，自相残杀，不多时，声音寂然。掌灯看时，尸体遍地，偶有幸存者也动弹不得。北平皋村人曾编《大天神、二天神双英破敌》短剧演唱，即指此事。

（三）陈敬柏

陈敬柏（陈氏第十二世），字长青，清乾隆初人，是太极拳一代名师，曾随营服役山东。时山东有一大盗，武艺高强，为害一方。曾窃物飞檐走壁，越城而去，捕役不敢拿。陈奉谕往捕，大盗以刀直刺咽喉，陈顺势以口衔刀，稍运力侧引，将其摔出门外，大盗遂认输服罪，归案后亦随营听用。于是陈声名大震，被山东武林高手誉为“盖山东”，晚年归耕故里。时山东王定国对陈威名不服，深居练功。数年后来温寻衅，自称“盖盖山东”，要与陈交手。陈谦让再三，王愈加相逼，陈怒不可遏，一掌击中王小腹，王跌出丈余，口吐鲜血，立毙当场。陈因病初愈，体力衰微，况年及耄耋，又惊于人命，遂坐一石上，摇手唏嘘脱气而卒。至今温仍有“打死王定国，累死陈敬柏”之说。

（四）陈继夏

陈继夏（陈氏第十二世），字炳南，清乾隆末人。精太极，善丹青。少以磨面练精功，开始两手推磨，渐次以五指、四指……以次递减，直减至一指推之，而速度渐加，由慢而快，由走而跑。劳作也不间断，其苦练如是。一日正在村西古圣寺绘佛像。突一人自背后以巨力按其两肩。陈气稍沉，轻轻一闪，便将来人自头顶跌于前。问其姓名，才知其为黄河南岸苌三宅。苌也是练拳名家，闻继夏功夫著称于时，特来拜访。窥陈正在专心描丹，便潜其后戏试之，不料一败涂地，叹服之至。

（五）陈长兴

陈长兴（1771～1853年），为陈家沟太极拳杰出的老架代表。一生以保镖为业，走镖山东，拳艺超群，堪称妙手，方圆百里，无人不晓。陈每练拳必姿势端正，一丝不苟，以致不管走路还是站立，一举一动，尽循拳理，务求中正，拳艺练到出神入化之境界。傍晚睡觉，和衣躺一长凳上可通宵达旦。在陈家沟方圆百里流传着许多传奇动人的故事。陈家沟每年逢年过节唱大戏，几十里以外来看戏者成千上万。陈站在人群中看戏，不管周边人如何推搡，无论人流如何涌动，凡近其身者均如水触石，径自左右分流而去，唯其如泰山磐石，丝毫不为所动，时人称为“牌位先生”，盛赞其桩功纯正。

（六）陈耕耘

陈耕耘（陈氏第十五世），曾走镖山东。时莱州有一恶棍田二旺，武艺高强，徒弟众多，横行无忌。怪陈保镖至此，未来拜谒，故寻衅闹事。乘陈过一小径，率众徒拦截。陈不动兵器，只将手中长杆烟袋左右撩拨，众人皆跌落路旁沟中。田见状大惊，即佯装与陈交好，并赠黄旗一面插上镖车，说：“方圆三百里，见黄旗者无人敢犯。”陈谢过正欲赶路，却被田力邀上山小叙。陈思忖“这厮定不怀好意，大不了再来一番厮杀”。果如陈所料，一到山寨，田凶相毕露，说话间以飞镖偷袭。不曾想飞镖被陈接住，反手一镖正中田咽喉，田登时毙命，众喽啰遂作鸟兽散。自此，陈耕耘声名大震。百姓感其事，立碑以志其无量恩德。后袁世凯赴山东见碑，即遣人来温县请陈耕耘教其子拳艺，不想陈已故多年，遂聘其子陈延熙为袁府教练。

（七）陈鑫

陈鑫（1849～1929年），字品三，陈氏第十六世，太极拳第八代传人，陈仲甡第三子，太极拳理论之集大成者，亦为太极拳一代宗师。陈鑫自幼与兄陈垚从父学习家传太极拳，备明理法，于太极拳精妙入微。父见其聪明灵慧，又善于动脑，便命他弃武习文。陈鑫虽听父命，将精力转向读书，但读书之余，仍然练武，终致文武皆有成就。文得岁贡生，武亦为佼佼者。

在日常练武中，陈鑫见不少父辈只教太极拳招式，却不讲其理，更不讲拳式之间的有机联系。询问多次，长辈们均答曰："老辈就是这样教的。"又见陈氏世代习拳，名手辈出，但完整的太极拳著述甚少，方体会到父亲让他弃武学文的良苦用心。得岁贡生后，立志研究拳论、拳法、著书立说阐发太极拳理法。平时倾心于笔墨，只间或练功。对此，陈家沟的晚辈后生们大都有所不解，有的甚至说，即使他年轻时学些太极拳招式，这些年来整天钻研拳理，和笔墨打交道，只怕早就忘光了。于是就有好事者产生瞅机会"试他一下"的念头。一个雷雨之夜，陈鑫正在写作《太极拳图画讲义》"太极拳缠丝劲图说"一节时，突然屋门被撞开，三蒙面者闪进屋中，当先一个大汉扑到桌前，先发制人，一招"小鬼推磨"打来。虽然陈鑫其时已年逾六十，但却身心灵便，只见他迅速将书稿放进抽斗，顺势一引，来拳已经落空，顺而一掌拍在对方后背上，那人往前栽了几步，趴倒在地。此时，第二人早已趁机抓住了陈鑫双手，他又顺势下引，牵动对方弯腰跟进，一招侧肩靠，击中对方右肋，将对方打得直飞出去，跌在墙角。第三人以擒拿手法，伸出如钩双手，抓住陈鑫右手。陈鑫侧身一抖，对方"咕咚"一声跪倒在地。陈鑫见这三人并未受伤，却爬地不起，不禁起疑心，问："我并未用重手法，你三人为何躺地不起?"忽听三人哈哈大笑，一齐从地上跳了起来，扯掉蒙面布，跪倒在地，口中连说："鑫叔，看来您老的功夫确实没有丢下啊!"陈鑫见是三个族侄，不禁嗔斥道："你们三人捣什么鬼？幸亏我见你们用的外家功夫，招式生涩，不像久练之人，才没用重手法，不然……"便拉起他们，给他们讲太极拳缠丝劲的道理，听得三人频频点头、如啜甘饴。

陈鑫主要著述有《陈氏家乘》五卷、《安愚轩诗文集》若干卷、《陈氏太极拳图说》四卷、《太极拳引蒙入路》（即《陈氏太极拳图说》简明本）一卷、《三三六拳谱》等。这些理论著作，开创了陈氏重视拳术文字记载和理论研究之先河。其中，尤以《陈氏太极拳图说》对后世影响巨大，此书是对陈氏太极拳的一次最系统最全面的总结。

（八）陈发科

陈发科（1887～1957 年），字福生，陈长兴曾孙。师承其父陈延熙。陈氏第十七世，太极拳第九代传人。曾任北京武术社社长，陈式太极拳新架创编者，陈式太极拳史上重要代表人物，对传播、推广太极拳作出了杰出贡献。太极拳一代宗师。他幼年身体羸弱，14 岁时在街上玩耍，同族叔伯议论之："他们家辈辈出能人，老祖宗、爷爷、父亲都是高手，到他这儿算是完了，你看这孩子，整天光知道玩。"一听此话，受到触动，一改原来不上进态度，进而暗下功夫，每日练拳几十遍。如此数年，不仅身体健壮，而且拳艺大增，20 岁功夫即达上乘。1926 年，为消除匪患，保境安民，与侄儿照丕等应邀出任县国术馆教习，突击捉拿危害百姓的土匪、地痞。一次他们抓了三个土匪关进监狱。土匪头子为了报复，也将陈发科三个好友抓走，扬言"三个换三个。如不放人，不但撕了这三个肉票，还要对陈发科亲友下手"！陈发科也放出风来，约定在一酒楼谈判条件。是日，陈发科安排陈照丕等人应付外边的匪徒，独自一人前去赴约。见酒楼外站着几个持枪匪徒，匪首面向屋门坐着，桌上放着张着机头的手枪。他的三个好友被捆着手坐在一旁。陈发科看也不看匪首，一边和三个朋友说话，一边拿起桌上纸烟、火柴，为三个朋友点上烟，自己也叼了一支，有滋有味地吸了一口，然后将火柴猛地摔到匪首面前桌上。只听轰的一声，火柴冒起了一团火光（那时火柴不保险，不但衣服、砖石上能擦燃，整盒火柴经震动也能自燃）。趁匪首一愣神，陈发科扑身向前。匪首虽见陈一人前来，并未放松警惕，见陈发科扑身向前，便将枪抓在手中。说时迟，那时快，陈发科已抓住了匪首持枪的手，向上举起，随着"砰"的一声，子弹斜着向上飞去。一招得手，陈发科左肘已打在匪首右臂上，匪首右臂早断，"哎呀"之声未落，陈发科左脚已将他踢翻在地。此时，外边匪徒也被陈照丕等人制服。陈发科为三个好友解开绳子，将匪徒押进了县衙。第二天，土匪二头目集合一伙匪徒，围住东城门，扬言要杀进城去，劫牢反狱。陈发科叫其他人安抚城中百姓，自持丈二大杆，独自迎敌。二头目手持长枪，照陈发科当胸便刺。陈发科一翻手中大杆，将长枪拨向一边。未等他抽回枪，陈发科大杆早已刺中二头目腹部，穿背而出，并将其凭空挑入护城河中，吓得其他匪徒纷纷丧胆而逃。

（九）陈照丕

陈照丕（1893～1972年），字绩甫，陈氏第十八世，太极拳第十代传人。一生经历清朝晚期、民国战乱“文化大革命”，历尽坎坷曲折，极具传奇色彩，是近现代太极拳史上承前启后、继往开来的重要代表人物之一。他是“牌位先生”陈长兴嫡系后裔，幼年体弱多病，多方救治不见起效，至3岁，仍腿软不能行走。8岁以前，药物不断，人称“药罐子”。无奈，其父陈登科教其习练家传太极拳。在父亲的严厉督促下，坚持5年，不但太极拳功夫“稍窥门径”（陈照丕自语），原来体弱多病的身体也渐而强壮起来。实践让他体会到了太极拳祛病强身的效用，也使村中不少人受到启示。后学拳于叔祖陈延熙、陈鑫和三叔陈发科。1914年起，陈照丕随亲戚远赴甘肃、河北一带经商，后在秦、陇、直隶等地授拳。最后因军阀混战，时局动荡，辞馆回籍，随三叔陈发科等人出任县国术馆教习，助剿抢匪，保卫桑梓。

1929年，应邀出任中央国术馆名誉教授，先后在南京市政府、侨务委员会和全国民营电业联合会等处教拳。1933年，担任全国运动会国术裁判委员会委员和全国第二届国术国考评判委员会委员。抗日战争爆发后，返乡加入范庭兰领导的地方抗日武装，任武术教官，其间，曾率敢死队战斗在抗日前线。1942年，应邀出任黄委会机关武术教官，直至新中国成立之后，陈照丕一直在黄委会工作。工作之余，免费收徒传艺。1958年退休回原籍任温县一中等单位武术教练，并在陈家沟家中免费办班收徒传拳，当代陈式太极拳大师陈小旺、陈正雷、朱天才、王西安、陈庆州等均在此时期受教于他门下。“文化大革命”期间，太极拳曾一度被诬蔑为“四旧”，陈也曾多次遭到批斗，但矢志不移，未曾懈怠。他曾以诗言志，表达其坚持传播太极拳的豪情壮志：“传习太极数十年，名利对我如云烟。愿将拳艺献人民，桃李遍布死如愿。”陈照丕一生著述颇丰，主要包括《太极拳理论十三篇》《太极拳入门》《陈式太极拳汇宗》《太极拳引蒙》等。

四、当代武术名师

太极拳自创立发展至今，代有名手、人才辈出，当世各流派更是群英荟萃（见《陈氏太极拳主要传递系统表》），本书重点介绍被誉为陈氏太极拳

“四大金刚”的陈小旺、陈正雷、朱天才和王西安四位名师。

陈氏太极拳主要传递系统表

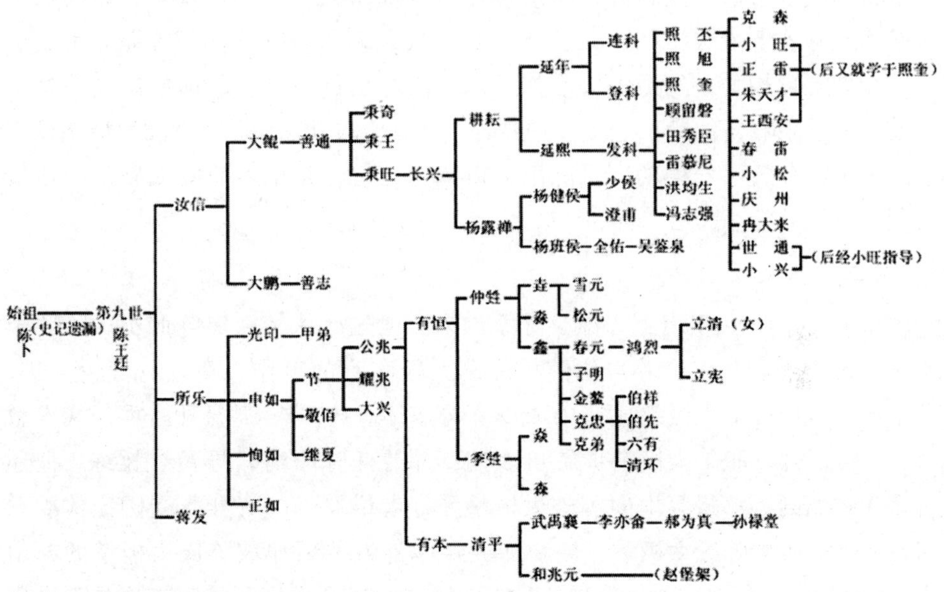

（一）陈小旺

陈小旺，陈氏十九世，1946 年出生。他 7 岁开始练拳，12 岁拜伯父陈照丕为师。1972 年，陈照丕去世后，他又从叔父照奎学拳，并遍访师辈拳手，切磋技艺，得益渐广。1979 年 4 月，经太极拳诸名宿推荐，由全国武术观摩交流大会发出邀请，在广西南宁参加比赛而开始显名武坛。此后，曾十余次在省级以上武术比赛中荣获金牌。1985 年，他编著的《世传陈氏太极拳》由人民体育出版社出版，深受广大太极拳爱好者欢迎。此外，他还应邀参加了电视片《拳乡行》、纪录片《陈氏太极拳》和故事片《少林小子》《神丐》的拍摄工作。

（二）陈正雷

陈正雷，陈氏十九世，1949 年出生。8 岁即被其伯父陈照丕收为门下，精心传习。后又师从叔父照奎学拳 8 年，前后 20 余载，精熟陈式太极拳所有套路和器械。1974 年参加省级武术比赛。自此，在各种武术比赛中连战连捷，曾多次荣获优秀奖，3 次夺得太极拳、推手第一名。1986 年，又荣获全国武术观摩金狮奖。为促进中外文化交流，他多次赴日本等国传拳。在国内，数十次接待外宾来访，并在温县、郑州等地教授加拿大、美国、日本、新加坡等国拳术爱好者十余次。陈正雷教拳，尤重教人。凡来投师，德才兼备者，生活困难即解囊相助，生活上关心如父辈。但对品行不良者，即便出高薪拒不接纳。教拳余暇，他勤于笔耕，主要著作有《十段功法论》《陈氏太极拳械汇宗》《陈氏太极拳养生功》《陈氏太极拳术》等，是学习研究太极拳的珍贵资料。

（三）朱天才

朱天才，1945 年出生，温县陈家沟人。他先后从其族舅陈照丕、陈照奎学拳多年，获益甚多，并自修陈氏先辈太极名家的著作，拳艺与理论共进，曾多次在省级以上太极拳比赛中取得优异成绩。1979 年调温县体委任武术教练，举办干部、职工太极拳训练班多期，并兼任陈家沟教导员、教练。他还曾多次在温县、郑州等地向国外太极拳爱好者传拳。1983 年，受国家体委派遣赴新加坡传授陈氏太极拳，被新加坡媒体誉为“新加坡陈氏太极拳的开山人”。此后，又多次出国传拳授艺，在太极拳的普及推广和国际交流方面做出了重要贡献。练拳同时，他勤于笔耕，先后在省级以上报刊上发表了《陈氏太极拳十解》《呕心沥血传拳艺，迎得太极花盛开》《陈式太极拳起源、衍变及发展》《陈氏太极拳推手浅淡》《陈式太极拳在“星州”》等文章，其专著《陈家沟太极拳》于 1988 年在新加坡出版。

（四）王西安

王西安，1944 年出生，温县陈家沟人。自幼受拳乡练拳之风影响，爱好拳术，并昼夜苦练。1961 年正式拜陈照丕为师，学习太极拳套路、器械。自此，渐悟其理，声名日重。他的功夫具有迅、猛、灵、脆、闪等特点。演练套路似行云流水，连绵起伏，舒展大方，形神兼备。他曾四次参加河南省武术比赛均获第一名，1982 年参加北京全国首届太极拳推手赛获第一名，1985 年参加哈尔滨全国首届太极拳推手名家邀请赛荣获第一名。1983 年以来，先后 8 次赴法国，7 次赴日本，以及美国、西班牙、瑞士、荷兰、比利时、卢森堡等国家讲学授拳，轰动国际武坛，被《美国新闻》誉为“国际太极拳王”，被日本大阪市、法国巴德纳市授予“永久荣誉市民”，西班牙帮布鲁纳市政府授誉“有突出学术贡献金钥匙”。主要著作有《陈式太极拳老架》《陈式太极推手》《陈式太极拳技击秘诀》等。

第十二章

美酒飘香：中华酿酒之根

统筹：王金山
撰写：焦静静

酒者，久也。中原大地，美酒飘香，两千多年以来，酒香荡漾，缠绵至今，酒中之祖杜康在这片沃土上开创酒之先河。至此中国的文人墨客的几旁案头除了笔墨纸砚外，多了一壶沁入心扉，涌出笔尖的一股股的“精灵”——酒。中国的美酒不仅仅是一种饮品，它还与中国的文明、文化有着血肉相连的关系。佳朋亲友相逢，无酒不成桌席；文人墨客斗文，无酒不能成章。

翻看中国的历史，不论正史野史，每页都飘散着淡淡的酒香，经过历史的沉淀，那份香味愈加醇厚深远。思怀古人，虑及当下。及至今日，酒的种类和品牌不胜枚举，充盈了市场和消费者的眼球，白酒、啤酒、洋酒、葡萄酒、黄酒等，只不过少了文化、多了经济，少了深厚、多了灵动，少了雅致、多了狂野。

第一节　中原酒文化溯源

酒是人类精神文明与物质文明的产物与标志，从古至今，酒一直是人的内心世界与外部世界联系的特殊纽带。关于酒文化的概念，是指在酒的生产和消费过程中所产生的物质和精神文化成果的总称，包括酒的制法、品法、作用、历史等文化现象。不仅有酒自身的物质特征，而且有品酒所形成的精神内涵，是制酒饮酒活动过程中形成的特定文化形态。中国酒文化的传统内容主要包括酒俗、酿酒遗迹、酿酒工艺、酒器（具）、酒与名人名作等。中国酒文化是礼仪的象征，它不仅具有怀旧性，还具有民族性、地域性、艺术性和时代性等特征。

一、多样的酿酒起源说

在中国，酒的历史可谓相当的久远，向上可追溯到远古时代，据考证，酿酒在我国原始社会已经很盛行了。中国文人借酒抒情、言志，酒已成为中国历代文人吟咏的对象。《诗经》中“十月获稻、为此春酒”的诗句等，表明酒在我国的兴起已有五千年的历史了，酒作为一种特殊的饮品，已经影响人们长达数千年，成为生活中不可或缺的调味剂。这能带给人们喜怒哀乐的壶中之物，是何时何人最先发明的？大量古代文献上对此众说纷纭，至今难以断定真伪，但相同的是它们都带有远古时代浓郁的传奇色彩，关于酿酒起源的传说综合起来有以下几种：

（一）上天造酒说

“天有酒星，酒之作也，其与天地并矣。”我们的祖先认为酒是酒星的杰作。在《晋书》中记载：“轩辕右角南三星曰酒旗，酒官之旗也，主宴飨饮食。”轩辕是我国古星，酒星就在它的东南方。《周礼》由西周初政治家周公所作，其文中记载了古人发现的二十八星宿，距今已有近3000年的历史。虽然这些星宿并不明亮，却能被我们的祖先通过简陋的仪器发现，不能说不是一个奇迹。“酒旗星”的命名说明我们的祖先有丰富的想象力，也证明酒在当时的日常生活和社会活动中占有相当重要的位置，这种记载给后人留下的更多的是神奇色彩。

文学作品中的相关描述更是屡见不鲜，经常遇到“酒星”或“酒旗”这两个词。“诗仙”李白有“天若不爱酒，酒星不在天”，“鬼才”李贺有“龙头泻酒邀酒星”，“建安七子”之一的孔融有“天垂酒星之耀，地列酒泉之郡”的语句。这几位才华横溢的诗人虽然所处的年代不同，个性不同，但是都嗜酒。此外，古人还有“仰酒旗之景曜”“拟酒旗于元象”的诗句，都提到天上有管酿造的酒星。在中国古人的思想中，上天作为能降福于人的万物主宰者这一观念已经根深蒂固，这就不难理解有上天造酒之说。“酒星”发明了酒，当然只能是一种神话传说，是不足为信的。但细细品味，却反映出中国文化的特色，令人不得不钦佩古人的想象力与智慧。

（二）猿猴造酒说

除猿猴嗜酒外，还有猿猴“造酒”的说法。比起上天造酒说，猿猴造酒说则更贴近现实而充满自然野性之趣。关于猿猴造酒说，古书中的相关记载有很多。例如《清稗类钞·粤西偶记》中：“粤西平乐等府，山中多猿，善采百花酿酒。樵子入山，得其巢穴者，其酒多至数石。饮之，香美异常，名曰猿酒。”《紫桃轩杂缀·蓬栊夜话》中：“黄山多猿猱，春夏采杂花果于石洼中，酝酿成酒，香气溢发，闻数百步。”这些记载似乎说得很肯定，听起来近乎荒唐，其实也是有点科学依据的。

猿猴是很聪明、行动敏捷的动物。它们深居在山林里，常常攀缘飞跃于枝干间，使人很难捕捉。不知从何时起，人们发现了猿猴有嗜酒的习性；经过长时间的细心观察，人们又发现猿猴还会“造酒”。我们知道酒是一种发酵食品，由酵母菌分解糖类产生。果子成熟后落地，放在那里时间一长，慢慢地霉烂了，散发出一股酒味。猿猴遇到林中成熟坠落经发酵而带有酒味的果子，在饥饿时它们偶尔尝了尝，觉得别有风味，便对这些果子产生了兴趣。由于猿猴以山林中野生的水果为主要食物，在水果成熟的季节，猿猴收贮大量水果于“石洼”中，堆积的水果受到自然发酵，而后再来享用天然酿成的果酒。如果说“酝酿成酒”的“酝酿”，是指事物的自然变化养成；那么，猿猴“采果”“酝酿成酒”是完全可能的。

猿猴造酒的古代传说就是基于这种天然果酒的，不过猿猴的这种造酒，充其量只能说是“造出”了天然的带有酒味的野果，跟人们酿制的酒相差甚远，其中有质的不同。猿猴虽非因酿酒而采果，但大自然神奇的力量却在不经意间创造了这个惊喜。

（三）造酒始祖仪狄

有关仪狄造酒有许多美丽的传说，史料《世本》中记载有：“仪狄始作酒醪，变五味；少康作秫酒”。也就是说：酒是一个叫仪狄的人发明的。汉代刘向的《战国策》详细的介绍："昔者，帝女令仪狄作酒而美，进之禹，禹饮而甘之，曰：'后世必有饮酒而亡国者'遂疏仪狄而绝旨酒"。仪狄做酒献与大禹，大禹虽觉味道甘美，但预料到日后必有因贪酒亡国的君王，为了防微杜渐，不但从此禁了酿酒，还疏远了仪狄。事实上，日后的确不幸被大禹言中，出现了商纣王的酒池肉林、明万历皇帝酩酊大醉后的荒淫无度。如果将朝政的混乱仅归咎于因酗酒而祸国，未免有些危言耸听了，关键还是在于喝酒的人。

关于对仪狄身份的讨论也有很多。有人认为仪狄是夏禹手下的臣属，因此才可以有机会接近夏禹。也有一种说法是，仪狄是女性，"仪"同古文"娥"，仪狄也就是狄姑娘的意思，她的酿酒技术高超，所酿的酒甘甜醇香无与伦比。"建安七子"之一的王粲在《酒赋》中也点明了仪狄女性的身份。

有关仪狄造酒传说，还有一种说法是，"仪狄作酒醪，杜康作秫酒"。醪是一种糯米经过发酵加工而成的"醪槽"，是一种江米酒；而秫是高粱的别称。也就是说，仪狄是黄酒的发明者，而杜康是高粱酒的创始人。

以上这些仪狄造酒说的可信度并不高，在《黄帝内经》中提到黄帝与医家岐伯讨论"汤液醪醴"的事，而《神农本草》中又肯定了神农时代就有了酒，这些都早于仪狄的夏禹时代。对于仪狄更为准确的定位是，仪狄改进了远古时代的造酒工艺，她的英明和功绩都将留在后人心中。

（四）酿酒鼻祖杜康

关于杜康酿酒的传说最为广泛。杜康，被后人称为"酒神"，他最该感谢的应是曹操。《短歌行》中的一句"何以解忧，唯有杜康"，不仅让"杜康"成为酒的代称，还自然成为酿酒的鼻祖，更有中国名酒冠名为"杜康酒"。在《说文解字》中有"仪狄作酒醪，杜康作秫酒"之说，随着诗句的脍炙人口，杜康造酒说也就流传最广，名气最大。

《酒诰》一书曾记载：杜康"有饭不尽，委之空桑，郁积成味，久蓄气芳；本出于此，不由奇方"。杜康年少时以放牧为生，由于平时能够留心周围的小事，才得以发现了制酒的奥秘。杜康将剩饭放置在桑树洞里，秫米也就越积越多，秫米在洞中发酵后，就有芳香的气味传出，这就是酒的做法。这种芳香液体是杜康根据当时正从头上飞过的鸟声命名为酒的。从此，这段记载在后世流传，杜康便成了中国秫酒的发明者，并被尊为酒业的祖师。

在民间，倒是有不少的“杜康酿酒遗址”，在白水县康家卫村东，有一条长约十公里，最深处近百米的大沟，被当地人称为“杜康沟”。沟的起点处有一眼泉，水质清澈，四季汩汩不竭，名“杜康泉”。俗传杜康取此水造酒，乡民谓此至今有酒味。河南的汝阳县也有杜康酿酒的“遗址”，例如“杜康河”“杜康泉”“杜康山庄”等。白水县和汝阳县的群众，为纪念杜康，均建立了“杜康庙”，供奉杜康像，视之若神明。

历史上确有杜康其人，“杜康，字仲宇，相传为白水县康家卫人，善造酒”。在《吕氏春秋》《战国策》《世本》《说文解字》等书中，对杜康都有过记载。凭着对高粱的认识，总结了前人酿酒经验的基础上，创造性的用它来酿酒，他的手艺高超，酿出的高粱酒味道极好。于是杜康善酿之名鹊起，不胫而走。

（五）黄帝造酒说

黄帝是中华民族的祖先，很多发明创造都出现在黄帝时期。有这样一种传说，认为早在黄帝时代人们就开始酿酒了。汉代的《黄帝内经·素问》中记载了黄帝在与岐伯讨论酿酒的情景，这本书中还提到一种据说是用动物的乳汁酿成的名为“醴酪”的甜酒。如果真是这样的话，那么酒的酿造时代就要比杜康、仪狄时代早得多。据说，《神农本草》已著有酒之性味，也就是说酒在神农时代就已经发明了。

关于酿酒的传说，妙趣横生，各说各异。这些传说大致可说明酿酒早在夏朝或者夏朝以前就存在了。1987 年考古学家在山东营县发现了 5000 多年前的酿酒器具，这一发现起码表明了，在 5000 多年前我国就已经开始酿酒，而酿酒的起源还要在此之前。中国还有一种酒也是世界最早的，那就是绍兴加饭酒。至春秋战国，绍兴加饭酒已有 300 多年的历史了。

春秋战国时期，吴越两国交战，越国战败，越王勾践被迫对吴俯首称臣。但是勾践受辱不忘雪耻，每天睡在柴房，饭前尝一尝苦胆，激励自己报仇复国。这就是大家都知道的“卧薪尝胆”的故事。

勾践卧薪尝胆十年，终于等到与吴国决战的时刻。出征前，绍兴酿酒名师王全献给勾践一坛陈年老酒，说：“此酒名叫加饭酒，至今已有 300 多年历史，献酒壮师，祝吾主早日凯旋。”勾践把酒倒进江中，号令三军共饮江水，以励斗志。勾践大胜，自此留下“一壶解遗三军醉”的佳话。

二、中原酒文化一览

酒的出现，既给我们中原人的生活增添了一剂美味，也使我们中原社会的内容变得丰富起来。杜康造酒初期，酒是奢侈品，它的郁香美味绝不是什么人都有机会和条件能够享受的，唯有帝王公卿享乐其中。周朝在天官属下设酒正，职能是“掌酒之政令，辨五齐三酒之名”，说白了，就是专门掌管酒务的官；在周朝还实行了“官酿”，以保证王公贵族的需要。

但酒对人的强烈诱惑不仅限于帝王公卿，它的郁香美味也熏醉了才子佳人，最终，美酒冲出了宫墙，走进平民百姓的生活中，成为民众的佳肴。喝酒的人多了，造酒的人也多，喝酒、造酒的都多了，酒的文化价值便出现了。

（一）历代酒文化总览

酒文化是与酒同时产生的，我们不妨从头说起。我们中国人的老祖先创造出人类第一滴酒的时期，只知道它是一种诱人的饮品，和水比，它有甘美的味道。有酒之前，水是唯一能喝的东西，而酒是人类发现的第一种有美味的饮品。

大禹饮之而惊，惧其祸，所以有了“遂绝旨酒，而疏仪狄”之说。什么意思？就是说大禹从此拒酒饮酒，并且疏远了造酒的仪狄。那时候的“酒文化”体现了什么？很显然，是“酒警文化”：大禹把酒视为“祸水”，时时提醒大家都要疏酒以避祸，所以夏代对酒的警惕性比较高，总体上属于“疏离”。瞧瞧，酒一出现就背上了“祸名”。

在商代，纣王不管那么多，造个酒池可行船，整日里不是美酒就是美色，还时常抱着美女跳进酒池戏饮，可是他最后却把江山玩没了，验证了大禹“日后必有酒色亡国者”之预言。由此看来，商代留下的无疑是“酒色文化”。别以为这是戏言，如果看下《封神演义》这本书，就会发现“酒色之徒”正是商代的“专利产品”，而且盛产。

商朝灭亡后，纣王留给周朝最大的教训便是“纵酒丧国”，于是周朝颁布《酒诰》，开始中国历史上第一次禁酒，不仅规定王公诸侯不许非礼饮酒，最严厉的一条是不准百姓群饮：“群饮，汝勿佚，尽执拘以归于周，予其杀。”看明白了吗？对民众聚饮不能放过，统统抓起来送到京城杀掉。《酒诰》还规定，执法不力者同样有杀头之罪。

酒文化自出现至今，已发展了数千年，具有鲜明的时代烙印。也就是说，在不同的历史时期，酒文化有不同的表现。

周代把酒的主要用途限制在祭祀上，于是“酒祭文化”出现了。接着是前面讲到的时、序、数、令，“酒仪文化”自此而始。如果谁认为周代之前的“疏祸文化”“ 酒色文化”有调侃之嫌，不服也罢。但周代的“酒祭文化”和“酒仪文化”是有史料记载的，绝非空穴来风。这么说吧，周代对于中国酒文化的贡献属于开创性的。

秦汉年间出现了“酒政文化”，也就是说，专司酒务的酒吏出现了。同时，酒与政治的冲突逐渐鲜明化。这一时期统治者站在“讲政治”的高度屡次禁酒，最终却是屡禁不止，为什么？因为禁酒的理由都是“以防乱政”，酒民不服，连许多权贵都坚决反对。

东汉献帝建安初年，北方初定，群雄未灭。当时曹操当政，励精图治，练兵屯田，下令禁酒。没想到第一个站出来反对的是孔融，孔融是何等人？是当时士大夫中的中坚人物，在朝野的影响力不逊曹操。孔融在当时写了著名的《与曹操论禁酒书》，探讨禁酒的是非，列举酒的好处，说明治国不能无酒，特别指出大汉江山靠的就是酒。他排列了“高族非醉斩白蛇，无以畅其灵”“樊哙解厄鸿门，非豕肩卮酒”“郦生以高阳酒徒，著功与汉”等论据，得出结论：“是由观之，酒何负与政哉！”总之，在孔融看来，禁酒是没有道理的。

曹操看后，复信孔融，说夏、商两代都因酒而废政、因酒而亡，所以应引以为戒，必须禁酒。孔融也复信反驳道：“徐偃王行仁义而亡，今令不绝仁义；燕哙以让失社稷，今令不禁谦退；鲁因儒而损，今令不弃文学；夏、商亦以妇人失天下，今令不断婚姻。而将酒独急者，疑但惜谷耳，非以亡王为戒也。”孔融以为，禁酒者无非是为了节约粮食，而拿出“亡国之戒”说明禁酒是因噎废食，决不足取。

酒是好东西，今天我们对此都不怀疑，可我们的老祖先在很长一段时期看不惯它，从它一出现就禁来禁去，一直到了魏、晋时期，晋武帝司马炎颁布酤酒法，酒才有了合法地位。“合法地位”意味着酒不仅可以大量生产，而且能够公开买卖，紧接着便出现了酒税，酒税成为国家的财源之一。于是，

“酒财文化”出现了。有人说中国的酒税最早见于汉武帝时期，那时就有了“酒财文化”。这种说法也有点影子，因为当时汉武帝实行了“抽税”政策。但那一时期还没有走出酒禁，酒的“合法地位”还未确定，真正意义上的“酒财文化”不可能形成。

到了唐宋时期，中国的酒业发展已达到空前规模。那么，唐宋时期酒文化的主要特征是什么？是酒与文人墨客大结缘，出现了辉煌的“酒章文化”。这一时期，酒与诗、酒与词、酒与音乐、酒与书法、酒与美术等，相融相兴，沸沸扬扬。

忽必烈入主中原残暴杀戮，明代起义烽烟不断，清廷不御外侵，使得百姓四处迁徙避患，比如河南人走西口，山东人闯关东，客家人赴粤、闽等。中国人的居住地大分散，地域文化逐渐形成，与此相应的“酒域文化”随之产生，如不同地域的不同酒俗、酒礼丰富多彩。

当今，酒文化的核心便是“酒民文化”了。“酒民文化”有三大特征：首先是“人本特征”——人的饮酒行为更为普遍，酒与人的命运更为密切。二是“生活特征”——酒已经广泛地融入了人们的生活，贴近“生活”的酒文化得到了空前的丰富和发展。比如生日宴、婚庆宴、丧宴等等以及相关的酒俗、酒礼，成为生活内容。三是“变化特征”——20世纪50年代新中国刚成立，经济困难省着喝；20世纪60年代搞斗争，和谁喝酒分得清；20世纪70年代不解放，喝酒不能太张扬；20世纪80年代搞改革，精神抖擞上酒桌；20世纪90年代有了钱，公喝私喝长脸面；20世纪重健康，喝酒还要讲质量；时代还在向前走，中国酒民雄赳赳。

（二）历代美酒衍生的文明

中原是中国美酒的发源地，中原美酒被大家公认为酒祖和酒宗。仪狄、杜康造酒始于河南宋河道教文化、仰韶文化、殷都文化、大河文化，还有平顶山应国文化等都与造酒有关。宝丰、张弓、赊店、皇沟、富平春等河南名酒都有着悠久的历史文化渊源。在舞阳县贾湖发现酒所用的陶具，更是将人类酿酒史提前到了距今数千年前，也使贾湖城成为目前世界上发现最早酿造酒类的古人类遗址。安阳殷墟、妇好墓和平顶山应国墓出土的大量酒器酒具昭示了商周时期是中原酒的鼎盛期，到了唐宋时期特别是在宋朝作为正统文化代表的中原酒已经发展到了一个顶峰，成为公认的国酒。而与酒有关的历史典故、诗词歌赋文人骚客等等宛如宇宙间熠熠生辉的星辰。

说到酒文化，便想到一位学者的话：世界上只有文化创造的酒，没有酒所创造的文化。这位学者的结论肯定无法说服人，因为他否定了酒对文化的贡献。普遍认同的经典说法是：酒是文化的酵母，它丰富了文化的内涵，扩大了文化的外延；文化是酒的灵魂，它维系着酒的生命，延伸了酒的价值。

1. 酒与词汇

先说汉语中“酒”字打头的词汇：

场所性质——酒国、酒乡、酒场、酒坊、酒厂、酒店、酒家、酒吧、酒宴、酒会、酒席、酒桌……

工具性质——酒具、酒器、酒缸、酒桶、酒瓶、酒壶、酒碗、酒杯、酒盅……

人物称谓性质——酒祖、酒圣、酒仙、酒星、酒师、酒鬼、酒徒、酒民、酒棍……

另有五花八门的词——酒俗、酒色、酒肴、酒风、酒醉、酒兴、酒量、酒令、酒更、酒曲、酒窝、酒涡、酒肉、酒精……

再说带“酒”字的成语：

酒囊饭袋——讽刺无知无能之辈。

酒有别肠——意为酒量的大小，不以身材为准。

酒酣耳热——形容酒兴正浓。

花天酒地——形容生活荒淫腐化。

灯红酒绿——形容寻欢作乐的腐化生活。

酒肉朋友——指只能一起喝酒而不能共患难，关键时候靠不住的朋友。

还有带“醉”字的成语：

纸醉金迷——多用以形容骄奢淫逸的生活。

醉生梦死——一生如醉梦之中，昏昏沉沉、糊里糊涂；也指骄奢的生活态度。

醉翁之意——“醉翁之意不在酒，在乎山水之间也。山水之乐，得之心而寓之酒也。”这是欧阳修的话。后人多指做事另有目的。

与酒有关的典故也不少：

觥筹交错——表示酒杯和酒筹（酒令筹码）交互错杂，形容宴饮尽欢的情景。

杯弓蛇影——酒杯中出现了墙上挂弓形成的倒影，便以为是蛇，惊吓而病。比喻因为无端疑虑而引起不必要的恐慌。

语言学家们称，在汉语中，与“酒”有关的词、成语极多，“酒”字是与其它字“沾亲带故”最多者之一。假如没有酒，中国的语言库中就少了许多内容。

非但如此，酒与政治、酒与历史、酒与生活、酒与诗歌、酒与书法、酒与戏曲、酒与美术……酒作为一种文化，的确博大精深。

2. 酒与文人

古时候，文人墨客多尚酒，喝酒也最有境界。

“采菊东篱下，悠然见南山”，众人皆知此千古佳句为陶渊明所作。或许众多受陶氏佳文熏染者并不知，他原是位“爱酒不爱官”之人。陶渊明生性好酒，却家贫难支，多亏横溢之才受人敬，常有人请酒附雅，这才多有畅饮之机。后来陶渊明官至彭泽县令，似觉“雪花银”难负担酒愿，便令下属将200亩公田种上糯稻，自己酿起酒来。据说因此受罚，却也不思悔改，宁愿无官不愿无酒，最终辞了县令打道归乡，隐居田园饮酒作诗，自呼“快哉”。

陶翁一生诗酒相伴，以诗酒会友，酒中抚琴，琴后赋诗，醉意蒙蒙之中留下《饮酒二十首》诗文，“采菊东篱下，悠然见南山”一首便是其中佳作。

若论山水田园诗作，当属大唐最佳。孟浩然乃是好饮者，自喻“万事不如杯在手”。据传，荆州刺史韩朝宗看中孟浩然才华，定下日期约他一同赴长安，向朝廷当面推荐为官。孟浩然在动身之日却遇好友上门，于是设酒畅饮。有人提醒赴京之事，孟浩然言：酒香沾襟百事轻，管他赴京与否。恋酒失约负了韩朝宗美意，定然惹起怒颜，而他却坦然笑之。

都知王维乃是唐代大诗人，可知他还是位大画家？可知他还有“不醉不画”的习惯？王维做官不久，宰相李林甫求画装点门面，无奈王维却不知附势，竟不肯作画，因此得罪了李宰相，被贬官离京。王维只身终南山中，一酒一诗，一酒一画，隐居生活倒也自在。只是酒瘾日增，酒量渐大，求画不得者，每每请他喝酒至他酒醉后再求，屡屡得手，于是王维便养成了醉后作画的习惯。一日当地太守请酒，王维又醉，被扶之客厅作画。此时王维尚有几分清醒，决意“画留墙头不留人”，于是脱下鞋子沾上墨依墙面作。太守满眼皆是鞋印子，大惑不解。王维说：熄灭蜡烛借月后画自来。太守吹灭蜡烛，但见月色入室，朦胧映墙，墙面小溪流淌，溪边葡萄满架，一幅美景尽收眼底，情不自禁伸手揭之，方知墙面之作，视而难收。王维醉酒后画葡萄，太守怒而无奈，也算一段佳话。

“李白斗酒诗百篇”——后人之誉足见诗圣豪迈之大气。醉赋《清平调》便属于酒与文相兴之美谈。开元年间，唐明皇与杨贵妃月夜赏花，红、紫、浅红、雪白四种牡丹争奇斗艳，明皇龙颜大悦，宣召翰林大学士李白临场新作《清平调》三章助兴。后来，玄宗皇帝常邀李白对饮谈诗，李白醉卧御宴也成常事，敢在万乘之尊的面前醉酒，岂不盛负“酒仙”之名？

白居易也自称“醉吟先生”。他曾为自己作《醉吟先生传》一文，描述闲而诗、诗而吟，吟而笑、笑而饮，饮而醉、醉而再吟的“陶陶然，昏昏然，不知老之将至”的生活情志。白翁一生嗜酒，尽管“鬓尽白，发半秃，齿双缺，而觞咏之兴犹未衰”，可谓“少始执壶终不放”。

刘伶、阮籍、嵇康、山涛、向秀、阮咸、王戎史称“竹林七贤”，他们不仅享誉文坛，也是“酒坛七怪”。尤其是刘伶，嗜酒成性，一生中留下了数不清的酒趣。做官时，无论公堂之上还是微服与外，腰间一壶酒是断不会少的。饮酒过多难免误政，有人劝他切勿因酒而荒废前程。刘伶说：我本来不是为官之士，天性尚文尚酒，却误入仕途，实乃荒唐。罢了，这官决不再做。

刘伶罢官后更加纵酒，放纵自己，不拘礼节。他听说朝廷派遣官员前来说服自己继续为官，便裸体见朝廷差官。来者见状不悦，责怪他不讲礼数。刘伶说：天地是我屋宇，房屋是我的裤子，你自己走进我的裤子里，怎么还要怪我？朝廷官员回到朝廷便说：如此放荡之人，实难为官。

刘伶喜爱酒的最大成果是为后人留下一篇《酒德颂》，大意是：

有位大人先生，以天长地久为一时，万年时间为一瞬；以日月为门窗，以八荒为庭中大道。他行走没有车痕，居住没有房舍；以天为幕，以地为席，放纵不羁，任意去留。他停留时手拿酒杯，行动时随带酒壶，只知有酒喝，不管其他事。

士大夫们前来责问，并咬牙切齿向他陈说礼法。而他旁若无人，依旧手捧酒具，从酒槽中舀酒喝，而后岔开两腿，斜靠酒槽，无思无虑，其乐陶陶。他时而酒醉，时而酒醒，神思昏昏，醉眼蒙眬。他不知冷热，心无杂念，听不到雷声，看不到泰山，世界万物好似水中浮萍。士大夫们在他身边，好像软体动物比之与桑虫。

瞧这刘伶，如此“酒德”之解实在蔑视孔孟之道。刘伶还真是这个意思，心中只有老庄思想。

古代的许多文人墨客因为喜爱美酒几乎占尽了酒坛雅号：杜甫人称“酒圣”；欧阳修自号“醉翁”；李清照得誉“酒中女杰”；石延年冠名“酒怪”；苏轼众谓“酒师”；还有苏东坡、辛弃疾、陈子昂、卢照邻……历数唐宋八大家，再观文坛众秀，崇尚美酒之人举不胜举。

文人墨客是干什么的？是创造和传播文化的。他们如此尚酒，便注定了酒与文化的融合。

和古代相比，现代的文人墨客在酒坛似乎不太出彩，没出多少“酒仙”“酒杰”“酒侠”之类的人物。究其原因，大概如下：

第一，喝酒普及了，文人墨客被淹没。就说唐宋时期，喝酒人能有多少？不过帝王将相、才子佳人、商贾地主之类，寻常百姓哪有钱买酒喝？那时期的文人墨客多少有把碎银子，也有闲情逸致，饮酒又是高雅之事，崇尚美酒自然成风。而当今社会就不同了，温饱思“饮欲”，酒至寻常百姓家，民间善饮、豪饮、纵饮者多如牛毛，酒坛难显文人墨客风采。

第二，“官念”变了，借酒浇愁者少了。古代文人墨客满脑子都是“万般皆下品，唯有读书高”“十年寒窗苦，熬得人上人”，说到根子上还是一心想当官的多。为文为官两股道，文人的天性不善权变，难免仕途之中坎坷多，如屈原、李白等文人，虽在朝中为官最终也被政敌拿下，于是悲愤填胸。心中万般愁，有酒可解忧，若非，何以抱坛纵饮？而现代的文人墨客文为重官为轻，不琢磨当官的事也就没有当官的烦恼，无需借酒浇愁，只需文中求乐，这就少了许多成为醉翁的机会。

“酒文化”起大禹，润商、周、秦、汉，至唐、宋时期，使成浩瀚之势。酒，从最初的奢侈品，到唐宋时期一经与文为伍便成了风雅之物。

唐宋的文坛美酒入诗入文入画，既丰富了诗文书画内容，也使酒的文化价值更显丰厚。更重要的是，文人墨客借酒抒怀寄意，世事、人生、民情、国政，以及喜怒哀乐、悲欢离合尽在其中。也不妨说，唐宋时期中国的“酒文化”已包含社会万象。

我们不妨一睹文人墨客留下的那曲曲千古名唱。

曹操仰天《短歌行》：对酒当歌，人生几何？譬如朝露，去日苦多。慨当以慷，忧思难忘。何以解忧？唯有杜康。

苏轼《水调歌头》，引出“悲欢离合”之叹：

明月几时有？把酒问青天。不知天上宫阙，今昔是何年？我欲乘风归去，又恐琼楼玉宇，高处不胜寒。转朱阁，低绮户，照无眠。不应有恨，何事长向别时圆？人有悲欢离合，月有阴晴圆缺，此事古难全。但愿人长久，千里共婵娟。

酒香弥卷之作举不胜举，故而有曰“唐宋无酒不成诗，无词不沾酒”。以全唐诗为例，其中涉及酒的有1000多首，《唐诗300首》中，饮酒诗有48首。陶渊明可以称作为酒诗之圣，佳作篇篇皆有酒。辛弃疾也不逊色，所做诗词640首，竟有347首有酒弥漫其中。

唐宋之后，酒文为伍之风犹存。清代文坛怪杰郑板桥的“看月不妨人去尽，对花只恨酒来迟”；近代龚自珍的“使君谈艺笔通神，斗大高阳酒国春”；现代鲁迅的“破帽遮颜过闹市，漏船载酒泛中流。横眉冷对千夫指，俯首甘为孺子牛”；毛泽东的“借问吴刚何所有？吴刚捧出桂花酒”；周恩来的“扪虱倾谈惊四座，持螯下酒话当年”；朱德的“推开黑幕剑三尺，痛饮黄龙酒数杯”；以及郁达夫的“曾因酒醉鞭名马，生怕情多累美人”，于右任的“低徊海上庆功宴，万里江山酒一杯”等，无不快炙人口。

如此等等都是“酒文为伍”的体现，杜康老君若天堂有知，定会大宴天下文客。若非天下文客化酒为文，吟咏四海，何以有美酒代代泉涌，处处留香之势？

概括地说，商朝把酒全部征为“宫品”，社会生活便缺少酒润；周朝禁酒，只把酒作为祭祀之物，所以酒远离大众，枯于生活。秦、汉时期对酒时禁时懈，酒与社会生活也若即若离。然而，酒毕竟是生活的佳酿，一经唐宋文人墨客之手，酒香墨香熏醉天下，酿造之风四海云起，酒与社会生活终于相逢，再不相离。

就当代而论，因注重健康的因素，兴趣广泛的因素等，都决定了当今的文人墨客远不如先人们尚酒。豪情但不豪饮，好客但不好酒，当今的文人墨客的确“退化”了。当然，这并不影响酒与文化的密切关系，“酒至寻常百姓家，东南西北似水流”，酒已融入“人”的生活内容，成为更为广泛的社会文化现象，酒文化本身的发展和酒对文化的影响一如既往。比如当今的“酒桌文化”可谓丰富多彩，酒桌“段子”、酒桌礼节、酒桌语言等不断推陈出新就是证明 。

只可惜，当今中国酒文化已过多地沾染了“腐气”，变得混浊不堪了。我们渴望：酒，依然是文化的“酵母”；文化，依然是酒的“灵魂”。

第二节　美酒飘香之中原酒文化传承与发展

一、不同类别酒的传承与发展

中原酒文化源远流长，中原酒类的生产和消费以白酒为主，中原是中国白酒的重要生产地区之一，白酒的消费总量和人均消费量都居全国前列。与中国其他区域相比，中原人很重视饮酒礼仪，酒令文化长盛不衰，内容丰富多彩。以白酒为主的生产、消费格局，中原的酒类可分四大类：白酒、啤酒、果酒、黄酒。其中，白酒的生产和消费量都很大，啤酒、果酒的生产和消费量呈上升状态，黄酒的生产、消费量一直较小。

（一）具有传统优势的白酒

中原地区人口众多，人们又多喜饮白酒，是中国第一大白酒市场。2006年，河南共消费白酒60万吨，人均白酒消费量约6公斤。无论是浓香型的白酒，还是清香型白酒，在河南都有庞大的消费群体，这导致河南的白酒市场品牌繁多，几乎集中了川、黔、鄂、皖、苏的主要品牌。目前，外省名牌白酒企业驻河南的办事经营机构达400多家，驻河南的全国营销中心200多个。全省酒类经营户20多万，批发企业2.9万个，零售企业12万个。

河南本土的白酒品牌也不少，20世纪80年代之前，河南白酒的代表是张弓酒、宝丰酒和林河大曲。在1989年举行的中国第五次名酒评选活动中，宝丰酒、宋河粮液、张弓酒、仰韶酒进入17种国家名酒之列。1990～1999年是河南白酒发展的鼎盛时期，仰韶酒、宋河粮液、四五老酒、赊店酒、杜康酒等品牌的白酒日益为人们所熟知，河南白酒的产销量最高时突破了60万吨，名列全国第四。

20世纪90年代末期开始，河南白酒企业的发展遭到一些挫折，许多外省白酒进入到河南市场。一时间，河南白酒市场成为鲁酒、皖酒、川酒等品牌的天下。近年来，河南白酒开始改革和组合，如张弓的重组、汇仁药业参股宋河粮液、健力宝入主宝丰酒业等。经过不懈的努力，河南又恢复了白酒生产大省的地位，2006年度河南白酒的产量恢复到52万吨。

目前，河南白酒的生产厂家仍有数百家之多，比较出名的有豫东地区的四五老酒、林河酒、张弓酒，豫西地区的仰韶酒、杜康酒，豫南地区的宝丰酒、赊店酒、卧龙酒、纯净酒，豫北地区的彰德府酒、梨园春酒和百泉春酒。2008年，通过对18~55岁的2800名男性饮酒者进行调查，得知仰韶酒、四五老酒的知名度最高，分别为95.3%和92.7%；其次是宝丰酒、张弓酒和赊店酒，市场知名度分别为88.2%、86.7%、84.9%。与四川、贵州、山东等其他白酒强省相比，河南白酒业还有较大差距。这主要表现在河南白酒在全国市场的影响力较弱，还没有形成品牌优势。目前，河南的白酒市场仍呈现群雄争霸的局面，低端白酒市场被东北酒和本地酒牢牢占据，中端市场由宋河、张弓、宝丰等本地品牌占据，而高端白酒市场则呈现出以茅台、五粮液、剑南春等为代表的外来品牌一统天下的格局。不过河南白酒企业也在反思，积极改变现有市场格局。目前，宋河、宝丰、张弓、杜康等河南省白酒品牌都开发出各自的高端酒，积极提升品牌竞争力。

（二）近期飞速发展的啤酒

改革开放之前，河南的啤酒生产尚处于空白状态，也很少有人消费啤酒。改革开放之后，河南人逐渐认识并接受了啤酒，啤酒消费呈直线上升状态，近年来啤酒消费以每年20%以上的速度增长。在炎热的夏季，啤酒已成为人们佐餐的主要酒类。但应当看到，目前河南地区人们的啤酒消费水平仍然偏低。在河南地区内部，还存在着巨大的城乡差异，农村人口年均消费啤酒甚至不到6升。这些都说明河南地区的啤酒消费尚有巨大的提升空间。

河南省的啤酒生产相对较为发达。2002年以来，河南省的啤酒行业以每年30%以上的速度在发展。到2006年，河南省共有25家啤酒生产企业、42个啤酒生产工厂，啤酒产量达242.99万吨，增长率为23.5%。目前，河南每个地级市几乎都有一家以上的啤酒生家企业，如郑州的金星啤酒、奥克啤酒、新狮啤酒，信阳的维雪啤酒，开封的汴京啤酒、康力啤酒、麦仕达啤酒，新乡的航空啤酒、寒山啤酒，洛阳的洛阳宫啤酒，南阳的天冠啤酒、天泉啤酒，平顶山的九头崖啤酒、四铃干啤酒、蓝牌啤酒，焦作的月山啤酒、神威啤酒、云台山啤酒，周口的哈曼啤酒、蓝泉啤酒，商丘的蓝牌啤酒、蓝带啤酒、新星啤酒，安阳的蓝宇啤酒、巴伦啤酒，濮阳的银球啤酒，鹤壁的奥亚啤酒，驻马店的月山啤酒、悦泉啤酒、漯河的南街村啤酒。河南的啤酒生产，按产量多少可划分为“三个集团军”：一是年产 20 万吨以上的“第一集团军”，分别是金星啤酒、月山啤酒和维雪啤酒；年产在 10 万吨至 20 吨的“第二集团军”，有奥克啤酒、蓝牌啤酒等；其余啤酒生产企业属“第三集团军”。

应该看到，河南啤酒的生产虽然规模很大，但与青岛、燕京、华润等外地啤酒品牌相比，在产品结构等方面还有很大的差距。如在经济发达区域，啤酒产品进入到纯生时代已多年，但河南啤酒的全面纯生时代却是在 2007 年才姗姗来迟。大多数啤酒产品仍主要以中低端市场为主，利润回报率低。2002 年，河南的啤酒产量高达 196.06 万吨，在中国各省中名列第 5 位，但利润却只有 1 亿元。目前，河南啤酒企业仍缺少真正意义上竞争性强的核心战略性品牌。由于区域割据，河南啤酒企业尚无暇顾及系统的品牌建设，除金星啤酒，维雪啤酒等少数啤酒企业建立了基本的品牌管理体系，绝大部分啤酒企业的品牌化程度不高。

（三）发展潜力巨大的果酒

河南的果酒生产历史悠久，但由于长期以来人们生活比较贫困，严重阻碍了果酒的生产与消费。改革开放后，尤其是 20 世纪 90 年代以来，随着人们物质生活水平的不断提高，果酒消费逐渐成为一种时尚，极大地促进了河南的果酒生产。

在各类果酒中，葡萄酒的产量和消费量都居首位。河南的葡萄酒主要产自豫东黄河故道的民权、兰考等地，比较有名的传统葡萄酒有河南民权葡萄酒厂生产的白葡萄酒、红葡萄酒。其中，该厂生产的白葡萄酒 1979 年评为国家名酒，1983 年获全国同类产品第一名，国家银质奖；1984 年在国家轻工系统酒类大赛上获银杯奖。该厂生产的红葡萄酒 1963 年被评为国家优质酒，获银质奖章；1984 年获全国轻工系统酒类大赛银杯奖。贵人香干白葡萄酒，198 年被评为河南名酒，1984 年荣获全国酒类大赛金杯奖，1988 年在第 13 届巴黎国际食品博览会上获金奖。佳醴酿干红葡萄酒，1979 年被评为国家优质酒，1983 年居全国同类产品第一名，获国家银质奖，1984 年获轻工部银杯奖。除葡萄外，河南人还利用猕猴桃、柑柿、山楂、枣、桃、青梅、雪梨等酿酒。

然而，在中国果酒业迅速发展的大背景下，河南的果酒生产仍然面临着诸多问题。首先是缺乏在全国市场上知名的品牌；其次是市场占有率低，在黄河中游区域果酒市场上，售卖的多是外地名酒；最后是不少厂家陷入困境。以葡萄酒生产为例，以前大部分葡萄酒厂以生产低端的半汁葡萄酒为主。2005 年西华假葡萄酒和 2007 年民权假葡萄酒经媒体曝光后，河南葡萄酒产业遭受到前所未有的打击。据统计，2007 年河南省葡萄酒产量 1.34 万千升，同期下降 51.8%。

（四）历史底蕴深厚的黄酒

中国传统的黄酒酒精度数较低，酒性温和，香味浓郁醇厚，在酒风甚烈的河南省，多数饮酒之人并不饮用黄酒，黄酒的消费对象主要是不善饮酒的妇孺老幼。与江浙等南方省市相比较，河南的黄酒生产也并不太发达，生产量较小，属于调剂酒类。深厚的历史底蕴和浓郁的民俗传承使河南内部的少数地方还保留有黄酒的生产工艺。

河南乡民酿造普通黄酒，多在每年的立冬之时取黍米、糯米浸透蒸熟，放入酒瓮中，添加凉开水，拌入红曲发酵，用酒耙上下搅动，一个月之后即可酿成。河南比较著名的普通黄酒有驻马店镇平黄酒、平顶山状元红、鹤壁大湖黄酒等。

二、优秀酒礼文化的传承

河南是中华文明的发源地，一向重视饮酒礼仪。目前，这一优秀传统得到了继承和发扬。

（一）饮酒重视席位

在河南，饮酒首重席位，上座一定要给长者或最尊贵的客人坐。上座的客人未到，酒宴一般是不会开始的。酒宴未开始之前，主人或其他的客人可以在座位上叙话闲谈。当上座的客人到时，都要站起表示欢迎。待上座的客人就座后，其他人方可就座。

在农村中，一般是在座北朝南的堂屋里宴客，宴客的桌子多为八仙方桌，每桌可坐8人。北方即为上座，但还是要坐得稍偏一点，因为正北是老天爷的位置，所以要留出来，东方为次座，其余为末座。有的看桌子缝，以横向桌缝的内侧为上座，左为次座。也有的看厨房坐向，以厨房门所对的右侧为上座。还有看椅子距墙的远近，近的为上，远的为下。在城市，由于门的朝向各异，便以正好面对门的座位为上座。城市宴客多用圆桌，一般上座左侧为次座，右侧为三座，以此类推。

若酒宴为多席，则设有首席，农村的首席一般设在屋子的中央。城市的首席，一是安排在餐厅上方，面向众席，背向厅壁；二是将首席安排在众席中间。首席的上座必是最尊贵者，如在婚宴中，首席设3个上座，左上右次，是介绍人和男女舅父的座位。一般每席8个人，首席坐不下的，再安排次席。

（二）酒过三巡的遗风

“三巡”饮酒礼仪在河南仍然有其遗迹。不过，现代的“三巡”实际上是人们共饮3杯，而不是传统的从小到大、由幼及长、从卑至尊的依次饮3杯。现代饮酒流行的开始程序一般是：待所有客人入座，下酒的凉菜基本上齐之后，酒席的主持者或主人首先要说上几句祝酒词，说明请诸位饮酒的原因，然后提议大家共饮第一杯酒。饮第一杯酒时，人们一般要离席站起，互相碰杯，感谢主人的盛情邀请。然后坐下品尝菜肴，接着共饮第二杯酒。再次品尝菜肴后，共饮第三杯酒。饮第二杯酒和第三杯酒时，可不必站起，而是一起端起酒杯让酒杯底在酒桌上轻碰一下。第一、二杯酒不饮尽亦可，但第三杯酒一定要饮尽。因为饮尽第三杯酒，则意味着酒宴的开始阶段即将结束。所谓“酒过三巡、菜过五味”，酒宴将切入正题，进入敬酒阶段了。

（三）流行民间的敬酒

河南的敬酒也多按“巡”进行，一般先由主人给座中最尊者敬酒。与南方长江流域的敬酒规矩不同，在河南敬酒人并不喝酒，而是让被敬酒者饮酒，因此人们又普遍把敬酒称为“倒酒”。意即给客人斟酒，请客人喝酒之意。

敬第一杯酒之前，客人站起，把杯中的酒饮少许，称为“腾酒杯”。腾完了酒杯，敬酒人说出敬酒的原因，或是欢迎，或是感谢，然后给被敬酒者斟上第一杯酒，一般要劝对方饮尽全杯，劝酒词也是丰富多彩、五花八门。饮完第一杯酒，敬酒人接着会说“好事成双”，再次给被敬酒者斟酒。饮尽第二杯酒后，敬酒人一般会让被敬酒者再饮一杯。若被拒，则会提议自己陪对方喝完第三杯酒。也有被敬酒者主动提议同饮第三杯酒的。

给第一位客人斟完酒后，依次再给第二位客人斟酒，直到给座中所有人斟完酒为止。若酒壶（或酒瓶）中的酒恰巧斟完，则称为“酒福”，这杯不算，要重新斟的。然后是第二位敬酒者给座中人斟酒，直至所用的人彼此都给对方斟完酒后，敬酒阶段方告结束。在敬酒过程中，其他人可边闲聊，边品尝菜肴。

（四）对“鱼头酒”的重视

在酒宴中，河南人非常重视“鱼头酒”，它往往成为一次酒宴的高潮。

一般的情况是，在人们喝到酒酣之时，作为压桌大菜的红烧鲤鱼（或其他鱼肴）被服务人员恰如其时地献了上来了。训练有素的服务人员把盛有红烧鲤鱼的盘子放在桌面上，转动桌面使鱼头恰好对准席中最尊者。若桌面不能转动，则将盛有鱼的盘子直接放在最尊者的面前，鱼头对准最尊者。此时，谁也不准再转动桌面，正在进行敬酒或行酒令的也须暂停。

主人一般会按照“头三尾四”喝鱼头酒的规矩，先让鱼头对着的客人喝3杯酒，鱼尾对着的则陪客人喝四杯酒。由于鱼尾是分叉的，有时会对着两个人，这时喝鱼尾酒的将会是两个人。有时陪客人喝鱼头酒的是坐在客人左右两侧的人，其劝酒词往往是“鱼眼放光，左右喝光”之类。鱼头、鱼尾酒喝完，有时还会讲“腹五背六”，即对着鱼腹的要喝五杯酒，对着鱼背的要喝六杯酒。严格按照“头三尾四、腹五背六”的规矩是要喝很多酒的，客人可能不胜酒力。故有些地区采取变通的方式，鱼头对着的客人只喝一杯鱼头酒，鱼尾对着的则陪喝一杯鱼尾酒。喝完鱼头、鱼尾酒，喝过鱼头酒的尊者往往夹取少许葱丝、芫荽等盖住鱼的眼睛，一边说“一盖不喝”，一边请人们共同品尝。河南人之所以如此重视喝鱼头酒，与当地的鲤鱼文化不无关系。鲤鱼是河南的特产，肉质鲜美。在民间，鲤鱼跳龙门的故事广为流传，在人们的心目中，鲤鱼就是龙的化身。在婚庆喜宴等正式宴席上，压桌菜往往缺少不了红烧整条大鲤鱼。喝鱼头酒，寓有对鲤鱼格外看重的含义。在喝鱼头酒的过程中，又体现出对客人、尊者、长者的敬重。

三、长盛不衰的酒令文化

河南是中国酒文化的发源地，传说中杜康发明了酒，是我国酿酒业的始祖。河南酒文化作为旅游资源的现状主要表现如下：形式多样的酒令吸引着旅游者好奇的目光。有着深刻的文化内涵的酒令已经成为一种独特的酒文化旅游资源。酒令是饮酒助兴取乐的游戏，迄今有两千多年的历史。它萌芽于西周，转变于战国，发展于唐代，繁荣于元代，到了明清时，酒令便进入了巅峰。到了现代，酒令早已突破它固有的束缚，变的更为广泛洒脱。酒令的形式多样，随着饮者的文化水平和兴趣爱好的不同而各异。如通俗易懂的游戏令，像“传花”“讲笑话”等。又如斗智斗勇的赌赛令，像“玩筛子”“猜物”等。再如高智文雅的文字令，其采用者多为学者、诗人、教师等。悠久的酒史是一种无形的文化旅游资源。河南有着悠久的酿酒历史，与酒有关的名人、文学作品和地区不胜枚举，这些资源成为河南酒文化旅游资源开发中非常有价值的素材。

以南宋的抗金名将、河南汤阴人岳飞为例。岳飞曾因“豪于饮”而有酒失，他听从了母亲和高宗等人的劝告断然戒酒，但又立下“直捣黄龙府，与诸君痛饮耳”之誓言。曹操在《短歌行》里“何以解忧，唯有杜康”的千古绝唱，成了杜康酒最具魅力和影响力的“广告语”。大家都知道曹操狂爱饮酒，在他年轻的时候便将家乡的酿酒技术整理成“九酿法”呈于汉家皇帝，后写下的《杜康诗酒》成为千古名篇。与酒有关的地区是直接可以挖掘的酒文化旅游资源，根据考证，河南汝阳县蔡店乡的杜康村即为当年杜康造酒之处，也是中国酒文化的发源地，同时还是中国酒文化的旅游胜地。汝阳已投入大量的资金重修了“杜康祠”“二仙桥”“古酿斋”“魏武居”“酒泉亭”和“香醇园”等二十多个旅游景点，再加上中国酒类博物馆的兴办，更使杜康仙庄酒香浓郁，让游客沉醉不归。

传统的酒器是一种载体性的酒文化旅游资源。酒器酒具的材质和造型不仅反映了当时的社会饮酒风尚，还能反映当时的社会经济状况以及一些具有深刻意义的文化内涵，最具有代表性的例子就是在河南郑州大河村出土的双连壶器具，其独特的造型不但展示了当时人们巧妙的手艺，更重要的是显示了当时结盟的信心。考究的酒的包装是一种颇具收藏价值的旅游资源。不同的酒品应该用不同的包装材料和包装方式，酒类包装的艺术性是其收藏价值体现的重要内容。余兴远先生在《何时来喝这瓶酒》中提到德中友好协会会长托马斯教授从德国带来一瓶葡萄酒送给他，这瓶酒的高度竟有48厘米之高，他说他从没有见过如此高的酒瓶，便珍藏于柜中。保健酒的开发顺应人们追逐健康时尚的潮流。随着人们消费观念的改变及营养保健意识的提高，保健酒成为一种追求健康的饮食时尚。像“雄黄酒”“蛇酒”“鞭酒”等，也有一些农家自酿的“米酒”“奶酒”等，是一个非常有发展前途的开发项目。

敬酒完毕，若仍有酒兴，则进入酒令助酒阶段。如果说在“敬酒”阶段，人们还尽量保持着拘谨的礼节的话，在酒令助酒阶段，人们则可尽情痛饮。行酒令时，人们往往喝幺呼六，热闹非凡。热闹的饮酒场面，不免会影响到其他酒席人们的饮酒。为避免互相干扰，河南人饮酒时多喜欢在雅间内饮酒，这正是包括河南在内的广大北方的饭店酒楼雅间众多的真正原因。在河南地区众多的酒令中，当属划拳最为流行。

（一）广为流行的划拳

划拳，又称猜枚、划枚、猜拳、拇战等。划拳的输赢规则为，两人各喊出0至10的某一位数字，同时抻出右手拳头（为0）或若干手指。两人指数相加等于自己喊出的数字为赢。划拳是黄河中游区域多数地区最为流行的酒令，它的优点在于：“一、适用面广，水平低者能用，高者也能用。比之骰令，它的技巧性较高，给划拳者留下神机妙算的余地。二、划拳需要喊叫，容易使人兴奋，同时，在喊的过程中酒精易于挥发，有助于多饮。三、富于竞争性，能刺激人取胜的欲望。”

对于划拳所出的指头，不少地区也颇有讲究。如不少地方出一指时，要出大拇指，表示敬重对方。若出小拇指，则必须将小拇指竖着朝下。忌讳出食指表示一；出二指时，一般出大拇指及食指。若出大拇指及小拇指表示二时，则将大拇指朝上或指向对方。忌讳出食指和中指表示二，出三指、四指、五指或空拳时则不太讲究。

由于地区差别，划拳所喊的数字和规矩也略有差异。分别用二字、三字或四字来表示某一数字的称“猜全枚”，如三字全枚多用“顶头堆”“一心敬”“哥俩好”“三星照”“四季财”“五魁首”“六六顺”“七个巧”“八大仙”“九匹马”“全来到”来表示“零”至“十”。二字全枚则取三字全枚中的两个字，简称“顶头”“一心”“俩好”“三星”“四季”“魁首”“六顺”“七巧”“八仙”“九匹”“全来”。四字全枚则在三字全枚的基础上又多加一字，如“一心敬你”“四季发财”“五星魁首”“六六大顺”等。在具体的叫法上，一些地区可能与此略有差异。

猜全枚的叫法多孕有丰富的民族文化心理，如“点子圆”寓意圆满，“一心敬”表示敬重对方，“哥俩好”表现双方如兄弟般友好，“三星照”祝福对方吉星高照，“四季财”希望双方四季发财，“五魁首”祝福对方高中榜首，“六六顺”希望双方万事皆顺，“七个巧”寓意聪明巧慧，“八大仙”表达了对天界仙灵的心仪，“全来到”表现了对十全十美生活的向往。不猜全枚时，则可直呼某一数字，但往往用“好”表示二，用“魁”表示到五，用“巧”表示“七”，用“全”表示十。又有“乱枚”和“套枚”之分。猜拳双方可任意呼叫某一数字的称“乱枚”。猜拳人各自固定叫两个数字的称“套枚”。固定“一、九”的称“一九”枚，固定“二、八”的称“二八”枚。以此类推，尚有“三七”枚、“四六”枚、“五五”枚之分。“五五”枚划拳时只叫五，故又称“常五”枚，因其简单，高手多不屑采用。河南的周口一带，民间多流行猜套枚。猜套枚时，只允许叫于自己枚内的两个数字，否则称为“下路”，要罚酒一杯。叫划拳多有“见一次面”或“见两次面”的规矩。“见一次面”即第一次划拳不决定输赢，大家都喊“二、俩”或“哥俩好”“俩好”“好”等。“见两次面”即划两次拳时不决定输赢，第三次开始动真格的。每次决定输赢饮酒后，都再重新“见一次面”或“见两次面”。划拳花样繁多，最常见者是两人对划或依次“打通关”。打通关即一人按顺序依次与其他人划拳，酒的输赢多采取三打两胜制，即三打两胜方可决定一杯酒。连赢两杯酒的，一般要发扬风格，不再与对手划了，而是陪对方喝一杯。若打通关者赢了座中的所有人，则称为“红关”，一般是不算数的，要重划。反之，若打通关者全输了，则称为“黑关”，一般也不算数，也要重划。

此外还有“摆擂台令”：令官先饮一杯摆擂。有挑战者，先饮一杯，然后开拳，输则退下。若输后再饮再战的，可任其便。擂主输者让位，胜者为新擂主。如果挑战者纷纷败绩，没有再索战者，撤擂完令。“过桥令”：用套杯排列，大的为桥顶，两头逐渐而小。互相猜拳，依次而饮，逐渐而大，到顶依次而下。“空拳”：两人出指互相猜拳，不分胜负者，两人的左右邻各饮。

如果两人出指一样，猜喊一致，叫作手口相逢，合席同饮。分胜负者皆不饮，故名空拳。“七星赶月令”：七个小杯为七星，一个大杯为月亮。任意寻人猜拳，输者先由小杯饮起，胜者再寻人猜拳，最后输者饮大杯。“上下楼令”：先议定上楼层数，然后猜拳。输第一拳饮一杯，输第二拳饮第三杯，依次递加，直到顶层。上法倒行之，为下楼。“走马拳”：挨座猜一拳，不论胜负，均可向下轮转。

（二）丰富多样的其他酒令

在河南比较流行的其他酒令还有“猜有无”“三长两短”“敲杠子老虎”“大压小”“大小葫芦（西瓜、鸡蛋）”“猜大家宝”“明七暗七”等。“猜有无”为两人酒令。行令时，任取席上的果品或火柴棍、香烟蒂，握于任一拳中，然后出一拳，让对方猜其有无。双方事先约定好猜中谁饮酒、饮多少等。一般是猜中则出拳者饮，不中的则猜拳者饮。猜数次后，可交换来猜。“三长两短”也为两人酒令，是“猜有无”的升级版本。行令时，取四根火柴棍，并将其中的一根从中折断为两根短的，使其成为三长两短的令具。出令者从中取出或长或短的任意几根握于手中，但不许有空拳，请对方先猜单双，再猜根数，最后猜长短。和“猜有无”一样，猜中则出拳者饮，不中则猜拳者饮。一次行令，可决定三杯酒的输赢。家有围棋者，也可用三黑二白（或三白二黑）五枚棋子来行此酒令。“敲杠子老虎”为两人酒令。令时，两人各拿一双筷子同时敲击桌面，每次都以“老虎、老虎”的格式起令，接着说出自己说的动物名，或老虎，或鸡，或虫，或杠子。老虎吃鸡、鸡吃虫、虫蛀杠子、杠子打老虎，输者喝酒。“大压小”为两人酒令，又称压手指头。行令时，两人同时抻出一指，拇指压食指、食指压中指、中指压无名指、无名指压小指、小指压拇指。被压者输酒。“大小葫芦（西瓜、鸡蛋）”为两人酒令。行令时，令官叫大葫芦（西瓜、鸡蛋）时，对方则用手比画一个小的。反之，令官叫小葫芦（西瓜、鸡蛋）时，对方则比画一个大的。错者罚酒。“猜大家宝”为集体酒令行令时，按座中人数取相等的火柴根数，此为“宝”。令官先饮酒一杯，取任意根数的火柴握于手中，但不许为空，请席中某人来猜。猜者有定规则的权力，一般是从座中某人开始按顺时针或逆时针来数，数中者饮酒。饮酒者有权猜第二宝。若饮酒者正好是出拳的令官，则称为“夺宝”。这时，令官除饮酒外，还要把“宝”交给被猜者，猜者即成为新令官。“明七暗七”为集体酒令。行令时，座中一人为令官，先饮酒一杯。令官说出一个七以下的数字数起，按顺时针或逆时针的方向，大家依次数数，遇七、十七、二十七等带七的数字（明七）则喊“过”，遇十四、二十一、二十八等七的倍数（暗七）也喊“过”，喊错者或停顿者罚酒。罚酒者即成为新令官，重新开始行令。

第三节　美酒飘香之中原酒文化影响

酒是一种文化的载体，中国酒文化历史悠久，内涵丰富，博大精深。中国酒文化是中华文明的有机组成部分，在中国几千年的文明史中，酒几乎渗透到政治、经济、文化教育、文学艺术和社会生活等各个领域。在中国，酒已经成为中国人道德、思想、文化的综合载体。要继承发扬中国传统酒文化中重德明礼、尊祖交友、人际和谐、身心和谐、浅饮养身的精华。

一、中原酒文化的历史地位和作用

（一）中原酒文化在政治中的地位

酒最早起源于商、周时期，距离至今已经有3000多年的历史了。早时期的中国是个以农业为主的国家，酒大多数都是以粮食做酿造材料的，所以酒和农业就开始形成了密切的关系，那时候的诸侯国都开始把酒作为粮食丰收的晴雨表。在一些局部地区，酒业的繁荣直接对当地社会生活水平的提高起到了积极作用。对于整个国家经济而言，从酿酒业收取的专卖费或酒的专税是国家财政的主要来源之一，即使是当今社会仍旧如此。酒税收入直接关系着国家的强盛，它直接与军费、战争有关，关系着国家的生死存亡。因此，酒的厚利往往成为国家、商贾富豪及民众争夺的肥肉。不同酒政的更替变换，反映了各阶层力量的对比变化。历史上有名的鸿门宴就是一场酒桌上的政治决战。借酒为名来玩政治手腕较有名的还有曹操的“青梅煮酒论英雄”。另外，用酒做文章，以达到自己的政治目的，这一招，宋太祖赵匡胤是做得最成功的。后周大将赵匡胤奉命出征，军至陈桥驿站时，其部下发动兵变，给他披上黄袍。赵匡胤就这样轻而易举地登上了皇帝宝座，可当了皇帝以后，晚上却经常失眠，他担心那些拥护他登上皇位的统兵将领，也一旦被他们的部下黄袍加身，这就麻烦了。后来，他采取了谋士的建议，宴请石守信、高怀德等握有兵权的高级将领，酒酣之时，太祖假装喝醉向他们陈说了自己的担忧，石守信、高怀德等人第二天便称病解职，君臣之间互不猜疑，上下相安了。一件非常棘手的事就在一场酒宴中以温和的方式解决了。这就是历史上有名的“杯酒释兵权”。

（二）中原酒文化在经济发展中的地位

中国的酒大多数是以粮食为原料酿制的，酒紧紧地依附于农业，成为农业经济的一部分。粮食生产的丰歉是酒业兴衰的晴雨表，各个朝代的统治者根据粮食的收成情况，通过发布酒禁又或者开禁，来调节酒的生产，从而确保民食。在一些局部地区，酒业的繁荣直接对当地社会生活水平的提高起到了积极作用。对于整个国家经济而言，从酿酒业收取的专卖费或酒的专税是国家财政的主要来源之一，即使是当今社会仍旧如此。酒税的收入关系着国家的强盛，它直接与军费、战争有关，关系着国家的生死存亡。因此，酒的厚利往往成为国家、商贾富豪及民众争夺的肥肉。不同酒政的更替变换，反映了各阶层力量的对比变化。酒政的发布往往又与朝代变化、帝王更替，以及一些重大的皇室活动而变化。它作为一种特殊的商品，丰富了人民的饮食、文化、生活等方面。

（三）中原酒文化在艺术中的地位

不仅为诗如是，在绘画和中国文化特有的艺术书法中，酒神的精灵更是活泼万端。画家中，郑板桥的字画不能轻易得到，于是求者拿狗肉与美酒款待，在郑板桥的醉意中求字画者即可如愿。郑板桥也知道求画者的把戏，但他耐不住美酒狗肉的诱惑，只好写诗自嘲：“看月不妨人去尽，对月只恨酒来迟。笑他缣素求书辈，又要先生烂醉时”。“吴带当风”的画圣吴道子，作画前必酣饮大醉方可动笔，醉后为画，挥毫立就。“元四家”中的黄公望也是“酒不醉，不能画”。“书圣”王羲之醉时挥毫而作《兰亭序》，“遒媚劲健，绝代所无”，而至酒醒时“更书数十本，终不能及之”。李白写醉僧怀素：“吾师醉后依胡床，须臾扫尽数千张。飘飞骤雨惊飒飒，落花飞雪何茫茫。”怀素酒醉泼墨，方留其神鬼皆惊的《自叙帖》。草圣张旭“每大醉，呼叫狂走，乃下笔”，于是有其“挥毫落纸如云烟”的《古诗四帖》。

（四）中原酒文化在民俗中的地位

因酒而形成的酒文化连带形成一系列的娱乐活动。比方说，酒令、划拳等。酒文化是中华民族饮食文化的一个重要组成部分。酒是人类最古老的食物之一，它的历史几乎是与人类文化史一道开始的。自从酒出现之后，作为一种物质文化，酒的形态多种多样，其发展历程与经济发展史同步，而酒又不仅仅是一种食物，它还具有精神文化价值。作为一种精神文化它体现在社会政治生活、文学艺术乃至人的人生态度、审美情趣等诸多方面。在这个意义上讲，饮酒不是就饮酒而饮酒，它也是在饮文化。酒在一定程度上，影响着人们生活，以及一些行为准则。

文人饮酒特别讲究那个饮的过程，特别讲究饮酒过程中的那套繁文缛节。于是，便要制定颇为严刻的觞政，便要舞弄花样百出的酒令。那酒令，可不是好玩的，是对人的聪明才情、知识水平、文学修养和应变能力的严峻考验；没有满腹诗书和机敏睿智，是要临场出丑的。文人们硬是把这一套玩出美妙的极致，硬是把经史百家、诗文词曲、歌谣谚语、典故对联等等文化内容，都出神入化地囊括到酒令中去了。于是，酒宴始终，便充溢着浓浓的而又绵绵的书卷气和文化味。觥筹交错中，不仅享受了酒的醇美，也享受了文化的馨香。古代文人宴饮时的逸雅情趣，我们是不能亲眼见识了，只能从《红楼梦》《镜花缘》等小说和记载酒令的书籍中窥知若干。由于文人的参与，饮酒才饮出了档次，饮出了境界，饮出了无限风光。酒文化中的精彩部分，实在是文人创造的。“五四”以后的现代文人，也常相聚宴饮，连鲁迅先生也多次参加，《鲁迅日记》中常有记载。他那首诗《自嘲》（诗中的“横眉冷对千夫指，俯首甘为孺子牛”成为名联），就是在郁达夫做东的宴席上做成的。郁达夫更嗜酒，曾有“大醉三千日，微醺又十年”之句；酒中醉中，他乘兴做出许多好诗文。新文人雅集，樽俎之间仍然充满文化味，谈诗话文，即席吟咏，仍是一大主题。丰子恺就曾写道：“世间最好是酒肴，莫如诗句。”“五四运动”，狂飙突起，涤荡了旧世界，但千古传下的酒文化仍然一脉相承。创造新文化的新文人，一端起酒杯，仍似他们的先辈。

总之，中原酒文化在中国传统文化中有着极其重要的历史地位及作用，酒文化渗透着古代人生活的各种领域，它代表着一种精神文化，这种文化包括政治、经济、人文，无论从文学艺术创作、文化娱乐还是到饮食烹饪、养生保健等各方面在中国人民的生活中都占有重要的位置。

二、中原酒文化对现代社会经济生活的影响

酒一方面是人类文化活动的产物，是不同时代社会生产力发展水平的标志之一。另一方面，由于酒和人类社会生活方方面面的密切联系而形成的酒文化，也是社会文明的一种标志。酒文化有丰富多彩的形态，它不仅是一种液态的物质文化，也是一种固态的物质文化。

（一）中原酒文化对现代社会文化的影响

酒文化作为一种特殊的文化形式，在传统中国文化中有其独特的地位，对现代社会文化也有重要影响。

1. 在人们交际过程中

酒文化往往形成一种餐桌文化，餐桌上是少不了酒的。有酒的地方便少不了酒文化的出现。人们敬酒的时候会说祝酒词，很多人都会用简短的几句话作为喝酒前的前奏。要想让别人心甘情愿并且还能高高兴兴地喝下你敬的酒，那你所说的祝酒词一定要有说服力。人们的这种说祝酒词的行为便逐渐成为一种习惯，也形成了一种文化。

2. 对酒的本身研究

酒文化是一种技艺文化。传统酿造术是民间世代相传的，是人们经过长期实践经验和智慧的结晶而得来的。但现代人的生活中，不能缺少酒，每天的需酒量比以往大得多，故不能再像以前那样慢慢酝酿酒了。人们利用聪明才智，掌握了现代工业酿酒的科学技术，从而推动酒业的发展。

3. 酒的固态物质文化

包括酒具，它既有属于生产工具的酿酒器具，也有属于生活用具的饮酒器具。酒具不仅是一个用具，其中也蕴含了一种文化。在造型中，也反映出不同的风格和审美情趣，使用中也反映了文化底蕴，这些文化都给人们以美的享受。

4. 对餐桌礼仪文化

不仅仅有祝酒词，还有一定的礼仪文化在其中。敬酒之前需要斟酒。按

照规范来说，除主人和服务人员外，其他宾客一般不要自行给别人斟酒。如果主人亲自斟酒，应该用本次宴会上最好的酒斟，宾客要端起酒杯致谢，必要的时候应该起身站立。如果是作为大型的商务用餐来说，都应该是服务人员来斟酒。斟酒一般要从位高者开始，然后顺时针斟。如果不需要酒了，可以把手挡在酒杯上，说声“不用了，谢谢”就可以了。这时候，斟酒者就没有必要非得一再要求斟酒。敬酒的顺序一定要把握好，切忌弄乱。一般情况下应按年龄大小、职位高低、宾主身份为序，敬酒前一定要充分考虑好敬酒的顺序，分明主次，避免出现尴尬的情况。即使你分不清或职位、身份高低不明确，也要按统一的顺序敬酒，比如先从自己身边按顺时针方向开始敬酒，或是从左到右、从右到左进行敬酒等。本身我就是学文秘的，专业课中也学到了这些礼仪知识，多注意了就好，稍有不慎，就可能酿成不好的结果。在人们生活水平提高的同时，这样的礼仪更是不容忽视的这反映了一个人的文化素养。

（二）中原酒文化对现代社会中经济的影响

酒文化不仅是一种液态的物质文化，也是一种固态的物质文化。

1. 中原酒文化对现代社会中经济的积极影响

喝酒一定需要器皿来盛。而且在现在生活中，有各式各样的酒，需要用不同的酒具来盛装。比如说，红葡萄酒就要用高脚杯来装，香槟就要用杯壁稍微矮一点的酒杯盛酒。酒类的多样，也就带动了酒具的发展，从而带动了经济的发展。

2. 中原酒文化对现代社会中经济的消极影响

各式各样的酒都层出不穷，现在很多酒行业的老板，都把大量是时间和金钱花在酒的包装和推广上，以抬高酒的价格，来带动经济利益的增长。我们大都听说了天价茅台的事情。从此事中便能得知，酒行业还缺乏一定的政府机关的管制，对经济起到了一定的不良影响。

（三）中原酒文化对现代社会中生活的影响

酒已经广泛地存在于人们的生活中，不管是朋友聚会，还是洽谈商务，都是需要酒来助兴的。酒既是一样坏东西，同时也是一样好东西。

1. 对现代社会生活的消极影响

人们在“高压”环境中绷紧神经来工作、学习。很多人选择用酒来麻醉自己，享受酒醉后的自由和无拘无束，以此来寄托自己的精神。这样的饮酒行为是不利于社会发展的，甚至会造成严重的后果。比如，酗酒对自己的身体有极大的伤害，甚至在神志不清的时候做一些伤天害理的事；还有酒后驾车，酿成了无数的惨剧。不仅自己深陷其中，还可能导致自己和他人家破人亡。

2. 对现代社会生活的积极影响

只要在合适的场合，适当的饮酒，那是有益于身心健康的，可以宣泄心理上的积淀。现在人们的生活水平提高，有一些人开始把节制饮酒提高到道德观念的高度来认识，说明对自身的要求也严格起来了，越来越多的人注重酒德的培养，以此看来，人们在不断提升自身的素养。人们喝酒的场合越来越多了，人们也开始注重起喝酒时的养生问题了，同时丰富了人们的生活。

总之，酒文化影响到了我们现代社会的方方面面，不管是现代社会中的文化还是现代社会的经济，其中好的酒文化会对现代社会产生良好的影响，那些不良的酒文化同时会对现代社会产生不好的影响。酒，是现代社会中不可缺少的一部分，我们要发扬酒文化中好的方面，摒弃其不好的方面，使中国的酒文化成长起来，甚至形成一股良好的文化风潮，引导人们正确对待酒，也让我们中国的酒文化走向世界！

《根系中原》编辑组人员名单

总 策 划： 朱清孟（河南教育厅）

名誉主编： 宋丽萍（河南省人民政府外事侨务办公室）
李小建（河南财经政法大学）

执行主编： 李国胜（河南省人民政府外事侨务办公室）
王　芬（河南财经政法大学文化传播学院）

统筹协调： 王跃进（河南省人民政府对外侨务办公室）
董传岭（河南省人民政府对外侨务办公室）
王　芬（河南财经政法大学文化传播学院）

初稿参与编辑： 姬沈育（河南财经政法大学《经济经纬》编辑部）
宋树岩（河南财经政法大学2014级研究生）
谷　延（河南财经政法大学文化传播学院）

作者写作分工情况

序——中原是华夏儿女心灵的故乡

撰写人：

李国胜（河南省人民政府对外侨务办公室）

王　芬（河南财经政法大学文化传播学院）

第一章　文明曙光：文明起源之根　总撰稿：朱金瑞

朱金瑞（河南财经政法大学学科与发展规划处，撰写本章第一节）

雷　芳（河南财经政法大学马克思主义学院，撰写本章第二节）

王　昊（河南财经政法大学马克思主义学院，撰写本章第三节）

夏　永（河南财经政法大学党委宣传部，撰写本章第四节）

第二章　炎黄子孙：人文始祖之根　总撰稿：王　芬

耿鹏飞（河南财经政法大学 2015 级研究生，撰写本章）

第三章　龙行天下：巨龙文化之根　总撰稿：王　芬

罗　涛（河南财经政法大学文化传播学院、撰写本章第一、二节）

杨　晴（河南财经政法大学文化传播学院、撰写本章第三节）

第四章　甲骨传承：中华文字之根　总撰稿：赵青山

赵青山（河南省人民政府外事侨务办公室，撰写本章）

第五章　万经之首：经学文化之根　总撰稿：赵传海

赵传海（河南财经政法大学副校长，撰写本章第二节）

王　芬（河南财经政法大学文化传播学院，撰写本章第一节）

郦　平（河南财经政法大学马克思主义学院，撰写本章第三节）

第六章　万姓同宗：姓氏文化之根　总撰稿：张金岭

张金岭（河南财经政法大学旅游与会展学院，撰写本章）

第七章　客在他乡：客家文化之根　总撰稿：沙家强

沙家强（河南财经政法大学文化传播学院，撰写本章第一节）

王兆霈（河南财经政法大学2015级研究生，撰写本章第二、第三节）

第八章　商行四海：商业文化之根　总撰稿：王　芬

魏思佳（河南财经政法大学2015级研究生，撰写本章）

第九章　杏林济世：中医文化之根　总撰稿：田学杰

田学杰（河南省人民政府对外侨务办公室，撰写本章）

第十章　流光溢彩：瓷器文化之根　总撰稿：王双华

王双华（郑州大学，撰写本章）

第十一章　少林太极：中华武术之根　总撰稿：赵季曾

赵季曾（河南省人民政府外事侨务办公室，撰写本章）

第十二章　美酒飘香：中华酿酒之根　总撰稿：王金山

焦静静（河南财经政法大学2015级研究生，撰写本章）